9급 공무원·경찰·소방·군무원

박문각 공무원

기본서

출제자가 좋아하는 독해·문학 포인트

New 공무원 국어 출제 기조 전환 완벽 반영

논리 추론, 강화약화, 문법+독해, 문학+독해

2025 국어 독해 신유형 완벽 마스터!

박혜선 편저

동영상 강의 www.pmg.co.kr

박혜선 국어 출좋포 독해·문학

All In One

박문각

2025 출제기조 변화에도
박문각 국어 1위, 亦시 功무원 국어, 박혜선이
亦功이들의 단기합격을 간절하게 기도하며,

안녕하세요. 여러분들의 단기 합격을 책임지는, 亦功 국어 박혜선입니다.
최근 공무원 국어 독해의 비중이 이례적으로 커지게 되면서
시험을 보면서 겪게 되는 여러 문제점들에 대해 학생들이 많은 우려를 하고 있습니다.
우선 2024년과 2025년의 비중 차이를 대조하는 표를 보시죠~^^

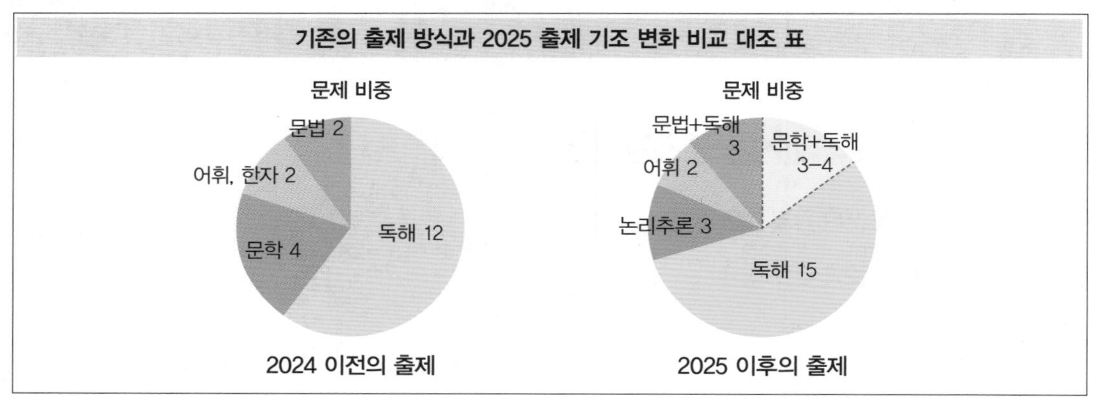

위의 표를 보시면 2024년에는 12문제였던 독해가 2025년에는 15문제로 늘었음을 확인하실 수 있습니다.
문학 영역이 독해 영역으로 흡수되고 문법 영역은 독해 영역과 결합하여 나오게 됨으로써
전에 없는 독해의 중요성을 확인하실 수 있을 겁니다.

아마 여기에서 2025년의 차별화가 있지 않을까 싶습니다.

저는 독해의 비중을 12문제로 최대한 줄이고자 합니다.

방법이 있냐고 물으신다면, 네! 방법이 있으니 혜선 쌤의 야매 꼼수만 잘 믿고 따라와 주세요~^^

그런데 여기서 하나 또 문제가 생깁니다. 바로 논리 추론 영역입니다.
논리 추론 영역의 경우에는 미리 공부해 보신 역공이들은 아시겠지만 기호 논리학을 배우더라도
문제를 푸는 데 은근히 시간을 많이 잡아먹기 때문에 독해만큼의 시간을 쏟게 됩니다.
따라서 논리 추론을 독해 영역으로 넣지 않더라도 시간을 많이 할애하는 것은 독해와 공통적인 문제가 될 수 있다고 볼 수 있습니다.

즉 이 시험의 관건은 누가 가장 빠르고 정확하게 시험을 풀고 나오느냐입니다.
독해의 비중을 12문제로 최대한 줄여 공부한다고 해도, 논리 추론 3문제가 있기 때문에
절대적인 시간 부족이 예상됨을 예측할 수 있습니다.

기존에는 19-23분이면 마킹까지 마칠 수 있었다면
이제는 23분-27분 정도 걸릴 수 있기 때문에
방향을 제대로 잡지 않으면 다른 과목에도 부정적인 영향이 갈 수 있습니다.

따라서 독해를 잘하든, 잘하지 않든 이제는 반드시 독해 강의를 들어 주셔야 합니다.

논리 추론이라는 항목을 빼고 보더라도 이제는 총 20문제에
독해라고 볼 수 있는 항목이 총 15문제에 해당합니다. 아래의 독해 구성표를 보게 되면 다음과 같습니다.

영역	기존 2024 이전	변화된 2025
화법	주어 있는 말하기 방식	주어 없는 말하기 방식
작문	내용 고쳐 쓰기(동일)	내용 고쳐 쓰기(동일)
	문장 고쳐 쓰기	[공문서] 문장 고쳐 쓰기
	조건에 맞는 글 고르기	[공문서] 조건에 맞는 개요 작성
논리추론	단순 논리 추론	1) 반드시 참인 명제 2) 빈칸에 들어갈 결론 3) 숨겨진 전제 추론
빈칸 추론	동일	동일(빈칸의 개수가 늘어남)
사례 추론	단순 사례 추론	1) 일반 강화 약화 추론 + [세트형] 어휘, 2) 〈보기〉 강화 약화 추론
지시 대상	단순 지시 대상	[세트형] 지시 대상
문단 배열	동일	동일
문학	문학 작품 자체	문학+독해 결합형
문법	문법 개념이나 예시 자체	문법+독해 결합형

위의 표를 보면 2024년의 기존 출제를 유지하기도 하고,
2025년에 처음 들어온 신유형이 들어왔음을 알 수 있습니다.
2024년 기존 출제 유지에서 업그레이드가 된 유형들도 꽤 있기 때문에
이 책에서는 우리 亦功이들이 한눈에 볼 수 있게 step 1 기존 출제 유지, step 2 신유형 출제 유지로 구성을 달리했습니다.

독해를 잘하시는 亦功이들은 각 유형별 문제의 답을 '신속하게' 찾기 위해
독해가 아직 어려우신 亦功이들은 각 유형별 문제의 답을 '정확하게' 찾기 위해
혜선 쌤의 독해 강의에서 각 유형별 야매꼼수 꿀팁, 빨리 푸는 전략들을 전수 받으시기 바랍니다.

각 유형별 풀이 전략을 무시한 채로 자신의 입맛대로 문제를 풀면 시간을 단축할 수 없습니다.
혜선 쌤 강의를 들은 합격 제자들은 처음에는 익숙지 않더라도 편견을 갖지 않고 '독해의 왕도'를 훈련하였습니다.

각 발문을 읽고 어떤 순서로 제시문을 읽어야 하는지,
선택지를 읽어야 하는지까지도 정말 디테일하게 기준을 세워 드릴 테니
편견을 갖지 말고 강의를 들어 주시길 바랍니다.
그렇게 된다면 독해 고득점을 보장해 드릴 수 있습니다.

수석합격 릴레이, 최단기간 합격의 절대공식,
혜선 쌤의 신화는 2025에도 계속된다!

亦功 국어의 관전 포인트 1

독해에서 외워야 할 최소한의 이론만 뽑음! 논리 추론, 강화 약화 추론 제일 쉽게 배우는 '출좋포 독해 이론'

혜선 쌤의 최고 장점으로 뽑히는 출제자들이 좋아하는 포인트 섹션! 독해 이론은 외울 것이 많지 않지만 꼭 외워야 하는 독해 이론들만, 꼭 알아야 하는 출제자들이 좋아하는 포인트만 뽑아서 확실하게 수업에서 각인시켜 드립니다. 특히! 이번에 완전히 새로운 영역이라 무서운 '논리 추론' 파트까지 이 세상에서 가장 쉽고 재미있게 머릿속에 쏙쏙 담아 드립니다~^^

亦功 국어의 관전 포인트 2

2025 출제 기조로 겁먹은 역공이! '2025 출제 기조 반영 독해 워밍업'으로 실력 상승~^^

가장 좋은 독해 훈련은 독해 고수의 머릿속으로 들어가 그의 인지 과정을 모델링하는 것입니다. 요즘 2025년에 합격의 당락을 좌우할 논리 추론 섹션 등 어려운 부분들을 어떻게 풀어가는지 함께 모델링하며 훈련할 수 있는 '2025 출제 기조 반영 독해 워밍업'이라는 섹션을 넣었습니다. '2025 출제 기조 반영 독해 워밍업'으로 충분히 최빈출 포인트를 훈련한 후에 본격적으로 문제를 풀 수 있는 기반을 마련합니다.

亦功 국어의 관전 포인트 3

'2025 출제 기조 반영 독해 Pin Point'를 통해 혜선 쌤의 머릿속으로 쏙 들어가 풀이 전략을 각인합니다.

워밍업 후에 반드시 점검해야 하는 '2025 출제 기조 반영 독해 Pin Point'!! 각 유형의 세부 타입을 돌아보고 혜선 쌤이 직접 그어준 밑줄과 기호를 보면서 역공이들도 함께 맞춰 보는 시간을 가질 예정입니다. 단! 기록되어 있는 밑줄과 기호만을 보시지 마시고! 교재에 기록되지 않은 혜선 쌤의 야매, 꼼수 꿀팁을 강의를 통해 확인하시기를 바랍니다.

亦功 국어의 관전 포인트 4

틀에 넣어서 독해하면 이해, 정리, 예측이 잘된다! '독해 이렇게 읽는다. 독해 신공 시각화'

출제자가 특히 사랑하는 제시문의 구조를 미리 공부함으로써 제시문을 위에서 아래로 내려다 볼 수 있게 합니다.
혜선 쌤만의 독특한 독해 방식을 시각화하여 독해의 목표가 단순히 '밑줄'을 긋는 것이 아니라 '이해'가 목표가 되어야 함을 깨닫게 할 예정입니다. 또한 요즘 문단, 문장의 길이가 길어진 경우, 어떻게 읽어야 하는지에 대해 쉽고 자세히 설명 드립니다.

赤功 국어의 관전 포인트 5

'Step 1 기존 출제 유지, Step 2 신유형'으로 보는 2025 출제 기조 변화 한눈에 보기!

2024의 출제 방향을 유지하는 유형은 유지하는 대로 꼭 알아야 하고, 2025 출제 기조 변화를 한 신유형은 더더 꼼꼼하게 체크해야 합니다. 각각의 유형 변화를 한눈에 볼 수 있도록 완벽하게 분류했습니다. 기존 출제 유지보다 업그레이드 된 유형이나 신유형들은 따로 비법을 익혀 놓아야 합니다.

赤功 국어의 관전 포인트 6

赤功 신공 빨리 푸는 전략!으로 절대적인 시간 부족 문제를 극복하기

2025년 출제 기조 변화된 시험은 독해의 비중, 논리 추론의 비중이 크기 때문에 절대적인 시간 부족이 예상됩니다.
따라서 혜선 쌤이 전수해 드리는 빨리 푸는 전략으로 정확하고 빠르게 문제를 푸실 수 있게 될 것입니다.
각각의 단계를 통해 체계적으로 다양한 유형의 풀이법을 배우셔야 합니다~^^

赤功 국어의 관전 포인트 7

독해는 훈련이다! 단 21시간 만에 끝내는 최고 문제만 선별한 Day 1~Day 21! 최고 문제만 선별한 Day 1~Day 21!

각 유형의 문제 중에서 혜선 쌤이 가장 애정하는 최고 퀄리티 문제를 4문제씩 뽑았습니다. 해당 단원을 통해 혜선 쌤과 충분히 학습한 후 집에 간 역공이들이 스스로 문제를 풀어 보고 오답을 할 수 있는 섹션을 마련했습니다. 독해를 어떻게 오답해야 하는지, 어떻게 복습해야 하는지 모르겠다면!!! 혜선 쌤이 마련한 '메타인지 오답 방식'이 있으니 걱정 마시길 바랍니다.

赤功 국어의 관전 포인트 8

오픈 카톡, 네이버 카페 등 혜선 쌤과의 직접적인 소통

제 카페에 놀러 오면 볼 수 있으시겠지만, 저는 참 수강생들을 애정합니다. 그들을 "역시 성공하는 사람들(赤功이)"이라고 다정하게 부르며 시험에 필요한 모든 자원과 관심을 아끼지 않습니다. 현강 학생들은 물론, 인강 학생들도 '인증 게시판, 커리큘럼 및 상담, 학습 질문'까지 할 수 있습니다. 오픈 카톡방을 이용하여 학생들과 직접적인 소통을 하며 오프라인 상담을 잡기도 합니다. 여러분들이 합격까지 가길 누구보다 간절히 원하는 저는 항상 여러분들에게 열려 있습니다. 박혜선 교수의 카페와 오픈 카톡방으로 연결되는 QR 코드는 책 뒤 수강 후기 위에 있습니다.

본 교재를 통해 꼭 단기 합격을 이루시기 바랍니다. 여러분의 단기 합격을 간절하게 응원합니다.

2024년 7월 편저자

박혜선 惠旋

GUIDE · 이 책의 구성과 특징

1

출제 경향, 빈출 정도 알려주는 개관 칠판

각 유형의 빈출 정도를 통해 2025의 출제 경향을 예언하는 섹션

'PART 2. 논리 추론'은 2025년에 보이는 가장 큰 변화 영역이라고
기존에 논리 추론 파트는 다른 민간 시험에 나오는 영역이었으나,
2025에 민간 시험과의 호환성을 높이는 인혁처의 의도에 따라 새롭게
20문제 중 3문제나 나오는 최고의 0순위 최빈출 영역이므로 꼭 정복
따라서 이 파트는 따로 공부하지 않으면 득점하기 어려운 파트이기도
이 파트는 '반드시 참인 명제, 빈칸에 들어갈 결론, 숨겨진 전제 찾기
각 유형의 풀이법을 차근히 익히도록 합시다~^^

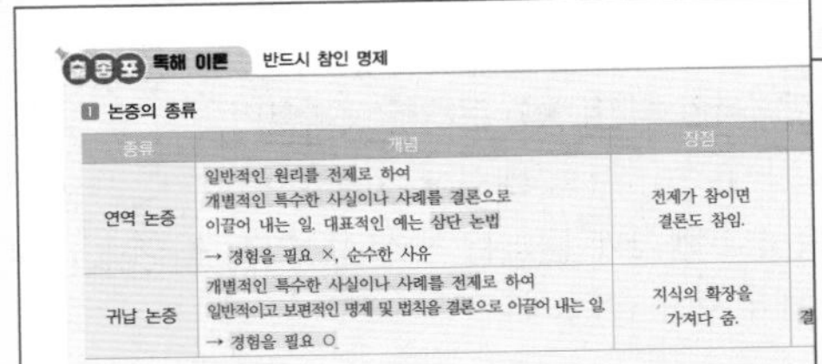

출좋포 독해 이론 반드시 참인 명제

1 논증의 종류

종류	개념	장점
연역 논증	일반적인 원리를 전제로 하여 개별적인 특수한 사실이나 사례를 결론으로 이끌어 내는 일. 대표적인 예는 삼단 논법 → 경험을 필요 ×, 순수한 사유	전제가 참이면 결론도 참임.
귀납 논증	개별적인 특수한 사실이나 사례를 전제로 하여 일반적이고 보편적인 명제 및 법칙을 결론으로 이끌어 내는 일 → 경험을 필요 ○	지식의 확장을 가져다 줌.

2

출좋포 독해 이론

혜선 쌤의 최고 장점으로 뽑히는 출제자들이 좋아하는 포인트 섹션
논리 추론, 강화 약화, 문장 고쳐 쓰기에서 꼭 알아야 하는 출제자들이 좋아하는 포인트만 정리!
편견 없이 출좋포를 적용하며 훈련하신다면 독해에서 고득점을 받으실 수 있습니다.

3

2025 출제 기조 반영 독해 워밍업

혜선 쌤과 함께 모델링하며 훈련할 수 있는 워밍업이라는 훈련 시스템입니다.
빈출 포인트를 훈련한 후에 본격적으로 문제를 풀 수 있는 기반을 마련합니다.

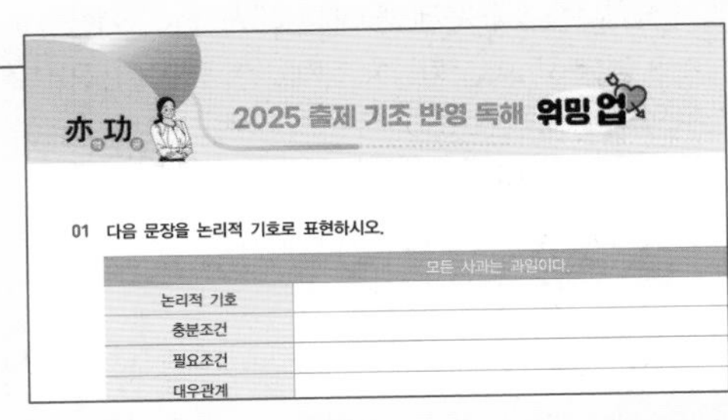

01 다음 문장을 논리적 기호로 표현하시오.

	모든 사과는 과일이다.
논리적 기호	
충분조건	
필요조건	
대우관계	

1 대조 구조
일정한 기준에 따라 두 대상의 차이점을 설명한다.

①공포는 실재하는 객관적 위협에 의해 야기된 상태를 의미하고, ②불안은 (현재 발생하지 않았으며 미래
불명확한 위협에 의해 야기된 상태를 의미한다.

2 나열 구조
둘 이상의 대상을 죽 늘어놓는 구조로, 언급된 순서대로 대상들의 특성을 설명한다.

과학의 개념은 ①분류 개념, ②비교 개념, ③정량 개념으로 구분할 수 있다. ①식물학과 동물학의 종, 속, 목
가지고 대상들을 분류하는 개념들이 분류 개념이다. (중략)

4

독해 이렇게 읽는다. 독해 신공 시각화

구체적으로 제시문을 어떻게 읽어야 할지 모르는 역공이들을 위해 준비한 섹션입니다.
가장 쉬운 독해 방식을 알려 드리는 名不虛傳 치트키 독해 방법입니다.

5

2025 출제 기조 반영 독해 Pin Point

반드시 점검해야 하는 2025 출제 기조 반영 독해 Pin Point!
혜선 쌤이 직접 그어준 밑줄과 기호를 보면서 역공이들도 함께 맞춰 보는 섹션입니다.

01 (가)와 (나)를 전제로 할 때 빈칸에 들어갈 결론으로 가장 적절한 것은? 2025 인혁처 샘플

(가) 노인복지 문제에 관심이 있는 사람 중 일부는 일자리 문제에 관심이 있는 사람이 아니다.
(나) 공직에 관심이 있는 사람은 모두 일자리 문제에 관심이 있는 사람이다.
따라서 [　　　　].

(가) 노인복지 m ∧ ~일자리
(나) 공직 → 일자리
(≡ ~일자리 → ~공직)

노인복지 m ∧ ~일자리 → ~공직
① 노인복지 문제에 관심이 있는 사람 중 일부는 공직에 관심이 있는 사람이 아니다
② 공직에 관심이 있는 사람 중 일부는 노인복지 문제에 관심이 있는 사람이 아니다
③ 공직에 관심이 있는 사람은 모두 노인복지 문제에 관심이 있는 사람이 아니다
④ 일자리 문제에 관심이 있지만 노인복지 문제에 관심이 없는 사람은 모두 공직에 관심이 있는
(②~④) 알 수 없음

6

Step 1 기존 출제 유지, Step 2 신유형

2024 기존 출제를 유지하는 문제와 업그레이드 된 2025 유형, 그리고 아예 추가된 신유형들을 모두 분류하여 역공이들이 중요도 평정하며 학습할 수 있게 만든 섹션입니다.

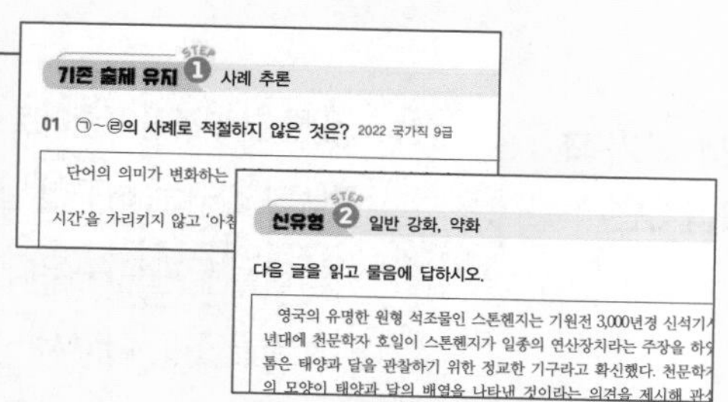
기존 출제 유지 STEP 1 사례 추론

01 ㉠~㉣의 사례로 적절하지 않은 것은? 2022 국가직 9급

단어의 의미가 변화하는

시간'을 가리키지 않고 '아침

신유형 STEP 2 일반 강화, 약화

다음 글을 읽고 물음에 답하시오.

영국의 유명한 원형 석조물인 스톤헨지는 기원전 3,000년경 신석기시
년대에 천문학자 호일이 스톤헨지가 일종의 연산장치라는 주장을 하였
톱은 태양과 달을 관찰하기 위한 정교한 기구라고 확신했다. 천문학자
의 모양이 태양과 달의 배열을 나타낸 것이라는 의견을 제시해 관심

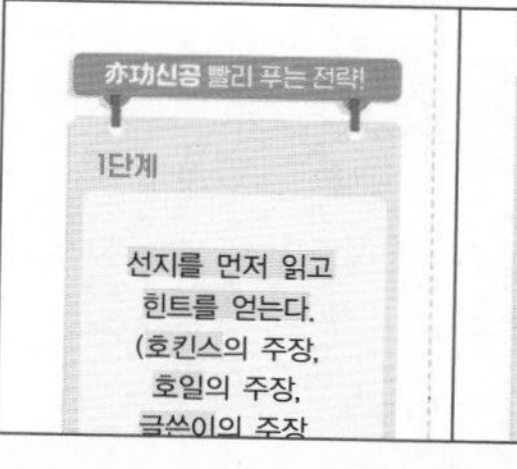
赤功신공 빨리 푸는 전략!

1단계

선지를 먼저 읽고
힌트를 얻는다.
(호킨스의 주장,
호일의 주장,
글쓴이의 주장

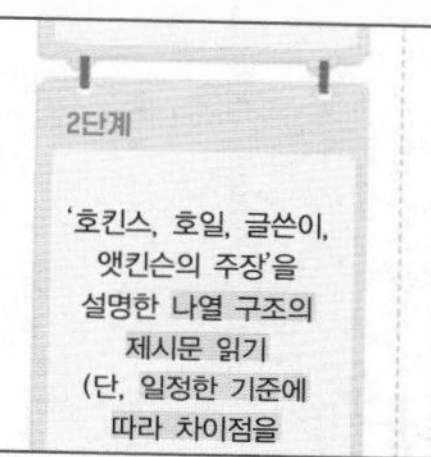
2단계

'호킨스, 호일, 글쓴이,
앳킨슨의 주장'을
설명한 나열 구조의
제시문 읽기
(단, 일정한 기준에
따라 차이점을

7

赤功 신공 빨리 푸는 전략!

문제를 바라보는 순서나 야매, 꼼수들을 알려 드림으로써 각 신유형의 빨리 푸는 전략을 전수해 드리는 섹션입니다. 단계별로 알려 드리기 때문에 한눈에 문제를 푸는 과정을 지켜보실 수 있습니다.

8

최고 문제만 선별한 Day 1~Day 21!

각 유형의 문제 중에서 혜선 쌤이 가장 애정하는 최고 퀄리티 문제를 4문제씩 뽑았습니다.
스스로 문제를 풀어 본 후 오답을 하는 최고의 섹션입니다.

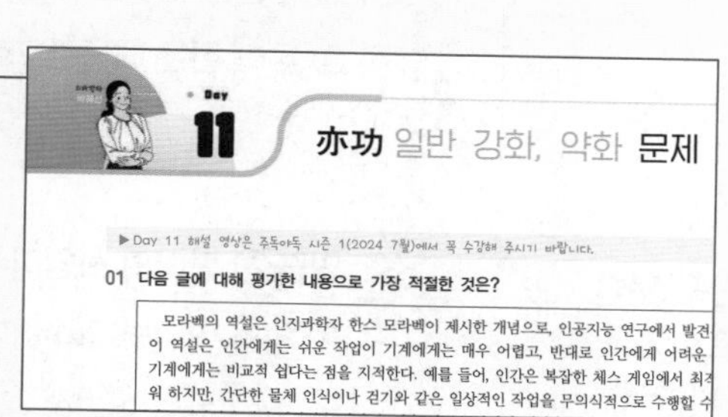
Day 11 赤功 일반 강화, 약화 문제

▶ Day 11 해설 영상은 주독야독 시즌 1(2024 7월)에서 꼭 수강해 주시기 바랍니다.

01 다음 글에 대해 평가한 내용으로 가장 적절한 것은?

모라벡의 역설은 인지과학자 한스 모라벡이 제시한 개념으로, 인공지능 연구에서 발견
이 역설은 인간에게는 쉬운 작업이 기계에게는 매우 어렵고, 반대로 인간에게 어려운
기계에게는 비교적 쉽다는 점을 지적한다. 예를 들어, 인간은 복잡한 체스 게임에서 최적
위 하지만, 간단한 물체 인식이나 걷기와 같은 일상적인 작업을 무의식적으로 수행할 수

김소월(1902~1934) 작가의 문학경향

김소월의 본명은 김정식으로 김소월은 필명입니다.
김소월 작가님은 1902년 9월 7일 평북에서 출생하고 성장하면서 1923년 일본 도쿄 상대 예과에
진으로 인하여 중퇴한 후에 귀국하였습니다. 그 이후 집안에서 할아버지 때부터 해 오던 광산업
이사하여 동아일보지국을 개설한 후에 경영했지만 그 또한 실패한 뒤 극심한 우울증에 시달렸다고
에 고향으로 돌아가 안타깝게도 아편을 먹고 생을 마감하게 되었습니다.

김소월 작가의 시적 경향을 보게 되면 다음과 같습니다.
스승이던 김억(金億)의 영향을 받아 등단을 하였습니다. 김소월 작가님이 「창조」, 「개벽」 등에

9

'문학+독해 결합형 스키마'

문학+독해 결합형의 소재로 나올 수 있는 유명 작가들의 작품, 경향, 갈래별 특징을 공부하여 문학+독해 결합형 문제에 완벽하게 대비합니다.

10

day 문제들을 모두 풀어주는 '주독야독 시즌1'

출좋포에 있는 독해 문제의 해설지만 보고 공부하는 게 아쉽다고 했던 역공이들을 위해 야심차게 준비한 최고의 독해 훈련 강의! day 문제들을 꾸준하게 훈련할 수 있도록 해설해 드리는 강의입니다.

▶ Day 06 해설 영상은 주독야독 시즌 1(2024 7월)에서 꼭 수강해 주시기

01 (가)~(나)를 전제로 할 때, 빈칸에 들어갈 결론으로 적절

(가) 떡볶이를 좋아하는 사람은 어묵을 좋아한다.
(나) 어묵을 좋아하는 사람 중 순대를 좋아하는 사람이 있
따라서

2024 국가직
9급 3번

3 밑줄 친 부분이 표준어로 쓰인 것은?

① 그 친구는 허구헌 날 놀러만 다닌다.

② 닭을 통째로 구우니까 더 먹음직스럽다.

③ 발을 잘못 디뎌서 하마트면 넘어질 뻔했다.

④ 언니가 허리가 잘룩하게 들어간 코트를 입었다.

콤단문 문법
(콤팩트한 단원별
문제풀이)
179p 28번

28 밑줄 친 말이 어문 규범에 맞는 것은?

① 옛부터 김치를 즐겨 먹었다.

② 혜선이가 햄버거 20개를 통채로 먹었다.

③ 찬물을 한꺼번에 들이키지 말아라.

④ 우리 집은 대물림으로 이어받은 땅이 많았다.

콤단문 문법
(콤팩트한 단원별
문제풀이)
59p 31번

31 밑줄 친 단어의 쓰임이 맞는 것은?

① 엄마가 이부자리를 거둬 갔다.

② 거지 고은 얼굴이 나타났다.

③ 퇴근하는 길에 포장마차에 들렸다가 친구를 만났다.

④ 그는 허구헌 날 술만 마신다.

콤단문 문법
(콤팩트한 단원별
문제풀이)
215p 63번

63 맞춤법 사용이 올바르지 않은 것으로만 묶인 것은?

① 웃어른, 사흗날, 배갯잇

② 닐리리, 남존녀비, 맥줏집

③ 아무튼, 생각컨대, 하마트면

④ 홑몸, 밋밋하다, 선율

2024 국가직 9급 6번

6 다음을 참고할 때, 단어의 종류가 같은 것끼리 짝 지어진 것은?

> 어떤 구성을 두 요소로만 쪼개었을 때, 그 두 요소를 직접구성요소라 한다. 직접구성요소가 어근과 어근인 단어는 합성어라 하고 어근과 접사인 단어는 파생어라 한다.

① 지우개 – 새파랗다 ② 조각배 – 드높이다
③ 짓밟다 – 저녁노을 ④ 풋사과 – 돌아가다

콤단문 문법 (콤팩트한 단원별 문제풀이) 29p 10번

10 다음 중 단어 형성 방법이 나머지와 다른 것은?

① 먹이 ② 낯섦
③ 지우개 ④ 꽃답다

완벽적중

콤단문 문법 (콤팩트한 단원별 문제풀이) 33p 24번

24 다음 중 합성어로만 묶인 것은?

① 앞뒤, 똥오줌, 맛있다, 힘차다
② 잠보, 점쟁이, 일꾼, 덮개, 넓이, 조용히, 새롭다
③ 군것질, 선생님, 먹히다, 거멓다, 고프다
④ 맨손, 군소리, 풋사랑, 시누이, 빛나가다, 새파랗다

콤단문 문법 (콤팩트한 단원별 문제풀이) 31p 17번

17 다음 중 합성어로만 묶인 것은?

① 밑바닥, 짓밟다 ② 막내둥이, 돌부처
③ 개살구, 산들바람 ④ 앞서다, 가로지르다

완벽적중

콤단문 문법 (콤팩트한 단원별 문제풀이) 35p 27번

27 통사적 합성어로만 묶인 것은?

① 톱질, 작은형, 돌아가다
② 새언니, 젊은이, 교육자답다
③ 풋고추, 올벼, 잡히다
④ 가져오다, 어린이, 가로

2024 국가직 9급 9번

9 다음을 참고할 때, 단어의 종류가 같은 것끼리 짝 지어진 것은?

> ○ 현실을 (가) 한 그 정책은 결국 실패로 돌아갔다.
> ○ 그는 (나) 이 잦아 친구들 사이에서 신의를 잃었다.
> ○ 이 소설은 당대의 구조적 (다) 을 예리하게 비판했다.

	(가)	(나)	(다)
①	度外視	食言	矛盾
②	度外視	添言	腹案
③	白眼視	食言	矛盾
④	白眼視	添言	腹案

2024 3월 [국가직 대비] 파이널 적중 동형모의고사2

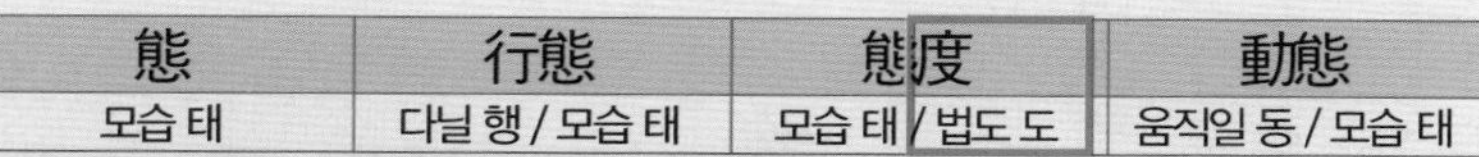

態	行態	態度	動態
모습 태	다닐 행 / 모습 태	모습 태 / 법도 도	움직일 동 / 모습 태

(해당 강의 7강 23:15 발췌)

盾	矛盾
방패 순	창 모 / 방패 순

2024 3월 일일 모의고사 3회 10번

10 한자 표기가 옳은 것은?

① 앞뒤가 안 맞는 영숙이의 말에는 모순(矛盾)이 느껴진다.
② 그는 인종에 다르다는 이유로 그들을 배척(背斥)하였다.
③ 지식인들은 일제강점기에 끊임없이 내적 갈등(葛等)하였다.
④ 잦은 비방(祕謗)으로 그는 채팅방에서 퇴장당했다.

2024 3월 일일모의고사 11회 10번

10 밑줄 친 ㉠~㉣의 한자 표기와 뜻이 적절하지 않은 것은?

> • 권력의 ㉠ 남용(濫用)과 부정을 막을 수 있는 제도적 장치가 필요하다.
> • 이 세부 사항들은 기본 원칙에 ㉡ 모순(矛盾)되므로 수정되어야 한다.
> • 이제부터 우리가 살길을 ㉢ 모색(摸索)해 보자.
> • 그것은 무지한 백성들을 노예로 묶어 두고자 ㉣날조(捏助)해 낸 거짓말이었다.

① ㉠ 남용(濫用): 권리나 권한 따위를 본래의 목적이나 범위를 벗어나 함부로 행사함.
② ㉡ 모순(矛盾): 어떤 사실의 앞뒤, 또는 두 사실이 이치상 어긋나서 서로 맞지 않음을 이르는 말.
③ ㉢ 모색(摸索): 일이나 사건 따위를 해결할 수 있는 방법이나 실마리를 더듬어 찾음.
④ ㉣ 날조(捏助): 사실이 아닌 것을 사실인 것처럼 거짓으로 꾸밈.

2024 국가직
9급 15번

15 다음 글을 감상한 내용으로 적절하지 않은 것은?

> 내 님믈 그리ᅀᆞ와 우니다니
> 산(山) 졉동새 난 이슷ᄒᆞ요이다
> 아니시며 거츠르신 ᄃᆞᆯ 아으
> 잔월효성(殘月曉星)이 아ᄅᆞ시리이다
> 넉시라도 님은 ᄒᆞᆫᄃᆡ 녀져라 아으
> 벼기더시니 뉘러시니잇가
> 과(過)도 허믈도 천만(千萬) 업소이다
> ᄆᆞᆯ힛 마리신뎌
> ᄉᆞᆯ읏븐뎌 아으
> 니미 나ᄅᆞᆯ ᄒᆞ마 니ᄌᆞ시니잇가
> 아소 님하 도람 드르샤 괴오쇼셔.

① 자연물을 통해 화자의 처지를 드러내고 있다.
② 천상의 존재를 통해 화자의 결백함을 나타내고 있다.
③ 설의적 표현을 활용하여 화자의 정서를 부각하고 있다.
④ 큰 숫자를 활용하여 임을 향한 화자의 그리움을 강조하고 있다.

赤功 기본서
출종포 문학
249p
작품 수록

'정과정'
완벽 적중

4 정서, 〈정과정(鄭瓜亭)〉

내 님믈 그리ᅀᆞ와 우니다니	내 님을 그리워하여 울고 있으니
山(산) 졉동새 난 이슷ᄒᆞ요이다	산 접동새와 내 신세가 비슷합니다.
아니시며 거츠르신 ᄃᆞᆯ 아으	(모함들이 사실이) 아니며 거짓인 줄을
잔월효성(殘月曉星)이 아ᄅᆞ시리이다	잔월효성(지는 달 뜨는 별)이 아실 것입니다.

▶ 기: 자신의 결백함 주장

넉시라도 님은 ᄒᆞᆫᄃᆡ 녀져라 아으	넋이라도 님과 함께하고 싶습니다.
벼기더시니 뉘러시니잇가	(내가 죄가 있다고) 우기시는 이가 누구입니까
과(過)도 허믈도 천만(千萬) 업소이다	잘못도 허물도 전혀 없습니다.
ᄆᆞᆯ힛 마리신뎌	뭇 사람들의 말입니다.

REVIEW · 赤功 박혜선 국어 수강후기

빠르고 정확하게 문제를 풀 수 있도록 문제 유형별 풀이 방식을 꼼꼼하게 알려주십니다.

[문학] 기본적으로 알고 있어야 하는 문학적 개념들을 잘 설명해 주시고 잘 정리되어 있어서 기본개념 외우기 좋습니다. 그 이후 문학 작품 설명이 들어가는데 작가별로 포인트를 짚어서 외울 부분을 알려주시고 이야기로 풀어서 잘 설명해주시다 보니 기억에 잘 남습니다.
[독해] 빠른 시간 안에 정확하게 문제를 풀어낼 수 있도록 각 문제 유형별로 풀이 방식을 알려주셔서 적용하는 연습을 계속해서 시켜주십니다. 혜선 쌤만의 많은 팁을 적용하면서 문제를 어떻게 풀어야 하는지 많은 도움을 받았습니다.

파파야얌

혜선 쌤의 야매 꼼수, 출좋포 문학도 강추!!!

현대 문학 유형은 작품 그 자체보다는 작가의 성향을 중심으로 배경 지식을 알면 훨씬 수월합니다. 물론 다른 문학 강의에서도 가르치시지만, 특히 올인원 과정에서 더 자세하게 알려주시기 때문에 추천하는 강의입니다. 특히 국가직 시험은 자주 출제되는 작품보다는 생소한 작품을 내는 경향이 있기 때문에 작가가 살아온 배경지식을 알아야 시간 절약에 도움이 됩니다. 아무리 문학에 자신 있는 분이라도 생소한 작품 문제가 나오면 순간 당황할 수가 있기에 올인원 문학을 반드시 들어서 크게 도움이 되었으면 좋겠습니다.

미래공무원

저처럼 금세 싫증을 느끼거나 스스로 공부하는 것에 자신이 없는 분들에게 추천! 안 질리는 강의

저는 스스로 끈기가 있는 사람이라고 생각하지 않습니다. 그게 짧지 않은 공시 기간 중에 큰 허점이 될 것이라고도 생각합니다. 그러나 혜선 쌤의 강의는 분명 같은 내용은 반복해서 회독하고 있는 것임에도 불구하고, 물림 없이 수강하게 됩니다. 강의 도중 학습 내용과 연계하여 풀어주시는 썰과, 쉬운 암기를 위해 제공해 주시는 야매 꼼수, 숨이 찰 만큼 높은 텐션이 그렇습니다. 그래서 저는 저처럼 금세 싫증을 느끼거나 스스로 공부하는 것에 자신이 없는 분들에게 추천드리고 싶습니다.

최*오

2025 문학 영역을 이렇게 대비해 주다니 듣길 잘한 거 같습니다.

출좋포 시즌 따라서 진행 중입니다. 내년 2025 기조가 바뀌니깐 문학은 나오지 않을 거다 생각하지만서도 마음이 불안했는데 혜선 쌤이 숙제로 듣게 해주셔가지고 수강했는데 잘 들은 것 같아요. 수강 수도 적게 있고 작가마다 깔끔하게 문학을 알려주셔서 문학에 대해 허들이 낮아졌어요. 2025 기조에 맞게 부담이 없이 편하게 듣기도 하고 마음에 불안함도 사라졌습니다. 혹시나 2025 대비하시는데 문학에 대한 부담이나 불안하신 분들은 꼭 만점 출좋포 문학 수업 들어보시는 거를 추천드립니다. 혜선 쌤이 알려준 요점대로만 따라가도 좋을 것 같아요. 문법으로 머리가 아팠는데 혜선 쌤의 하이텐션으로 더 문학으로 재미를 봅니다. 다들 파이팅입니다.

김*진

선생님 강의에서 가장 도움이 되는 건 역시 "독해"였습니다.

선생님과 추론하는 과정 그리고 풀어나가는 시간을 최대한 맞춰나갔고 틀리는 것도 무슨 오류를 범하는지 계속 생각해나갔습니다.(전 사고 비약이 심해서 실수하지 않도록 선생님 말씀처럼 이해해가며 신중히 펜체킹했습니다.) 1년 정도 하고나니 국어 푸는데 딱 20분이 걸렸고 모든 과목을 다 풀고도 20분정도 남아서 omr 2번 확인하고 헷갈렸던 문제도 다시 풀 수 있어서 3문제 고쳐서 맞힌 덕분에 성적 상승에도 도움이 됐습니다.

날아다니는 치킨

가장 유사한 독해 문제 유형을 출제하는 쌤 고르라면 단연코 박혜선 선생님!

독해의 경우 군더더기 없는 설명을 통해 정답을 고르는데 조금의 망설임 없는 자신감과 실력을 갖추게 해주셨습니다. 제가 이번 국가직 시험을 대비하면서 타 학원 선생님의 동형모의고사도 많이 풀어보았지만 이번 국가직 시험과 가장 유사한 독해 문제 유형을 모의고사로 출제한 선생님을 고르라 하면 단연코 박혜선 선생님을 꼽을 수밖에 없을 정도로 출제 경향에 굉장히 민감하게 반응하시고 문제를 선별하셨습니다. 특히 2025년에 새롭게 선보이는 유형으로 독해 부분에선 psat을 들 수 있는데, 이 부분은 박문각 학원 측에서도 적극적으로 홍보를 해야 되지 않을까 싶을 정도로 박혜선 선생님의 독보적인 영역이라고 생각됩니다.

동현

혜선 쌤 커리만 따라가면 못하려고 해도 잘할 수밖에 없습니다.

대학교 졸업 후 공무원 준비를 하고 있는데 국어를 안한 지 오래되기도 하고 제가 기억력이 안 좋아서 정말 다 잊어버려서 처음에 많이 낙담을 했습니다 ㅠㅠ 하지만 혜선 쌤의 텐션과 외우게 해주시려고 반복해주셔서 제가 외우려고 힘들이지 않아도 잘 외워지는 거 같아요!
그리고 확실히 수업시간에 아 너무 어려운데…?라고 생각했던 개념들도 풀어보고 나면 '오, 풀리긴 풀린다'라고 생각했던 게 많았던 거 같아요! 처음부터 어떻게 효율적으로 공부해야 할까… 이 많은 양을 어떻게 공부해야 하지?라는 생각을 많이 했는데 혜선 쌤께서 알아서 잘 이끌어 주시는대로 과제 착실히 하고 그날 공부한 거 복습하고 있어요! 이렇게 따라가면 못하려고 해도 잘할 수 있지 않을까?라는 믿음이 듭니다 ㅎㅎ! 아직 길과 감을 못 잡으신 분들과 정말 쉽게 중요 포인트들을 얻고 가고 싶으신 분들께 정말 강추드립니다 ㅎㅎ!

김*선

하라는 대로 따라가면 국어는 큰 문제없이 좋은 점수를 받을 수 있을 거라는 확신이 들어요.

강의의 장점으로는 텐션이 정말 정말 높고 문법은 될 때까지 예시로 때려 박아주셔서 이해하기 싫어도 자동으로 이해가 됩니다ㅎㅎ 독해 같은 경우에는 야매 꼼수로 푸는 것, 접속사를 활용해서 글의 흐름 파악하기, 선택지 끊어서 파악해가며 읽기 등등 여러 가지 팁이 정말 좋았습니다~ 또 저는 질문이 정말 많은 편인데 현강에서 질문할 때도 항상 잘 받아주셔서 너무 감사하네요! 그냥 선생님께서 하라는 대로 따라가면 국어는 큰 문제없이 좋은 점수를 받을 수 있을 거라는 확신이 들어요.

백*현

최단기 합격의 절대 공식 赤功 국어

'수석 합격' 커리큘럼

+ 스파르타 일일 모고

+ 하프 모고

1단계

초보 입문

시작!
초보자들의
능력

2단계

필수

All In One ★

초시 · 재시 필수!

2025 대비
"정규 과정" 만점 출좋포
- 출좋포 문법·어휘
- 출좋포 독해·문학
총 교재 2권

2025 독해 신유형 공부

3단계

필수

기출 분석 ★★

합격자 최고 추천

적중용

2025 콤단문 문법
2025 콤단문 독해

4단계

필수

단원별 문풀 ★★★

합격자 최고 극찬

훈련용

2025 콤단문 문법 + 독해 결합형
2025 콤단문 독해

5단계

동형 모의고사, 요약정리

2025 파이널 적중 동형 모의고사
2025 족집게 적중 노트

= "필수" 커리

선택 사항이지만, 약점이 되는 부분은 듣는 것을 강추! (수업이 너무 좋아서 듣게 될 거임.)

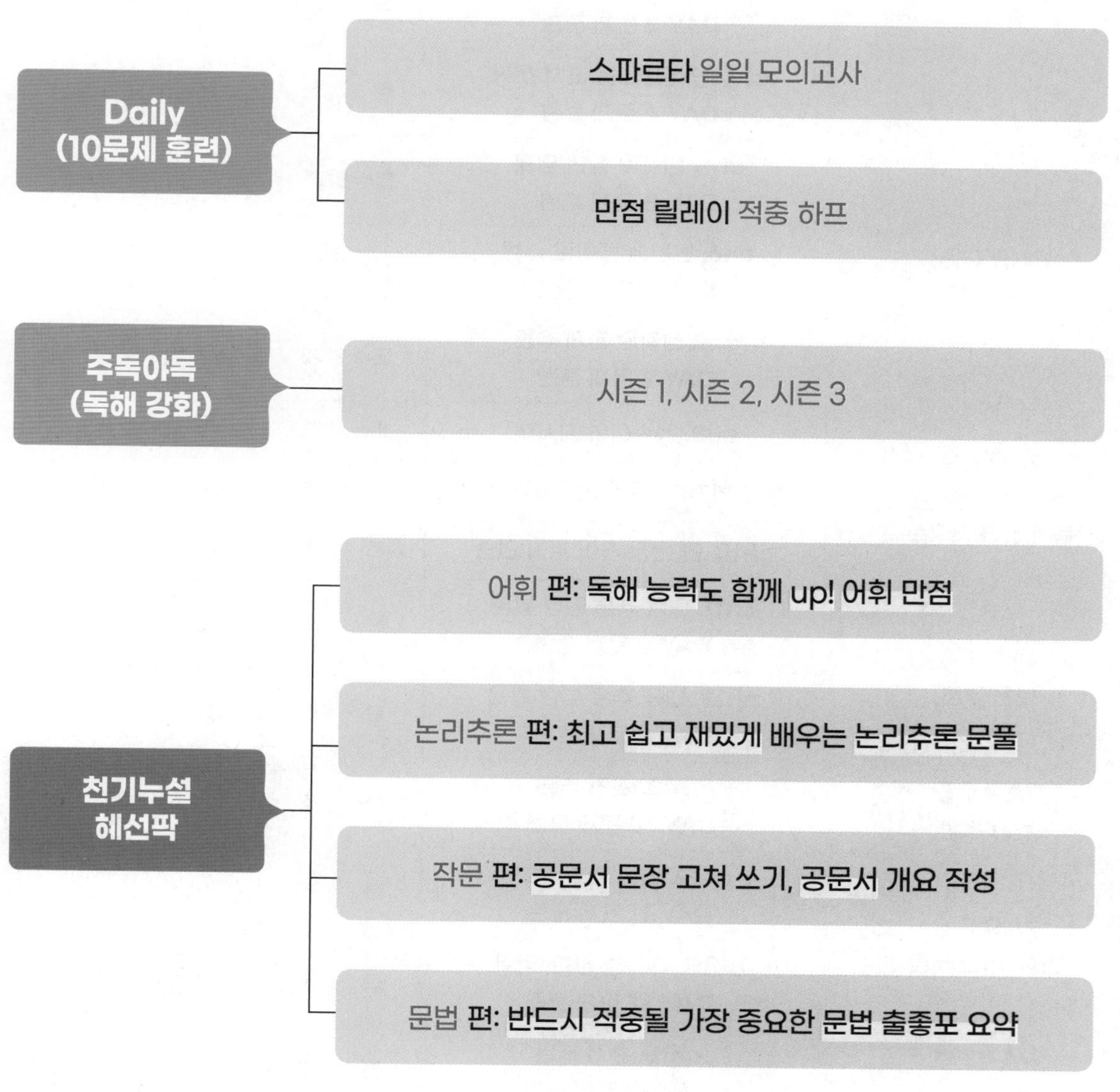

HOW TO STUDY · 메타인지 독해 숙제 관리

학습일		풀이 시간	체감 난도
PART 1. 화법, 작문	**ch1.** 말하기 방식 **DAY 1** 문제 훈련	분 초	☆☆☆☆☆
	ch2. [작문] 조건에 맞는 개요 작성 **DAY 2** 문제 훈련	분 초	☆☆☆☆☆
	ch3. [작문] 문장 고쳐 쓰기 **DAY 3** 문제 훈련	분 초	☆☆☆☆☆
	ch4. [작문] 내용 고쳐 쓰기 **DAY 4** 문제 훈련	분 초	☆☆☆☆☆
PART 2. 논리 추론	**ch5.** 반드시 참인 명제 **DAY 5** 문제 훈련	필수 암기!	☆☆☆☆☆
	ch6. 빈칸에 들어갈 결론 **DAY 6** 문제 훈련	필수 암기!	☆☆☆☆☆
	ch7. 생략된 전제 추론 **DAY 7** 문제 훈련	필수 암기!	☆☆☆☆☆
PART 3. 독해 이렇게 읽는다. 독해 신공 시각화	**ch8.** 접속어와 지시어	분 초	☆☆☆☆☆
	ch9. 최빈출 제시문 구조 시각화 방법	분 초	☆☆☆☆☆
	ch10. 긴 문장 끊어 읽기 연습	분 초	☆☆☆☆☆
PART 4. 내용 추론	**ch11.** 내용 추론 긍정 발문 **DAY 8** 문제 훈련	분 초	☆☆☆☆☆
	ch12. 내용 추론 부정 발문 **DAY 9** 문제 훈련	분 초	☆☆☆☆☆
PART 5. 빈칸 추론	**ch13.** 빈칸 추론 **DAY 10** 문제 훈련	분 초	☆☆☆☆☆
PART 6. 강화, 약화 추론	**ch14.** 일반 강화, 약화 **DAY 11** 문제 훈련	분 초	☆☆☆☆☆
	ch15. <보기> 강화, 약화 **DAY 12** 문제 훈련	분 초	☆☆☆☆☆
PART 7. 순서 배열	**ch16.** 순서 배열 **DAY 13** 문제 훈련	분 초	☆☆☆☆☆

학습일		풀이 시간	체감 난도
PART 8. 세트형(어휘, 지시 대상)	**ch17.** 어휘 - 문맥적 의미 추론 **DAY 14** 문제 훈련	분 초	☆☆☆☆☆
	ch18. 어휘 - 바꿔 쓸 수 있는 유사한 표현 **DAY 15** 문제 훈련	분 초	☆☆☆☆☆
	ch19. 지시 대상 추론 **DAY 16** 문제 훈련	분 초	☆☆☆☆☆
PART 9. 문학+독해 결합형	**ch20.** 현대 운문, 현대 산문 **DAY 17** 문제 훈련	분 초	☆☆☆☆☆
	ch21. 고전 운문, 고전 산문 **DAY 18** 문제 훈련	분 초	☆☆☆☆☆
PART 10. 문법+독해 결합형	**ch22.** 형태론 **DAY 19** 문제 훈련	분 초	☆☆☆☆☆
	ch23. 통사론 **DAY 20** 문제 훈련	분 초	☆☆☆☆☆
	ch24. 음운론 **DAY 21** 문제 훈련	분 초	☆☆☆☆☆
PART 11. 현대 문학	**ch25.** 1920년대 현대 운문 **ch26.** 1930년대 현대 운문 **ch27.** 1940년대 현대 운문	분 초	☆☆☆☆☆
	ch28. 1960년대 현대 운문 **ch29.** 1970년대 현대 운문	분 초	☆☆☆☆☆
	ch30. 1910년대 개화기 문학 **ch31.** 1920년대 현대 산문 **ch32.** 1930년대 현대 산문	분 초	☆☆☆☆☆
	ch33. 1940년대 현대 산문 **ch34.** 1950년대 현대 산문 **ch35.** 1960년대 현대 산문 **ch36.** 1970년대 현대 산문	분 초	☆☆☆☆☆
PART 12. 고전 문학	**ch37.** 고대 가요와 향가 **ch38.** 고려 가요 **ch39.** 시조	분 초	☆☆☆☆☆
	ch40. 고대 산문 **ch41.** 고려 시대 산문 **ch42.** 조선 시대 산문	분 초	☆☆☆☆☆

CONTENTS · 이 책의 차례

Part 01 화법, 작문

Part 02 논리 추론

Part 03 독해 이렇게 읽는다. 독해 신공 시각화

Part 04 내용 추론

Part 05 빈칸 추론

Part 06 강화, 약화 추론

Part 07 순서 배열

문학

출.종.포 독해·문학

Part

01

화법, 작문

Chapter

01 말하기 방식

화법이란 문장이나 담화에서 다른 사람의 말을 인용하여 재현하는 방법으로
공무원 국어 시험에는 말하기, 듣기를 실질적으로 측정할 수 없으므로
일반적으로 대화 참여자들의 대본을 독해하는 유형으로 출제된다.
요즘 대화 참여자들의 말하기 방식을 물어보는 문제가 매년 매 직렬 1~2문제씩 반드시 나오는 추세이며
이 추세는 2025년에도 계속될 예정이다. 따라서 이 유형은 0순위 최빈출이라고 볼 수 있다.
전통적으로 화법 이론으로 많이 나왔던 '공감적 듣기, 직접·간접 발화, 공손성의 원리, 협력의 원리' 이론에 대해 학습해야 한다.

대본 문제가 나오는 경우 가장 중요한 방향은 1) 화법 필수 이론을 먼저 강의를 통해 배우고 2) 이를 적용하는 것이다. 이제부터 말하기 방식의 선택지에 나올 수 있는 개념을 익혀 보자.

독해 이론 [화법] 말하기 방식

1 언어적 표현 이외의 표현

- 비언어(非言語)적 표현 : 언어가 아닌 표현으로 생각이나 감정을 드러내는 것
  예 표정, 몸짓, 눈짓, 고갯짓
- 반언어(半言語)적 표현 : 언어의 반(半)인 표현으로 생각이나 감정을 드러내는 것
  예 강약, 높낮이, 억양

2 공감적 듣기의 방법

개념	일단 상대방의 관점에서 문제를 바라보고 이해하며 공감하는 듣기 ※ 공감적 듣기에 해당하지 않는 것 : 대화 상대의 말의 진위를 판단하려고 하거나 상대를 비판하거나 상대에게 해결 방안을 제시하는 것	
종류	소극적인 들어 주기	상대방에게 관심을 표명하면서 상대방이 대화를 계속 이어 갈 수 있도록 대화의 맥락을 조절하며 격려하는 것이다. : 질문하기, 적절하게 눈 맞추기, 고개 끄덕임, 맞장구, 미소 짓는 표정, 상대방이 말한 주요 어휘나 표현 반복하기 예 (몸을 돌려 눈을 맞추며) 정말? 어떻게 그렇게 된 거야? 어어 그래서?
	적극적인 들어 주기	상대방의 말을 요약·정리(재진술)하고 반영하여 상대방이 스스로 문제를 해결할 수 있도록 돕는 것이다. 예 그러니까 너의 말은 수정이가 저번 너의 행동에 서운해서 지금 너와 대화를 하기 싫어한다는 것이구나.

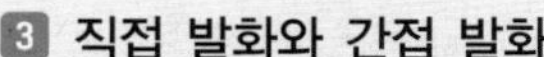

3 직접 발화와 간접 발화

구분	개념 및 예시
직접 발화	문장의 종류(평서문, 의문문, 명령문, 청유문, 감탄문) = 화자의 의도
간접 발화	문장의 종류(평서문, 의문문, 명령문, 청유문, 감탄문) ≠ 화자의 의도

직접 발화

문장의 종류(평서문, 의문문, 명령문, 청유문, 감탄문) = 화자의 의도

예 A: 팀장님, 오늘 회의 내용을 요약 정리해서 메일로 공유하면 되겠지요?
B: (고개를 끄덕이며) 맞습니다.

– 2022 지방직 9급

문장의 종류	의문문
화자의 의도	의문(그렇게 하면 되는지 허락을 묻고 있음)

예 운용: 설탕세를 부과하면 당 소비가 감소한다고 믿을 만한 근거가 있니?
은지: 세계보건기구 보고서를 보면 당이 포함된 음료에 설탕세를 부과하면 이에 비례해 소비가 감소한다고 나와 있어.

문장의 종류	의문문
화자의 의도	의문(진짜 근거가 궁금한 것)

간접 발화

문장의 종류(평서문, 의문문, 명령문, 청유문, 감탄문) ≠ 화자의 의도

예 김 주무관: 그런데 어떻게 준비해야 효과적으로 전달할 수 있을지 고민이에요.
최 주무관: 설명회에 참여할 청중 분석이 먼저 되어야겠지요.

– 2023 지방직 9급

문장의 종류	평서문
화자의 의도	의문(어떻게 준비해야 효과적으로 전달할 수 있을까요?)

예 예은 씨. 그런데 개조식으로 회의 내용을 요약하는 방식에는 문제가 있지 않을까요?

– 2022 지방직 9급

문장의 종류	의문문
화자의 의도	명령(개조식으로 요약하지 마라.)

[화법] 공손성의 원리

요령의 격률	상대방에게 부담이 되는 표현은 최소화하고, 상대방의 이익을 극대화하는 표현을 최대화하라. ▸'혹시' '좀' '바쁘시겠지만' '미안하지만' 등의 표현 명령문이 아니라 의문문으로 표현하여 상대의 부담을 줄인다. 예 혹시 짐 좀 들어줄 수 있을까요? (늦은 친구에게) 기다린 지 얼마 안됐어.
관용의 격률	화자 자신에게 혜택을 주는 표현은 최소화하고, 부담을 주는 표현을 최대화하라. ▸문제를 내 탓으로 돌려, 상대방이 관용을 베풀게 만드는 표현을 찾으면 된다. 예 제 목소리가 작은데, 마이크 볼륨을 높여주실 수 있을까요? 제가 귀가 안 좋은데 더 크게 말해주시겠어요?
찬동의 격률	다른 사람에 대한 비방은 최소화하고, 칭찬을 극대화하라. ▸상대방의 좋은 점을 칭찬하는 것을 찾으면 된다. 예 이야. 너가 설명해주니까 단번에 이해가 간다! (마음에 들지 않으면서) 너 남자친구 참 좋은 사람 같더라.
겸양의 격률	자신에 대한 칭찬은 최소화하고, 비방을 극대화하라. ▸칭찬을 받은 후에 겸손하게 대응하는 표현을 찾으면 된다. 잘났음에도 겸손하게 표현하는 것이다. 예 회장님 : 역공녀는 쉬지 않고 일을 하는군요! 정말 성실합니다! 역공녀 : 아닙니다.(천만에요) 제가 일 처리 속도가 느려서 하루 종일 일하는 거랍니다.
동의의 격률	다른 사람과의 의견 차이를 최소화하고, 일치점을 극대화하라. ▸상대방의 의견에 동의한 후 자신의 의견을 말하는 것을 찾으면 된다. 예 역공남 : 나랑 혹시 밥 먹지 않을래? 역공녀 : 좋지, 하지만 지금은 배불러서... 지금 영화표가 있는데... 역공남 : 그럼 영화 보러 가자!

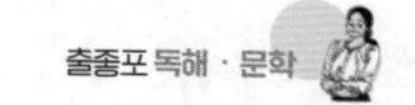

출종포 독해 이론 [화법] 협력의 원리

양의 격률	필요한 만큼의 적당한 양의 정보만 제공하기 (정보의 양이 너무 많거나 적으면 안 된다.) 예 亦功이 : 혜선 쌤 나이가 어떻게 되세요? 혜선 : 나는 25살이고 뷔 오빠는 28살이야.
질의 격률	진실한 정보만을 제공하도록 노력하고 증거가 불충한 것은 말하지 말기 (과장하거나 거짓말하면 안 된다.) 예 亦功이 : 혜선 쌤 체중이 어떻게 되세요? 혜선 : (훨씬 더 나가면서) 나는 걸그룹 몸무게인 48kg이야. 亦功이 : 올…. 혜선 : 亦功이가 후 불면 날아갈 수도 있어.
태도의 격률	간결하고 명확하게 말하기(모호하거나 중의적인 표현을 피하기) 예 亦功이 : 혜선 쌤, 이번에 어떤 파트를 공부할까요? 혜선 : 음… 역시 통사론의 높임법이 중요하지 않을까? 아니야 형태론도 진짜 중요하지. 그렇다고 음운론을 등한시하면 안 될 텐데…!!
관련성의 격률	해당 대화 맥락과 관련되는 말을 하기 (질문에 대한 대답이 주제와 초점이 동일한가) 예 혜선 : 시험 잘 봤어? 亦功이 : 쌤은 어제 라면 맛있었나 봐요?

» **양의 격률, 질의 격률, 태도의 격률은 질문에 대해 '관련성'이 있는 답변이라는 것을 기억해야 한다.**

01 다음 글은 기출의 일부입니다. A와 임 대리의 말하기가 직접 발화인지, 간접 발화인지 판단하시오.

1)

A : (문을 열고 싶을 때) 역공아, 교실이 너무 더운 것 같지 않니?

( )

2)

A : (길을 물어보고 싶을 때) 노량진 이데아 빌딩이 어디인가요?

( )

3)

임 대리 : 저도 팀장님 말씀대로 정보를 공유한다는 취지는 좋다고 생각해요. 다만 다른 팀원들의 동의도 구해야 할 것 같고, 여러 면에서 우려되긴 하네요. 팀원들 의견을 먼저 들어 보고, 잘된 것만 시범적으로 한두 개 올리는 것이 어떨까요?

( )

02 3)의 임 대리는 대화 참여자의 의견을 묻는 의문문을 사용하여 자신의 의견을 간접적으로 드러내고 있다.

2023 국가직 9급 (O / X)

03 다음 글의 대화를 토대로 물음에 답하시오.

1) 김 주무관의 말하기가 직접 발화인지 간접 발화인지 판단하시오.

김 주무관 : 그런데 어떻게 준비해야 효과적으로 전달할 수 있을지 고민이에요.

( )

2) 김 주무관은 정중한 표현을 사용하여 직접 질문하고 있다. (O / X) 2023 국가직 9급

01 다음 글은 기출의 일부입니다. A와 임 대리의 말하기가 직접 발화인지, 간접 발화인지 판단하시오.

1)

A : (문을 열고 싶을 때) 역공아, 교실이 너무 더운 것 같지 않니? (문 열어라)

문장의 종류(의문문) ≠ 진짜 의도(명령)

(간접 발화)

2)

A : (길을 물어보고 싶을 때) 노량진 이데아 빌딩이 어디인가요? (어디인가요?)

문장의 종류(의문문) = 진짜 의도(의문)

(직접 발화)

3)

임 대리 : 저도 팀장님 말씀대로 정보를 공유한다는 취지는 좋다고 생각해요. 다만 다른 팀원들의 동의도 구해야 할 것 같고, 여러 면에서 우려되긴 하네요. 팀원들 의견을 먼저 들어 보고, 잘된 것만 시범적으로 한두 개 올리는 것이 어떨까요? (올립시다)

문장의 종류(의문문) ≠ 진짜 의도(청유)

(간접 발화)

02 3)의 임 대리는 대화 참여자의 의견을 묻는 의문문을 사용하여 자신의 의견을 간접적으로 드러내고 있다.

2023 국가직 9급 (O / ×)

→ 문장의 종류 ≠ 진짜 의도
(의문문) (청유)

03 다음 글의 대화를 토대로 물음에 답하시오.

1) 김 주무관의 말하기가 직접 발화인지 간접 발화인지 판단하시오.

김 주무관 : 그런데 어떻게 준비해야 효과적으로 전달할 수 있을지 고민이에요. (어떻게 준비할까요?)

문장의 종류(평서문) ≠ 진짜 의도(의문)

(간접 발화)

2) 김 주무관은 정중한 표현을 사용하여 ~~직접~~ 간접 질문하고 있다. (O / ×) 2023 국가직 9급

→ 문장의 종류(평서문) ≠ 진짜 의도(의문)

04 다음 〈보기〉를 보고 발화에 나타난 공손성의 원리로 적절한 것을 〈보기〉의 기호로 쓰시오.

〔보기〕
㉠ 자신을 상대방에게 낮추어 겸손하게 말해야 한다.
㉡ 상대방의 처지를 고려하여 상대방이 부담을 갖지 않도록 말해야 한다.
㉢ 상대방이 관용을 베풀 수 있도록 문제를 자신의 탓으로 돌려 말해야 한다.
㉣ 상대방의 의견에서 동의하는 부분을 찾아 인정해 준 다음에 자신의 의견을 말해야 한다.
㉤ 다른 사람에 대한 비방은 최소화하고, 칭찬을 극대화해야 한다.

1) '가, 나'의 발화에 나타난 공손성의 원리를 〈보기〉에서 각각 순서대로 고르시오.

가: 혜선 쌤! 화면보다 실물이 더 예쁘세요!
나: 아니에요.(천만에요) 우리 역공이가 더 이뻐요 ♥♥

( )

2) '가, 나'의 발화에 나타난 공손성의 원리를 〈보기〉에서 각각 순서대로 고르시오.

가: 성희야 너는 머리가 좋긴 좋은가 보다. 이런 센스 있는 작품을 만들다니!
나: 그렇게 말씀해 주시니 고맙습니다.

( )

3) '가, 나'의 발화에 나타난 공손성의 원리를 〈보기〉에서 각각 순서대로 고르시오.

가: 역공아, 혹시 내일 나랑 밥 먹을래?
나: 밥 좋지. 그런데 요즘 내가 다이어트를 해서 그러는데 차라리 영화를 보는 거 어때?

( )

4) '가'의 발화에 나타난 공손성의 원리를 〈보기〉에서 각각 순서대로 고르시오.

가: 제가 이해력이 달려서 그러는데 다시 설명해 주실 수 있나요?
나: 그럼요. 제가 더 설명 드릴게요.

( )

04 다음 〈보기〉를 보고 발화에 나타난 공손성의 원리로 적절한 것을 〈보기〉의 기호로 쓰시오.

〈보기〉

㉠ 자신을 상대방에게 낮추어 겸손하게 말해야 한다. 겸양의 격률

㉡ 상대방의 처지를 고려하여 상대방이 부담을 갖지 않도록 말해야 한다. 요령의 격률

㉢ 상대방이 관용을 베풀 수 있도록 문제를 자신의 탓으로 돌려 말해야 한다. 관용의 격률

㉣ 상대방의 의견에서 동의하는 부분을 찾아 인정해 준 다음에 자신의 의견을 말해야 한다. 동의의 격률

㉤ 다른 사람에 대한 비방은 최소화하고, 칭찬을 극대화해야 한다. 찬동의 격률

1) '가, 나'의 발화에 나타난 공손성의 원리를 〈보기〉에서 각각 순서대로 고르시오.

가: 혜선 쌤! 화면보다 실물이 더 예쁘세요! 찬동의 격률(㉤)

나: 아니에요.(천만에요) 우리 역공이가 더 이뻐요 ♥♥

겸양의 격률(㉠)

(㉤, ㉠)

2) '가, 나'의 발화에 나타난 공손성의 원리를 〈보기〉에서 각각 순서대로 고르시오.

찬동의 격률(㉤)

가: 성희야 너는 머리가 좋긴 좋은가 보다. 이런 센스 있는 작품을 만들다니!

나: 그렇게 말씀해 주시니 고맙습니다. 해당 없음

(㉤, 해당 없음)

3) '가, 나'의 발화에 나타난 공손성의 원리를 〈보기〉에서 각각 순서대로 고르시오.

가: 역공아, 혹시 내일 나랑 밥 먹을래? 요령의 격률(㉡)

나: 밥 좋지. 그런데 요즘 내가 다이어트를 해서 그러는데 차라리 영화를 보는 거 어때?

동의의 격률(㉣)

(㉡, ㉣)

4) '가'의 발화에 나타난 공손성의 원리를 〈보기〉에서 각각 순서대로 고르시오.

가: 제가 이해력이 달려서 그러는데 다시 설명해 주실 수 있나요? 관용의 격률(㉢)

나: 그럼요. 제가 더 설명 드릴게요.

(㉢)

05 다음 〈보기〉를 보고 발화에 나타난 협력의 원리로 적절한 것을 〈보기〉의 기호로 쓰시오.

〔보기〕
㉠ 모호하거나 중의적인 표현을 피하고 간결하고 조리 있게 말하라
㉡ 해당 대화 맥락과 관련되는 말을 하라
㉢ 진실한 정보만을 제공하도록 노력하고 증거가 불충한 것은 말하지 말라
㉣ 대화의 목적에 필요한 만큼만 정보를 제공하고 필요 이상의 정보를 제공하지 말라

1) '합격'이가 위배한 협력의 원리를 〈보기〉에서 고르시오.

亦功 : 와 어제 박문각 운동 대회 봤어?
합격 : 응! 와... 혜선 쌤이 비행기보다 빠르더라...

(　　　　)

2) '합격'이가 위배한 협력의 원리를 〈보기〉에서 고르시오.

亦功 : 우리 밥 먹을래요?
합격 : 내일 촬영이 있어요.

(　　　　)

3) '합격'이가 위배한 협력의 원리를 〈보기〉에서 고르시오.

亦功 : 이번 주 일요일에 같이 떡볶이 먹으러 갈래?
합격 : 떡볶이 좋지. 그런데 피자도 맛있을 것 같기도 하고, 하지만 어제 피자를 먹었으니까 떡볶이를 먹을까? 어제 TV 보니까 치킨도 맛있겠더라.

(　　　　)

4) '합격'이가 위배한 협력의 원리를 〈보기〉에서 고르시오.

亦功 : 너는 몇 살이니?
합격 : 저는 13살이고요, 형은 18살이에요.

(　　　　)

05 다음 〈보기〉를 보고 발화에 나타난 협력의 원리로 적절한 것을 〈보기〉의 기호로 쓰시오.

〔보기〕

㉠ 모호하거나 중의적인 표현을 피하고 간결하고 조리 있게 말하라 — 태도의 격률

㉡ 해당 대화 맥락과 관련되는 말을 하라 — 관련성의 격률

㉢ 진실한 정보만을 제공하도록 노력하고 증거가 불충한 것은 말하지 말라 — 질의 격률

㉣ 대화의 목적에 필요한 만큼만 정보를 제공하고 필요 이상의 정보를 제공하지 말라 — 양의 격률

1) '합격'이가 위배한 협력의 원리를 〈보기〉에서 고르시오.

> 亦功: 와 어제 박문각 운동 대회 봤어?
>
> 합격: 응! 와... 혜선 쌤이 비행기보다 빠르더라...

→ 질의 격률 위배

(㉢)

2) '합격'이가 위배한 협력의 원리를 〈보기〉에서 고르시오.

> 亦功: 우리 밥 먹을래요?
>
> 합격: 내일 촬영이 있어요.

맥락 : 밥
≠
맥락 관련X : 촬영
→ 관련성의 격률 위배

(㉡)

3) '합격'이가 위배한 협력의 원리를 〈보기〉에서 고르시오.

> 亦功: 이번 주 일요일에 같이 떡볶이 먹으러 갈래?
>
> 합격: 떡볶이 좋지. 그런데 피자도 맛있을 것 같기도 하고, 하지만 어제 피자를 먹었으니까 떡볶이를 먹을까? 어제 TV 보니까 치킨도 맛있겠더라.

태도의 격률 위배

(㉠)

4) '합격'이가 위배한 협력의 원리를 〈보기〉에서 고르시오.

> 亦功: 너는 몇 살이니?
>
> 합격: 저는 13살이고요, 형은 18살이에요.

→ 양의 격률 위배

(㉣)

정답 및 해설 p.318

赤功신공 빨리 푸는 전략!

1단계

발문에 나온 '발화 주체'의 대사에만 먼저 체크하고 읽기

2단계

'발화 주체'의 대사를 읽은 후 선택지를 읽고 바로 확인 가능한 선지는 바로바로 지우기

3단계

반드시 선지는 2 파트로 나누어 판단하기

기존 출제 유지 STEP 1 발문에 집중해야 할 '발화 주체'가 있는 경우

01 진행자의 말하기 방식에 대한 설명으로 적절하지 않은 것은?

> 진행자: 우리 시에서도 다음 달부터 시내 도심부에서의 제한 속도를 조정하기로 했습니다. 이와 관련하여, 강□□ 교수님 모시고 말씀 듣겠습니다. 교수님, 안녕하세요?
> 강 교수: 네, 안녕하세요?
> 진행자: 바뀌는 제도의 내용을 좀 더 구체적으로 설명해 주시죠.
> 강 교수: 네, 시내 도심부 간선도로에서의 제한 속도를 기존의 70 km/h에서 60 km/h로 낮추는 정책입니다.
> 진행자: 시의회에서 이 정책 도입에 중요한 역할을 하신 것으로 아는데, 어떤 효과를 얻을 것이라고 주장하셨나요?
> 강 교수: 차량 간 교통사고 발생 가능성을 줄이고 보행자 안전을 확보할 수 있다고 했습니다.
> 진행자: 그런데 일각에서는 그런 효과는 미미하고 오히려 교통체증을 유발하여 대기오염이 심화될 것이라며 이 정책에 반대합니다. 이에 대해 말씀해 주시겠어요?
> 강 교수: 그렇지 않습니다. ○○시가 작년에 7개 구간을 대상으로 이 제도를 시험 적용해 보니, 차가 막히는 시간은 2분 정도밖에 증가하지 않았습니다. 그런데 중상 이상의 인명 사고는 26.2 % 감소했습니다. 또 이산화질소와 미세먼지 같은 오염물질도 각각 28 %, 21 %가량 오히려 감소한다는 연구 결과가 있습니다.
> 진행자: 아, 그러니까 속도를 10 km/h 낮출 때 2분 정도 늦어지는 것이라면 인명 사고의 예방과 오염물질의 감소를 위해 충분히 감수할 만한 시간이라는 말씀이시군요.
> 강 교수: 네, 맞습니다.
> 진행자: 교통사고를 줄이고 보행자 안전을 확보할 수 있다는 점, 교통체증 유발은 미미할 것이라는 점, 오염물질 배출이 감소할 것이라는 점에서 이번의 제한 속도 조정 정책은 훌륭한 정책이라는 것이군요. 맞습니까?
> 강 교수: 네, 그렇게 정리할 수 있겠습니다.

① 상대방이 통계 수치를 제시한 의도를 자기 나름대로 풀어 설명한다.
② 상대방의 견해를 요약하며 자신이 이해한 바가 맞는지를 확인한다.
③ 상대방의 주장에 대한 이견을 소개하고 그에 대한 의견을 요청한다.
④ 상대방이 설명한 내용을 뒷받침할 수 있는 자신의 경험을 예시한다.

01 진행자의 말하기 방식에 대한 설명으로 적절하지 않은 것은?

진행자: 우리 시에서도 다음 달부터 시내 도심부에서의 제한 속도를 조정하기로 했습니다. 이와 관련하여, 강□□ 교수님 모시고 말씀 듣겠습니다. 교수님, 안녕하세요?

강 교수: 네, 안녕하세요?

진행자: 바뀌는 제도의 내용을 좀 더 구체적으로 설명해 주시죠.

강 교수: 네, 시내 도심부 간선도로에서의 제한 속도를 기존의 70 km/h에서 60 km/h로 낮추는 정책입니다.

진행자: 시의회에서 이 정책 도입에 중요한 역할을 하신 것으로 아는데, 어떤 효과를 얻을 것이라고 주장하셨나요?

강 교수: 차량 간 교통사고 발생 가능성을 줄이고 보행자 안전을 확보할 수 있다고 했습니다.

진행자: 그런데 일각에서는 그런 효과는 미미하고 오히려 교통체증을 유발하여 대기오염이 심화될 것이라며 이 정책에 반대합니다. 이에 대해 말씀해 주시겠어요?

강 교수: 그렇지 않습니다. ○○시가 작년에 7개 구간을 대상으로 이 제도를 시험 적용해 보니, 차가 막히는 시간은 2분 정도밖에 증가하지 않았습니다. 그런데 중상 이상의 인명 사고는 26.2 % 감소했습니다. 또 이산화질소와 미세먼지 같은 오염물질도 각각 28 %, 21 %가량 오히려 감소한다는 연구 결과가 있습니다.

진행자: 아, 그러니까 속도를 10 km/h 낮출 때 2분 정도 늦어지는 것이라면 인명 사고의 예방과 오염물질의 감소를 위해 충분히 감수할 만한 시간이라는 말씀이시군요.

강 교수: 네, 맞습니다.

진행자: 교통사고를 줄이고 보행자 안전을 확보할 수 있다는 점, 교통체증 유발은 미미할 것이라는 점, 오염물질 배출이 감소할 것이라는 점에서 이번의 제한 속도 조정 정책은 훌륭한 정책이라는 것이군요. 맞습니까?

강 교수: 네, 그렇게 정리할 수 있겠습니다.

① 상대방이 통계 수치를 제시한 의도를/자기 나름대로 풀어 설명한다.

② 상대방의 견해를 요약하며/자신이 이해한 바가 맞는지를 확인한다.

③ 상대방의 주장에 대한 이견을 소개하고/그에 대한 의견을 요청한다.

④ 상대방이 설명한 내용을 뒷받침할 수 있는/자신의 경험을 예시한다. (미언급의 오류)

정답 및 해설 p.318

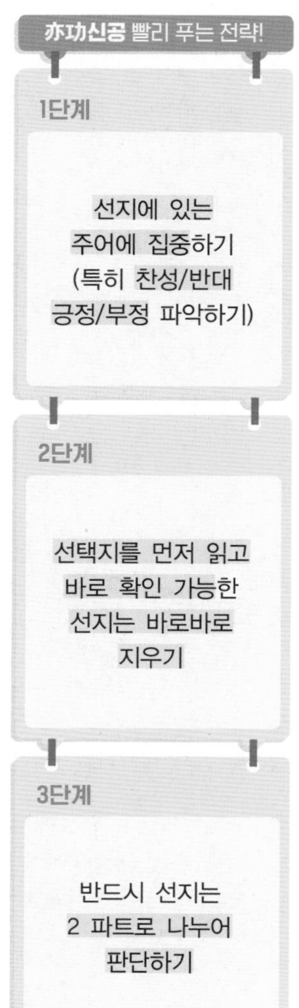

기존 출제 유지 STEP 1 선택지에 주어가 있는 경우

02 다음 대화를 분석한 내용으로 가장 적절한 것은? 2024 국가직 9급

> 갑: 고대 노예제 사회나 중세 봉건 사회는 타고난 신분에 따라 사회적 지위가 결정되는 계급사회였지만, 현대 사회는 계급사회가 아니라고 많이들 말해. 그런데 과연 그런지 의문이야.
> 을: 현대 사회는 고대나 중세만큼은 아니지만 귀속지위가 성취지위를 결정하는 면이 없다고 할 수 없어. 빈부 격차에 따라 계급이 나뉘고 그에 따른 불평등이 엄연히 존재하잖아. '금수저', '흙수저'라는 유행어에서 볼 수 있듯 빈부 격차가 대물림되면서 개인의 계급이 결정되고 있어.
> 병: 현대 사회가 빈부 격차로 인해 계급이 나누어지는 것처럼 보인다고 해서 계급사회라고 단정할 수는 없어. 계급사회라고 말하려면 계급 체계 자체가 인간의 생활을 전적으로 규정할 수 있어야 하는데, 오늘날 각종 문화나 생활 방식 전체를 특정한 계급 논리만으로는 설명할 수 없어. 따라서 현대 사회를 계급사회로 보기는 어려워.
> 갑: 현대 사회의 문화가 다양하다는 것은 맞아. 하지만 인간 생활의 근간은 결국 경제 활동이고, 경제적 계급 논리로 현대 사회의 문화를 충분히 설명하고 규정할 수 있어. 또한 현대 사회에서 인간의 사회적 지위는 부모의 경제력과 직결되기 때문에 계급사회라고 말할 수 있어.

① 갑은 을의 주장 중 일부는 수용하고 일부는 반박한다.
② 을의 주장은 갑의 주장과 대립하지 않는다.
③ 갑과 병은 상이한 전제에서 유사한 결론을 도출하고 있다.
④ 병의 주장은 갑의 주장과는 대립하지 않지만 을의 주장과는 대립한다.

02 다음 대화를 분석한 내용으로 가장 적절한 것은? 2024 국가직 9급

갑: 고대 노예제 사회나 중세 봉건 사회는 타고난 신분에 따라 사회적 지위가 결정되는 계급사회였지만, 현대 사회는 계급사회가 아니라고 많이들 말해. 그런데 과연 그런지 의문이야.

을: 현대 사회는 고대나 중세만큼은 아니지만 귀속지위가 성취지위를 결정하는 면이 없다고 할 수 없어. 빈부 격차에 따라 계급이 나뉘고 그에 따른 불평등이 엄연히 존재하잖아. '금수저', '흙수저'라는 유행어에서 볼 수 있듯 빈부 격차가 대물림되면서 개인의 계급이 결정되고 있어.

병: 현대 사회가 빈부 격차로 인해 계급이 나누어지는 것처럼 보인다고 해서 계급사회라고 단정할 수는 없어. 계급사회라고 말하려면 계급 체계 자체가 인간의 생활을 전적으로 규정할 수 있어야 하는데, 오늘날 각종 문화나 생활 방식 전체를 특정한 계급 논리만으로는 설명할 수 없어. 따라서 현대 사회를 계급사회로 보기는 어려워.

갑: 현대 사회의 문화가 다양하다는 것은 맞아. 하지만 인간 생활의 근간은 결국 경제 활동이고, 경제적 계급 논리로 현대 사회의 문화를 충분히 설명하고 규정할 수 있어. 또한 현대 사회에서 인간의 사회적 지위는 부모의 경제력과 직결되기 때문에 계급사회라고 말할 수 있어.

(병: 계급 사회 X)

(을: 빈부 격차에 따라 계급 나뉨)

(갑: 부모의 경제력과 직결되는 계급 사회)

(② 옳음)

① 갑은 을의 주장 중 일부는 수용하고/일부는 ~~반박~~한다. (반대의 오류)

② 을의 주장은 갑의 주장과 대립하지 않는다. (둘다 경제적 이유로 계급 나뉜다고 주장)

③ 갑과 병은 상이한 전제에서/~~유사한 결론~~을 도출하고 있다. (갑: 계급사회 O / 병: 계급사회 X) → (반대의 오류)

④ 병의 주장은 갑의 주장과는 ~~대립하지 않지만~~/을의 주장과는 대립한다. (→ 대립하고(반대의 오류))

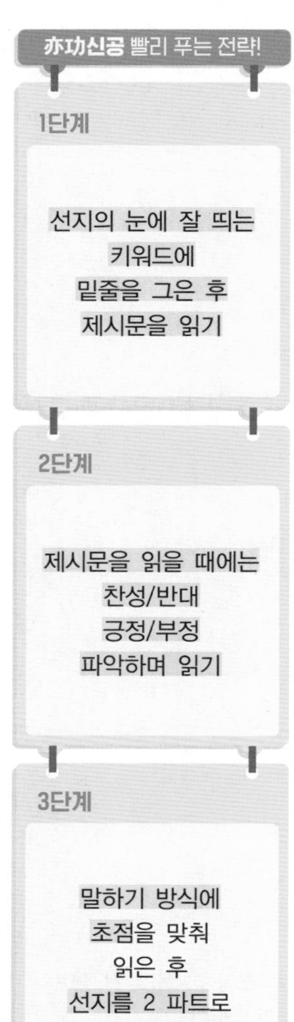

STEP 신유형 2 주어가 없는 경우

03 다음 대화를 분석한 내용으로 가장 적절한 것은? 2025 인혁처 샘플

> 갑: 전염병이 창궐했을 때 마스크를 착용하는 것은 당연한 일인데, 그것을 거부하는 사람이 있다니 도대체 이해가 안 돼.
> 을: 마스크 착용을 거부하는 사람들을 무조건 비난하지 말고 먼저 왜 그러는지 정확하게 이유를 파악하는 것이 필요해.
> 병: 그 사람들은 개인의 자유가 가장 존중받아야 하는 기본권이라고 생각하기 때문일 거야.
> 갑: 개인의 자유로운 선택이 타인의 생명을 위협한다면 기본권이라 하더라도 제한하는 것이 보편적 상식 아닐까?
> 병: 맞아. 개인이 모여 공동체를 이루는데 나의 자유만을 고집하면 결국 사회는 극단적 이기주의에 빠져 붕괴하고 말 거야.
> 을: 마스크를 쓰지 않는 행위를 윤리적 차원에서만 접근하지 말고, 문화적 차원에서도 고려할 필요가 있어. 어떤 사회에서는 얼굴을 가리는 것이 범죄자의 징표로 인식되기도 해.

① 화제에 대해 남들과 다른 측면에서 탐색하는 사람이 있다.
② 자신의 의견이 반박되자 질문을 던져 화제를 전환하는 사람이 있다.
③ 대화가 진행되면서 논점에 대한 찬반 입장이 바뀌는 사람이 있다.
④ 사례의 공통점을 종합하여 자신의 주장을 강화하는 사람이 있다.

PART 01

03 다음 대화를 분석한 내용으로 가장 적절한 것은? 2025 인혁처 샘플

갑: 전염병이 창궐했을 때 마스크를 착용하는 것은 당연한 일인데, 그것을 거부하는 사람이 있다니 도대체 이해가 안 돼.

을: 마스크 착용을 거부하는 사람들을 무조건 비난하지 말고 먼저 왜 그러는지 정확하게 이유를 파악하는 것이 필요해.

병: 그 사람들은 개인의 자유가 가장 존중받아야 하는 기본권이라고 생각하기 때문일 거야.

갑: 개인의 자유로운 선택이 타인의 생명을 위협한다면 기본권이라 하더라도 제한하는 것이 보편적 상식 아닐까?

병: 맞아. 개인이 모여 공동체를 이루는데 나의 자유만을 고집하면 결국 사회는 극단적 이기주의에 빠져 붕괴하고 말 거야.

을: 마스크를 쓰지 않는 행위를 윤리적 차원에서만 접근하지 말고, 문화적 차원에서도 고려할 필요가 있어. 어떤 사회에서는 얼굴을 가리는 것이 범죄자의 징표로 인식되기도 해.

화제 / 마스크 착용 찬성 / 마스크 착용 찬성 / 다른 면에서 탐색 / A가 아니라 B

갑 : 마스크 착용 찬성

갑·병 : 윤리적 측면에서 탐색

을 : 문화적 측면에서 탐색

① 화제에 대해 남들과 다른 측면에서 탐색하는 사람이 있다. ('을'에 해당)

② 자신의 의견이 반박되자 질문을 던져 화제를 전환하는 사람이 있다.

③ 대화가 진행되면서 논점에 대한 찬반 입장이 바뀌는 사람이 있다.

④ 사례의 공통점을 종합하여 자신의 주장을 강화하는 사람이 있다.

Day 01

亦功 말하기 방식 문제 훈련

▶ Day 01 해설 영상은 주독야독 시즌 1(2024 7월)에서 꼭 수강해 주시기 바랍니다.

01 다음 대화에서 나타난 '유진'의 의사소통 방식으로 가장 적절한 것은?

> 희준: 어제 회사에서 진행한 화법 교육 세미나 어땠어?
> 유진: 음, 나름 재미있고 도움이 됐어. 팀에서의 효과적인 커뮤니케이션 방법을 다룬 부분이 좋았어. 사실 이전에도 들어본 적 있긴 하지만 이번에 새로운 시각으로 접근해서 더 와닿았어.
> 희준: 맞아, 나도 그 부분이 인상적이었어. 특히 화법을 적절하게 조절해서 상대방에게 호감을 주는 것이 중요하다고 했던 게 기억이 남아.
> 유진: 그리고 다양한 화법 상황에서 사용할 수 있는 예시를 몇 가지 제시해 줘서 좀 더 이해가 잘 됐어. 너도 그렇지 않았어?
> 희준: 응, 그래서 이번 화법 교육은 나에게도 조금 더 기억에 남는 것 같아. 앞으로 업무에서 활용해 봐야겠어.
> 유진: 나도 그래. 우리 팀에서 좀 더 원활한 소통이 이루어지도록 노력해야겠다는 생각이 들었어.

① 상대방의 약점을 분석하여 개선 방안을 제시하고 있다.
② 자신의 경험을 예로 들어 상대방에게 조언하고 있다.
③ 상대방과의 관계 개선을 위해 자신의 감정을 이야기하고 있다.
④ 상대방의 말에 공감하며 자신이 주의 집중하고 있음을 보여주고 있다.

02 다음 대화 상황에 대한 설명으로 가장 적절한 것은?

> A: (미소를 지으며) 지현 씨, 다음 주 부서장 회의에서 발표할 프로젝트 보고서 초안을 한번 검토해 주시겠어요?
> B: 네 팀장님. 보고서 초안을 확인한 후 주요 내용만 요약하고 의견 추가해서 이메일로 보내드리면 될까요?
> A: 네, 그렇게 해주세요.
> B: 네, 그러면 주요 내용을 명확하게 강조하고, 팀원 전체가 볼 수 있게 이메일에 참조 걸도록 하겠습니다.
> A: 지현 씨, 그런데 보고서 내용을 요약한 버전만 보내면 팀원 간 의견 공유가 어렵지 않을까요?
> B: 아, 네 그렇네요. 보고서 원문도 같이 첨부하여 전달하도록 하겠습니다.

① A는 비언어적 표현을 통해 B에게 구체적인 보고서 초안 검토 방식을 제안하고 있다.
② A와 B는 대화 중 서로의 제안에 전적으로 동의하는 태도를 보인다.
③ A는 보고서를 요약하는 방법 자체에 직접적으로 반대하고 있다.
④ B는 보고서 초안 검토 방식에 대한 A의 우려에 동의하고 있다.

03 다음 대화를 분석한 내용으로 적절하지 않은 것은?

갑: 최근 뉴스에서 지구 온난화로 인한 자연재해가 늘고 있다고 들었어. 환경 보호를 위한 정책이 강화되어야 한다고 생각하는데, 아직도 많은 사람들이 이를 인식하지 못하고 있어.
을: 환경 보호를 위한 조치들이 경제적 비용을 수반한다는 사실을 고려해야 해. 모든 사람들이 무조건적인 환경 보호에 찬성하는 것은 아니야.
병: 맞아, 환경 보호와 경제 발전은 균형을 이루어야 해. 지속 가능한 발전을 위해 환경과 경제 양쪽 모두를 고려한 정책이 필요하다고 생각해.
갑: 그렇다면, 환경 보호를 강조하면서도 경제적 부담을 최소화할 수 있는 방안을 모색해야 할 필요가 있어. 예를 들어, 친환경 기술에 대한 투자를 늘려서 장기적인 비용을 줄이는 거지.
병: 기술 발전이 그 해답이 될 수 있겠지. 하지만 그 과정에서 발생하는 초기 비용이나 기술적 장애를 어떻게 극복할지도 중요한 문제야.
을: 그리고 이런 정책들이 일부 계층에 더 큰 부담을 줄 수 있다는 점도 고려해야 해. 정책이 모든 사람에게 공평하게 적용되어야 하니까.

① 장기적 이득을 고려하며 기술적 조치를 언급하는 사람이 있다.
② 경제적 편익을 고려할 때 정책의 유보가 바람직하다고 이야기하는 사람이 있다.
③ 경제적 부담과 사회적 이익 사이에서의 균형을 찾기 위한 정책의 필요성을 논하는 사람이 있다.
④ 제안의 잠재적 문제점을 지적하고 더 신중한 접근을 요구하는 사람이 있다.

04 다음 대화를 분석한 내용으로 적절하지 않은 것은?

갑: 스마트폰 게임이 어린이들 사이에서 인기가 많아졌다고 들었어. 어린이들이 기술을 접하는 것이 학습에 도움이 된다고 생각해.
을: 그런데 스마트폰 게임의 중독성 때문에 어린이들의 일상생활에 부정적인 영향을 미칠 수 있어. 특히 수면 패턴과 학습 능력에 해가 될 수 있지.
병: 게임 제작자들이 책임감을 가지고, 중독성을 줄이고 교육적 요소를 강화한 게임을 만들어야 해. 이렇게 하면 어린이들의 발달에 긍정적으로 기여할 수 있을 거야.
을: 정말 그럴까? 비록 게임이 교육적일 수 있지만, 현실과 가상 세계 사이의 경계가 모호해져서 어린이들이 혼란을 겪을 수도 있어.
병: 부모와 교육자들이 더 적극적으로 개입하여 어린이들이 건강하게 기술을 사용할 수 있도록 돕는 것도 중요해.
갑: 그래, 어린이들이 기술을 사용하는 것은 피할 수 없어. 하지만 그들이 어떻게 사용하는지 지도하는 것이 중요해. 정보 기술 교육도 강화해야 해.

① 기술의 교육적 이점에 주목하면서 긍정적인 면을 강조하는 사람이 있다.
② 상대방의 의견에 반박하면서 기술의 부정적 영향을 제시하는 사람이 있다.
③ 기술 제작자보다는 기술 사용자의 역할이 더욱 중요하다고 이야기하는 사람이 있다.
④ 기술 제작자의 윤리적 책무를 강조하는 사람이 있다.

내가 이 문제를 틀린 이유 **체크리스트**

V	이유	틀린 문제 번호	보완 방법
□	시간 촉박	____ 번	
□	내용 이해 부족	____ 번	
□	발문 착각	____ 번	
□	오답 패턴 미숙지	____ 번	
□	선지 분석 부족	____ 번	

MEMO

Chapter

02 [작문] 조건에 맞는 개요 작성

작문이란 '**학습자가 자기의 감상이나 생각을 글로써 표현하는 산문**'을 의미한다.
최근 2025년 출제 기조 변화에 따르면 **<조건>을 부여한 후 이를 충족하는 글**을 고르는 문제가 반드시 나올 예정이므로 **0순위 최빈출** 유형이라고 볼 수 있다.
따라서 푸는 방법을 알아야 빠르고 정확하게 문제를 풀 수 있기 때문에
1) 빨리 푸는 전략을 배우고 2) 이를 적용하는 연습을 해야 한다.

정답 및 해설 p.319

조건에 부합한 선택지를 찾는 경우

01 '해양 오염'을 주제로 연설을 한다고 할 때, 다음에 제시된 조건을 모두 충족한 것은? 2023 국가직 9급

- 해양 오염을 줄일 수 있는 생활 속 실천 방법을 포함할 것.
- 설의적 표현과 비유적 표현을 활용할 것.

① 바다는 쓰레기 없는 푸른 날을 꿈꾸고 있습니다. 미세 플라스틱은 바다를 서서히 죽이는 보이지 않는 독입니다. 우리의 관심만이 다시 바다를 살릴 수 있을 것입니다.
② 우리가 버린 쓰레기는 바다로 흘러갔다가 해양 생물의 몸에 축적이 되어 해산물을 섭취하면 결국 다시 우리에게 돌아오게 됩니다. 분리수거를 철저히 하고 일회용품을 줄이는 것이 바다도 살리고 우리 자신도 살리는 길입니다.
③ 여름만 되면 피서객들이 마구 버린 쓰레기로 바다가 몸살을 앓는다고 합니다. 자기 집이라면 이렇게 함부로 쓰레기를 버렸을까요? 피서객들의 양심이 모래밭 위를 뒹굴고 있습니다. 자기 쓰레기는 자기가 집으로 되가져가도록 합시다.
④ 산업 폐기물이 바다로 흘러가 고래가 죽어 가는 장면을 다큐멘터리에서 본 적이 있습니다. 이대로 가다간 인간도 고통받게 되지 않을까요? 정부에서 산업 폐기물 관리 지침을 만들고 감독을 강화하지 않는다면 바다는 쓰레기 무덤이 되고 말 것입니다.

기존 출제 유지 STEP 1 조건에 부합한 선택지를 찾는 경우

01 '해양 오염'을 주제로 연설을 한다고 할 때, 다음에 제시된 조건을 모두 충족한 것은? 2023 국가직 9급

- 해양 오염을 줄일 수 있는 생활 속 실천 방법을 포함할 것. ⇒ 내용 조건
- 설의적 표현과 비유적 표현을 활용할 것. ⇒ 형식 조건

① 바다는 쓰레기 없는 푸른 날을 꿈꾸고 있습니다. 미세 플라스틱은 바다를 서서히 죽이는 보이지 않는 독입니다. 우리의 관심만이 다시 바다를 살릴 수 있을 것입니다. ⇒ 형식 조건 X

② 우리가 버린 쓰레기는 바다로 흘러갔다가 해양 생물의 몸에 축적이 되어 해산물을 섭취하면 결국 다시 우리에게 돌아오게 됩니다. 분리수거를 철저히 하고 일회용품을 줄이는 것이 바다도 살리고 우리 자신도 살리는 길입니다. ⇒ 형식 조건 X

③ 여름만 되면 피서객들이 마구 버린 쓰레기로 바다가 몸살을 앓는다고 합니다. 자기 집이라면 이렇게 함부로 쓰레기를 버렸을까요? 피서객들의 양심이 모래밭 위를 뒹굴고 있습니다. 자기 쓰레기는 자기가 집으로 되가져가도록 합시다.
(바다가 몸살을 앓는다고 → 비유적 표현(의인법); 버렸을까요? → 설의적 표현; 자기 쓰레기는 자기가 집으로 되가져가도록 합시다. → 내용 조건(생활 속 실천 방법))

④ 산업 폐기물이 바다로 흘러가 고래가 죽어 가는 장면을 다큐멘터리에서 본 적이 있습니다. 이대로 가다간 인간도 고통받게 되지 않을까요? 정부에서 산업 폐기물 관리 지침을 만들고 감독을 강화하지 않는다면 바다는 쓰레기 무덤이 되고 말 것입니다.
(되지 않을까요? → 설의적 표현; 정부에서 … 않는다면 → 생활 속 X 내용 조건 X; 바다는 쓰레기 무덤 → 비유적 표현(은유법))

정답 및 해설 p.319

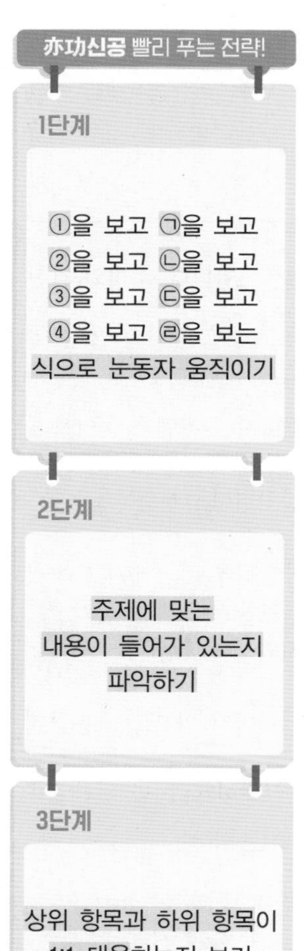

기존 출제 유지 STEP 1 개요 작성

01 다음은 '플라스틱 쓰레기로 인한 환경 오염'이라는 주제로 글을 쓰기 위한 개요이다. 수정 · 보완하기 위한 방안으로 적절하지 않은 것은?

> Ⅰ. 서론: 플라스틱 쓰레기로 인한 환경 오염
> Ⅱ. 본론:
> 1. 플라스틱 쓰레기의 폐해 ……… ㉠
> 가. 해양 생태계 파괴와 생물 다양성 감소의 원인
> 나. 토양 오염과 토양 미생물 균형 붕괴 초래
> 다. 미세 플라스틱으로 인한 질병 유발
> 2. 플라스틱 쓰레기 발생 원인
> 가. 플라스틱의 생산 및 소비 증가
> 나. 재활용 및 쓰레기 처리 시스템 미비
> 다. 텀블러와 에코백 사용 빈도 증가 ……… ㉡
> 라. 폐수처리장에서 흘러나오는 미세 플라스틱
> 3. 플라스틱 쓰레기 문제를 해결하기 위한 방안
> 가. 플라스틱 사용 줄이기 캠페인과 대체재 개발 ……… ㉢
> 나. 재활용 및 처리 시스템 개선
> 다. (   ) ……… ㉣
> Ⅲ. 결론: 플라스틱 쓰레기 문제를 해결하기 위한 정책적·사회적 노력의 촉구

① ㉠의 하위 항목으로 '플라스틱 쓰레기로 인한 지하수 오염'을 추가한다.
② ㉡은 'Ⅱ-2'와 관련된 내용이 아니므로 삭제한다.
③ ㉢은 'Ⅱ-3'과 어울리지 않으므로 'Ⅱ-1'의 하위 항목으로 옮긴다.
④ ㉣에 'Ⅱ-2'와의 관련성을 고려하여 '지하수 보호를 위한 현장 위생 시스템 강화'라는 내용을 넣는다.

01 다음은 '플라스틱 쓰레기로 인한 환경 오염'이라는 주제로 글을 쓰기 위한 개요이다. 수정 · 보완하기 위한 방안으로 적절하지 않은 것은?

Ⅰ. 서론: 플라스틱 쓰레기로 인한 환경 오염

Ⅱ. 본론:

1. 플라스틱 쓰레기의 폐해 ······ ㉠
   - 가. 해양 생태계 파괴와 생물 다양성 감소의 원인
   - 나. 토양 오염과 토양 미생물 균형 붕괴 초래
   - 다. 미세 플라스틱으로 인한 질병 유발
2. 플라스틱 쓰레기 발생 원인
   - 가. 플라스틱의 생산 및 소비 증가
   - 나. 재활용 및 쓰레기 처리 시스템 미비
   - 다. 텀블러와 에코백 사용 빈도 증가 ······ ㉡
   - 라. 폐수처리장에서 흘러나오는 미세 플라스틱
3. 플라스틱 쓰레기 문제를 해결하기 위한 방안
   - 가. 플라스틱 사용 줄이기 캠페인과 대체재 개발 ······ ㉢
   - 나. 재활용 및 처리 시스템 개선
   - 다. (   ) ······ ㉣

Ⅲ. 결론: 플라스틱 쓰레기 문제를 해결하기 위한 정책적·사회적 노력의 촉구

폐해 3개 / 원인 4개 / 라. 플라스틱 쓰레기로 인한 지하수 오염 / '1. 라'와 '2. 라'가 1:1 대응 / 관련 없음 / 어울리므로 내버려둬야 함

① ㉠의 하위 항목으로 '플라스틱 쓰레기로 인한 지하수 오염'을 추가한다. (O) ('1. 라'와 '2. 라'가 1:1 대응)

② ㉡은 'Ⅱ-2'와 관련된 내용이 아니므로 삭제한다. (O)

③ ㉢은 'Ⅱ-3'과 어울리지 않으므로 'Ⅱ-1'의 하위 항목으로 옮긴다.

④ ㉣에 'Ⅱ-2'와의 관련성을 고려하여 '지하수 보호를 위한 현장 위생 시스템 강화'라는 내용을 넣는다. (O)

赤功신공 빨리 푸는 전략!

1단계

〈지침〉의 조건이 ㉠~㉣에 적용할 수 있도록 순서대로 나열되어 있음을 알기

2단계

첫 번째 지침 보고 ㉠ 보고
두 번째 지침 보고 ㉡ 보기

3단계

1) 상위 항목과 하위 항목이 적절한 포함관계를 갖는지 확인하기

2) 문제점의 원인과 해결 방안이 1:1 대응이 되는지 확인하기

STEP 2 신유형 조건에 맞는 공문서 개요 작성

02 〈지침〉에 따라 〈개요〉를 작성할 때 ㉠~㉣에 들어갈 내용으로 적절하지 않은 것은?

2025 인혁처 샘플

〈지침〉
- 서론은 중심 소재의 개념 정의와 문제 제기를 1개의 장으로 작성할 것.
- 본론은 제목에서 밝힌 내용을 2개의 장으로 구성하되 각 장의 하위 항목끼리 대응되도록 작성할 것.
- 결론은 기대 효과와 향후 과제를 1개의 장으로 작성할 것.

〈개요〉
- 제목: 복지 사각지대의 발생 원인과 해소 방안

Ⅰ. 서론
  1. 복지 사각지대의 정의
  2. [㉠]

Ⅱ. 복지 사각지대의 발생 원인
  1. [㉡]
  2. 사회복지 담당 공무원의 인력 부족

Ⅲ. 복지 사각지대의 해소 방안
  1. 사회적 변화를 반영하여 기존 복지 제도의 미비점 보완
  2. [㉢]

Ⅳ. 결론
  1. [㉣]
  2. 복지 사각지대의 근본적이고 지속가능한 해소 방안 마련

① ㉠: 복지 사각지대의 발생에 따른 사회 문제의 증가
② ㉡: 사회적 변화를 반영하지 못한 기존 복지 제도의 한계
③ ㉢: 사회복지 업무 경감을 통한 공무원 직무 만족도 증대
④ ㉣: 복지 혜택의 범위 확장을 통한 사회 안전망 강화

PART 01

02 〈지침〉에 따라 〈개요〉를 작성할 때 ㉠~㉣에 들어갈 내용으로 적절하지 않은 것은?

2025 인혁처 샘플

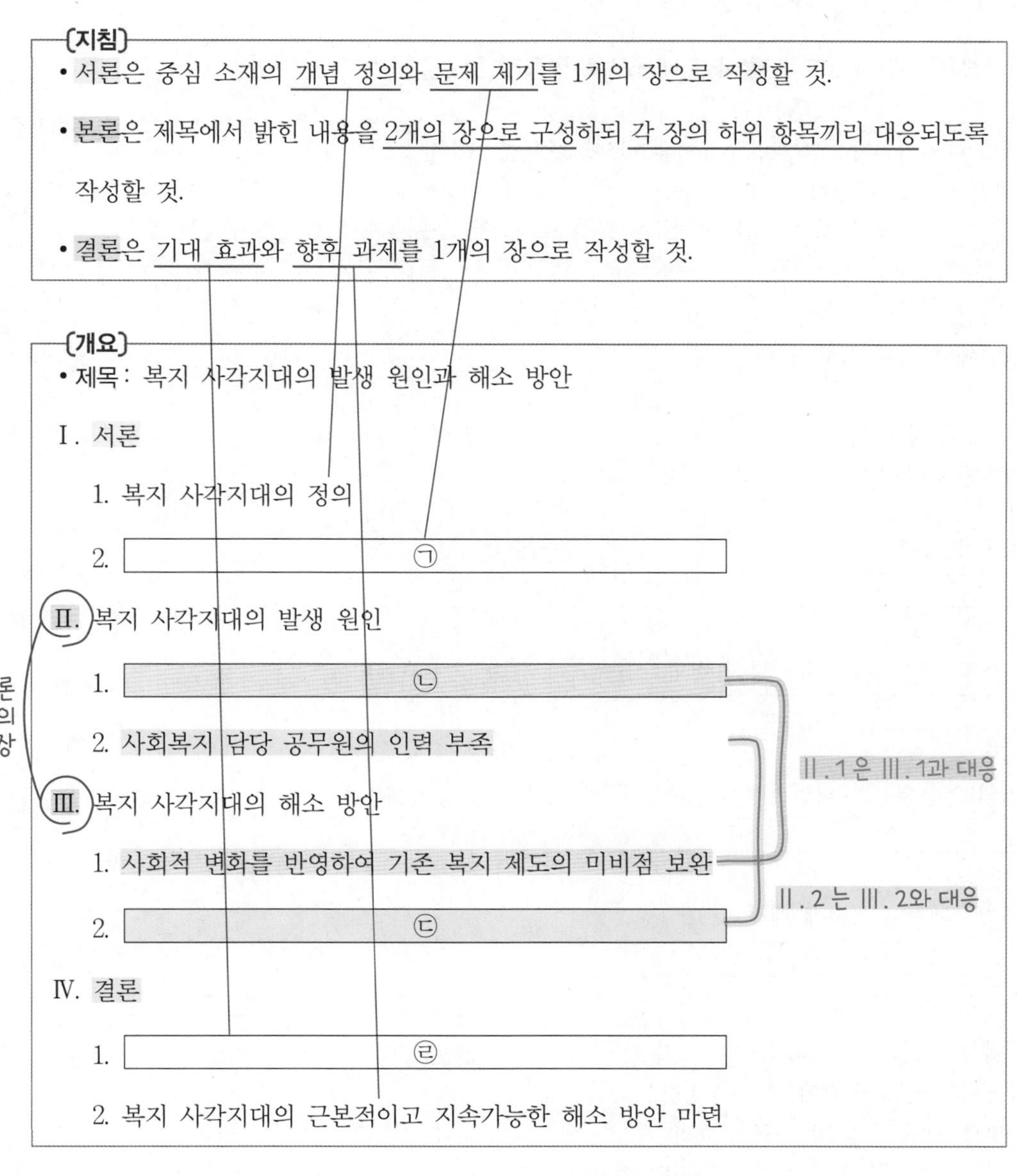

〔지침〕
- 서론은 중심 소재의 개념 정의와 문제 제기를 1개의 장으로 작성할 것.
- 본론은 제목에서 밝힌 내용을 2개의 장으로 구성하되 각 장의 하위 항목끼리 대응되도록 작성할 것.
- 결론은 기대 효과와 향후 과제를 1개의 장으로 작성할 것.

〔개요〕
- 제목: 복지 사각지대의 발생 원인과 해소 방안

Ⅰ. 서론
  1. 복지 사각지대의 정의
  2. ㉠

Ⅱ. 복지 사각지대의 발생 원인
  1. ㉡
  2. 사회복지 담당 공무원의 인력 부족

Ⅲ. 복지 사각지대의 해소 방안
  1. 사회적 변화를 반영하여 기존 복지 제도의 미비점 보완
  2. ㉢

Ⅳ. 결론
  1. ㉣
  2. 복지 사각지대의 근본적이고 지속가능한 해소 방안 마련

① ㉠: 복지 사각지대의 발생에 따른 사회 문제의 증가 (문제제기O)

② ㉡: 사회적 변화를 반영하지 못한 기존 복지 제도의 한계 (Ⅱ.1과 대응이 잘됨O)

③ ㉢: 사회복지 업무 경감을 통한 공무원 직무 만족도 증대 (Ⅱ.2 사회복지 담당 공무원 인력 부족 대응 X)

④ ㉣: 복지 혜택의 범위 확장을 통한 사회 안전망 강화 (기대효과O)

초점이 다름

Day 02 亦功 [작문] 조건에 맞는 개요 작성 문제 훈련

▶ Day 02 해설 영상은 주독야독 시즌 1(2024 7월)에서 꼭 수강해 주시기 바랍니다.

01 〈지침〉에 따라 〈개요〉를 작성할 때 ㉠~㉣에 들어갈 내용으로 적절한 것은?

〔지침〕
- 서론에서는 SNS 확산의 배경과 SNS 연구의 중요성을 1개의 장으로 서술할 것.
- 본론은 SNS 사용의 개인적, 사회적 영향을 2개의 장으로 구성하되 각 장의 하위 항목끼리 대응되도록 작성할 것.
- 결론은 SNS 사용의 긍정적·부정적 영향과 건전한 SNS 문화 조성의 촉구를 1개의 장으로 구성할 것.

〔개요〉
- 제목: SNS가 개인 생활에 미치는 영향 분석

Ⅰ. 서론
  1. 스마트폰의 등장과 SNS의 확산
  2. 사회적 맥락을 반영한 SNS 연구의 중요성

Ⅱ. SNS의 개인적 영향
  1. 자아 이미지와 자존감 측면
  2. ㉠

Ⅲ. SNS 사용의 사회적 영향
  1. 사회적 연결망의 확장과 커뮤니케이션 방식 변화
  2. ㉡

Ⅳ. 사례 연구
  1. SNS 사용이 개인의 일상생활과 대인관계에 미치는 구체적 영향 분석
  2. ㉢

Ⅴ. 결론
  1. SNS 사용의 긍정적·부정적 영향에 대한 소고
  2. ㉣

① ㉠: SNS를 통한 공동체의 소비 방식 변화
② ㉡: SNS 상의 상호작용이 실제 자신감에 미치는 영향
③ ㉢: SNS 사용시간 관리를 위한 개인 및 사회적 대안 제안
④ ㉣: 책임감 있는 SNS 문화 조성을 위한 사회적 노력의 필요성 강조

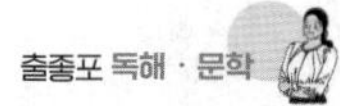

02 〈지침〉에 따라 〈개요〉를 작성할 때 ㉠~㉣에 들어갈 내용으로 적절하지 않은 것은?

〈지침〉
- 서론은 중심 소재의 개념 정의와 문제 제기를 1개의 장으로 작성할 것.
- 본론은 제목에서 밝힌 내용을 2개의 장으로 구성하되 각 장의 하위 항목끼리 대응되도록 작성할 것.
- 결론은 기대 효과와 향후 과제를 1개의 장으로 작성할 것.

〈개요〉
- 제목: 전염병 대응을 위한 체계적 방안 마련

Ⅰ. 서론
  1. 전염병 대응의 정의
  2. [㉠]

Ⅱ. 전염병 대응의 최신 동향
  1. 백신 개발의 신속화
  2. [㉡]

Ⅲ. 전염병 대응에 있어서 문제점
  1. 전세계적 협력의 어려움
  2. [㉢]

Ⅳ. 결론
  1. [㉣]
  2. 대응 방안의 입법을 통한 제도화

① ㉠: 전염병 대응을 위한 사전 대응 부족 실태
② ㉡: 비상 의료 체계 가동
③ ㉢: 의료진의 업무 부담 가중
④ ㉣: 개인 건강 정보의 보호

03 〈지침〉에 따라 〈개요〉를 작성할 때 ㉠~㉣에 들어갈 내용으로 적절하지 않은 것은?

〔지침〕
- 서론은 중심 소재의 개념 정의와 문제 제기를 1개의 장으로 작성할 것.
- 본론은 제목에서 밝힌 내용을 2개의 장으로 구성하되 각 장의 하위 항목끼리 대응되도록 작성할 것.
- 결론은 기대 효과와 향후 과제를 1개의 장으로 작성할 것.

〔개요〉
- 제목: 도시 녹지파괴의 문제점과 도시 녹지 확장 방안

Ⅰ. 서론
  1. 도시 녹지의 정의
  2. ㉠
Ⅱ. 도시 녹지 파괴의 문제점
  1. 도시 기온의 이상적 상승
  2. ㉡
Ⅲ. 도시 녹지 확장 방안
  1. 공원 및 녹지구역 개발
  2. ㉢
Ⅳ. 결론
  1. ㉣
  2. 지속 가능한 도시 생태계 조성

① ㉠: 현재 도시 녹지의 부족 현황
② ㉡: 도시 내 생물학적 다양성 파괴
③ ㉢: 도시 내 토지 이용의 효율성 개선
④ ㉣: 도시 거주 주민에게 쾌적한 환경 제공

04 〈지침〉에 따라 〈개요〉를 작성할 때 ㉠~㉣에 들어갈 내용으로 적절하지 않은 것은?

〔지침〕

- 서론은 주제의 배경을 설명하고 그 필요성을 강조하는 형태로 구성할 것
- 본론은 주제를 세 개의 장으로 나누어 논의하고, 각 장의 하위 항목이 구체적 예시나 데이터와 연관되도록 구성할 것
- 결론은 본론의 내용을 요약하고, 앞으로의 발전 방향을 제시할 것

〔개요〕

- 제목: 농산물 가격 상승의 영향과 대응 방안

Ⅰ. 서론
  1. 농산물 가격 상승의 원인
  2. (㉠)

Ⅱ. 농산물 가격 상승의 경제적 영향
  1. 식품 물가 인상으로 인한 가계 부담 증가
  2. (㉡)

Ⅲ. 농산물 가격 상승의 사회적 영향
  1. 식비 부담이 촉발하는 소득 불평등 심화
  2. 식량 안보 위협

Ⅳ. 농산물 가격 상승의 원인
  1. 자연재해로 인한 농작물 피해 증가
  2. (㉢)

Ⅴ. 결론
  1. (㉣)
  2. 농산물 가격 안정을 위한 정책적 지원과 국제적 협력 필요

① ㉠: 농산물 가격 상승이 경제에 미치는 지대한 영향
② ㉡: 농업 생산 비용 증가로 인한 농업인의 부담
③ ㉢: 국제적 분쟁으로 인한 농산물 수입량 감소
④ ㉣: 자연 생태계 변화가 유발할 농산물 위기

내가 이 문제를 틀린 이유 체크리스트

V	이유	틀린 문제 번호	보완 방법
□	시간 촉박	____ 번	
□	내용 이해 부족	____ 번	
□	발문 착각	____ 번	
□	오답 패턴 미숙지	____ 번	
□	선지 분석 부족	____ 번	

MEMO

Chapter 03

[작문] 문장 고쳐 쓰기

작문의 문장의 어법을 고쳐 쓰는 문제는 전통적으로 나오는 유형 중 하나였습니다.
2025년 출제 기조가 변화된 이후부터는 무조건 1문제는 나올 예정인 **0순위 최빈출 유형**에 해당됩니다.
특히, **실무 능력을 돋우는 2025의 새로운 경향을 반영**하여
공문서 문장 고쳐 쓰기라는 신유형의 문제가 반드시 나올 예정입니다.
따라서 1) 문장 고쳐 쓰기의 문법 이론을 암기하고 2) 이를 공문서에 적용할 수 있어야 합니다.

출좀포 독해 이론 [작문] 문장 고쳐 쓰기

1 중의적인 문장을 고쳐 쓰기

구분	내용
수식 관계로 인한 중의성	• 그 거만한 시장의 외삼촌은 약속을 잘 지키지 않는다. ☞ 거만한 사람이 시장인지, 외삼촌인지 모호하다. → 거만한, 시장의 외삼촌은 / 거만한 시장의, 외삼촌은 • 여행을 무척이나 좋아하는 아우의 친구를 만났다. ☞ 여행을 좋아하는 사람이 아우인지, 친구인지 모호하다. → 여행을 무척이나 좋아하는, 아우의 친구를 / 여행을 무척이나 좋아하는 아우의, 친구를 • 그 판매원은 웃으면서 들어오는 손님에게 인사를 건넸다. ☞ 웃으면서 들어오는 주체가 판매원인지 손님인지 모호하다. → 그 판매원은 웃으면서, 들어오는 손님에게 / 그 판매원은 웃으면서 들어오는, 손님에게
비교 구문으로 인한 중의성	• 그녀는 나보다 책을 더 좋아한다. ☞ 그녀와 나 둘 중에 책을 더 좋아하는 것이 그녀인지, 그녀가 나와 책 둘 중에 책을 더 좋아하는 것인지 모호하다. → 그녀는 내가 책을 좋아하는 것보다 책을 더 좋아한다. / 그녀는 나와 책 중에 책을 더 좋아한다.
병렬 구문으로 인한 중의성	• 철수는 영희와 순애를 만나러 갔다. ☞ 철수가 혼자 영희와 순애 두 사람을 만나러 갔는지, 아니면 철수가 영희와 둘이서 순애를 만나러 갔는지 모호하다. → 철수는, 영희와 순애를 / 철수는 영희와, 순애를 • 동창회에서 들었는데, 영희와 철수가 결혼했다더군. ☞ 영희와 철수가 각각 다른 배우자와 결혼했다는 뜻인지, 아니면 영희가 철수와 결혼했다는 뜻인지 모호하다. → 영희가 철수와 결혼했다더군. / 영희와 철수가 각각 결혼했더군.

영향권의 중의성	• 사람들이 다 오지 않았다 ☞ 사람들이 한 명도 안 왔다, 사람들이 일부만 왔다로 해석이 가능하다. → 사람들이 한 명도 오지 않았다. / 사람들이 다 오지는 않았다. • 감과 사과 세 개를 샀다. ☞ 감 한 개와 사과 세 개인지, 감과 사과가 각각 세 개인지, 감과 사과를 합하여 세 개인지 모호하다. → 감 3개, 사과 3개를 샀다. / 감 1개, 사과 2개인 총 과일 3개를 샀다.
조사로 인한 중의성	• 할아버지의 그림을 보았다. ☞ 할아버지 소유의 그림인지, 할아버지가 그린 그림인지, 할아버지를 그린 그림인지 모호하다. → 할아버지가 그린 그림 / 할아버지를 그린 그림 / 할아버지 소유의 그림

2 병렬 관계의 오류 고쳐 쓰기

- 운전기사와 잡담을 하거나 과속을 금지한다. → 과속하는 것
  ☞ '잡담을 하거나'란 구절과 '과속을'이라는 단어가 대등하게 연결되어 있어 어색하다.
- 영이는 노래를 하고, 순이는 키가 크다.
  → 영이는 노래를 하고, 순이는 춤을 춘다. / 영이는 키가 작고, 순이는 키가 크다.
  ☞ 앞의 절과 뒤의 절이 내용상 연관성이 없는데도 병렬 문장으로 연결되어 있어 어색하다.
- 사고 원인 파악과 재발 방지 대책을 조속히 마련하기 바랍니다. → 사고의 원인을 파악하고
  ☞ '과/와'로 연결되는 문장은 앞뒤의 구조나 내용이 대등해야 어색하지 않다.

3 잘못된 문장 성분의 호응 고쳐 쓰기

주어와 서술어의 호응	• 이 도시의 바람직한 모습은 이 지방의 행정, 문화, 교육 분야의 중심 기능을 담당해야 한다. → 담당한다는 것이다. • 한번 오염된 환경이 깨끗해지려면, 많은 비용과 노력, 그리고 긴 시간이 든다. → 많은 비용과 노력이 들고, 긴 시간이 걸린다. • 기재 사항의 정정 또는 금융 기관의 수납인 및 취급자인이 없으면 무효입니다. → 정정이 있거나
목적어와 서술어의 호응	• 재일 동포들은, 일본 사회의 구성원으로서 모든 의무를 다하고 있으면서도 차별과 합당한 대우를 받지 못하고 있다. → 차별을 받고 합당한 대우를 받지 못하고 있다.
부사어와 서술어의 호응	• 아무리 돈이 많지만 그럴 수는 없다. → 많아도 • 짐승도 은혜를 알거늘, 하물며 사람이 은혜를 알아야 한다. → 하물며 ~ 모르랴(모르겠는가) • 모름지기(응당, 마땅히, 당연히, 반드시) 사람은 항상 모든 것을 공부한다. → 모름지기~ 공부해야 한다. • 그런 행동을 하다니, 역공녀는 여간 깐깐하다. → 여간 깐깐하지 않다. • 그 사람은 결코 우유부단한 사람이다. → 결코 우유부단한 사람이 아니다. • 왜냐하면 한국이 빠른 속도로 경제적 발전을 이루었다는 것이다. → 왜냐하면 ~ 이루었기 때문이다.
수식어와 피수식어의 호응	• 그의 나에 대한 평가는 어떤지 궁금하다. → 나에 대한 그의 평가는

4 필요한 문장 성분이 실종된 문장 고쳐 쓰기

주어 갖추기	• 제가 대학에 들어 온 이후 취미를 갖게 되었는데, 기악부 동아리에서 악기를 연주하고 있다는 것입니다. ☞ '것입니다'에 호응되는 주어가 없으므로 주어를 추가해야 한다. → 그 취미는 ~ 악기를 연주하는 것입니다. • 본격적인 공사가 언제 시작되고, 언제 개통될지 모른다. ☞ '개통될지'에 해당하는 주어는 '공사'가 아니므로 새로운 주어를 넣어야 한다. → 도로가 언제 개통될지
서술어 갖추기	우리는 균형 있는 식단 마련과 쾌적한 실내 분위기를 조성하는 노력을 꾸준히 해 왔다. ☞ '균형 있는 식단'에 호응하는 서술어를 넣어 주어야 한다. → 우리는 균형 있는 식단을 마련하고
목적어 갖추기	전철 내에서 뛰지 말고, 문에 기대거나 강제로 열려고 하지 마십시오. → 문을 열려고 ☞ '열다'는 타동사이므로 목적어 '문을'을 넣어 주어야 한다.
관형어 갖추기	건우가 시험에 합격한 것은 기쁨이 되었다. → 우리의 기쁨이 되었다. ☞ '기쁨이'에 호응하는 관형어가 생략되어 누구의 기쁨이 된 것인지 분명하지 않다.
부사어 갖추기	인간은 자연을 지배하기도 하고 복종하기도 한다. → 자연에 복종하기도 한다. ☞ '복종하다'는 필수 부사어를 갖는 동사이므로 부사어를 보충해야 하고, 앞문장이 '-기도 하고'의 구조이므로 뒷문장도 '~기도 하면서'의 구조를 갖추는 것이 자연스럽다.

MEMO

다음 문장의 오류 원인을 찾고, 틀린 어법을 바르게 고치시오.

01 1반 축구팀은 불안한 수비와 문전 처리가 미숙하여 2반 축구팀에 패배하였다. → (   )
(   )의 오류

02 에너지 절약 및 근무 능률을 향상시키는 데 힘써주십시오. → (   )
(   )의 오류

03 저희들에게 축복과 격려하여 주신 데 감사드립니다. → (   )
(   )의 오류

04 그런 행동을 하다니, 역공녀는 여간 깐깐하다. → (   )
(   )의 오류

05 왜냐하면 한국이 빠른 속도로 경제적 발전을 이루었다는 것이다. → (   )
(   )의 오류

06 예쁜 순자의 언니는 집에 먼저 갔다. → (   )
(   )의 오류

07 본격적인 공사가 언제 시작되고, 언제 개통될지 모른다. → (   )
(   )의 오류

08 인간은 환경을 지배하기도 하고, 때로는 순응하면서 산다. → (   )
(   )의 오류

09 이 도시의 바람직한 모습은 이 지방의 행정, 문화, 교육 분야의 중심 기능을 담당해야 한다. → (   )
(   )의 오류

10 ○○시에서 급증하는 생활용수를 안정적으로 공급하기 위하여 시행하는 사업임. → (   )
(   )의 오류

PART 01

다음 문장의 오류 원인을 찾고, 틀린 어법을 바르게 고치시오.

01 1반 축구팀은 불안한 수비와 문전 처리가 미숙하여 2반 축구팀에 패배하였다. → (수비가 불안하고)
(병렬 관계)의 오류

02 에너지 절약 및 근무 능률을 향상시키는 데 힘써주십시오. → (에너지를 절약하고 근무 능률을 향상하는데)
(병렬 관계)의 오류

03 저희들에게 축복과 격려하여 주신 데 감사드립니다. → (저희들을 축복하고 격려하여 주셔서)
(병렬 관계)의 오류

04 그런 행동을 하다니, 역공녀는 여간 깐깐하다. → (여간 깐깐하지 않다.)
(부사어와 서술어 호응)의 오류

05 왜냐하면 한국이 빠른 속도로 경제적 발전을 이루었다는 것이다. → (이루었기 때문이다.)
(부사어와 서술어 호응)의 오류

06 예쁜 순자의 언니는 집에 먼저 갔다. → (예쁜, 순자의 언니는 / 예쁜 순자의, 언니는)
(수식어)의 오류

07 본격적인 공사가 언제 시작되고, 언제 개통될지 모른다. → (도로가 언제 개통될지)
(문장 성분의 실종)의 오류

08 인간은 환경을 지배하기도 하고, 때로는 순응하면서 산다. → (환경에 순응하기도 하면서 산다.)
(문장 성분의 실종)의 오류

09 이 도시의 바람직한 모습은 이 지방의 행정, 문화, 교육 분야의 중심 기능을 담당해야 한다. → (담당하는 것이다.)
(주어와 서술어 호응)의 오류

10 ○○시에서 급증하는 생활용수를 안정적으로 공급하기 위하여 시행하는 사업임. → (수요가 급증하는 생활용수를)
(문장 성분의 실종)의 오류

정답 및 해설 p.321

赤功신공 빨리 푸는 전략!

1단계

제시문의 발문에 따라 내용보다는 '어법상' 수정할 것이 있는지 판단하기

2단계

문장 성분 간의 호응 병렬 관계, 수식 관계, 올바른 어휘 사용 등에 초점을 맞춰 적절하지 않은 것을 고르기

기존 출제 유지 STEP 1 문장 고쳐 쓰기

01 다음 글을 퇴고할 때, ㉠~㉣ 중 어법상 수정할 필요가 있는 것은? 2024 국가직 9급

> 주지하듯이 ㉠ 기후 위기는 날이 갈수록 심각해지고 있다. 극지방의 빙하가 녹고, 유럽에는 사상 최악의 폭염과 가뭄이 발생하고 그 반대편에서는 감당하기 어려울 정도의 폭우가 쏟아져 많은 사람이 고통받고 있다. ㉡ 우리의 삶을 지속적으로 위협하는 이러한 기상 재해 앞에서 기후학자로서 자괴감이 든다. 무엇이 문제인지, 상황이 얼마나 심각한지 잘 알고 있으면서도 지구의 위기를 그저 바라만 볼 수밖에 없다.
> 그러나 우리가 기후 문제에 관심을 가지고 적극적으로 대처한다면 아직 희망이 있다. 크게는 신재생 에너지와 관련하여 ㉢ 국가 정책 수립과 국제 협약을 체결하기 위해 힘을 기울여야 한다. 작게는 일상생활에서 불필요한 소비를 줄이고 에너지 절약을 습관화해야 한다. 만시지탄(晩時之歎)일 수는 있겠으나, ㉣ 지구가 파국으로 치닫는 것을 막을 기회는 아직 남아 있다. 우리 모두 힘을 모아 지구의 위기를 극복하여야 한다.

① ㉠ ② ㉡
③ ㉢ ④ ㉣

01 다음 글을 퇴고할 때, ㉠~㉣ 중 어법상 수정할 필요가 있는 것은? 2024 국가직 9급

> 주지하듯이 ㉠ 기후 위기는 날이 갈수록 심각해지고 있다. 극지방의 빙하가 녹고, 유럽에는 사상 최악의 폭염과 가뭄이 발생하고 그 반대편에서는 감당하기 어려울 정도의 폭우가 쏟아져 많은 사람이 고통받고 있다. ㉡ 우리의 삶을 지속적으로 위협하는 이러한 기상 재해 앞에서 기후학자로서 자괴감이 든다. 무엇이 문제인지, 상황이 얼마나 심각한지 잘 알고 있으면서도 지구의 위기를 그저 바라만 볼 수밖에 없다.
>
> 그러나 우리가 기후 문제에 관심을 가지고 적극적으로 대처한다면 아직 희망이 있다. 크게는 신재생 에너지와 관련하여 ㉢ 국가 정책 수립과 국제 협약을 체결하기 위해 힘을 기울여야 한다. 작게는 일상생활에서 불필요한 소비를 줄이고 에너지 절약을 습관화해야 한다. 만시지탄(晩時之歎)일 수는 있겠으나, ㉣ 지구가 파국으로 치닫는 것을 막을 기회는 아직 남아 있다. 우리 모두 힘을 모아 지구의 위기를 극복하여야 한다.

(손글씨 메모: 주1, 주2, 서2, 서1 / 목, 서 / 대등·병렬 관계 오류 / 목, 서, 주 / 서)

국가 정책을 수립하고 국제 협약을 체결하기 위해

① ㉠　　② ㉡

③ ㉢　　④ ㉣

赤功신공 빨리 푸는 전략!

1단계

〈공공언어 바로 쓰기 원칙〉의 조건이 ㉠~㉣에 차례대로 적용할 수 있도록 일렬로 나열되어 있음을 알기

2단계

첫 번째 원칙 보고 ㉠ 보고
두 번째 원칙 보고 ㉡ 보기

3단계

이 문제를 잘 풀려면 '문장 고쳐 쓰기'와 문법의 '통사론'을 잘 학습해야 함을 알기

신유형 STEP 2 공문서 문장 고쳐 쓰기

02 〈공공언어 바로 쓰기 원칙〉에 따라 〈공문서〉의 ㉠~㉣을 수정한 것으로 적절하지 않은 것은? 2025 인혁처 샘플

〈공공언어 바로 쓰기 원칙〉

- 중복되는 표현을 삼갈 것.
- 대등한 것끼리 접속할 때는 구조가 같은 표현을 사용할 것.
- 주어와 서술어를 호응시킬 것.
- 필요한 문장 성분이 생략되지 않도록 할 것.

〈공문서〉

한국의약품정보원

수신 국립국어원
(경유)
제목 의약품 용어 표준화를 위한 자문회의 참석 ㉠ 안내 알림

1. ㉡ 표준적인 언어생활의 확립과 일상적인 국어 생활을 향상하기 위해 일하시는 귀원의 노고에 감사드립니다.
2. 본원은 국내 유일의 의약품 관련 비영리 재단법인으로서 의약품에 관한 ㉢ 표준 정보가 제공되고 있습니다.
3. 의약품의 표준 용어 체계를 구축하고 ㉣ 일반 국민도 알기 쉬운 표현으로 개선하여 안전한 의약품 사용 환경을 마련하기 위해 자문회의를 개최하니 귀원의 연구원이 참석해 주시기를 바랍니다.

① ㉠: 안내
② ㉡: 표준적인 언어생활을 확립하고 일상적인 국어 생활의 향상을 위해
③ ㉢: 표준 정보를 제공하고 있습니다.
④ ㉣: 의약품 용어를 일반 국민도 알기 쉬운 표현으로 개선하여

02 〈공공언어 바로 쓰기 원칙〉에 따라 〈공문서〉의 ㉠~㉣을 수정한 것으로 적절하지 않은 것은? 2025 인혁처 샘플

〈공공언어 바로 쓰기 원칙〉

- 중복되는 표현을 삼갈 것.
- 대등한 것끼리 접속할 때는 구조가 같은 표현을 사용할 것.
- 주어와 서술어를 호응시킬 것.
- 필요한 문장 성분이 생략되지 않도록 할 것.

〈공문서〉

한국의약품정보원

수신 국립국어원

(경유)

제목 의약품 용어 표준화를 위한 자문회의 참석 ㉠ 안내 알림

---

1. ㉡ 표준적인 언어생활의 확립과 일상적인 국어 생활을 향상하기 위해 일하시는 귀원의 노고에 감사드립니다.
2. 본원은 국내 유일의 의약품 관련 비영리 재단법인으로서 의약품에 관한 ㉢ 표준 정보가 제공되고 있습니다.
3. 의약품의 표준 용어 체계를 구축하고 ㉣ 일반 국민도 알기 쉬운 표현으로 개선하여 안전한 의약품 사용 환경을 마련하기 위해 자문회의를 개최하니 귀원의 연구원이 참석해 주시기를 바랍니다.

① ㉠: 안내

② ㉡: 표준적인 언어생활을 확립하고 일상적인 국어 생활의 향상을 위해

③ ㉢: 표준 정보를 제공하고 있습니다.

④ ㉣: 의약품 용어를 일반 국민도 알기 쉬운 표현으로 개선하여

Day

03 亦功 [작문] 문장 고쳐 쓰기 문제 훈련

▶ Day 03 해설 영상은 주독야독 시즌 1(2024 7월)에서 꼭 수강해 주시기 바랍니다.

01 〈공공언어 바로 쓰기 원칙〉에 따라 〈공문서〉의 ㉠~㉣을 수정한 것으로 적절하지 않은 것은?

〈공공언어 바로 쓰기 원칙〉

- 불필요한 한자어 사용을 줄일 것
- 문장은 간결하게, 주요 내용을 명확하게 전달할 것
- 전문용어의 사용을 최소화하며, 불가피할 경우 설명을 추가할 것
- 문맥에 맞는 적절한 어휘를 사용할 것

〈공문서〉

환경과학기술개발원

수신 각 시도 환경관리과
(경유)
제목 환경오염 저감 대책 마련 협조 ㉠ <u>요망</u>

1. ㉡ <u>각 시도 환경관리과에서 환경보호 활동에 기울이는 노력과 노고</u>에 깊이 감사드립니다.
2. 본청은 ㉢ <u>연소가스에 함유된 재를 최소화하기 위한 기술</u>을 제공하고 있습니다.
3. 화력발전소에서 유발되는 환경오염을 줄이기 위한 구체적인 전략을 논의하고 실효성 있는 ㉣ <u>정책을 도출</u>하기 위해 협의회를 개최할 예정입니다. 귀 기관의 적극적인 참여를 부탁드립니다.

① ㉠: 바랍니다
② ㉡: 각 시도 환경관리과의 환경보호 노력
③ ㉢: 플라이 애쉬를 최소화하기 위한 기술
④ ㉣: 정책을 개발

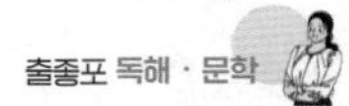

02 〈공공언어 바로 쓰기 원칙〉에 따라 〈공문서〉의 ㉠~㉣을 수정한 것으로 적절하지 않은 것은?

〈공공언어 바로 쓰기 원칙〉

- 중복되는 표현을 삼갈 것.
- 대등한 것끼리 접속할 때는 구조가 같은 표현을 사용할 것.
- 주어와 서술어를 호응시킬 것.
- 필요한 문장 성분이 생략되지 않도록 할 것.

〈공문서〉

대한민국 환경부

수신: 모든 지방자치단체
제목: 환경보호 및 지속 가능한 발전 프로그램 ㉠ 지원 협조 요청

1. 환경부는 ㉡ 지역 사회의 지속 가능한 발전과 환경 보호 정책을 개선하고자 합니다.
2. 우리 부서에서 국내 환경 관련 ㉢ 행정적 지원이 제공되고 있습니다.
3. ㉣ 지역 사회에 친환경 정책을 효과적으로 실행하고 국민이 환경보호의 중요성을 이해하도록 돕기 위해 지원 프로그램을 운영하고 있습니다.

① ㉠: 지원 요청
② ㉡: 지역 사회의 지속 가능한 발전과 환경보호 정책의 개선을 도모하고자
③ ㉢: 행정적 지원을 제공하고
④ ㉣: 지역 사회에 친환경 정책을 효과적으로 실행하고 환경보호의 중요성을 이해하도록 돕기 위해

03 〈공공언어 바로 쓰기 원칙〉에 따라 〈공문서〉의 ㉠~㉣을 수정한 것으로 적절하지 않은 것은?

〈공공언어 바로 쓰기 원칙〉

- 수식어와 피수식어를 호응시킬 것
- 조사를 정확하게 쓸 것
- 주어와 서술어를 호응시킬 것
- 필요한 문장 성분이 생략되지 않도록 할 것

〈공문서〉

한국교육발전연구원

수신: 국립교육평가원
(경유)
제목: ㉠ 교육과정 개선을 위해 정책 자문회의 참석 요청

1. 교육의 질을 제고하고 국가 교육 정책의 효과성을 높이기 위해 헌신하고 계시는 귀원의 노고에 진심으로 감사드립니다.
2. ㉡ 본 연구원은 국내 교육 발전을 위한 주요 정책 연구기관으로서 현행 교육과정의 효과 분석 및 개선 방안을 연구하고 있습니다.
3. 최근 교육 과정 내용과 방식에 대한 국민적 관심이 증대함에 따라, 보다 구체적이고 현실적인 개선안을 모색하고자 정책 자문회의를 개최할 예정입니다. 이에 ㉢ 귀원의 전문가들을 참여하여 귀중한 의견을 제시해 주시기를 바랍니다.
4. 회의 일시 및 장소
   일시: 2024년 5월 20일 오전 10시
   장소: 서울시 중구 한국교육발전연구원 대회의실
   ㉣ 참석자 명단은 성명, 직위, 연락처를 기재하여 송부해 주시기를 바랍니다.

① ㉠: 교육과정 개선을 위한 정책 자문회의
② ㉡: 본 연구원은 국내 교육 발전을 위한 주요 정책 연구기관으로써
③ ㉢: 귀원의 전문가들이 참여하여
④ ㉣: 참석자 명단은 성명, 직위, 연락처를 기재하여 본 연구원으로 송부해 주시기를 바랍니다.

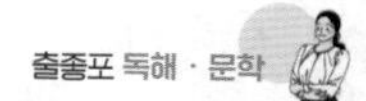

04 〈공공언어 바로 쓰기 원칙〉에 따라 〈공문서〉의 ㉠~㉣을 수정한 것으로 적절하지 않은 것은?

〈공공언어 바로 쓰기 원칙〉

- 조사를 정확하게 쓸 것
- 중복되는 표현을 삼갈 것
- 목적어와 서술어를 호응시킬 것
- 필요한 문장 성분이 생략되지 않도록 할 것

〈공문서〉

한국국토정보공사

수신: 국립지리정보원
(경유)
제목: 지리 정보 시스템(GIS) 기술 공유 세미나 참석 요청

1. 귀원에서 수행하고 있는 지리 정보의 수집 및 관리 작업이 ㉠ 국가 지리 정보 인프라의 향상에 큰 기여를 하고 있음에 깊은 감사를 표합니다.
2. 한국국토정보공사는 ㉡ 효율적인 국토 관리를 돕고 지속 가능한 개발을 지원하는 최신 지리 정보 시스템(GIS) 기술을 개발 및 적용하는 데 앞장서고 있습니다. 이와 관련하여, ㉢ 국내외 GIS 기술의 최신 동향과 혁신 사례를 공유되는 세미나를 개최하고자 합니다.
3. 이번 세미나를 통해 GIS 전문가들이 모여 향후 발전 방향에 대해 토론하는 자리를 마련하고자 합니다. ㉣ 귀원의 전문가들께서 참석하여 나눠주시길 바랍니다.

① ㉠: 국가 지리 정보 인프라의 향상에 큰 기여를 하고 있음을
② ㉡: 효율적인 국토 관리와 지속 가능한 개발을 지원하는
③ ㉢: 국내외 GIS 기술의 최신 동향과 혁신 사례를 공유하는
④ ㉣: 귀원의 전문가들께서 세미나에 참석하여 귀중한 의견을 나눠주시길 바랍니다.

내가 이 문제를 틀린 이유 체크리스트

V	이유	틀린 문제 번호	보완 방법
☐	시간 촉박	____ 번	
☐	내용 이해 부족	____ 번	
☐	발문 착각	____ 번	
☐	오답 패턴 미숙지	____ 번	
☐	선지 분석 부족	____ 번	

Chapter

04 [작문] 내용 고쳐 쓰기

2025년에 무조건 나오는 유형으로 작문의 내용 고쳐 쓰기 파트가 있다.
어법을 고치는 것이 아니라 문맥의 내용에 맞지 않는 부분을 고쳐 쓰는 유형이다.
밑줄 친 부분만 읽어서는 안 되며 답의 단서를 밑줄 앞뒤에 있음을 유념해야 한다.

정답 및 해설 p.322

기존 출제 유지 STEP 1 내용 고쳐 쓰기

01 ㉠~㉣의 고쳐쓰기로 적절하지 않은 것은? 2022 지방직 9급

파놉티콘(panopticon)은 원형 평면의 중심에 감시탑을 설치해 놓고, 주변으로 빙 둘러서 죄수들의 방이 배치된 감시 시스템이다. 감시탑의 내부는 어둡게 되어 있는 반면 죄수들의 방은 밝아 교도관은 죄수를 볼 수 있지만, 죄수는 교도관을 바라볼 수 없다. 죄수가 잘못했을 때 교도관은 잘 보이는 곳에서 처벌을 가한다. 그렇게 수차례의 처벌이 있게 되면 죄수들은 실제로 교도관이 자리에 ㉠ <u>있을</u> 때조차도 언제 처벌을 받을지 모르는 공포감에 의해서 스스로를 감시하게 된다. 이렇게 권력자에 의한 정보 독점 아래 ㉡ <u>다수</u>가 통제된다는 점에서 파놉티콘의 디자인은 과거 사회 구조와 본질적으로 같았다.

현대사회는 다수가 소수의 권력자를 동시에 감시할 수 있는 시놉티콘(synopticon)의 시대가 되었다. 시놉티콘에 가장 크게 기여한 것은 인터넷의 ㉢ <u>동시성</u>이다. 권력자에 대한 비판을 신변 노출 없이 자유롭게 표현할 수 있게 되었기 때문이다. 정보화 시대가 오면서 언론과 통신이 발달했고, ㉣ <u>특정인이</u> 정보를 수용하고 생산하게 되었다. 그로 인해 사회에서 일어나는 일에 대한 비판적 인식 교류와 부정적 현실 고발 등 네티즌의 활동으로 권력자들을 감시하는 전환이 일어났다.

① ㉠을 '없을'로 고친다.
② ㉡을 '소수'로 고친다.
③ ㉢을 '익명성'으로 고친다.
④ ㉣을 '누구나가'로 고친다.

STEP 1 기존 출제 유지 내용 고쳐 쓰기

01 ㉠~㉣의 고쳐쓰기로 적절하지 않은 것은? 2022 지방직 9급

> 파놉티콘(panopticon)은 원형 평면의 중심에 감시탑을 설치해 놓고, 주변으로 빙 둘러서 죄수들의 방이 배치된 감시 시스템이다. 감시탑의 내부는 어둡게 되어 있는 반면 죄수들의 방은 밝아 교도관은 죄수를 볼 수 있지만, 죄수는 교도관을 바라볼 수 없다. 죄수가 잘못했을 때 교도관은 잘 보이는 곳에서 처벌을 가한다. 그렇게 수차례의 처벌이 있게 되면 죄수들은 실제로 교도관이 자리에 ㉠ 있을 때조차도 언제 처벌을 받을지 모르는 공포감에 의해서 스스로를 감시하게 된다. 이렇게 권력자에 의한 정보 독점 아래 ㉡ 다수가 통제된다는 점에서 파놉티콘의 디자인은 과거 사회 구조와 본질적으로 같았다.
>
> 현대사회는 다수가 소수의 권력자를 동시에 감시할 수 있는 시놉티콘(synopticon)의 시대가 되었다. 시놉티콘에 가장 크게 기여한 것은 인터넷의 ㉢ 동시성이다. 권력자에 대한 비판을 신변 노출 없이 자유롭게 표현할 수 있게 되었기 때문이다. 정보화 시대가 오면서 언론과 통신이 발달했고, ㉣ 특정인이 정보를 수용하고 생산하게 되었다. 그로 인해 사회에서 일어나는 일에 대한 비판적 인식 교류와 부정적 현실 고발 등 네티즌의 활동으로 권력자들을 감시하는 전환이 일어났다.

① ㉠을 '없을'로 고친다.

② ㉡을 '소수'로 고친다. ⇒ 그대로 '다수'로 놔둬야 함

③ ㉢을 '익명성'으로 고친다.

④ ㉣을 '누구나가'로 고친다.

赤功신공 빨리 푸는 전략!

1단계

발문을 보고
긍정 발문이면
틀린 내용이 답이 됨을
인지하고
바로 제시문 읽기

2단계

제시문을 읽을 때
옳은 부분에
밑줄이 있으면
잘못 수정된 것이고

틀린 부분에
밑줄이 있으면
적절하게 수정된 것임을
알기

3단계

틀린 내용을 발견하면
선지로 가서
잘 고쳤는지 확인하기

STEP 신유형 2 내용 고쳐 쓰기

01 다음 글의 ㉠~㉣ 중 어색한 곳을 찾아 가장 적절하게 수정한 것은? 2025 인혁처 샘플

> 수명을 늘릴 수 있는 여러 방법 중 가장 좋은 방법은 노화 문제를 해결하는 것이다. 이 방법은 인간이 젊고 건강한 상태로 수명을 연장할 수 있다는 점에서 ㉠ 늙고 병든 상태에서 단순히 죽음의 시간을 지연시킨다는 기존 발상과 근본적으로 다르다. ㉡ 노화가 진행된 상태를 진행되기 전의 상태로 되돌린다거나 노화가 시작되기 전에 노화를 막는 장치가 개발된다면, 젊음을 유지한 채 수명을 늘리는 것은 충분히 가능하다. 그러나 노화 문제와 관련된 현재까지의 연구는 초라하다. 이는 대부분 연구가 신약 개발의 방식으로만 진행되어 왔기 때문이다. 현재 기준에서는 질병 치료를 목적으로 개발한 신약만 승인받을 수 있는데, 식품의약국이 노화를 ㉢ 질병으로 본 탓에 노화를 멈추는 약은 승인받을 수 없었다. 노화를 질병으로 보더라도 해당 약들이 상용화되기까지는 아주 오랜 시간이 필요하다. 그런데 노화 문제는 발전을 거듭하고 있는 인공지능 덕분에 신약 개발과는 다른 방식으로 극복될 수 있을지 모른다. 일반 사람들에 비해 ㉣ 노화가 더디게 진행되는 사람들의 유전자 자료를 데이터화하면 그들에게서 노화를 지연시키는 생리적 특징을 추출할 수 있는데, 이를 통해 유전자를 조작하는 방식으로 노화를 막을 수 있다.

① ㉠: 늙고 병든 상태에서 담담히 죽음의 시간을 기다린다
② ㉡: 노화가 진행되기 전의 신체를 노화가 진행된 신체
③ ㉢: 질병으로 보지 않은 탓에 노화를 멈추는 약은 승인받을 수 없었다
④ ㉣: 노화가 더디게 진행되는 사람들의 유전자 자료를 데이터화하면 그들에게서 노화를 촉진

01 다음 글의 ㉠~㉣ 중 어색한 곳을 찾아 가장 적절하게 수정한 것은? 2025 인혁처 샘플

> 수명을 늘릴 수 있는 여러 방법 중 가장 좋은 방법은 노화 문제를 해결하는 것이다. 이 방법은 인간이 젊고 건강한 상태로 수명을 연장할 수 있다는 점에서 ㉠ 늙고 병든 상태에서 단순히 죽음의 시간을 지연시킨다는 기존 발상과 근본적으로 다르다. ㉡ 노화가 진행된 상태를 진행되기 전의 상태로 되돌린다거나 노화가 시작되기 전에 노화를 막는 장치가 개발된다면, 젊음을 유지한 채 수명을 늘리는 것은 충분히 가능하다. 그러나 노화 문제와 관련된 현재까지의 연구는 초라하다. 이는 대부분 연구가 신약 개발의 방식으로만 진행되어 왔기 때문이다. 현재 기준에서는 질병 치료를 목적으로 개발한 신약만 승인받을 수 있는데, 식품의약국이 노화를 ㉢ 질병으로 본 탓에 노화를 멈추는 약은 승인받을 수 없었다. 노화를 질병으로 보더라도 해당 약들이 상용화되기까지는 아주 오랜 시간이 필요하다. 그런데 노화 문제는 발전을 거듭하고 있는 인공지능 덕분에 신약 개발과는 다른 방식으로 극복될 수 있을지 모른다. 일반 사람들에 비해 ㉣ 노화가 더디게 진행되는 사람들의 유전자 자료를 데이터화하면 그들에게서 노화를 지연시키는 생리적 특징을 추출할 수 있는데, 이를 통해 유전자를 조작하는 방식으로 노화를 막을 수 있다.

① ㉠: 늙고 병든 상태에서 담담히 죽음의 시간을 기다린다

② ㉡: 노화가 진행되기 전의 신체를 노화가 진행된 신체 (반대의 오류)

③ ㉢: 질병으로 보지 않은 탓에 노화를 멈추는 약은 승인받을 수 없었다

④ ㉣: 노화가 더디게 진행되는 사람들의 유전자 자료를 데이터화하면 그들에게서 노화를 촉진 (반대의 오류)

Day 04 亦功 [작문] 내용 고쳐 쓰기 문제 훈련

▶ Day 04 해설 영상은 주독야독 시즌 1(2024 7월)에서 꼭 수강해 주시기 바랍니다.

01 ㉠~㉣을 문맥에 맞게 수정하는 방안으로 적절한 것은? 2023 국가직 9급

> 난독(難讀)을 해결하려면 정독을 해야 한다. 여기서 말하는 정독은 '뜻을 새겨 가며 자세히 읽음', 즉 '정교한 독서'라는 뜻으로 한자로는 '精讀'이다. '精讀'은 '바른 독서'를 의미하는 '正讀'과 ㉠ <u>소리는 같지만 뜻이 다르다</u>. 무엇이 정교한 것일까? 모든 단어에 눈을 마주치면서 제대로 인식하는 것이다. 이와 같은 ㉡ <u>정독(精讀)</u>의 결과로 생기는 어문 실력이 문해력이다. 문해력이 발달하면 결국 독서 속도가 빨라져, '빨리 읽기'인 속독(速讀)이 가능해진다. 빨리 읽기는 정독을 전제로 할 때 빛을 발한다. 짧은 시간에 같은 책을 제대로 여러 번 읽을 수 있기 때문이다. 그래서 문해력의 증가는 '정교하고 빠르게 읽기', 즉 ㉢ <u>정속독(正速讀)</u>에서 일어나게 되어 있다. 정독이 생활화되면 자기도 모르게 정속독의 경지에 오르게 된다. 그런 경지에 오른 사람들은 뭐든지 확실히 읽고 빨리 이해한다. 자연스레 집중하고 여러 번 읽어도 빠르게 읽으므로 시간이 여유롭다. ㉣ <u>정독이 빠진 속독</u>은 곧 빼먹고 읽는 습관, 즉 난독의 일종임을 잊지 말아야 한다.

① ㉠을 '다르게 읽지만 뜻이 같다'로 수정한다.
② ㉡을 '정독(正讀)'으로 수정한다.
③ ㉢을 '정속독(精速讀)'으로 수정한다.
④ ㉣을 '속독이 빠진 정독'으로 수정한다.

02 ㉠~㉣중 어색한 곳을 찾아 수정하는 방안으로 가장 적절한 것은?

> 새끼를 과다 출산하는 개체는 유전자 전달에 불리하다. 이는 그들의 새끼 중 살아남는 수가 적기 때문에 나타나는 현상이다. 새끼를 너무 많이 낳게 하는 유전자는 같은 유전자를 지닌 새끼들 중에서 ㉠ 어른이 될 때까지 살아남는 개체가 거의 없기 때문에 다음 세대로 대량 전달되기 어렵다. 하지만 현대 복지국가에서는 ㉡ 가족의 크기가 부모의 자원에 제한되지 않는 현상이 나타나고 있다. 부부가 양육 가능한 수 이상의 아이를 낳더라도 국가에서 개입하여 아이들이 자랄 수 있도록 지원한다. 이론적으로는 물질적 자원이 전혀 없는 부부가 아이를 생리적 한계에 이를 때까지 낳아 기른다 하더라도 이를 제지할 수단은 없다. 이러한 복지국가는 ㉢ 매우 자연스러운 시스템이다. 자연 상태에서는 감당 가능한 수 이상의 아이를 가진 부모는 아이들을 충분히 먹이기 어렵기 때문에 자연스럽게 개체 수가 조절되었다. 하지만 인간은 아이들이 굶어 죽는다고 해도 아무런 조치를 취할 수 없었던 ㉣ 옛날과는 근본적으로 다른 세상에 살고 있다. 가족을 경제적인 자급자족 단위로 삼는 대신, 국가를 경제 단위로 삼음으로써 생활 보장을 사회의 문제로 끌고 온 것이다.

① ㉠: '대부분의 개체가 성체가 될 때까지 살아남기 때문에'로 수정한다.
② ㉡: '가족의 크기가 부모의 자원에 의해 엄격하게 제한되는 현상'으로 수정한다.
③ ㉢: '매우 부자연적인 실체'로 수정한다.
④ ㉣: '옛날과 질적으로 다르지 않은 세상'으로 수정한다.

03 ㉠~㉣중 어색한 곳을 찾아 수정하는 방안으로 적절하지 않은 것은?

코로나19 팬데믹으로 인한 언택트 사회의 도래는 기업 디지털 전환(DX, Digital Transformation)의 중요성을 인식하는 계기가 되었다. 원격근무와 디지털 상거래, 온오프라인 하이브리드 시스템 적용 등 제품 생산에서 판매는 물론 일상의 모든 분야에서 디지털화가 ㉠ 둔화하고 있다. 따라서 기업의 디지털 기술 활용 능력은 기업의 경쟁력을 결정짓는 중요한 요소 중 하나로 ㉡ 부상하고 있다. 하지만 디지털 시스템 도입은 영세기업에는 ㉢ 호재로 작용하기도 한다. 디지털 전환에 예산을 투입하기 어려운 중소기업은 대기업에 비해 디지털 전환에 어려움을 겪는 것이다. 또한 디지털 전환 지연은 중장기적으로 기업의 경영악화로 이어질 수 있다. 특히 대기업에 비해 경제적 여유가 부족한 중소기업은 디지털 전환 비용을 확보하지 못하여 디지털 전환이 ㉣ 촉진될 가능성이 높다.

① ㉠: '가속화되고 있다.'로 수정한다.
② ㉡: '간과되고 있다.'로 수정한다.
③ ㉢: '악재'로 수정한다.
④ ㉣: '지연될 가능성이 높다.'로 수정한다.

04 밑줄 친 ㉠~㉣중 어색한 곳을 찾아 수정하는 방안으로 가장 적절한 것은?

줄기를 겹겹이 두르는 나이테는 나무의 자서전이다. 나이테가 주는 정보 중 가장 중요한 것은 수령인데, 나이테가 모두 160개라면 그 나무의 수령은 160년이라는 뜻이다. ㉠ 나이테의 두께가 전반적으로 일정하다면 나무가 안정적인 환경에서 잘 생장했다는 뜻이다. 비슷한 두께의 나이테가 연속된다면 나무가 생장하기에 적합한 날씨가 지속되었을 것임을 추론할 수 있다. 하지만 ㉡ 나이테의 너비가 불규칙하다면 이는 나무의 발달이 고르지 못했다는 증거가 된다. 목질층이 제대로 축적되지 않았다는 것은 ㉢ 나무의 생장 환경이 나무에게 비우호적이었음을 증명한다. 이렇듯 나무가 생장하기 어려운 배경에는 여러 가지가 있는데 그늘에 가려졌을 수도 있고 갑작스러운 가뭄이나 홍수가 있었을 가능성도 있다. 나이테가 들쑥날쑥하다가 ㉣ 어느 시점부터 나이테가 끊겼다면 이는 날씨나 자연환경이 안정화된 것으로 볼 수 있다.

① ㉠: '나이테의 두께가 전반적으로 편차가 있다면'로 수정한다.
② ㉡: '나이테의 너비가 일정하다면'로 수정한다.
③ ㉢: '나무의 생장 환경이 나무에게 우호적이었음을'으로 수정한다.
④ ㉣: '어느 시점부터 규칙성을 회복했다면'으로 수정한다.

내가 이 문제를 틀린 이유 체크리스트

V	이유	틀린 문제 번호	보완 방법
□	시간 촉박	____ 번	
□	내용 이해 부족	____ 번	
□	발문 착각	____ 번	
□	오답 패턴 미숙지	____ 번	
□	선지 분석 부족	____ 번	

출.좋.포 독해·문학

Part

02

논리 추론

Chapter

05 반드시 참인 명제

2025년에 보이는 가장 큰 변화 영역인 'PART 2. 논리 추론' 중에서
'반드시 참인 명제'를 물어보는 문제는 가장 난도가 낮은 편에 속하기 때문에 무조건 맞혀야 합니다.
다만 논리 추론은 기호 논리학에 대한 이해가 되지 않았다면 풀기 힘든 파트이므로
아래의 출좋포 독해 이론을 외우셔야 적용이 가능할 것입니다~^^

출좋포 독해 이론 반드시 참인 명제

1 논증의 종류

종류	개념	장점	단점
연역 논증	일반적인 원리를 전제로 하여 개별적인 특수한 사실이나 사례를 결론으로 이끌어 내는 일. 대표적인 예는 삼단 논법 → 경험을 필요 ×, 순수한 사유	전제가 참이면 결론도 참임.	전제가 거짓이면 결론도 거짓임.
귀납 논증	개별적인 특수한 사실이나 사례를 전제로 하여 일반적이고 보편적인 명제 및 법칙을 결론으로 이끌어 내는 일. → 경험을 필요 ○	지식의 확장을 가져다 줌.	반례가 확인되면 결론이 참이 될 수 없음.

2 명제란?

참, 거짓을 판별할 수 있는 문장 (거짓도 명제이다.)

3 꼭 알아야 하는 논리적인 기호

기호화	명칭	뜻
p	긍정	p이다(All)
~p	부정	p가 아니다(not p) p는 거짓이다.
~(~p)	이중 부정	p이다(All).
pn	특칭	어떤(some)
p → q	전건 - 충분조건(좁) 후건 - 필요조건(넓)	p이면 반드시 q이다.
p ≡ q	동치	p는 q이기 위한 필요충분조건이다.
p ∧ q	연언(連言)	p 그리고(또한) q p 그러나, 그런데, 그럼에도 불구하고 q
p ∨ q	선언(選言)	p 혹은(이거나, 또는) q

4 역, 이, 대우 관계

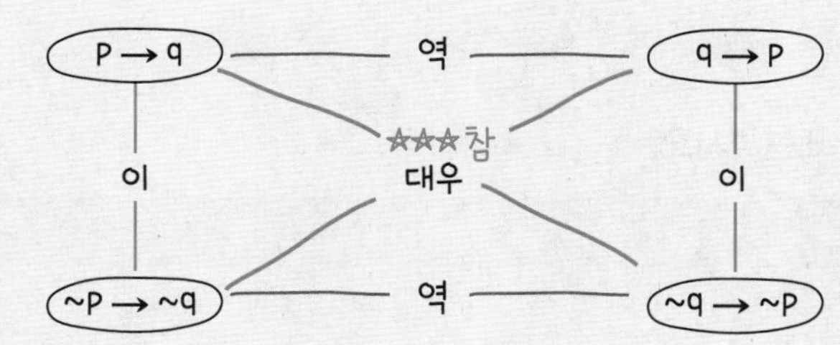

'p→q'가 참임을 가정할 때에		
	기호화	참의 여부
역의 관계	q → p	반드시 참이라고 보기는 어렵다.
이의 관계	~p → ~q	반드시 참이라고 보기는 어렵다.
대우 관계	~q → ~p	반드시 참이다.

5 'p이면 q이다. (p → q : 좁 → 넓)'의 의미

≡ p는 q가 되기 위한 충분한 조건이다.

≡ q는 p가 되기 위한 필요한 조건이다.

≡ p이기 위해서는 q여야만 한다.

≡ q가 아니면 p도 아니다. (대우 관계)

6 필요조건과 충분조건, 필요충분조건

기호화	해석
A → B	① A는 충분한 조건이다. ② B는 필요한 조건이다. B A
C ← D	① C는 필요한 조건이다. ② D는 충분한 조건이다. C D
E ≡ F	① E와 F는 필요 충분 조건이다. E = F

01 다음 문장을 논리적 기호로 표현하시오.

모든 사과는 과일이다.	
논리적 기호	
충분조건	
필요조건	
대우관계	

02 다음 문장을 논리적 기호로 표현하시오.

인공지능은 모두 생물이 아니다.	
논리적 기호	
충분조건	
필요조건	
대우관계	

03 다음 문장을 논리적 기호로 표현하시오.

결정론적 법칙의 지배를 받는 시스템은 자유의지를 가지지 않는다.	
논리적 기호	
충분조건	
필요조건	
대우 관계	

04 다음 문장을 논리적 기호로 표현하시오.

자유의지를 가지지 않는 시스템에 도덕적 의무를 귀속시킬 수 없음은 당연하다.	
논리적 기호	
충분조건	
필요조건	
대우 관계	

01 다음 문장을 논리적 기호로 표현하시오.

모든 사과는 과일이다.	
논리적 기호	사과 → 과일
충분조건	사과
필요조건	과일
대우관계	~ 과일 → ~ 사과

02 다음 문장을 논리적 기호로 표현하시오.

인공지능은 모두 생물이 아니다.	
논리적 기호	인공지능 → ~ 생물
충분조건	인공지능
필요조건	~ 생물
대우관계	생물 → ~ 인공지능

03 다음 문장을 논리적 기호로 표현하시오.

결정론적 법칙의 지배를 받는 시스템은 자유의지를 가지지 않는다.	
논리적 기호	결정론 → ~ 자유 의지
충분조건	결정론
필요조건	~ 자유 의지
대우 관계	자유 의지 → ~ 결정론

04 다음 문장을 논리적 기호로 표현하시오.

자유의지를 가지지 않는 시스템에 도덕적 의무를 귀속시킬 수 없음은 당연하다.	
논리적 기호	~ 자유의지 → ~ 도덕적 의무
충분조건	~ 자유의지
필요조건	~ 도덕적 의무
대우 관계	도덕적 의무 → 자유의지

05 다음 문장을 논리적 기호로 표현하시오.

개가 동물이거나 컴퓨터가 동물이다.	
논리적 기호	
참인지 여부	
대우 관계	

06 다음 문장을 논리적 기호로 표현하시오.

늑대는 새가 아니고 파리는 곤충이다.	
논리적 기호	
참인지 여부	
대우 관계	

07 다음 문장을 논리적 기호로 표현하시오.

어떤 생명체는 죽지 않는다.	
논리적 기호	
벤다이어그램	
대우 관계	

08 다음 문장을 논리적 기호로 표현하시오.

노인복지 문제에 관심이 있는 사람 중 일부는 일자리 문제에 관심이 있는 사람이 아니다.	
논리적 기호	
벤다이어그램	
대우 관계	

05 다음 문장을 논리적 기호로 표현하시오.

개가 동물이거나 컴퓨터가 동물이다.	
논리적 기호	개 동물 ∨ 컴퓨터 동물
참인지 여부	참
대우 관계	적용 불가

06 다음 문장을 논리적 기호로 표현하시오.

늑대는 새가 아니고 파리는 곤충이다.	
논리적 기호	(늑대 → ~새) ∧ (파리 → 곤충)
참인지 여부	참
대우 관계	적용 불가

07 다음 문장을 논리적 기호로 표현하시오.

어떤 생명체는 죽지 않는다.	
논리적 기호	생명체 ∧ ~ 죽음 ≡ ~ 죽음 ∧ 생명체
벤다이어그램	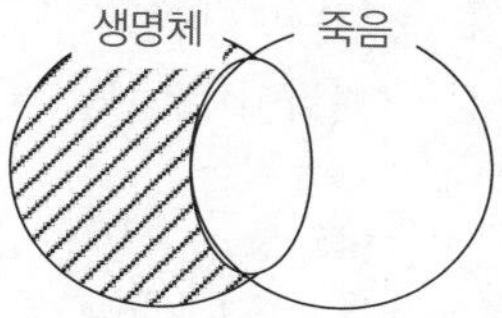 생명체 죽음
대우 관계	적용 불가

08 다음 문장을 논리적 기호로 표현하시오.

노인복지 문제에 관심이 있는 사람 중 일부는 일자리 문제에 관심이 있는 사람이 아니다.	
논리적 기호	노인복지 ∧ ~ 일자리 ≡ ~ 일자리 ∧ 노인복지
벤다이어그램	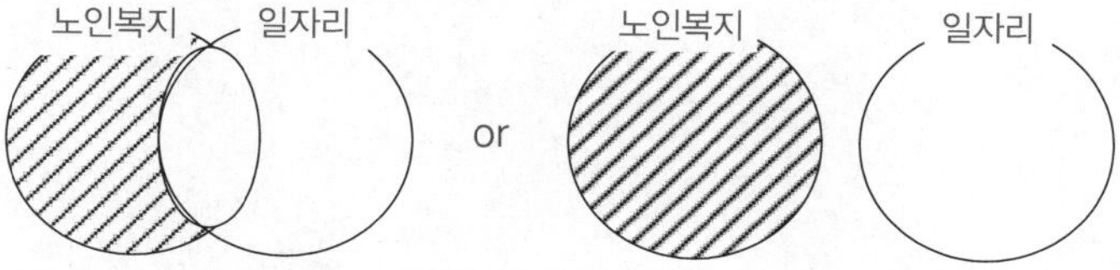 노인복지 일자리 or 노인복지 일자리
대우 관계	적용 불가

정답 및 해설 p.324

赤功신공 빨리 푸는 전략!

1단계

긍정 발문이므로 제시문 먼저 읽기

다만 선지가 짧고 단순한 경우에는 선지 먼저 읽기

2단계

논리 기호로 표현할 수 있는 명제는 논리 기호로 표현하기

자동으로 대우 관계 적용하기

3단계

제시문을 시각화하며 이해한 후 (접속어, 지시어, 중심 문장) 선지를 판단하기

STEP 1 기존 출제 유지 내용 추론이지만 논리 추론 개념을 이용하는 경우

01 다음 글에서 추론한 내용으로 가장 적절한 것은? 2022 지방직 9급

> 논리실증주의자들에 따르면, 만약 어떤 것이 과학일 경우 거기에서 사용되는 문장은 유의미하다. 그들은 유의미한 문장의 기준으로 소위 '검증 원리'라고 불리는 것을 제안했다. 검증 원리란, 경험을 통해 참이나 거짓을 검증할 수 있는 문장은 유의미하고 그렇지 않은 문장은 유의미하지 않다는 것이다. 다음 두 문장을 예로 생각해 보자.
> (가) 달의 다른 쪽 표면에 산이 있다.
> (나) 절대자는 진화와 진보에 관계하지만, 그 자체는 진화하거나 진보하지 않는다.
> 위 두 문장 중 경험을 통해 검증할 수 있는 것은 무엇인가? 비록 현실적으로 큰 비용이 들기는 하지만 (가)는 분명히 경험을 통해 진위를 밝힐 수 있다. 즉 우리는 (가)의 진위를 확정하기 위해서 무엇을 경험해야 하는지 알고 있다는 것이다. 이런 점에 근거하여 논리실증주의자들은 (가)는 검증할 수 있고, 유의미한 문장이라고 판단한다. 그럼 (나)는 어떠한가? 우리는 무엇을 경험해야 (나)의 진위를 확정할 수 있는가? 논리실증주의자들은 그런 것은 없다고 주장하고, 이에 (나)는 검증할 수 없고 과학에서 사용될 수 없는 무의미한 문장이라고 말한다.

① 논리실증주의자들에 따르면 무의미한 문장을 사용하는 것은 과학이 아니다.
② 논리실증주의자들에 따르면 과학의 문장들만이 유의미하다.
③ 검증 원리에 따르면 아직까지 경험되지 않은 것을 언급한 문장은 무의미하다.
④ 검증 원리에 따르면 거짓인 문장은 무의미하다.

01 다음 글에서 추론한 내용으로 가장 적절한 것은? 2022 지방직 9급

> 논리실증주의자들에 따르면, 만약 어떤 것이 과학일 경우 거기에서 사용되는 문장은 유의미하다. 그들은 유의미한 문장의 기준으로 소위 '검증 원리'라고 불리는 것을 제안했다. 검증 원리란, 경험을 통해 참이나 거짓을 검증할 수 있는 문장은 유의미하고 그렇지 않은 문장은 유의미하지 않다는 것이다. 다음 두 문장을 예로 생각해 보자.
>
> (가) 달의 다른 쪽 표면에 산이 있다.
>
> (나) 절대자는 진화와 진보에 관계하지만, 그 자체는 진화하거나 진보하지 않는다.
>
> 위 두 문장 중 경험을 통해 검증할 수 있는 것은 무엇인가? 비록 현실적으로 큰 비용이 들기는 하지만 (가)는 분명히 경험을 통해 진위를 밝힐 수 있다. 즉 우리는 (가)의 진위를 확정하기 위해서 무엇을 경험해야 하는지 알고 있다는 것이다. 이런 점에 근거하여 논리실증주의자들은 (가)는 검증할 수 있고, 유의미한 문장이라고 판단한다. 그럼 (나)는 어떠한가? 우리는 무엇을 경험해야 (나)의 진위를 확정할 수 있는가? 논리실증주의자들은 그런 것은 없다고 주장하고, 이에 (나)는 검증할 수 없고 과학에서 사용될 수 없는 무의미한 문장이라고 말한다.

과학 → 유의미
(대우) 무의미 → ~과학

① 논리실증주의자들에 따르면 무의미한 문장을 사용하는 것은 과학이 아니다. (O)

② 논리실증주의자들에 따르면 과학의 문장들만이 유의미하다. (극단의 오류)

③ 검증 원리에 따르면 아직까지 경험되지 않은 것을 언급한 문장은 무의미하다. (극단의 오류) 유의미할 수 있다

④ 검증 원리에 따르면 거짓인 문장은 무의미하다. (반대의 오류) 유

정답 및 해설 p.324

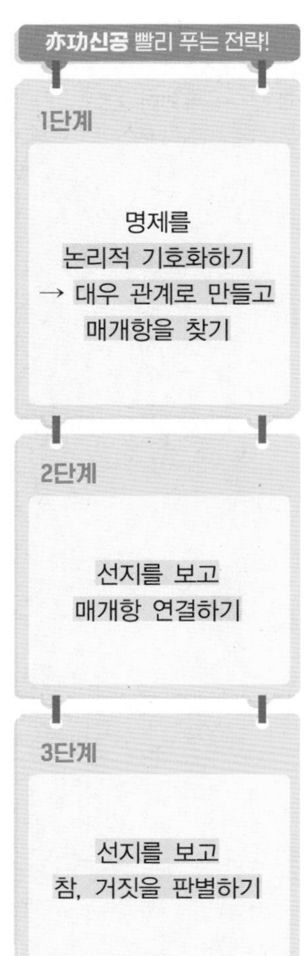

STEP 2 신유형 여러 명제를 통해 반드시 참인 경우를 고르는 경우

02 다음 진술이 모두 참일 때 반드시 참인 것은? 2025 인혁처 샘플

- 오 주무관이 회의에 참석하면, 박 주무관도 참석한다.
- 박 주무관이 회의에 참석하면, 홍 주무관도 참석한다.
- 홍 주무관이 회의에 참석하지 않으면, 공 주무관도 참석하지 않는다.

① 공 주무관이 회의에 참석하면, 박 주무관도 참석한다.
② 오 주무관이 회의에 참석하면, 홍 주무관은 참석하지 않는다.
③ 박 주무관이 회의에 참석하지 않으면, 공 주무관은 참석한다.
④ 홍 주무관이 회의에 참석하지 않으면, 오 주무관도 참석하지 않는다.

03 다음 진술이 모두 참일 때, 반드시 참인 것은?

- 과학을 좋아하는 사람은 수학도 좋아한다.
- 수학을 좋아하지 않는 사람은 예술을 좋아한다.
- 음악을 좋아하지 않는 사람은 수학도 좋아하지 않는다.

① 과학을 좋아하는 사람은 음악을 좋아하지 않는다.
② 음악을 좋아하지 않는 사람은 과학도 좋아하지 않는다.
③ 과학을 좋아하지 않는 사람은 예술을 좋아한다.
④ 음악을 좋아하지 않는 사람은 예술도 좋아하지 않는다.

02 다음 진술이 모두 참일 때 반드시 참인 것은? 2025 인혁처 샘플

> • 오 주무관이 회의에 참석하면, 박 주무관도 참석한다.
>
> • 박 주무관이 회의에 참석하면, 홍 주무관도 참석한다.
>
> • 홍 주무관이 회의에 참석하지 않으면, 공 주무관도 참석하지 않는다.

조건명제구나!

① 공 주무관이 회의에 참석하면, 박 주무관도 참석한다. (알 수 없음)

② 오 주무관이 회의에 참석하면, 홍 주무관은 ~~참석하지 않는다~~. 한다.

③ 박 주무관이 회의에 참석하지 않으면, 공 주무관은 참석한다. (알 수 없음)

④ 홍 주무관이 회의에 참석하지 않으면, 오 주무관도 참석하지 않는다.

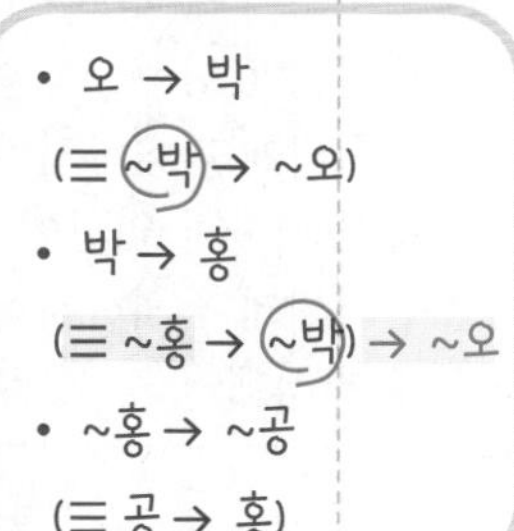

03 다음 진술이 모두 참일 때, 반드시 참인 것은?

> • 과학을 좋아하는 사람은 수학도 좋아한다.
>
> • 수학을 좋아하지 않는 사람은 예술을 좋아한다.
>
> • 음악을 좋아하지 않는 사람은 수학도 좋아하지 않는다.

조건명제구나!

① 과학을 좋아하는 사람은 음악을 ~~좋아하지 않는다~~. 좋아한다.

② 음악을 좋아하지 않는 사람은 과학도 좋아하지 않는다. (O)

③ 과학을 좋아하지 않는 사람은 예술을 좋아한다. (알 수 없음)

④ 음악을 좋아하지 않는 사람은 예술도 ~~좋아하지~~ 않는다. 좋아한다.

• 과학 → 수학
(≡ ~수학 → ~과학)
• ~수학 → 예술
(≡ ~예술 → 수학)
• ~음악 → ~수학
(≡ 수학 → 음악)

Day

05 亦功 반드시 참인 명제 문제 훈련

▶ Day 05 해설 영상은 주독야독 시즌 1(2024 7월)에서 꼭 수강해 주시기 바랍니다.

01 전제가 참일 때 결론이 반드시 참인 논증을 펼친 사람을 고른 것은?

- 김 주무관: A가 회의에 참석하면 B는 회의에 참석하지 않아. 그런데 B는 회의에 참석하지 않았어. 따라서 A는 회의에 참석했어.
- 이 주무관: A가 회의에 참석하면 B도 회의에 참석해. 그런데 A는 회의에 참석하지 않았어. 따라서 B도 회의에 참석하지 않았어.
- 박 주무관: A가 회의에 참석하지 않으면 B는 회의에 참석해. 그런데 B는 회의에 참석하지 않았어. 따라서 A도 회의에 참석하지 않았어.
- 최 주무관: A가 회의에 참석하지 않으면 B도 회의에 참석하지 않아. 그런데 B는 회의에 참석했어. 따라서 A도 회의에 참석했어.

① 김 주무관
② 이 주무관
③ 박 주무관
④ 최 주무관

02 (가)~(라)가 모두 참이라고 할 때, 반드시 옳은 것을 고르면?

(가) 어떤 나무는 불에 탄다.
(나) 모든 나무는 식물이다.
(다) 어떤 것은 불에 타면서 식물이 아니다.
(라) 어떤 것은 식물이면서 불에 타지 않는다.

① 모든 식물은 불에 탄다.
② 어떤 것은 식물이면서 불에 탄다.
③ 불에 타지 않는 나무가 존재한다.
④ 불에 타지 않는 나무는 존재하지 않는다.

03 다음 진술이 모두 참일 때, 반드시 참인 것은?

> • A 또는 B는 반드시 회의에 참석해야 한다. 단, A, B가 함께 참석할 수는 없다.
> • C가 참석하지 않는다면 D도 참석하지 않는다.
> • B가 회의에 참석하지 않는다면 D는 회의에 참석한다.
> • C가 회의에 참석하면 B는 회의에 참석하지 않는다.

① B는 회의에 참석하지 않는다.
② C가 회의에 참석할 때 D도 회의에 참석한다.
③ A가 회의에 참석할 때 D는 회의에 참석하지 않는다.
④ 2명이 회의에 참석하는 것이 가능하다.

04 다음 진술이 모두 참일 때, 반드시 참인 것은?

> • 김 주무관이 회의에 참석하면 이 주무관은 회의에 참석하지 않는다.
> • 오 주무관이 회의에 참석하지 않으면 이 주무관도 회의에 참석하지 않는다.
> • 임 주무관이 회의에 참석하면 김 주무관도 회의에 참석한다.

① 임 주무관이 회의에 참석하면 이 주무관도 회의에 참석한다.
② 김 주무관이 회의에 참석하면 오 주무관도 회의에 참석한다.
③ 이 주무관이 회의에 참석하면 임 주무관은 회의에 참석하지 않는다.
④ 오 주무관이 회의에 참석하면 이 주무관도 회의에 참석한다.

내가 이 문제를 틀린 이유 체크리스트

V	이유	틀린 문제 번호	보완 방법
□	시간 촉박	____ 번	
□	내용 이해 부족	____ 번	
□	발문 착각	____ 번	
□	오답 패턴 미숙지	____ 번	
□	선지 분석 부족	____ 번	

Chapter

06 빈칸에 들어갈 결론

'PART 2. 논리 추론'은 2025년에 보이는 가장 큰 변화 영역이라고 볼 수 있습니다.
기존에 논리 추론 파트는 다른 민간 시험에 나오는 영역이었으나,
2025에 민간 시험과의 호환성을 높이는 인혁처의 의도에 따라 새롭게 추가되었습니다.
20문제 중 3문제나 나오는 최고의 0순위 최빈출 영역이므로 꼭 정복해야 합니다.
따라서 이 파트는 따로 공부하지 않으면 득점하기 어려운 파트이기도 합니다.
이 파트는 '반드시 참인 명제, 빈칸에 들어갈 결론, 숨겨진 전제 찾기'의 3 챕터로 구성되니
각 유형의 풀이법을 차근히 익히도록 합시다~^^

출종포 독해 이론 논리 추론을 위해 알아야 하는 개념

1 정언 명제란?

S(주어항) + P(서술어항) 총 4가지의 문장으로 구성된다.

2 정언 문장의 종류 4가지(함께 기호화 해보자구!) 는: 특칭 / 도: 전칭

		긍정(이다)		부정(아니다)
전칭(모든)	읽는 방법	모든 S는 P이다	읽는 방법	모든 S는 P가 아니다 (=모든 P는 S가 아니다. =어떤 S도 P가 아니다. =어떤 P도 S가 아니다.)
	기호화	S → P	기호화	S → ~P
	시각화	p, s	시각화	s, p
특칭(어떤)	읽는 방법	어떤 S는 P이다. (=어떤 P는 S이다.)	읽는 방법	어떤 S는 P가 아니다.
	기호화	Sm ∧ P	기호화	Sm∧ ~P
	시각화	s, p	시각화	s, p

3 정언 명제들의 관계

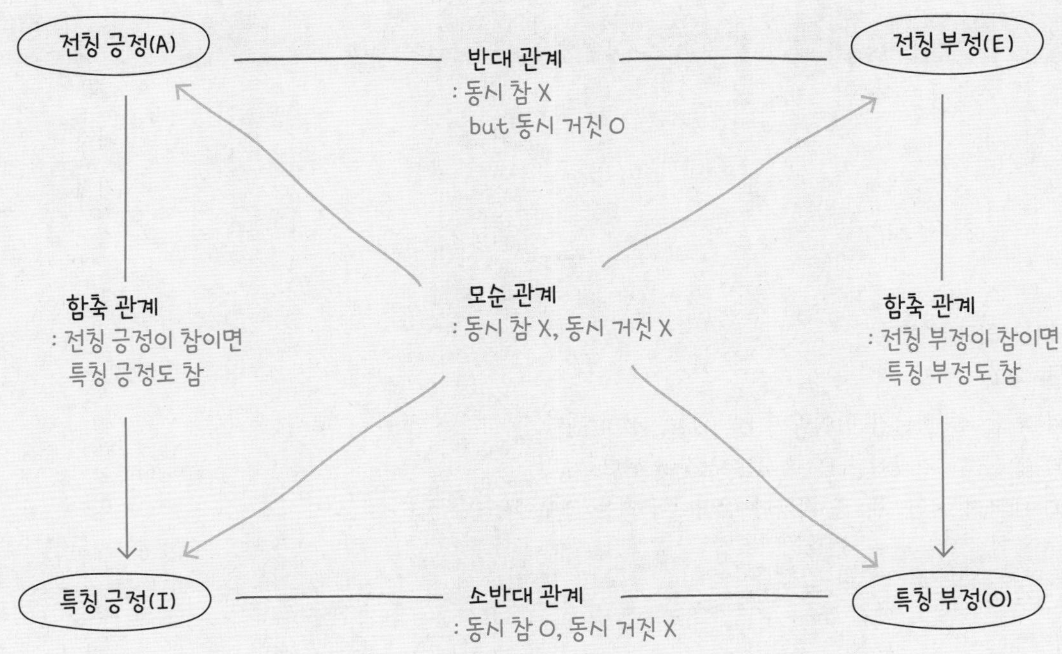

함축 관계	예 모든 학생은 과일을 좋아한다. (전칭 긍정) 어떤 학생은 과일을 좋아한다. (특칭 긍정) → 전칭이 참이면 특칭은 반드시 참임
반대 관계	예 모든 학생은 과일을 좋아한다. (전칭 긍정) 모든 학생은 과일을 좋아하지 않는다. (전칭 부정) → 동시에 참은 안 되지만, 동시에 거짓은 가능함
소반대 관계	예 어떤 학생은 과일을 좋아한다. (특칭 긍정) 어떤 학생은 과일을 좋아하지 않는다. (특칭 부정) → 동시에 참은 되지만, 동시에 거짓은 불가능함
모순 관계	예 모든 학생은 과일을 좋아한다. (전칭 긍정) 어떤 학생은 과일을 좋아하지 않는다. (특칭 부정) → 동시에 참일 수도, 동시에 거짓일 수 없는 관계

4 진리표

1. 연언의 진리표(P ∧ Q)

: P 그리고(=그러나) Q

P와 Q 모두가 참이어야지만 P ∧ Q는 참이 된다.

하나라도 거짓이라면 P ∧ Q는 거짓이 된다.

P	Q	P ∧ Q
참	참	참
참	거짓	거짓
거짓	참	거짓
거짓	거짓	거짓

2. 선언의 진리표(P ∨ Q)

: P 또는 Q

P와 Q 둘 중 하나가 참이라면 P ∨ Q는 참이 된다.

P와 Q 둘 다 거짓이면 P ∨ Q는 거짓이 된다.

(cf) 배타적 선언: 둘 중 하나만 참이어야 하는 경우에는 Ⓥ

P	Q	P ∨ Q
참	참	참
참	거짓	참
거짓	참	참
거짓	거짓	거짓

3. 조건 명제의 진리표(P → Q)

: P이면 반드시 Q이다.

P가 참이고 Q가 거짓일 때에만 P → Q가 거짓이 된다.

이를 제외한 나머지 경우에는 모두 참이 된다.

(실제 세계의 참, 거짓에 대해 생각하면 안 된다.

논리학 내에서 참으로 본다고 받아 들여야 한다.)

전제(P)	결론(Q)	전체 명제(P → Q)
참	참	참
	거짓	거짓
거짓	참	참
	거짓	참

5 함축 규칙

: 함축 규칙은 아홉 가지 규칙으로 이루어져 있는 것으로 전제들로부터 함축된 결론을 도출하는 것이므로 '함축 규칙'이라고 명명한다.

① 전건 긍정식 제거

전제가 참	P → Q
	P
결론	Q

② 후건 부정식

전제가 참	P → Q
	~ Q
결론	~ P

③ 가언 삼단 논법

전제가 참	P → Q
	Q → R
결론	P → R

④ 선언적 삼단 논법(선언지 제거)

전제가 참	P ∨ Q
	~ P
결론	Q

⑤ 선언지 첨가

전제가 참	P
결론	P ∨ Q
	P ∨ R

⑥ 연언지 단순화 제거

전제가 참	P ∧ Q
결론	P도 참
	Q도 참

⑦ 연언화 도입

전제가 참	P
	Q
결론	P ∧ Q

⑧ 연언화 도입

전제가 참	P
	Q
결론	P ∧ Q

6 동치 규칙

조건 명제의 예시		동치 관계의 논리 기호
교환 법칙	P ∧ Q	Q ∧ P
	P ∨ Q	Q ∨ P
결합 법칙	(P ∧ Q) ∧ M	P ∧ (Q ∧ M)
	(P ∨ Q) ∨ M	P ∨ (Q ∨ M)
분배 법칙	P ∧ (Q ∨ M)	(P ∧ Q) ∨ (P ∧ M)
	P ∨ (Q ∧ M)	(P ∨ Q) ∧ (P ∨ M)
드모르간 법칙	~(P ∧ Q)	~ P ∨ ~ Q
	~(P ∨ Q)	~ P ∧ ~ Q
단순 함축	P → Q	~ (P ∧ ~ Q) ≡ ~ P ∨ Q
	P → ~ Q	~ (P ∧ Q) ≡ ~ P ∨ ~ Q
쌍조건문	P ↔ Q	(P → Q) ∧ (Q → P)
'(P ∧ Q) → M'이 참일 때		'P → M'은 참일 수 없다. 'Q → M'은 참일 수 없다.
'(P ∨ Q) → M'이 참일 때		P → M ≡ ~ M → ~ P Q → M ≡ ~ M → ~ Q
'M → (P ∧ Q)'이 참일 때		M → P ≡ ~ P → ~ M M → Q ≡ ~ Q → ~ M

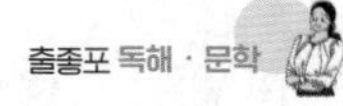

7 논증 오류의 종류

종류	개념 및 특징	예시
성급한 일반화의 오류	제한적인 정보나 대표성이 결여된 일부의 특정 사례를 근거로 들어 일반적인 결론을 도출하는 오류	독한 혜선 쌤은 밥을 잘 먹어. 독한 사람들은 모두 밥을 잘 먹을 거야.
순환 논증의 오류	결론과 같은 의미를 갖는 문장을 근거로 제시하여 결론을 주장하여 같은 의미를 갖는 내용을 순환하여 되풀이하는 오류	그놈은 나쁜 놈이니 사형을 당해야 해. 사형을 당하는 걸 보면 나쁜 놈이야
흑백 사고의 오류	어떤 문제를 흑과 백의 이분법적인 시각으로만 판단하는 오류. 극단적인 문제가 있음	사형 제도를 반대하는 것은 정상이 아니야. 저 사람은 사형 제도를 반대하니 비정상인일 거야.
무지에 호소의 오류	반대의 증거를 제시하지 못했음을 근거로 자신의 말이 참임을 주장하는 오류. 혹은 특정 현상이 일어난 이유를 알 수 없다는 이유로 해당 이유를 부정하는 오류.	이 세상에 외계인이 없다는 것을 증명한 사람은 없어. 그러므로 외계인은 있을 거야.
권위에의 호소	해당 분야와 관계없는 전문가를 데려와 자신의 주장을 정당화하는 오류	개그맨이 웰빙 음식을 광고하는 것.
대중(군중)에의 호소	대중이 믿고 있다는 이유로 자신의 말이 참임을 주장하는 오류	이 카드는 천만 국민들이 사용하므로 가장 좋은 혜택이 있을 거야.
잘못된 유비 추리	본질적이지 않은 유사성을 근거로 하여 옳지 않은 결론을 이끌어내는 오류	김연아와 박혜선은 같은 고대야. 그러니 박혜선은 김연아처럼 예쁠 거야.
잘못된 인과 관계의 오류	선후 관계일 뿐인 두 사건을 인과 관계가 있는 것으로 판단하는 오류	까마귀 날자 배 떨어진다.
은밀한 재정의 오류	어휘의 사전적 의미임에도 자기 마음대로 이상한 문맥에 덧붙여 재정의해서 나오는 오류.	정신 병원에 미친 사람이 가지. 그런데 혜선 쌤은 매일 밤을 새는 게 미친 거 같아. 그러니 혜선 쌤을 정신 병원에 처넣어야 해!
합성의 오류 (결합의 오류)	개별적인 특정 구성 요소를 보고 그 구성 요소들이 합쳐진 집합 또한 같은 것이라는 결론을 내는 오류	리버풀의 살라는 뛰어나다. 그러므로 리버풀은 최고의 축구팀일 것이다.
분할의 오류 (분해의 오류)	집합의 합쳐진 특성을 보고 다른 구성 요소들도 똑같은 속성을 가졌을 것이라는 결론을 내는 오류.	리버풀은 최고의 축구팀이다. 그러니 리버풀의 신누형도 최고일 것이다.
전건 부정의 오류	전건을 부정하여 후건 부정이 참임을 도출하는 오류	국어 100점을 맞는다면(전건) 합격한다(후건) : 국어 100점을 맞지 못한다면 합격을 못할 것이다. → 오류
후건 긍정의 오류	후건을 긍정하여 전건 긍정이 참임을 도출하는 오류	비가 오면(전건) 땅이 젖는다(후건) 땅이 젖었다. – 후건 긍정 → 그러므로 비가 왔다.: 전건 긍정의 결론 도출 → 오류

정답 및 해설 p.326

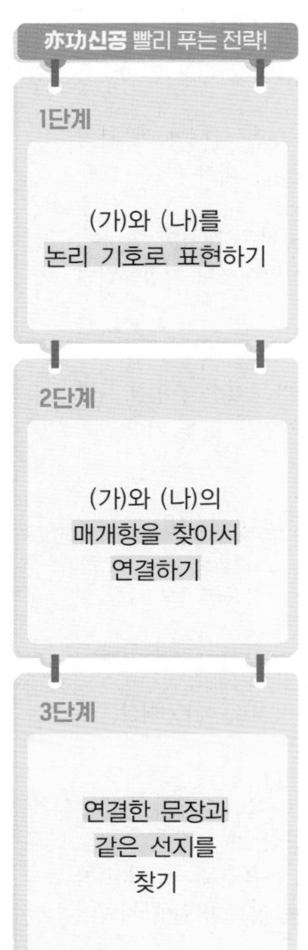

01 (가)와 (나)를 전제로 할 때 빈칸에 들어갈 결론으로 가장 적절한 것은? 2025 인혁처 샘플

> (가) 노인복지 문제에 관심이 있는 사람 중 일부는 일자리 문제에 관심이 있는 사람이 아니다.
> (나) 공직에 관심이 있는 사람은 모두 일자리 문제에 관심이 있는 사람이다.
> 따라서 [   ].

① 노인복지 문제에 관심이 있는 사람 중 일부는 공직에 관심이 있는 사람이 아니다
② 공직에 관심이 있는 사람 중 일부는 노인복지 문제에 관심이 있는 사람이 아니다
③ 공직에 관심이 있는 사람은 모두 노인복지 문제에 관심이 있는 사람이 아니다
④ 일자리 문제에 관심이 있지만 노인복지 문제에 관심이 없는 사람은 모두 공직에 관심이 있는 사람이 아니다

02 (가)~(다)를 전제로 할 때, 빈칸에 들어갈 결론으로 적절한 것은?

> (가) 의학에 관심이 있는 어떤 사람은 약학에도 관심이 있다.
> (나) 생명공학에 관심이 없는 모든 사람은 의학에도 관심이 없다.
> (다) 생명공학에 관심이 있는 모든 사람은 화학에 관심이 없다.
> 따라서 [   ].

① 화학에 관심이 있는 어떤 사람은 의학에 관심이 있다.
② 화학에 관심이 없는 모든 사람은 생명공학에 관심이 있다.
③ 의학에 관심이 있고 약학에 관심이 없는 사람이 존재한다.
④ 약학에 관심이 있는 어떤 사람은 화학에 관심이 없다.

01 (가)와 (나)를 전제로 할 때 빈칸에 들어갈 결론으로 가장 적절한 것은? 2025 인혁처 샘플

(가) 노인복지 문제에 관심이 있는 사람 중 일부는 일자리 문제에 관심이 있는 사람이 아니다.

(나) 공직에 관심이 있는 사람은 모두 일자리 문제에 관심이 있는 사람이다.

따라서 [   ].

(가) 노인복지 m ∧ ~일자리
(나) 공직 → 일자리
(≡ ~일자리 ∧ ~공직)

노인복지 m ∧ ~ 일자리 ∧ ~공직

① 노인복지 문제에 관심이 있는 사람 중 일부는 공직에 관심이 있는 사람이 아니다

② 공직에 관심이 있는 사람 중 일부는 노인복지 문제에 관심이 있는 사람이 아니다

③ 공직에 관심이 있는 사람은 모두 노인복지 문제에 관심이 있는 사람이 아니다

④ 일자리 문제에 관심이 있지만 노인복지 문제에 관심이 없는 사람은 모두 공직에 관심이 있는 사람이 아니다

(②~④) 알 수 없음

02 (가)~(다)를 전제로 할 때, 빈칸에 들어갈 결론으로 적절한 것은?

(가) 의학에 관심이 있는 어떤 사람은 약학에도 관심이 있다.

(나) 생명공학에 관심이 없는 모든 사람은 의학에도 관심이 없다.

(다) 생명공학에 관심이 있는 모든 사람은 화학에 관심이 없다.

따라서 [   ].

① 화학에 관심이 있는 어떤 사람은 의학에 관심이 있다.

② 화학에 관심이 없는 모든 사람은 생명공학에 관심이 있다.

③ 의학에 관심이 있고 약학에 관심이 없는 사람이 존재한다.

④ 약학에 관심이 있는 어떤 사람은 화학에 관심이 없다.

약학 ∧ ~ 화학

(가) 의학 ∧ 약학
(≡ 약학 ∧ 의학)
(나) ~생명공학 → ~ 의학
(≡ 의학 → 생명공학)
(다) 생명공학 → ~ 화학
(≡ 화학 → ~생명공학)

Day

06 亦功 빈칸에 들어갈 결론 문제 훈련

▶ Day 06 해설 영상은 주독야독 시즌 1(2024 7월)에서 꼭 수강해 주시기 바랍니다.

01 (가)~(나)를 전제로 할 때, 빈칸에 들어갈 결론으로 적절한 것은?

> (가) 떡볶이를 좋아하는 사람은 어묵을 좋아한다.
> (나) 어묵을 좋아하는 사람 중 순대를 좋아하는 사람이 있다.
> 따라서 [　　　　　　　　　　　　].

① 떡볶이와 순대를 모두 좋아하지만 어묵을 좋아하지 않는 사람이 있을 수 있다.
② 떡볶이와 순대는 좋아하지 않지만 어묵을 좋아하는 사람은 존재하지 않는다.
③ 떡볶이, 어묵, 순대를 모두 좋아하는 사람이 있을 수 있다.
④ 떡볶이를 좋아하지 않지만 어묵과 순대를 모두 좋아하는 사람이 있다.

02 다음 전제가 모두 참이라고 할 때 밑줄 친 부분에 들어갈 결론으로 적절한 것은?

> 공무원 중 성실한 사람이 있다. 정직하지 않은 공무원은 없다. 따라서 ____________.

① 어떤 공무원은 성실하지 않다.
② 성실한 사람은 모두 정직하다.
③ 성실한 사람 중 정직한 사람이 있다.
④ 어떤 공무원은 정직하지 않다.

03 (가)~(다)를 전제로 할 때, 빈칸에 들어갈 결론으로 적절한 것은?

> (가) 모든 정보처리장치는 컴퓨터이다.
> (나) 전자부품이 있다고 해서 반드시 컴퓨터는 아니다.
> (다) 정보처리장치이면서 전자부품이 있는 것이 존재한다.
> 따라서 [　　　　　　　　　　　　].

① 정보처리장치이면서 컴퓨터가 아닌 것이 존재한다.
② 전자부품이 있으면서 정보처리장치가 아닌 것이 존재한다.
③ 전자부품이 있는 것은 모두 정보처리장치가 아니다.
④ 전자부품이 있는 것은 모두 컴퓨터이다.

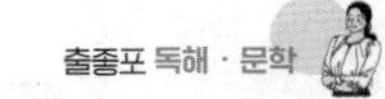

04 (가), (나)를 전제로 할 때, 빈칸에 들어갈 결론으로 적절한 것은?

> (가) 채소를 자주 먹는 어떤 사람은 건강을 중시한다.
> (나) 건강을 중시하는 모든 사람은 운동을 자주 한다.
> 따라서 [   ].

① 운동을 자주 하는 어떤 사람은 채소를 자주 먹는다.
② 운동을 자주 하는 모든 사람은 건강을 중시한다.
③ 채소를 자주 먹는 모든 사람이 운동을 자주 할 수는 없다.
④ 건강을 중시하지 않는 어떤 사람도 채소를 자주 먹지 않는다.

내가 이 문제를 틀린 이유 **체크리스트**

V	이유	틀린 문제 번호	보완 방법
□	시간 촉박	____ 번	
□	내용 이해 부족	____ 번	
□	발문 착각	____ 번	
□	오답 패턴 미숙지	____ 번	
□	선지 분석 부족	____ 번	

Chapter 07

생략된 전제 추론

정답 및 해설 p.327

01 다음 글의 밑줄 친 결론을 이끌어내기 위해 추가해야 할 것은? 2025 인혁처 샘플

> 문학을 좋아하는 사람은 모두 자연의 아름다움을 좋아하는 사람이다. 자연의 아름다움을 좋아하는 어떤 사람은 예술을 좋아하는 사람이다. 따라서 <u>예술을 좋아하는 어떤 사람은 문학을 좋아하는 사람이다</u>.

① 자연의 아름다움을 좋아하는 사람은 모두 문학을 좋아하는 사람이다.
② 문학을 좋아하는 어떤 사람은 자연의 아름다움을 좋아하는 사람이다.
③ 예술을 좋아하는 어떤 사람은 자연의 아름다움을 좋아하는 사람이다.
④ 예술을 좋아하지만 문학을 좋아하지 않는 사람은 모두 자연의 아름다움을 좋아하는 사람이다.

02 다음과 같이 전제와 결론이 주어질 때, 결론이 반드시 참이 되도록 하는 '전제 2'로 적절한 것은?

> 전제 1: 공부를 열심히 하는 사람은 모두 성실한 사람이다.
> 전제 2: ______________________________.
> 결론: 어떤 성실한 사람은 아침에 일찍 일어나는 사람이다.

① 아침에 일찍 일어나지 않는 어떤 사람은 공부를 열심히 한다.
② 아침에 일찍 일어나지 않는 사람은 모두 공부를 열심히 한다.
③ 아침에 일찍 일어나는 사람은 모두 공부를 열심히 한다.
④ 아침에 일찍 일어나는 어떤 사람은 공부를 열심히 하지 않는다.

赤功신공 빨리 푸는 전략!

1단계	2단계
다음 글의 명제를 논리적 기호로 표시하거나 벤다이어그램을 그려본다.	유연하게 해당 문제를 풀 수 있는 방식을 찾아 생략된 전제를 찾아낸다.

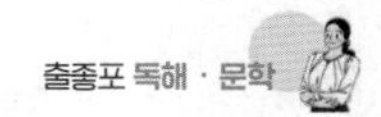

01 다음 글의 밑줄 친 결론을 이끌어내기 위해 추가해야 할 것은? 2025 인혁처 샘플

> 문학을 좋아하는 사람은 모두 자연의 아름다움을 좋아하는 사람이다. 자연의 아름다움을 좋아하는 어떤 사람은 예술을 좋아하는 사람이다. 따라서 <u>예술을 좋아하는 어떤 사람은 문학을 좋아하는 사람이다</u>.

자연의 아름다움 → 문학

① 자연의 아름다움을 좋아하는 사람은 모두 문학을 좋아하는 사람이다.

② 문학을 좋아하는 어떤 사람은 자연의 아름다움을 좋아하는 사람이다.

③ 예술을 좋아하는 어떤 사람은 자연의 아름다움을 좋아하는 사람이다.

④ 예술을 좋아하지만 문학을 좋아하지 않는 사람은 모두 자연의 아름다움을 좋아하는 사람이다.

① 문학 → 자연의 아름다움
(≡~자연의 아름다움 → ~문학)
② 자연의 아름다움 ∧ 예술
(≡예술 ∧ 자연의 아름다움)
③ 자연의 아름다움 → 문학

결론 : 예술 ∧ 문학

02 다음과 같이 전제와 결론이 주어질 때, 결론이 반드시 참이 되도록 하는 '전제 2'로 적절한 것은?

> 전제 1 : 공부를 열심히 하는 사람은 모두 성실한 사람이다.
>
> 전제 2 : ______________________.
>
> 결론 : 어떤 성실한 사람은 아침에 일찍 일어나는 사람이다.

① 아침에 일찍 일어나지 않는 어떤 사람은 공부를 열심히 한다.

② 아침에 일찍 일어나지 않는 사람은 모두 공부를 열심히 한다.

③ 아침에 일찍 일어나는 사람은 모두 공부를 열심히 한다.

④ 아침에 일찍 일어나는 어떤 사람은 공부를 열심히 하지 않는다.

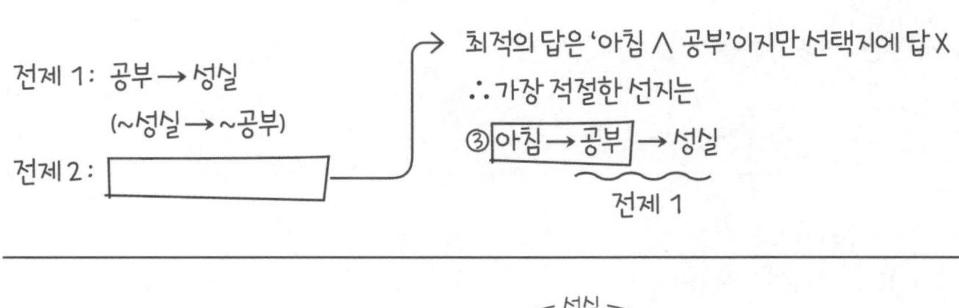

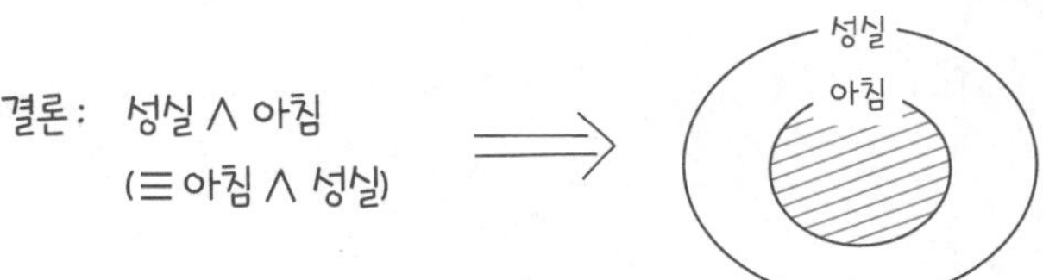

Day

07 亦功 생략된 전제 추론 문제 훈련

▶ Day 07 해설 영상은 주독야독 시즌 1(2024 7월)에서 꼭 수강해 주시기 바랍니다.

01 다음 전제들을 통해 '연극을 좋아하는 어떤 사람은 음악을 좋아한다.'는 결론을 내고자 한다. 추가해야 할 전제로 적절한 것은 무엇인가?

> • 음악을 좋아하는 어떤 사람은 영화를 좋아한다.
> • ________________________________.

① 음악을 좋아하지 않는 어떤 사람은 연극을 좋아한다.
② 영화를 좋아하는 어떤 사람은 연극을 좋아한다.
③ 영화를 좋아하는 모든 사람은 연극을 좋아한다.
④ 음악을 좋아하지 않고 영화를 좋아하는 어떤 사람은 연극을 좋아한다.

02 다음 글의 모든 문장이 참일 때, 밑줄 친 결론을 이끌어내기 위해 추가해야 할 것은?

> 모든 한국인은 김치를 좋아한다. 김치를 좋아하는 어떤 사람은 젓갈을 좋아한다. 따라서 <u>젓갈을 좋아하는 어떤 사람은 한국인이다.</u>

① 젓갈을 좋아하고 한국인이 아닌 어떤 사람은 김치를 좋아한다.
② 김치를 좋아하는 모든 사람은 한국인이다.
③ 젓갈을 좋아하는 어떤 사람은 김치를 좋아한다.
④ 김치를 좋아하는 어떤 사람은 한국인이다.

03 다음 글의 모든 문장이 참일 때, '결론'을 이끌어내기 위해 추가해야 할 '전제 3'으로 적절한 것은?

> 전제 1: 모든 요리사는 신선한 재료를 선호한다.
> 전제 2: 유기농 식품을 선호하는 모든 사람은 가공식품을 선호하지 않는다.
> 전제 3: ________________________________.
> 결론: 신선한 재료를 선호하는 어떤 사람은 가공식품을 선호하지 않는다.

① 가공식품을 선호하는 어떤 사람은 요리사가 아니다.
② 유기농 식품을 선호하지 않는 모든 사람은 요리사가 아니다.
③ 유기농 식품을 선호하는 어떤 사람은 신선한 재료를 선호한다.
④ 모든 요리사는 가공식품을 선호한다.

V	이유	틀린 문제 번호	보완 방법
□	시간 촉박	____ 번	
□	내용 이해 부족	____ 번	
□	발문 착각	____ 번	
□	오답 패턴 미숙지	____ 번	
□	선지 분석 부족	____ 번	

출.좋.포 독해·문학

Part

03

독해 이렇게 읽는다. 독해 신공 시각화

Chapter 08

접속어와 지시어

2025 출제 기조 변화로 이제는 텍스트를 기계적으로 읽는 것이 아니라
이해, 정리, 예측의 3박자가 이루어지는 식으로 글을 읽어야 하는 것을 알 수 있습니다.
글을 잘 이해, 정리, 예측할 수 있는 방법은 접속어와 지시어를 통해 읽는 것입니다.
접속어, 지시어를 사용하면
첫째, **각 문단의 흐름**을 잘 이해할 수 있습니다.
둘째, **글의 핵심**을 잘 정리할 수 있습니다.
셋째, **다음에 올 내용과 전개 방식을 예측**할 수 있습니다.
특히 접속어 빈칸 추론 문제나 지시어를 찾는 문제에도 활용할 수 있다는 점에서
아래의 출좋포 독해 이론은 꼭! 익혀야 합니다.

독해 이론

1 지시어

'이것, 그것, 저것', '이들, 그들, 저들', '여기, 거기, 저기', '이러한, 그러한'처럼 '이, 그, 저'로 표현되는 말이다.
지시어는 앞뒤의 흐름에 따라 결정이 되는데 보통은 앞에 언급된 것을 받는 경우가 많다.

시각화 방법	지시어	기능
♡	이는, 이를 통해, 이와 같이, 이렇게, 이처럼	이 문장이 이 문단에서 왕이다!

2 접속어

단어나 구절, 문장을 이어 주는 구실을 하는 말로 보통 우리나라에서는 접속 부사로 일컫는 말이다.
접속어는 앞의 내용을 정리하거나, 뒤의 내용을 예측하거나, 글쓴이의 주제를 강조하는 데 쓰이므로
우리가 문장의 강약을 조절하며 읽을 수 있게 돕는다는 점에서 의미가 크다.

시각화 방법	접속어	기능
=	즉, 이처럼, 다시 말해, 요컨대	재진술
♡	하지만, 그러나, 반면, 이와는 달리, 그렇지만	역접(반대)
	그런데, 한편	초점 전환
① ② ③	그리고, 또, 게다가, 심지어, 더구나, 뿐만 아니라	나열, 열거, 병렬
→	따라서, 그래서, 그러므로, 이로 인해	원인과 결과
←	왜냐하면, 그 이유는	결과와 원인
ex	예를 들어, 예컨대, 가령, 이를테면	구체적 사례

3 접속어로 보는 문장의 중요도 평정

(1) 뒤가 더 중요한 접속어

① 하지만, 그러나, 반면, 이와는 달리, 그렇지만 → 역접의 접속 부사

17세기 초부터 유입되기 시작한 서학(西學) 서적에 담긴 서양의 과학 지식은 당시 조선의 지식인들에게 적지 않은 지적 충격을 주며 사상의 변화를 이끌었다. 하지만 19세기 중반까지 서양 의학의 영향력은 천문 · 지리 지식에 비해 미미하였다.

①비책임원칙은 불법행위는 발생했으나 피해자의 손해에 대해서 ①가해자가 어떠한 배상 책임도 지지 않는 원칙이다. 반면 ②엄격책임원칙은 손해에 대해서 ②가해자가 모든 배상 책임을 지는 원칙이다.

② 그런데, 한편 → 초점 전환의 접속 부사

→ 중심 화제는 동일

신체의 세포, 조직, 장기가 손상되어 더 이상 제 기능을 하지 못할 때에 이를 대체하기 위해 이식을 실시한다. 이때 이식으로 옮겨 붙이는 세포, 조직, 장기를 이식편이라 한다. 자신이나 일란성 쌍둥이의 이식편을 이용할 수 없다면 다른 사람의 이식편으로 '동종 이식'을 실시한다. 그런데 우리의 몸은 자신의 것이 아닌 물질이 체내로 유입될 경우 면역 반응을 일으키므로, 유전적으로 동일하지 않은 이식편에 대해 항상 거부 반응을 일으킨다.

→ 새로운 내용 전환

→ 중심 화제는 동일

부정하는 내용을 문법적으로 실현한 문장을 부정문이라고 한다. 부정문은 의미에 따라 '안' 부정문과 '못' 부정문으로, 길이에 따라 '짧은 부정문'과 '긴 부정문'으로 나누기도 한다. 한편 명령문과 청유문의 부정에는 '말다' 부정문이 쓰이고, '말다' 부정문은 '긴 부정문'만 가능하다.

→ 새로운 내용 전환

③ 따라서, 그래서, 그러므로, 이로 인해 → 원인과 결과의 접속 부사

개인은 공동체의 영향을 받아 자신의 이야기를 만들어 가며, 그가 속한 공동체는 다른 공동체와 상호 작용을 한다. 이러한 과정은 공동체의 이야기를 만들어 가는 과정이기도 하다. 따라서 개인의 행위는 공동체와의 관계 속에서 의미를 갖는다.

→ 원인 → 결과

→ 원인

이번 캠페인은 올바른 다운로드로 당당하게 문화 콘텐츠를 즐기자는 취지에서 비롯된 것이어서 현재 많은 사람들이 동참하고 있다. 그러므로 영화를 비롯한 문학, 사진, 음악 등 문화 콘텐츠의 저작권이 보호되어야 마땅하다.

→ 결과

④ 요컨대 → 요약의 접속 부사

> 현대의 우리 사회는 구성원 사이의 평등을 기본 원리로 하고 있기 때문에, 전통적인 계층적 명분관은 설득력을 잃어 가고 있다. 그러나 평등 사회라고 하더라도 자신의 행동이나 역할의 정당성을 확보하기 위한 명분은 확인할 필요가 있다. 요컨대 우리는 (오늘의 시민 사회에 어울리는) 새로운 명분을 찾아야 할 필요가 있다는 말이다
>
> 요약

(2) 앞이 더 중요한 접속어

① 예를 들어, 예컨대, 가령, 이를테면 → 구체적 사례의 접속 부사

> 원리 / ex) / 사례
>
> 춤에서는 중력의 한계를 극복한 것처럼 보이게 하려고 여러 가지 방법을 사용하는데, 예를 들어 발레에서는 빠르고 가볍게 움직이는 동작을 통해 새의 모습을 표현한다.

> 원리 / ex) / 사례
>
> 회화에서 관습적으로 쓰여 온 제재에 대한 많은 지식이 필요하다. 이를테면 한 무리의 인물들이 특징적인 배열과 자세로 식탁에 둘러앉아 있는 모습이 담긴 그림을 보고, 그것이 최후의 만찬을 그린 것임을 알아내는 일이 이에 해당한다.

② 왜냐하면, 그 이유는 → 결과와 원인의 접속 부사

> 결과 ← 원인
>
> 그러나 현재소비를 줄이는 데 고통이 따른다. 왜냐하면 같은 조건이라면 (사람들은 먼 미래에 벌어질 사건보다) 현재 눈앞의 사건에 더 큰 만족을 느끼기 때문이다.

> 결과 ← 원인 ① ②
>
> 음악사학자들은 서양 음악의 기원을 고대 그리스 음악에서 찾는다. 그러나 고대 그리스인들이 향유하던 음악이 실제로 어떠했는지는 분명치 않다. 그 이유는 음악적 실체를 밝힐 문헌 자료가 충분치 않고, 현존하는 자료의 대부분이 (음악 그 자체보다는) 이론이 어떠했는지의 정보에 편중되어 있기 때문이다.

(3) 앞, 뒤가 모두 중요한 접속어

① 즉, 이처럼, 다시 말해 → 재진술의 접속 부사

금리가 상승하면 채권의 현재 가치가 하락하게 되고 이에 따라 채권의 가격도 하락하게 되는 결과로 이어진다. 이처럼 수시로 변동되는 시중 금리는 현재 가치의 평가 구조상 채권 가격의 변동에 영향을 주는 요인이 된다.

복지국가론자가 주장하는 평등은 완전한 평등, 즉 모든 사람들이 같은 소득을 보장받는 절대적 평등이 아니다.

효과를 얻고 반응을 유발하기 위해서는 환자가 너무 약해서는 안 된다. 다시 말해서 병이 너무 심해서는 안 되고 환자가 병과 싸울 수 있어야 한다.

② 그리고, 또, 게다가, 심지어, 더구나, 뿐만 아니라 → 나열의 접속 부사

생물체의 구성을 나열

하나의 생물체를 보면 ① 개체는 여러 기관으로 구성되어 있고, 기관은 조직으로, 조직은 세포로, 세포는 분자들로 구성되어 있다. 그리고 ② 계속해서 (원자나 소립자와 같은) 더 낮은 차원으로 가지쳐 내려가서 마치 피라미드와 같은 구조를 보인다.

에페소스의 쇠퇴 양상 나열

① (기후가 건조해지면서 땅이 점점 메마르게 되자) 에페소스에는 흉년이 거듭되었고, 풍요로웠던 문명의 뿌리는 흔들리기 시작하였다. 게다가 ② (헐벗은 산의 표층토가 빗물에 씻겨 내려 서서히 바다가 메워지면서) 에페소스의 교역도 사양길로 접어들어/해양 도시로서의 기능도 상실하고 말았다.

Chapter

09 최빈출 제시문 구조 시각화 방법

아무리 2025의 출제 기조가 변한다고 하더라도 출제자가 시험에 자주 출제하는 제시문 구조는 변하지 않습니다. 특히, 2025 인사혁신처 샘플을 보면 더 분명해지는데
2025의 시험에 실제로 많은 제시문이 거의 '대조, 나열' 구조로 나올 것임을 확인할 수 있습니다.
따라서 우리도 그에 따라 **'대조, 나열' 구조를 현명하게 읽어나가는 연습**을 해야 합니다.
또 매년 출제자들이 반드시 내는 최빈출 구조들을 미리 학습함으로써
글을 아래에서 위로 바라보는 것이 아니라 **위에서 아래로 내려다 볼 수 있도록** 해야 합니다.

출종포 독해 이론

1 __________ 구조

일정한 기준에 따라 두 대상의 차이점을 설명한다.

> 공포는 실재하는 객관적 위협에 의해 야기된 상태를 의미하고, 불안은 현재 발생하지 않았으며 미래에 일어날지 모르는 불명확한 위협에 의해 야기된 상태를 의미한다. 2022 국가직 9급

2 __________ 구조

둘 이상의 대상을 쭉 늘어놓는 구조로, 언급된 순서대로 대상들의 특성을 설명한다.

> 과학의 개념은 분류 개념, 비교 개념, 정량 개념으로 구분할 수 있다. 식물학과 동물학의 종, 속, 목처럼 분명한 경계를 가지고 대상들을 분류하는 개념들이 분류 개념이다. (중략)
> '더 무거움', '더 짧음' 등과 같은 비교 개념은 분류 개념보다 설명에 있어서 정보 전달에 더 효과적이다. 이것은 분류 개념처럼 자연의 사실에 적용되어야 하지만, 분류 개념과 달리 논리적 관계도 반드시 성립해야 한다. 예를 들면, 대상 A의 무게가 대상 B의 무게보다 더 무겁다면, 대상 B의 무게가 대상 A의 무게보다 더 무겁다고 말할 수 없는 것처럼 '더 무거움' 같은 비교 개념은 논리적 관계를 반드시 따라야 한다. (중략) 마지막으로 정량 개념은 비교 개념으로부터 발전된 것인데, 이것은 자연의 사실로부터 파악할 수 있는 물리량을 측정함으로써 만들어진다. 2021 국가직 9급

3 __________ 구조

의문을 제기하고 그에 대한 답변을 설명한다.

> 컴퓨터에는 자유의지가 있을까? 나아가 컴퓨터에 도덕적 의무를 귀속시킬 수 있을까? 컴퓨터는 다양한 전기회로로 구성되어 있고, 물리법칙, 프로그래밍 방식, 하드웨어의 속성 등에 따라 필연적으로 특정한 초기 상태로부터 다음 상태로 넘어간다. 마찬가지로 두 번째 상태에서 세 번째 상태로 이동하고, 이러한 과정이 계속해서 이어진다. 즉 컴퓨터는 결정론적 법칙의 지배를 받는 시스템이라는 것이다. 그럼 이러한 시스템에는 자유의지가 있을까? 2022 지방직 9급

독해 이론

1 대조 구조

일정한 기준에 따라 두 대상의 차이점을 설명한다.

> ① 공포는 실재하는 객관적 위협에 의해 야기된 상태를 의미하고, ② 불안은 (현재 발생하지 않았으며 미래에 일어날지 모르는) 불명확한 위협에 의해 야기된 상태를 의미한다. 2022 국가직 9급

2 나열 구조

둘 이상의 대상을 쭉 늘어놓는 구조로, 언급된 순서대로 대상들의 특성을 설명한다.

> 과학의 개념은 ① 분류 개념, ② 비교 개념, ③ 정량 개념으로 구분할 수 있다. ① 식물학과 동물학의 종, 속, 목처럼 분명한 경계를 가지고 대상들을 분류하는 개념들이 분류 개념이다. (중략)
>
> ‘더 무거움’, ‘더 짧음’ 등과 같은 비교 개념은 ② 분류 개념보다 설명에 있어서 정보 전달에 더 효과적이다. 이것은 분류 개념처럼 자연의 사실에 적용되어야 하지만, 분류 개념과 달리 ② 논리적 관계도 반드시 성립해야 한다. ex) 예를 들면, 대상 A의 무게가 대상 B의 무게보다 더 무겁다면, 대상 B의 무게가 대상 A의 무게보다 더 무겁다고 말할 수 없는 것처럼 ‘더 무거움’ 같은 비교 개념은 논리적 관계를 반드시 따라야 한다. (중략) 마지막으로 정량 개념은 ③ 비교 개념으로부터 발전된 것인데, 이것은 (자연의 사실로부터 파악할 수 있는) 물리량을 측정함으로써 만들어진다. 2021 국가직 9급

3 문답 구조

의문을 제기하고 그에 대한 답변을 설명한다.

> 질문
> 컴퓨터에는 자유의지가 있을까? 나아가 컴퓨터에 도덕적 의무를 귀속시킬 수 있을까? 컴퓨터는 다양한 전기회로로 구성되어 있고, 물리법칙, 프로그래밍 방식, 하드웨어의 속성 등에 따라 필연적으로 특정한 초기 상태로부터 다음 상태로 넘어간다. 마찬가지로 두 번째 상태에서 세 번째 상태로 이동하고, 이러한 과정이 계속해서 이어진다. 대답 = 즉 컴퓨터는 결정론적 법칙의 지배를 받는 시스템이라는 것이다. 그럼 이러한 시스템에는 자유의지가 있을까? 2022 지방직 9급

PART 03

4 ＿＿＿＿＿, ＿＿＿＿＿＿＿ **구조**

일반적인 원리와 이 원리를 쉽게 이해할 수 있게 해주는 예시를 설명한다.

> 우리는 온라인과 오프라인을 함께 경험할 수도 있고, 이러한 이분법적인 용어로 명료하게 분리되지 않는 활동들도 많다. 예를 들어 누군가와 만나서 대화하는 중에 문자를 주고받음으로써 대면 상호작용과 온라인 상호작용을 동시에 할 수 있다.
>
> 2024 국가직 9급

5 ＿＿＿＿＿, ＿＿＿＿＿ **구조**

어떤 현상의 원인과 결과를 서술하는 구조

> 미디어가 점차 상업화되면서 하버마스가 주장한 대로 공공 영역이 침식당하고 있다. 상업화된 미디어는 광고 수입에 기대어 높은 시청률과 수익을 보장하는 콘텐츠 제작만을 선호하게 되었다. 그 결과 공적 주제에 대한 시민들의 논의와 소통의 장이 줄어들어 결과적으로 공공 영역이 축소되었다.

6 ＿＿＿＿＿＿, ＿＿＿＿＿＿ **구조**

어떤 현상의 문제점과 해결 방안을 서술하는 구조

> 전통적인 농업은 관련 인구 감소, 농촌 경제 영세화, '종자에서 식탁까지' 지배하는 거대 자본의 위협을 받고 있다. 농약의 과다 사용으로 인해 식품은 물론 자연환경이 위기에 처하게 되었다. 이러한 문제점에 대응하기 위해 친환경 먹거리 생산과 건강한 소비를 연결하고, 나아가 지역 정체성을 강화하는 등 대안적 공동체 운동으로 선순환시키려는 노력이 로컬푸드 운동으로 나타났다.

7 ＿＿＿＿＿＿＿＿＿＿ **에 따른 구조**

실험의 과정과 그 결론을 설명한다. 이 경우에는 결론의 의미를 잘 파악해야 한다.

> 독자는 글을 읽을 때 생소하거나 이해하기 어려운 단어에 주시하는데, 이때 특정 단어에 눈동자를 멈추는 '고정'이 나타나며, 고정과 고정 사이에는 '이동', 단어를 건너뛸 때는 '도약'이 나타난다. 고정이 관찰될 때는 의미를 이해하려는 시도가 이루어지지만, 이동이나 도약이 관찰될 때는 이루어지지 않는다. 이를 바탕으로, K 연구진은 동일한 텍스트를 활용하여 읽기 능력 하위 집단(A)과 읽기 능력 평균 집단(B)의 읽기 특성을 탐색하는 연구를 진행하였다. 독서 횟수는 1회로 제한하되 독서 시간은 제한하지 않았다.
>
> 그 결과, 눈동자의 평균 고정 빈도에서 A 집단은 B 집단에 비해 약 2배 많은 수치를 보였다. 그런데 총 고정 시간을 총 고정 빈도로 나눈 평균 고정 시간은 B 집단이 A 집단에 비해 더 높게 나타났다.

4 원리 , 구체적 예시 **구조**

일반적인 원리와 이 원리를 쉽게 이해할 수 있게 해주는 예시를 설명한다.

> 원리
>
> 우리는 온라인과 오프라인을 함께 경험할 수도 있고, 이러한 이분법적인 용어로 명료하게 분리되지 않는 활동들도 많다. 예를 들어 누군가와 만나서 대화하는 중에 문자를 주고받음으로써 대면 상호작용과 온라인 상호작용을 동시에 할 수 있다.
>
> ex) 구체적 예시
>
> 2024 국가직 9급

5 원인 , 결과 **구조**

어떤 현상의 원인과 결과를 서술하는 구조

> 원인
>
> 미디어가 점차 상업화되면서 하버마스가 주장한 대로 공공 영역이 침식당하고 있다. 상업화된 미디어는 광고 수입에 기대어 높은 시청률과 수익을 보장하는 콘텐츠 제작만을 선호하게 되었다. 그 결과 공적 주제에 대한 시민들의 논의와 소통의 장이 줄어들어 결과적으로 공공 영역이 축소되었다.
>
> 결과

6 문제점 , 해결 방안 **구조**

어떤 현상의 문제점과 해결 방안을 서술하는 구조

> 문제점
>
> ① 전통적인 농업은 관련 인구 감소, 농촌 경제 영세화, '종자에서 식탁까지' 지배하는 거대 자본의 위협을 받고 있다. ② 농약의 과다 사용으로 인해 식품은 물론 자연환경이 위기에 처하게 되었다. 이러한 문제점에 대응하기 위해 친환경 먹거리 생산과 건강한 소비를 연결하고, 나아가 지역 정체성을 강화하는 등 대안적 공동체 운동으로 선순환시키려는 노력이 로컬푸드 운동으로 나타났다.
>
> 해결 방안

7 실험 과정 – 실험 결과 **에 따른 구조**

실험의 과정과 그 결론을 설명한다. 이 경우에는 결론의 의미를 잘 파악해야 한다.

> 독자는 글을 읽을 때 생소하거나 이해하기 어려운 단어에 주시하는데, 이때 특정 단어에 눈동자를 멈추는 '고정'이 나타나며, 고정과 고정 사이에는 '이동', 단어를 건너뛸 때는 '도약'이 나타난다. 고정이 관찰될 때는 의미를 이해하려는 시도가 이루어지지만, 이동이나 도약이 관찰될 때는 이루어지지 않는다. 이를 바탕으로, K 연구진은 동일한 텍스트를 활용하여 읽기 능력 하위 집단(A)과 읽기 능력 평균 집단(B)의 읽기 특성을 탐색하는 연구를 진행하였다. 독서 횟수는 1회로 제한하되 독서 시간은 제한하지 않았다.
>
> 실험 과정
>
> 그 결과, 눈동자의 평균 고정 빈도에서 A 집단은 B 집단에 비해 약 2배 많은 수치를 보였다. 그런데 총 고정 시간을 총 고정 빈도로 나눈 평균 고정 시간은 B 집단이 A 집단에 비해 더 높게 나타났다.
>
> 실험 결과☆☆☆

01 다음 빈칸에 해당 제시문의 주된 구조가 무엇인지 기입하시오.

채식주의자는 고기, 생선, 유제품, 달걀 섭취 여부에 따라 다섯 가지로 나뉜다. 완전 채식주의자는 이들 모두를 섭취하지 않으며, 페스코 채식주의자는 고기는 섭취하지 않지만 생선은 먹으며, 유제품과 달걀은 개인적 선호에 따라 선택적으로 섭취한다. 남은 세 가지 채식주의자는 고기와 생선 모두를 먹지 않되 유제품과 달걀 중 어떤 것을 먹느냐의 여부로 결정된다. 2024 국가직 9급

( ) 구조

디지털 트윈은 현실 세계와 똑같은 가상의 세계이다. 최근 주목받고 있는 메타버스와 개념은 유사하지만 활용 목적의 측면에서 구별된다. 메타버스는 가상 세계와 현실 세계가 융합된 플랫폼으로 이용자들에게 새로운 경제・사회・문화적 경험을 제공하는 데 목적을 둔다. 반면 디지털 트윈은 현실 세계에 존재하는 사물, 공간, 환경, 공정 등을 컴퓨터상에 디지털 데이터 모델로 표현하여 똑같이 복제하고 실시간으로 서로 반응할 수 있도록 한다. 2023 국가직 9급

( ) 구조

글을 쓸 때 독자의 수준에 비해 너무 어려운 개념과 전문용어를 사용한다면 독자가 글을 이해하기 어렵게 된다. 글쓰기는 필자가 글을 통해 자신의 메시지를 독자에게 전달하는 행위라는 점을 고려하면 계획하기 단계에서 반드시 예상 독자를 분석해야 한다. 2023 지방직 9급

( ) 구조

속수무책으로 당할 수밖에 없었던 죽음에 대한 경험은 사람들을 여러 방향에서 변화시켰다. 사람들은 거리에 시체가 널려 있는 광경에 익숙해졌고, 인간의 유해에 대한 두려움 또한 점차 옅어졌다. 교회에서 제시한 세계관 및 사후관에 대한 신뢰가 떨어지고, 삶과 죽음 같은 인간의 본질적인 문제에 대해 새롭게 사유하기 시작했다. 2022 지방직 9급

( ) 구조

01 다음 빈칸에 해당 제시문의 주된 구조가 무엇인지 기입하시오.

> 채식주의자는 고기, 생선, 유제품, 달걀 섭취 여부에 따라 다섯 가지로 나뉜다. ①완전 채식주의자는 이들 ①모두를 섭취하지 않으며, ②페스코 채식주의자는 고기는 섭취하지 않지만 ②생선은 먹으며, 유제품과 달걀은 개인적 선호에 따라 선택적으로 섭취한다. ③남은 세 가지 채식주의자는 ③고기와 생선 모두를 먹지 않되 유제품과 달걀 중 어떤 것을 먹느냐의 여부로 결정된다. 2024 국가직 9급

(나열) 구조

> ①디지털 트윈은 ①현실 세계와 똑같은 가상의 세계이다. 최근 주목받고 있는 ②메타버스와 개념은 유사하지만 활용 목적의 측면에서 구별된다. 메타버스는 ②가상 세계와 현실 세계가 융합된 플랫폼으로/이용자들에게 새로운 경제 · 사회 · 문화적 경험을 제공하는 데 목적을 둔다. 반면 디지털 트윈은 ①현실 세계에 존재하는 사물, 공간, 환경, 공정 등을 컴퓨터상에 디지털 데이터 모델로 표현하여 똑같이 복제하고 실시간으로 서로 반응할 수 있도록 한다. 2023 국가직 9급

대조 / 대조

(대조) 구조

문제점

> 글을 쓸 때 독자의 수준에 비해 너무 어려운 개념과 전문용어를 사용한다면 독자가 글을 이해하기 어렵게 된다. 글쓰기는 필자가 글을 통해 자신의 메시지를 독자에게 전달하는 행위라는 점을 고려하면 계획하기 단계에서 반드시 예상 독자를 분석해야 한다. 2023 지방직 9급

해결 방안

(문제 해결) 구조

원리 / 구체적 사례

> 속수무책으로 당할 수밖에 없었던 죽음에 대한 경험은 사람들을 여러 방향에서 변화시켰다. 사람들은 거리에 시체가 널려 있는 광경에 익숙해졌고, 인간의 유해에 대한 두려움 또한 점차 옅어졌다. 교회에서 제시한 세계관 및 사후관에 대한 신뢰가 떨어지고, 삶과 죽음 같은 인간의 본질적인 문제에 대해 새롭게 사유하기 시작했다. 2022 지방직 9급

(원리 사례) 구조

미셸 교수는 '마시멜로 실험'을 하였다. 아동들에게 마시멜로를 하나씩 주고 15분간 먹지 않으면 하나 더 주겠다고 한 뒤 아이가 못 참고 먹는지 아니면 끝까지 참는지를 관찰하였다. (중략) 이 실험 결과는 감정이나 욕망을 조절할 수 있는 자기 통제력이 큰 사람이 미래의 성공 가능성이 더 크다는 것을 보여 준다.

2023 지방직 7급

(　　　　　　　) 구조

르네상스가 일어나게 된 요인으로 많은 것들이 거론되어 왔지만, 의학사의 관점에서 볼 때 흥미롭고 논쟁적인 원인은 페스트이다. 페스트가 유럽의 인구를 격감시킴으로써 사회 경제 구조가 급변하게 되었고, 사람들은 재래의 전통이 지니고 있던 강력한 권위에 의문을 품기 시작했다.

2022 지방직 9급

(　　　　　　　) 구조

위 두 문장 중 경험을 통해 검증할 수 있는 것은 무엇인가? 비록 현실적으로 큰 비용이 들기는 하지만 (가)는 분명히 경험을 통해 진위를 밝힐 수 있다. 즉 우리는 (가)의 진위를 확정하기 위해서 무엇을 경험해야 하는지 알고 있다는 것이다. 이런 점에 근거하여 논리실증주의자들은 (가)는 검증할 수 있고, 유의미한 문장이라고 판단한다.

2022 지방직 9급

(　　　　　　　) 구조

실험 과정

미셸 교수는 '마시멜로 실험'을 하였다. 아동들에게 마시멜로를 하나씩 주고 15분간 먹지 않으면 하나 더 주겠다고 한 뒤 아이가 못 참고 먹는지 아니면 끝까지 참는지를 관찰하였다.(중략) 이 실험 결과는 감정이나 욕망을 조절할 수 있는 자기 통제력이 큰 사람이 미래의 성공 가능성이 더 크다는 것을 보여 준다.

→ 실험 결과

2023 지방직 7급

(실험 과정 – 실험 결과) 구조

→ 원인

르네상스가 일어나게 된 요인으로 많은 것들이 거론되어 왔지만, 의학사의 관점에서 볼 때 흥미롭고 논쟁적인 원인은 페스트이다. 페스트가 ① 유럽의 인구를 격감시킴으로써 사회 경제 구조가 급변하게 되었고, 사람들은 ② 재래의 전통이 지니고 있던 강력한 권위에 의문을 품기 시작했다.

→ 결과

2022 지방직 9급

(원인 – 결과) 구조

질문 대답

위 두 문장 중 경험을 통해 검증할 수 있는 것은 무엇인가? 비록 현실적으로 큰 비용이 들기는 하지만 (가)는 분명히 경험을 통해 진위를 밝힐 수 있다. 즉 우리는 (가)의 진위를 확정하기 위해서 무엇을 경험해야 하는지 알고 있다는 것이다. 이런 점에 근거하여 논리실증주의자들은 (가)는 검증할 수 있고, 유의미한 문장이라고 판단한다.

2022 지방직 9급

(질문 – 대답) 구조

Chapter 10

긴 문장 끊어 읽기 연습

2025년이 되면서 이제는 '문해력'이 굉장히 중요해졌습니다.
2024년 이전의 경향과는 다르게 이해력, 논리력, 추론력, 사고력을 집중적으로 측정할 것이기 때문입니다.
점점 제시문의 길이와 선지의 길이가 길어지고 있으므로 긴 문장에 대한 문해력을 길러야 합니다.
제시문을 이해하고 앞의 내용을 정리하고 뒤의 내용을 예측하는 이 삼 박자가 이루어져야 하므로
'긴 문장'을 단번에 이해해서 정리하는 혜선 쌤의 야매 꿀팁을 이 단원에서 알려드리겠습니다.

출좋포 독해 이론

1 부속 성분(관형어, 부사어)을 제거하고 필수 성분만 읽기

혜선 쌤의 박사 삼촌이 알려 주신 꿀팁 들어갑니다~

문장이 지나치게 길어 의미가 파악이 되지 않는 경우에는
부속 성분(관형어, 부사어)을 제거하고 먼저 필수 성분을 읽어 주세요.
다만!!! 부속 성분이 중요한 내용을 담는 경우,
예컨대 피수식어의 정의를 내리는 관형어이거나, 필수 부사어인 경우에는
반드시 필수 성분을 읽으신 후에 부속 성분의 정보도 파악하셔야 합니다~^^

관형어의 표지	구체적 예	부사어의 표지	구체적 예
관형사형 어미	'-는, ㄴ, ㄹ, 던'	부사형 어미	'-게, 아서, 도록'
관형격 조사	'의'	부사격 조사	'에, 에서, 에게' '로, 로서, 로써' 등

2 A가 아니라 B, A보다 B

'A가 아니라 B'의 맥락을 가지는 문장은 그 문단 내에서 중심 내용이 된다.
문장이 너무 긴 경우에는 'B'를 먼저 읽고 이해한 후에 'A'를 읽는다.

3 A 뿐만 아니라 B

'A 뿐만 아니라 B'의 맥락을 가지는 문장은 'A'와 'B'의 정보의 힘이 동등하므로
나열 관계로 파악하여 번호를 매겨야 한다.

MEMO

01 다음 긴 문장을 시각화하시오.

요크셔 지역에 내려오는 독특한 푸딩 요리법은 누군가가 푸딩 만드는 것을 지켜본 후 그것을 그대로 따라 하는 방식으로 전파되었다기보다는 요크셔푸딩 요리법에 대한 부모와 친척, 친구들의 설명을 통해 입에서 입으로 전파되고 공유되었을 가능성이 크다.

염분차 발전이란 해수와 담수의 염분 농도 차이를 통해 전기 에너지를 생산하는 기술로서, 대표적인 방법으로 역전기투석 발전이 있다. 이 방식은 전기를 이용해 염분을 제거하여 해수를 담수로 만드는 전기투석의 원리를 역으로 활용한 것이라고 할 수 있다.

방송 프로그램의 앞과 뒤에 붙어 방송되는 직접 광고와 달리 PPL(product placement)이라고도 하는 간접 광고는 프로그램 내에 상품을 배치해 광고효과를 거두려 하는 광고 형태이다.

요컨대 드로이젠은 랑케의 객관적 역사인식과 달리 역사인식의 주관성을 주장하면서도, 선험적으로 주어진 인륜적 세계가 역사가의 역사인식과 해석을 결정한다고 보았다.

이러한 연행 방식은 줄광대가 올라서 있는 줄이라는 수평적 공간에서부터 관중이 위치한 공간으로까지 극적 공간을 수직적으로 확대시킨다는 측면에서 입체적이다.

그는 불꽃 반응 실험에서 관찰한 나트륨 스펙트럼의 두 개의 인접한 밝은 선과 1810년대 프라운호퍼가 프리즘을 이용하여 태양빛의 스펙트럼에서 발견한 검은 선들을 비교하는 과정에서, 태양빛의 스펙트럼에 검은 선이 나타나는 원인을 설명할 수 있었다.

01 다음 긴 문장을 시각화하시오.

(요크셔 지역에 내려오는) 독특한 푸딩 요리법은 (누군가가 푸딩 만드는 것을 지켜본 후 그것을 그대로 따라 하는 방식으로 전파되었다기보다는) (요크셔푸딩 요리법에 대한 부모와 친척, 친구들의 설명을 통해) 입에서 입으로 전파되고 공유되었을 가능성이 크다.

↕ 대조

염분차 발전이란 (해수와 담수의 염분 농도 차이를 통해) 전기 에너지를 생산하는 기술로서, 대표적인 방법으로 역전기투석 발전이 있다. 이 방식은 (전기를 이용해 염분을 제거하여) 해수를 담수로 만드는 전기투석의 원리를 역으로 활용한 것이라고 할 수 있다.

(방송 프로그램의 앞과 뒤에 붙어 방송되는) 직접 광고와 달리 (PPL(product placement)이라고도 하는) 간접 광고는 프로그램 내에 상품을 배치해 광고효과를 거두려 하는 광고 형태이다.

요컨대 ①드로이젠은 ②(랑케의 객관적 역사인식과 달리) 역사인식의 주관성을 주장하면서도, (선험적으로 주어진) 인륜적 세계가 역사가의 역사인식과 해석을 결정한다고 보았다.

이러한 연행 방식은 (줄광대가 올라서 있는 줄이라는) 수평적 공간에서부터 (관중이 위치한 공간으로까지) 극적 공간을 수직적으로 확대시킨다는 측면에서 입체적이다.

그는 (불꽃 반응 실험에서 관찰한 ①나트륨 스펙트럼의 두 개의 인접한) 밝은 선과 (1810년대 프라운호퍼가 프리즘을 이용하여 ②태양빛의 스펙트럼에서 발견한) ②검은 선들을 비교하는 과정에서, 태양빛의 스펙트럼에 검은 선이 나타나는 원인을 설명할 수 있었다.

02 A가 아니라 B, A뿐만 아니라 B의 문장을 시각화하시오.

유학자들이 자기 수련을 통해 도달하려는 최종 목표인 성덕(成德)은 자기 혼자만 도를 터득하는 것이 아니라 함께 살고 있는 다른 사람들도 도를 터득하도록 도와주는 것을 포함하는 것이다.

즉, 제품을 시장으로 밀어내는 것이 아니라, 소비자들이 자신의 필요에 따라 제품을 구입하도록 하는 전략을 강조하게 된 것이다.

다시 말해서 복지국가에서는 개인이 소질을 발전시키고 능력을 발휘하는 일에 대해서 어떠한 제한도 가하지 않을 뿐 아니라, 온 국민이 각각 타고난 소질을 바탕으로 자아를 실현하도록 도와주기까지 한다는 것이다.

PART 03

02 A가 아니라 B, A뿐만 아니라 B의 문장을 시각화하시오.

유학자들이 (자기 수련을 통해 도달하려는 최종 목표인) 성덕(成德)은 (자기 혼자만 도를 터득하는 것이 아니라) 함께 살고 있는 다른 사람들도 도를 터득하도록 도와주는 것을 포함하는 것이다.

즉, (제품을 시장으로 밀어내는 것이 아니라) 소비자들이 자신의 필요에 따라 제품을 구입하도록 하는 전략을 강조하게 된 것이다.

다시 말해서 복지국가에서는 ① 개인이 소질을 발전시키고 능력을 발휘하는 일에 대해서 어떠한 제한도 가하지 않을 뿐 아니라, ② 온 국민이 각각 타고난 소질을 바탕으로 자아를 실현하도록 도와주기까지 한다는 것이다.

출.종.포 독해·문학

Part

04

내용 추론

Chapter 11

내용 추론 긍정 발문

2024년 이전에는 단순히 제시문의 내용의 표면적인 정보를 파악하는 문제가 나왔다면
2025년부터는 이러한 단순 내용 일치 문제는 나오지 않고 '내용 추론' 유형이 나올 예정입니다.
'내용 추론 긍정 발문' 유형은 **무조건 나오는 0순위 최빈출 유형으로** '내용 추론 부정 발문' 유형에 비해 **틀린 선지가 3개나 되므로 난도가 더 높은 편**입니다.
제시문 **표면에 나오지 않는 이면적인 정보나, 전제까지도 추론해야 하는 문제가 출제**될 것이기 때문에 제시문의 지엽적인 정보까지도 꼼꼼히 이해하는 것이 필요합니다.

출종포 독해 이론 내용 추론 긍정 발문

1 내용 추론 긍정 발문의 경우

① 4개 중 3개가 틀린 선택지이므로 어차피 선택지에서 얻을 수 있는 힌트가 없으므로 보통은 제시문을 읽어준 후 선택지를 보는 것이 낫습니다.

② 간혹 선택지의 길이가 짧고 단순하면 선택지를 먼저 보는 것도 괜찮습니다.

③ 혜선 쌤만의 야매 꿈수를 듣고 제시문을 읽습니다.

2 선택지 읽는 방법

① 선택지를 먼저 볼 때에는 분석적으로 선지를 2부분으로 나누는 것이 좋습니다.

② 제시문에서 특히 눈에 띄는 숫자, 고유 명사, 사람 이름, 형용사, 괄호가 나오면 미리 체크해 놓고 바로 확인 가능하다면 제시문으로 가서 확인합니다.

③ 'A보다 B'라는 구절이 있으면 비교가 맞는지 체크하고 제시문에서 확인합니다.

④ 대조, 나열 구조의 경우에는 특히 주어를 체크합니다.

⑤ 극단적인 표현이 나왔을 때에는 체크합니다.

⑥ 기준에 대한 표현이 나왔을 때에는 체크합니다.

출좋포 독해 오답 패턴

1 주체 혼동(객체 혼동)의 오류 (대조 구문 多)

③ 에어버스의 조종사는 항공기 운항에서 자동조종시스템을 통제하고 조작한다. - 2023 국가직 9급
→ 보잉의 조종사

② 프톨레마이오스의 주전원은 지동설을 지지하고자 만든 개념이다. - 2023 국가직 9급
→ 천동설

2 비교의 오류

② 17세기보다 나중 시기의 몽유록에서는 몽유자가 현실을 비판하는 경향이 강하게 나타난다. - 2023 국가직 9급
→ 나중 시기의 몽유록보다 17세기의 몽유록에서는

3 인과의 오류

어떤 현상에 대한 원인을 잘못 파악한 경우

① 최초의 IQ 검사는 학습 능력이 우수한 아이를 고르기 위해 시행되었다. - 2023 지방직 9급
→ IQ 검사의 도입 목적은 지적장애아 및 학습부진아를 가려내기 위한 것임을 1문단에서 서술하였다.

4 반대의 오류

② 디지털 트윈의 데이터 모델은 현실 세계의 각종 실험 모델보다 경제성이 낮다. - 2023 국가직 9급
→ 높다

② 루아르강 하구로부터 크림반도와 조지아를 잇는 선은 이탈리아보다 남쪽에 있을 것이다. - 2021 지방직 9급
→ 북쪽

5 미언급의 오류

① 디지털 트윈을 활용함에 따라 글로벌 기업들의 고용률이 향상되었다. - 2023 국가직 9급
→ 관련 시장이 확대되고 있다는 서술은 있지만, 고용률에 대한 언급은 없다.

① 한문은 한국어 문장보다 문장성분이 복잡하다. - 2023 지방직 9급
→ 한자는 문맥에 따라 같은 글자가 다른 문장성분으로 사용될 수 있다고 나와 있지만 이것이 한국어 문장보다 문장 성분이 복잡함을 의미하는 것은 아니다.

6 극단의 오류

'항상', '모두', '오직', '뿐', '만'과 같이 극단적인 내용

① 유엔에서 근무하는 외교관들은 유엔의 공용어를 다 구사하지 않으면 안 된다. - 2021 지방직 9급
→ 유엔에서 근무하는 외교관들은 유엔의 공용어를 다 구사하지 않아도 되었다.

① 고급 포도주는 모두 너무 덥지도 춥지도 않은 곳에서 재배된 포도로 만들어졌다. - 2021 지방직 9급
→ 백포도주는 뜨거운 여름 날씨가 지속하는 곳에서 명품이 만들어진다고 했으므로 적절하지 않다.

7 기준의 오류

③ 루카치는 각기 다른 기준에 따라 그리스 세계를 세 시대로 구분하였다. - 2023 국가직 9급
→ 총체성

정답 및 해설 p.329

赤功신공 빨리 푸는 전략!

1단계

선지의 길이 확인하기

선지를 혜선 쌤이 알려준 방식으로 읽기

2단계

제시문을 혜선 쌤이 수업에서 알려준 야매꼼수 방식으로 읽기

3단계

제시문을 읽을 때 선지의 초점어가 나타나면 더욱 집중해서 읽고 선지의 참 거짓을 판별하기

기존 출제 유지 STEP 1 단순 내용 일치 긍정 발문

01 다음 글에서 추론한 내용으로 가장 적절한 것은? 2024 국가직 9급

> 진화 개념에 대해 흔히 오해되는 측면이 있다. 첫째, 인간의 행동은 철저하게 유전적으로 결정되어 있다는 생각이다. 그런데 진화 이론이 유전자 결정론을 주장하는 것은 아니다. 인간의 행동은 유전적인 적응 성향과 이러한 적응 성향을 발달시키고 활성화되게 하는 환경으로부터의 입력이 상호작용한 결과이다.
>
> 둘째, 현재 인간의 마음이나 행동 체계는 오랜 진화 과정에 의한 최적의 적응 방식이라는 생각이다. 그것이 항상 맞는 것은 아니다. 가령 구석기시대의 적응 방식을 오늘날 인간이 지니고 있어 생기는 문제점이 있다. 원시시대에 사용하던 인지적 전략 등이 현재 그대로 남아 있기 때문에 문제가 생길 수 있는 것이다. 우리가 복잡한 상황에 적응하는 데는 원시시대의 적응 방식이 부적절한 경우가 있을 수 있다.

① 인간의 행동은 환경의 영향으로, 마음은 유전의 영향으로 결정된다.
② 우리에게 주어진 상황의 복잡한 정도가 클수록 인지적 전략의 최적화가 이루어진다.
③ 같은 조상을 둔 후손이라도 환경에서 얻은 정보가 다르면 행동은 다르게 나타날 수 있다.
④ 조상의 유전적 성향보다 조상이 살았던 과거 환경이 인간의 진화 방향을 우선적으로 결정한다.

01 다음 글에서 추론한 내용으로 가장 적절한 것은? 2024 국가직 9급

> 진화 개념에 대해 흔히 오해되는 측면이 있다. 첫째, 인간의 행동은 철저하게 유전적으로 결정되어 있다는 생각이다. 그런데 진화 이론이 유전자 결정론을 주장하는 것은 아니다. 인간의 행동은 유전적인 적응 성향과 이러한 적응 성향을 발달시키고 활성화되게 하는 환경으로부터의 입력이 상호작용한 결과이다.
>
> 둘째, 현재 인간의 마음이나 행동 체계는 오랜 진화 과정에 의한 최적의 적응 방식이라는 생각이다. 그것이 항상 맞는 것은 아니다. 가령 구석기시대의 적응 방식을 오늘날 인간이 지니고 있어 생기는 문제점이 있다. 원시시대에 사용하던 인지적 전략 등이 현재 그대로 남아 있기 때문에 문제가 생길 수 있는 것이다. 우리가 복잡한 상황에 적응하는 데는 원시시대의 적응 방식이 부적절한 경우가 있을 수 있다.

미언급의 오류

① 인간의 행동은 환경의 영향으로, 마음은 유전의 영향으로 결정된다.

미언급의 오류

② 우리에게 주어진 상황의 복잡한 정도가 클수록 인지적 전략의 최적화가 이루어진다.

③ 같은 조상을 둔 후손이라도 환경에서 얻은 정보가 다르면 행동은 다르게 나타날 수 있다. (O)

④ 조상의 유전적 성향보다 조상이 살았던 과거 환경이 인간의 진화 방향을 우선적으로 결정한다. (X)

미언급의 오류, 비교 혼동의 오류

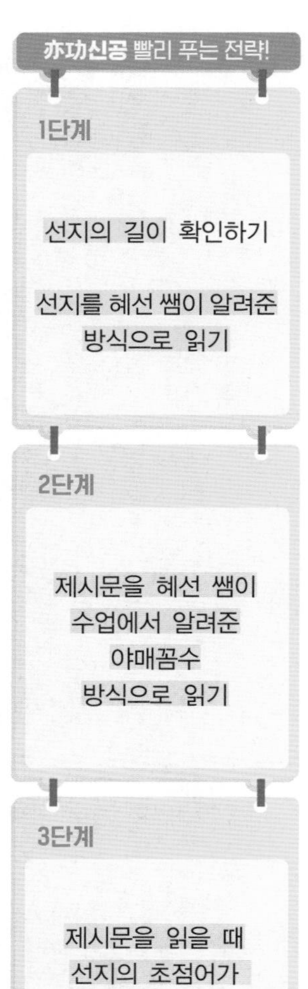

STEP 신유형 2 내용 추론 긍정 발문

02 다음 글을 이해한 내용으로 가장 적절한 것은? 2024 국가직 9급

A가 주장한 다중지능이론은 기존 지능이론의 대안으로 제시되었다. 그는 기존 지능이론이 언어지능이나 논리수학지능 등 인간의 인지 능력에만 초점을 맞추고 있다고 비판하면서 이뿐 아니라 신체와 정서, 대인 관계의 능력까지 포괄한 총체적 지능 개념을 창안해 냈다. 다중지능이론은 뇌과학 연구에 일정 부분 영향을 받았는데, 뇌과학 연구에 따르면 인간의 좌뇌는 분석적, 논리적 능력을 담당하고, 우뇌는 창조적, 감성적 능력을 담당한다. 다중지능이론에서는 좌뇌의 능력에만 초점을 둔 기존의 지능 검사에 대해 반쪽짜리 검사라고 혹평한다.

그런데 다중지능이론에 대해 비판적인 연구자들은 다음과 같은 점들을 지적한다. 우선, 다중지능이론에서 주장하는 새로운 지능의 종류들이 기존 지능이론에서 주목했던 지능의 종류들과 상호 독립적일 수 있는가 하는 점이다. 그들에 따르면, 전자는 후자의 하위 영역에 속해 있고, 둘 사이에는 유의미한 상관관계가 있으므로 서로 독립적일 수 없으며, 따라서 '다중'이라는 개념이 성립하지 않는다. 다음으로, 다중지능을 정확하게 측정할 수 있는 도구가 만들어질 수 있겠는가 하는 점이다. 그들은 지능이라는 말이 측정 가능한 인지 능력을 전제하는 것인데, 다중지능이론이 설정한 새로운 종류의 지능들을 정확하게 측정할 수 있는 도구가 만들어지기는 어려울 것이라 주장한다.

① 논리수학지능은 다중지능이론의 지능 개념에 포함되지 않는다.
② 대인 관계의 능력과 관련된 지능을 정확하게 측정할 수 있는 도구의 개발 가능성에 대해 회의적인 사람들이 있다.
③ 다중지능이론에서는 인간의 우뇌에서 담당하는 능력과 관련된 지능보다 좌뇌에서 담당하는 능력과 관련된 지능에 더 많이 주목한다.
④ 다중지능이론에 대해 비판적인 연구자들은 인간의 모든 지능 영역들이 상호 독립적이라는 이유에서 '다중' 개념이 성립하지 않는다고 주장한다.

02 다음 글을 이해한 내용으로 가장 적절한 것은? 2024 국가직 9급

> A가 주장한 다중지능이론은 기존 지능이론의 대안으로 제시되었다. 그는 기존 지능이론이 언어지능이나 논리수학지능 등 인간의 인지 능력에만 초점을 맞추고 있다고 비판하면서 이뿐 아니라 신체와 정서, 대인 관계의 능력까지 포괄한 총체적 지능 개념을 창안해 냈다. 다중지능이론은 뇌과학 연구에 일정 부분 영향을 받았는데, 뇌과학 연구에 따르면 인간의 좌뇌는 분석적, 논리적 능력을 담당하고, 우뇌는 창조적, 감성적 능력을 담당한다. 다중지능이론에서는 좌뇌의 능력에만 초점을 둔 기존의 지능 검사에 대해 반쪽짜리 검사라고 혹평한다.
>
> 그런데 다중지능이론에 대해 비판적인 연구자들은 다음과 같은 점들을 지적한다. 우선, 다중지능이론에서 주장하는 새로운 지능의 종류들이 기존 지능이론에서 주목했던 지능의 종류들과 상호 독립적일 수 있는가 하는 점이다. 그들에 따르면, 전자는 후자의 하위 영역에 속해 있고, 둘 사이에는 유의미한 상관관계가 있으므로 서로 독립적일 수 없으며, 따라서 '다중'이라는 개념이 성립하지 않는다. 다음으로, 다중지능을 정확하게 측정할 수 있는 도구가 만들어질 수 있겠는가 하는 점이다. 그들은 지능이라는 말이 측정 가능한 인지 능력을 전제하는 것인데, 다중지능이론이 설정한 새로운 종류의 지능들을 정확하게 측정할 수 있는 도구가 만들어지기는 어려울 것이라 주장한다.

① 논리수학지능은 다중지능이론의 지능 개념에 포함되지 않는다. 포함된다.(반대의 오류)

② 대인 관계의 능력과 관련된 지능을 정확하게 측정할 수 있는 도구의 개발 가능성에 대해 회의적인 사람들이 있다. (O)

③ 다중지능이론에서는 인간의 우뇌에서 담당하는 능력과 관련된 지능보다 좌뇌에서 담당하는 능력과 관련된 지능에 더 많이 주목한다. (미언급의 오류, 비교 혼동의 오류)

④ 다중지능이론에 대해 비판적인 연구자들은 인간의 모든 지능 영역들이 상호 독립적이라는 이유에서 '다중' 개념이 성립하지 않는다고 주장한다.
(반대의 오류)

정답 및 해설 p.329

Day 08 亦功 내용 추론 긍정 발문 문제 훈련

▶ Day 08 해설 영상은 주독야독 시즌 1(2024 7월)에서 꼭 수강해 주시기 바랍니다.

01 다음 글에 대한 추론으로 적절한 것은?

> 독점이나 담합과 같이 공정한 경쟁을 막는 경쟁은 시장 경제에 악영향을 미쳐 시장의 효율성을 해할 우려가 있다. 그러나 이는 소비자의 권익을 배제한 채 기업이 이윤을 추구하는 과정에서 발생하는 자연스러운 현상으로, 이를 막기 위해 정부가 개입할 필요가 있다. 이때 정부는 경쟁 정책을 통해 소비자의 권익을 보호한다. 경쟁 정책은 구체적으로 경쟁 제한적 규제를 개혁하고, 경제력 집중을 심화시키는 기업결합을 금지하여 경쟁적 시장 구조를 개혁한다. 그러나 이것만으로는 그것이 소비자의 권익이 충분히 실현되지는 않는다.
>
> 이에 정부는 소비자 정책을 통해 소비자의 권익을 보완하고자 한다. 소비자 정책은 소비자의 권익을 증진하고 소비생활의 향상을 도모하는 정책으로, 소비자의 선택권을 확보하고 소비자의 능력을 향상시키는 정책이다. 그런데 소비자 정책과 경쟁 정책은 공통적으로 소비자의 권익을 증대한다는 것을 목표로 하기 때문에 두 정책은 연계되어 추진될 수 있다. 예컨대 담합으로 인해 소비자들이 피해를 입게 되고, 그 사실을 알게 되더라도 소비자들이 자신의 피해구제를 청구하는 것은 어려운 일이다. 그러나 경쟁 정책과 소비자 정책의 연계를 통해 적발된 기업의 담합에 대해 경쟁 정책으로써 처벌하고, 그 사실을 알림으로써 소비자들이 주도적으로 자신의 권리를 되찾을 수 있게끔 한다.

① 독점이나 담합은 불공정한 경쟁을 유발하여 정부의 권익을 침해할 수 있다.
② 정부가 경쟁 정책을 실시하는 상황에서는 소비자의 권익 보호가 충분히 실현될 수 있다.
③ 기업은 이윤을 추구하는 과정에서 소비자의 권익을 배제한 행위를 할 수도 있다.
④ 소비자들은 소비자 정책을 통해 그들의 권익을 주체적으로 확보할 수 있다.

02 다음 글에 대한 이해로 적절한 것은?

> 인간의 표정은 감정을 나타내는 대표적 방법이다. 우리는 말을 하지 않아도 얼굴 근육의 움직임을 통해 상대방에게 감정을 전달할 수 있다. 어린아이나 타인의 표정을 통해 감정을 파악할 수 없는 선천적 시각 장애인도 웃음을 짓거나 슬픈 표정을 짓고 운다. 이런 표정들은 피질 하부의 신경 회로를 통해 신호가 전달되면서 근육이 무의식적이고 불수의적으로 움직인 결과이다. 즉, 유전적으로 뇌에 각인 되어 있는 것이다.
>
> 하지만 표정은 인간의 문화, 국적, 지역 등에 따라 해석이 달라질 수도 있다. 어떤 문화에서는 눈을 감고 웃는 것이 즐거움을 나타내지만, 다른 문화에서는 눈을 크게 뜨고 웃는 것이 즐거움을 나타내기도 한다. 또, 어떤 감정이나 상황에 대한 표정도 개인의 성격, 경험 등에 따라 다르게 나타날 수 있다. 이러한 이유로 어떤 표정을 한 얼굴을 보았을 때, 사람마다 그 표정의 의미를 다르게 받아들일 수 있다.

① 같은 문화권의 사람들끼리는 어떤 얼굴에 나타난 표정의 의미를 모두 같은 의미로 받아들인다.
② 근육이 무의식적으로 움직인 결과로 만들어지는 표정들은 감정과 상관없는 것이다.
③ 문화나 지역에 따라 유사한 감정에 대한 표정도 다르게 나타난다.
④ 타인의 얼굴을 본 적 없는 선천적 시각 장애인은 웃는 표정을 지을 수 없다.

03 다음 글을 읽고 추론한 내용으로 적절한 것은?

공연장에 가서 연주를 감상하면 집에서 듣는 것보다 악기 소리가 더 풍부하고 아름답게 들린다. 공연장은 소리가 벽에 반사되어 반사음이 발생하도록 설계되는데, 청중은 이 반사음을 듣고 소리가 풍부하다고 느끼기 때문이다. 이렇게 실내의 발음체에서 내는 소리가 반사되어 울리다가 직접음이 그친 뒤에도 남아서 들리는 소리를 '잔향'이라고 한다.

잔향은 실내 음향 효과를 내는 데 중요한 현상이지만, 잔향 시간이 너무 길면 이후에 만들어진 직접음과 충돌하는 등 오히려 감상을 방해할 수 있다. 이에 건축가들은 공연장의 용도와 규모에 따라 최적의 잔향 시간을 계산하여 구조를 설계한다. 음악은 1.5~2.5초, 강연에서는 1~1.5초가 적당하다. 일반적으로 천장에는 반사판을 설치하고, 객석 뒤의 벽은 소리를 흡수하는 소재를 사용하면 적절한 길이의 잔향을 만들어 낼 수 있다. 고대 그리스에서는 잔향을 발생시키기 위해 무대에 항아리를 설치하기도 했다.

① 같은 규모의 실내 공간이라면, 강연보다 연주를 목적으로 할 때 소리를 잘 흡수하는 벽을 더 많이 사용할 것이다.
② 집의 천장은 공연장의 천장보다 소리를 더 잘 흡수할 것이다.
③ 무대 쪽 벽보다 객석 뒤쪽의 벽이 소리를 더 많이 반사할 것이다.
④ 잔향의 효과는 현대 건축가들이 발견한 것이다.

내가 이 문제를 틀린 이유 체크리스트

V	이유	틀린 문제 번호	보완 방법
☐	시간 촉박	____ 번	
☐	내용 이해 부족	____ 번	
☐	발문 착각	____ 번	
☐	오답 패턴 미숙지	____ 번	
☐	선지 분석 부족	____ 번	

Chapter 12

내용 추론 부정 발문

2024년 이전에는 단순히 제시문의 내용의 표면적인 정보를 파악하는 문제가 나왔다면
2025년부터는 이러한 단순 내용 일치 문제는 나오지 않고 '내용 추론' 유형이 나올 예정입니다.
'내용 추론 부정 발문' 유형은 **무조건 나오는 0순위 최빈출 유형으로** '내용 추론 긍정 발문' 유형에 비해 **틀린 선지가 1개밖에 없으므로 난도 자체는 더 낮습니다.**
제시문 **표면에 나오지 않는 이면적인 정보나, 전제까지도 추론해야 하는 문제가 출제**될 것이기 때문에 제시문의 지엽적인 정보까지도 꼼꼼히 이해하는 것이 필요합니다.

출종포 독해 이론 내용 추론 부정 발문

1 내용 추론 부정 발문의 경우

① 4개 중 3개가 정답 선택지이므로 바로 선택지를 읽어준 후 선택지를 보는 것이 낫다.
선택지에 힌트가 많기 때문이다.

② 간혹 선택지의 길이가 길고 복잡하면 제시문을 먼저 보는 것도 괜찮다.

③ 혜선 쌤만의 야매 꼼수를 듣고 제시문을 읽습니다.

2 선택지 읽는 방법

① 선택지를 먼저 볼 때에는 분석적으로 선지를 2부분으로 나누는 것이 좋습니다.

② 제시문에서 특히 눈에 띄는 숫자, 고유 명사, 사람 이름, 형용사가 나오면 미리 체크해 놓고 바로 확인 가능하다면 제시문으로 가서 확인합니다.

③ 'A보다 B'라는 구절이 있으면 비교가 맞는지 체크하고 제시문에서 확인합니다.

④ 대조, 나열 구조의 경우에는 특히 주어를 체크합니다.

⑤ 극단적인 표현이 나왔을 때에는 체크합니다.

출좋포 독해 오답 패턴 (복습하기)

1 주체 혼동(객체 혼동)의 오류 (대조 구문 多)

③ 에어버스의 조종사는 항공기 운항에서 자동조종시스템을 통제하고 조작한다. - 2023 국가직 9급
→ 보잉의 조종사

② 프톨레마이오스의 주전원은 지동설을 지지하고자 만든 개념이다. - 2023 국가직 9급
→ 천동설

2 비교의 오류

② 17세기보다 나중 시기의 몽유록에서는 몽유자가 현실을 비판하는 경향이 강하게 나타난다. - 2023 국가직 9급
→ 나중 시기의 몽유록보다 17세기의 몽유록에서는

3 인과의 오류

어떤 현상에 대한 원인을 잘못 파악한 경우

① 최초의 IQ 검사는 학습 능력이 우수한 아이를 고르기 위해 시행되었다. - 2023 지방직 9급
→ IQ 검사의 도입 목적은 지적장애아 및 학습부진아를 가려내기 위한 것임을 1문단에서 서술하였다.

4 반대의 오류

② 디지털 트윈의 데이터 모델은 현실 세계의 각종 실험 모델보다 경제성이 낮다. - 2023 국가직 9급
→ 높다

② 루아르강 하구로부터 크림반도와 조지아를 잇는 선은 이탈리아보다 남쪽에 있을 것이다. - 2021 지방직 9급
→ 북쪽

5 미언급의 오류

① 디지털 트윈을 활용함에 따라 글로벌 기업들의 고용률이 향상되었다. - 2023 국가직 9급
→ 관련 시장이 확대되고 있다는 서술은 있지만, 고용률에 대한 언급은 없다.

① 한문은 한국어 문장보다 문장성분이 복잡하다. - 2023 지방직 9급
→ 한자는 문맥에 따라 같은 글자가 다른 문장성분으로 사용될 수 있다고 나와 있지만 이것이 한국어 문장보다 문장 성분이 복잡함을 의미하는 것은 아니다.

6 극단의 오류

'항상', '모두', '오직', '뿐', '만'과 같이 극단적인 내용

① 유엔에서 근무하는 외교관들은 유엔의 공용어를 다 구사하지 않으면 안 된다. - 2021 지방직 9급
→ 유엔에서 근무하는 외교관들은 유엔의 공용어를 다 구사하지 않아도 되었다.

① 고급 포도주는 모두 너무 덥지도 춥지도 않은 곳에서 재배된 포도로 만들어졌다. - 2021 지방직 9급
→ 백포도주는 뜨거운 여름 날씨가 지속하는 곳에서 명품이 만들어진다고 했으므로 적절하지 않다.

7 기준의 오류

③ 루카치는 각기 다른 기준에 따라 그리스 세계를 세 시대로 구분하였다. - 2023 국가직 9급
→ 총체성

정답 및 해설 p.330

赤功신공 빨리 푸는 전략!

1단계

선지의 길이 확인하기

선지를 혜선 쌤이 알려준 방식으로 읽기

2단계

제시문을 혜선 쌤이 수업에서 알려준 야매꼼수 방식으로 읽기

3단계

제시문을 읽을 때 선지의 초점어가 나타나면 더욱 집중해서 읽고 선지의 참 거짓을 판별하기

01 다음 글에서 추론한 내용으로 적절하지 않은 것은? 2024 국가직 9급

> 오늘날 인터넷과 디지털 미디어를 통해 '온라인'에서의 '비대면' 접촉에 의한 상호 관계가 급속도로 확장되고 있다. '오프라인'이나 '대면'이라는 용어는 물리적 실체감이 있는 아날로그적 접촉을 가리킨다. 그런데 우리는 온라인과 오프라인을 함께 경험할 수도 있고, 이러한 이분법적인 용어로 명료하게 분리되지 않는 활동들도 많다. 예를 들어 누군가와 만나서 대화하는 중에 문자를 주고받음으로써 대면 상호작용과 온라인 상호작용을 동시에 할 수 있다.
>
> 한편 오프라인 대면 상호작용에서보다 온라인 비대면 상호작용에서 만난 사람들에게 더 끈끈한 유대감을 느끼기도 한다. 서로 관계를 형성하고 유지할 때 아날로그 상호작용 수단과 디지털 상호작용 수단을 동시에 활용할 수도 있다. 이처럼 오늘날과 같은 초연결 사회에서 우리의 경험은 비대면 혹은 대면, 온라인 혹은 오프라인 같은 이분법적 범주로 온전히 분리되지 않는다. 상호작용 양식들이 서로 겹치거나 교차하는 현상들을 이해하고자 할 때 이분법적인 범주는 심각한 한계를 지닌다.

① 이분법적 시각으로는 상호작용 양식이 교차하는 양상을 이해하기 어렵다.
② 비대면 온라인 상호작용으로는 사람들 간에 깊은 유대 관계를 형성할 수 없다.
③ 온라인 비대면 활동과 오프라인 대면 활동이 온전히 분리되어 있는 것은 아니다.
④ 오늘날에는 대면 상호작용 중에도 디지털 수단에 의한 상호 관계가 이루어질 수 있다.

01 **다음 글에서 추론한 내용으로 적절하지 않은 것은?** 2024 국가직 9급

> 오늘날 인터넷과 디지털 미디어를 통해 '온라인'에서의 '비대면' 접촉에 의한 상호 관계가 급속도로 확장되고 있다. '오프라인'이나 '대면'이라는 용어는 물리적 실체감이 있는 아날로그적 접촉을 가리킨다. 그런데 우리는 온라인과 오프라인을 함께 경험할 수도 있고, 이러한 이분법적인 용어로 명료하게 분리되지 않는 활동들도 많다. 예를 들어 누군가와 만나서 대화하는 중에 문자를 주고받음으로써 대면 상호작용과 온라인 상호작용을 동시에 할 수 있다.
>
> 한편 오프라인 대면 상호작용에서보다 온라인 비대면 상호작용에서 만난 사람들에게 더 끈끈한 유대감을 느끼기도 한다. 서로 관계를 형성하고 유지할 때 아날로그 상호작용 수단과 디지털 상호작용 수단을 동시에 활용할 수도 있다. 이처럼 오늘날과 같은 초연결 사회에서 우리의 경험은 비대면 혹은 대면, 온라인 혹은 오프라인 같은 이분법적 범주로 온전히 분리되지 않는다. 상호작용 양식들이 서로 겹치거나 교차하는 현상들을 이해하고자 할 때 이분법적인 범주는 심각한 한계를 지닌다.

① 이분법적 시각으로는 상호작용 양식이 교차하는 양상을 이해하기 어렵다.

② 비대면 온라인 상호작용으로는 사람들 간에 깊은 유대 관계를 형성할 수 없다. (반대의 오류) [handwritten: 있]

③ 온라인 비대면 활동과 오프라인 대면 활동이 온전히 분리되어 있는 것은 아니다.

④ 오늘날에는 대면 상호작용 중에도 디지털 수단에 의한 상호 관계가 이루어질 수 있다.

정답 및 해설 p.330

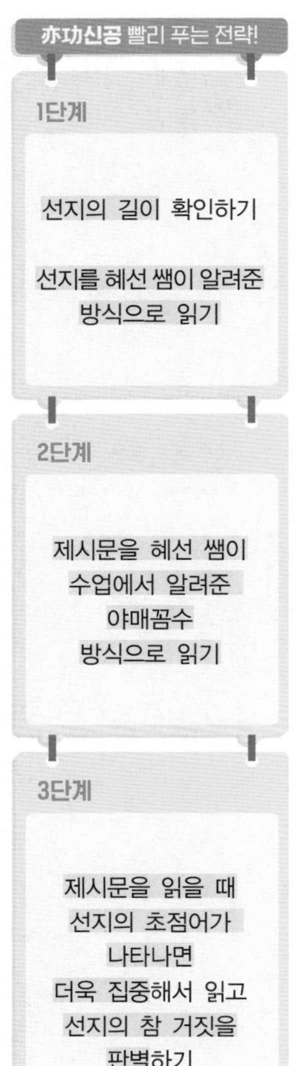

02 다음 글에서 추론한 내용으로 적절하지 않은 것은? 2024 국가직 9급

> 새의 몸에서 나오는 테스토스테론은 구애 행위나 짝짓기와 밀접하게 관련된다. 따라서 번식기가 아닌 시기에는 거의 분비되지 않는데, 번식기에 나타나는 테스토스테론의 수치 변화 양상은 새의 종류에 따라 다르다.
>
> 노래참새 수컷의 테스토스테론 수치는 짝짓기에 성공하여 암컷의 수정이 이루어지는 시점을 전후하여 달라진다. 번식기가 되면 수컷은 암컷의 마음을 얻는 데 필요한 영역을 차지하려고 다른 수컷과 싸워야 한다. 이 시기 수컷의 테스토스테론 수치는 암컷의 수정이 이루어질 때까지 계속 높아진다. 그러다가 수정이 이루어지면 수컷은 곧바로 새끼를 돌볼 준비를 하게 되는데, 이때부터 그 수치는 떨어진다. 새끼가 커서 둥지를 떠나게 되면 수컷은 더 이상 영역을 지킬 필요가 없기 때문에 번식기가 끝나지 않았는데도 테스토스테론 수치는 좀 더 떨어지고, 번식기가 끝나면 테스토스테론은 거의 분비되지 않는다.
>
> 검정깃찌르레기 수컷은 테스토스테론 수치가 번식기가 되면 올라갔다가 암컷이 수정한 이후부터 번식기가 끝날 때까지 떨어지지 않는다. 이 수컷은 자신의 둥지를 지키면서 암컷과 새끼를 돌보는 대신 다른 암컷과의 짝짓기를 위해 자신의 둥지를 떠나 버린다.

① 노래참새 수컷은 번식기 동안 테스토스테론 수치가 새끼를 양육할 때보다 양육이 끝난 후에 높게 나타난다.

② 번식기 동안 노래참새 수컷의 테스토스테론 수치는 암컷의 수정이 이루어지기 전보다 이루어진 후에 낮게 나타난다.

③ 검정깃찌르레기 수컷은 암컷이 수정한 이후 번식기가 끝날 때까지 테스토스테론 수치가 떨어지지 않는다.

④ 노래참새 수컷과 검정깃찌르레기 수컷 모두 번식기의 테스토스테론 수치는 번식기가 아닌 시기의 테스토스테론 수치보다 높다.

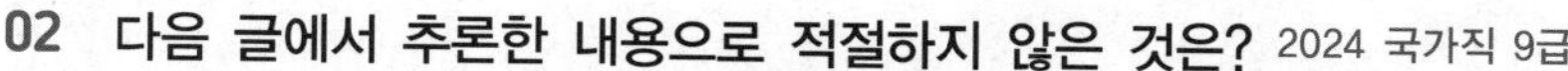

02 다음 글에서 추론한 내용으로 적절하지 않은 것은? 2024 국가직 9급

새의 몸에서 나오는 테스토스테론은 구애 행위나 짝짓기와 밀접하게 관련된다. 따라서 번식기가 아닌 시기에는 거의 분비되지 않는데, 번식기에 나타나는 테스토스테론의 수치 변화 양상은 새의 종류에 따라 다르다.

①노래참새 수컷의 테스토스테론 수치는 짝짓기에 성공하여 암컷의 수정이 이루어지는 시점을 전후하여 달라진다. 번식기가 되면 수컷은 암컷의 마음을 얻는 데 필요한 영역을 차지하려고 다른 수컷과 싸워야 한다. 이 시기 수컷의 테스토스테론 수치는 암컷의 수정이 이루어질 때까지 계속 높아진다. 그러다가 수정이 이루어지면 수컷은 곧바로 새끼를 돌볼 준비를 하게 되는데, 이때부터 그 수치는 떨어진다. 새끼가 커서 둥지를 떠나게 되면 수컷은 더 이상 영역을 지킬 필요가 없기 때문에 번식기가 끝나지 않았는데도 테스토스테론 수치는 좀 더 떨어지고, 번식기가 끝나면 테스토스테론은 거의 분비되지 않는다.

②검정깃찌르레기 수컷은 테스토스테론 수치가 번식기가 되면 올라갔다가 암컷이 수정한 이후부터 번식기가 끝날 때까지 떨어지지 않는다. 이 수컷은 자신의 둥지를 지키면서 암컷과 새끼를 돌보는 대신 다른 암컷과의 짝짓기를 위해 자신의 둥지를 떠나 버린다.

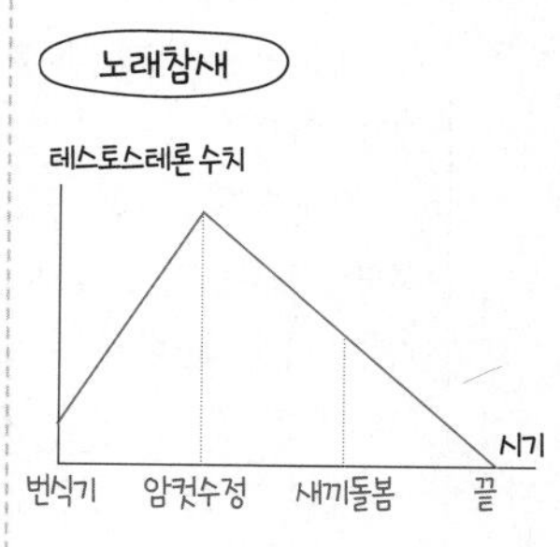

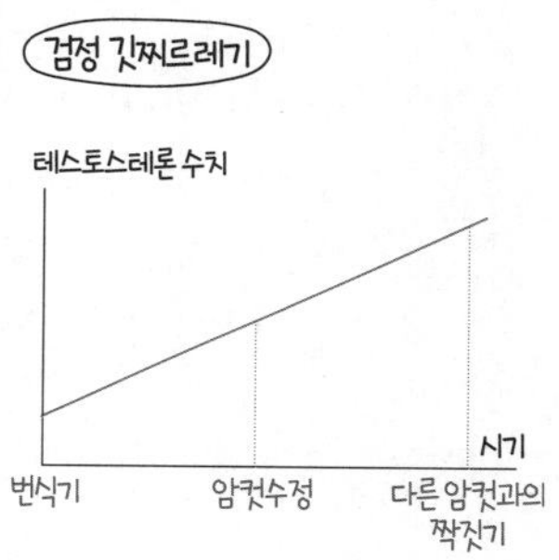

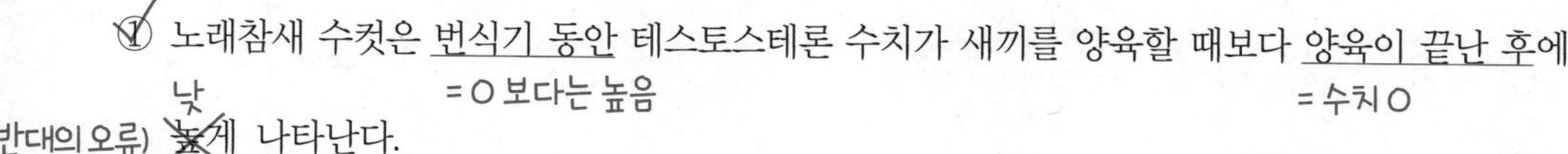

① 노래참새 수컷은 번식기 동안 테스토스테론 수치가 새끼를 양육할 때보다 양육이 끝난 후에 높게 나타난다.

낮 =O 보다는 높음 =수치 O (반대의 오류)

② 번식기 동안 (노래참새 수컷의 테스토스테론 수치는) 암컷의 수정이 이루어지기 전보다 이루어진 후에 낮게 나타난다. (O)

③ 검정깃찌르레기 수컷은 암컷이 수정한 이후 번식기가 끝날 때까지 테스토스테론 수치가 떨어지지 않는다. (O)

④ 노래참새 수컷과 검정깃찌르레기 수컷 모두 번식기의 테스토스테론 수치는 번식기가 아닌 시기의 테스토스테론 수치보다 높다. (O)

Day

09 亦功 내용 추론 부정 발문 문제 훈련

▶ Day 09 해설 영상은 주독야독 시즌 1(2024 7월)에서 꼭 수강해 주시기 바랍니다.

01 다음을 읽고 추론할 수 있는 내용으로 적절하지 않은 것은?

> 인간에게 유용한 도구로 개발된 인공지능을 약인공지능, 인간을 완벽하게 재현한 인공지능을 강인공지능이라 한다. 그런데 어떤 이들은 현재까지 개발된 인공지능은 모두 약인공지능이며 강인공지능의 출현은 기약이 없으므로 인공지능 발전이 인간 존재를 위협하지 못한다고 주장한다. 이들은 자신들의 주장을 뒷받침하는 '중국어 방' 사고 실험을 제시하였다.
>
> 중국어를 전혀 모르는 이에게 중국어로 할 수 있는 모든 질문과 답변이 적힌 카드를 주고 중국어 질문에 답변케 하면 그는 카드를 보고 모든 중국어 질문에 답할 수 있지만 그가 중국어를 할 줄 안다고 말할 수는 없다. 이 사례를 인공지능에 적용해 보면 인공지능 역시 특정 영역의 특정 기능을 인간과 대등하게 수행하여도 인간과 동일한 존재라고 말할 수 없다는 결론이 나온다. 따라서 약인공지능은 인간을 대체할 수 없다는 것이 그들의 주장이다.
>
> 이런 그들의 주장을 반대하는 이들은 중국어 방 실험에서 질문자는 상대방이 중국어 답변을 완벽하게 해내는 사실 그 자체가 중요한 것이라고 한다. 그들은 실제 중국어를 할 줄 아느냐 모르느냐는 알 수도 없고 알 필요도 없다고 본다. 즉, 부여된 역할을 할 수만 있다면 학습된 인공지능과 인간의 차이점은 없다는 것이다.

① '중국어 방'에 반론을 제기한 이들은 '중국어 방' 실험으로 인공지능과 인간을 구별할 수 없다고 생각한다.
② '중국어 방'을 만든 이들은 약인공지능은 인간을 대체할 수 없다고 생각한다.
③ '중국어 방'을 만든 이들은 강인공지능의 출현을 기약이 없다고 생각한다.
④ '중국어 방'을 만든 이들은 강인공지능은 약인공지능과 달리 모든 '중국어 방' 질문에 대답할 수 있다 생각한다.

02 다음 글에서 추론한 내용으로 적절하지 않은 것은?

> 중세 이탈리아 메디치 가문과 유럽의 각 왕실이 혈연으로 연결되면서 이탈리아 음식 문화는 유럽 각지로 퍼져나갔고 이를 발전시킨 것이 프랑스 요리이다.
>
> 초기 프랑스 요리는 비싼 버터를 듬뿍 끼얹은 육류 요리가 주류였다. 요리의 장식적 측면보다 값비싼 재료를 사용한 요리로 부를 과시하는 것을 중시해 황금 가격에 맞먹는다는 향신료를 자르지도 않은 고기 위에 산처럼 뿌려 테이블에 올렸다. 이를 오트 퀴진이라 하는데 시대가 흐르면서 건강에 좋지 않고 사치스러우며 향신료의 과도한 사용으로 맛이 무겁다는 비판을 받았다. 이후 나폴레옹 시대 단품 요리를 전문으로 내는 '비스트로'가 생겨났는데 이는 러시아군이 파리를 침공하여 음식을 주문하고 러시아어로 '빨리'를 의미하는 '브이스뜨라'를 외친 것에 기원을 둔다.
>
> 1960년대 오트 퀴진을 비판하는 누벨퀴진이라는 새로운 양식의 요리가 등장해 유행했다. 이들은 향신료와 버터를 줄이고 외적인 면에서도 '눈으로 먹는 요리'라 불리며 오트 퀴진과 차별화된 모습을 보여주었다.

① 누벨퀴진은 오트 퀴진과 달리 맛이 무겁다는 평가를 받지 않을 것이다.
② 오트 퀴진은 미적 아름다움을 중시하는 사치스러운 요리이다.
③ 러시아군 침공 이전 프랑스에서는 '비스트로'를 찾아볼 수 없었다.
④ 프랑스 음식은 이탈리아와 러시아의 영향을 받으며 발전하였다.

PART 04

03 다음 글에서 추론한 내용으로 적절하지 않은 것은?

4차 산업혁명이란 인공지능과 사물인터넷, 빅데이터의 결합에 의해 디지털 혁명이 초래되는 시대를 의미한다. 기술적 낙관론자들은 이를 철도와 증기기관이 발명되었던 1차 산업혁명, 전기와 생산조립 라인 출현으로 대량생산이 가능해진 2차 산업혁명, 반도체와 메인프레임 컴퓨팅이 중심이 되는 3차 산업혁명과 동등하거나 그 이상의 파급력을 지니는 현상이라고 주장한다. 하지만 4차 산업혁명에 대한 회의론적 시각도 적지 않다. 회의론자들은 4차 산업혁명은 앞의 3차례의 산업혁명에 비견될 만큼 급격한 생산성 향상을 이루기 어려우며, 4차 산업혁명의 핵심인 융합(인공지능, IoT)은 기존 산업의 보조적 역할에 그칠 뿐이라고 주장한다. 이들은 4차 산업혁명의 구성 기술 성장 자체를 부정하지는 않지만, 기술 발전의 양상이 기존의 판을 엎을 정도의 파급력을 갖는 것은 아니라고 보고 있는 것이다.

① 낙관론자들은 4차 산업혁명이 3차례의 산업혁명과 유사한 정도의 파급력을 가진다고 주장할 것이다.
② 4차 산업혁명은 IoT와 AI 관련 기술의 발달과 깊은 연관이 있을 것이다.
③ 회의론자들은 4차 산업혁명은 실체가 없는 보조적 수단이며, 구성 기술의 성장도 미미하다고 주장할 것이다.
④ 회의론자들은 4차 산업혁명은 기존 기술에 보조적 수단을 결합한 것에 가깝다고 주장할 것이다.

내가 이 문제를 틀린 이유 체크리스트

V	이유	틀린 문제 번호	보완 방법
□	시간 촉박	____ 번	
□	내용 이해 부족	____ 번	
□	발문 착각	____ 번	
□	오답 패턴 미숙지	____ 번	
□	선지 분석 부족	____ 번	

출.종.포 독해·문학

Part

05

빈칸 추론

CHAPTER 13 빈칸 추론

DAY 10 문제 훈련

Chapter 13

빈칸 추론

빈칸 추론 유형은 상시 나올 유형으로
이제는 빈칸이 1개뿐만 아니라 2~3개까지 뚫리는 식으로
나올 예정입니다. 제시문의 **중간 혹은 맨 뒤에 빈칸**을 뚫어 놓고
빈칸에 어떠한 내용이 들어갈지 추론해야 하는 유형으로 **0순위 최빈출** 유형이니
반드시 풀이 전략을 학습해야 합니다.
빈칸 추론은 밑줄 싸움이니 **어느 초점을 맞춰 밑줄을 그어야 하는지 학습**해야 합니다.

정답 및 해설 p.332

기존 출제 유지 STEP 1 단수 빈칸 추론

01 다음 글의 빈칸에 들어갈 내용으로 가장 적절한 것은? 2024 국가직 9급

독자는 글을 읽을 때 생소하거나 이해하기 어려운 단어에 주시하는데, 이때 특정 단어에 눈동자를 멈추는 '고정'이 나타나며, 고정과 고정 사이에는 '이동', 단어를 건너뛸 때는 '도약'이 나타난다. 고정이 관찰될 때는 의미를 이해하려는 시도가 이루어지지만, 이동이나 도약이 관찰될 때는 이루어지지 않는다. 이를 바탕으로, K 연구진은 동일한 텍스트를 활용하여 읽기 능력 하위 집단(A)과 읽기 능력 평균 집단(B)의 읽기 특성을 탐색하는 연구를 진행하였다. 독서 횟수는 1회로 제한하되 독서 시간은 제한하지 않았다.

그 결과, 눈동자의 평균 고정 빈도에서 A 집단은 B 집단에 비해 약 2배 많은 수치를 보였다. 그런데 총 고정 시간을 총 고정 빈도로 나눈 평균 고정 시간은 B 집단이 A 집단에 비해 더 높게 나타났다. 읽기 후 독해 검사에서 B 집단은 A 집단보다 평균 점수가 높았고, 독서 과정에서 눈동자가 이전으로 돌아가거나 이전으로 건너뛰는 현상은 모두 관찰되지 않았다. 연구진은 이를 종합하여 읽기 능력이 부족한 독자는 읽기 능력이 평균인 독자에 비해 난해하다고 느끼는 단어들이 [　　　　　　　　　　　　]는 결론을 내렸다.

① 더 많지만 난해하다고 느끼는 각각의 단어를 이해하는 과정에 들이는 평균 시간은 더 적다
② 더 많고 난해하다고 느끼는 각각의 단어를 이해하는 과정에 들이는 평균 시간도 더 많다
③ 더 적지만 난해하다고 느끼는 각각의 단어를 이해하는 과정에 들이는 평균 시간은 더 많다
④ 더 적고 난해하다고 느끼는 각각의 단어를 이해하는 과정에 들이는 평균 시간도 더 적다

기존 출제 유지 STEP 1 단수 빈칸 추론

01 다음 글의 빈칸에 들어갈 내용으로 가장 적절한 것은? 2024 국가직 9급

> 독자는 글을 읽을 때 생소하거나 이해하기 어려운 단어에 주시하는데, 이때 특정 단어에 눈동자를 멈추는 '고정'이 나타나며, 고정과 고정 사이에는 '이동', 단어를 건너뛸 때는 '도약'이 나타난다. 고정이 관찰될 때는 의미를 이해하려는 시도가 이루어지지만, 이동이나 도약이 관찰될 때는 이루어지지 않는다. 이를 바탕으로, K 연구진은 동일한 텍스트를 활용하여 읽기 능력 하위 집단(A)과 읽기 능력 평균 집단(B)의 읽기 특성을 탐색하는 연구를 진행하였다. 독서 횟수는 1회로 제한하되 독서 시간은 제한하지 않았다.
>
> 그 결과, 눈동자의 평균 고정 빈도에서 A 집단은 B 집단에 비해 약 2배 많은 수치를 보였다. 그런데 총 고정 시간을 총 고정 빈도로 나눈 평균 고정 시간은 B 집단이 A 집단에 비해 더 높게 나타났다. 읽기 후 독해 검사에서 B 집단은 A 집단보다 평균 점수가 높았고, 독서 과정에서 눈동자가 이전으로 돌아가거나 이전으로 건너뛰는 현상은 모두 관찰되지 않았다. 연구진은 이를 종합하여 읽기 능력이 부족한 독자는 읽기 능력이 평균인 독자에 비해 난해하다고 느끼는 단어들이 ____________________는 결론을 내렸다.

① 더 많지만 난해하다고 느끼는 각각의 단어를 이해하는 과정에 들이는 평균 시간은 더 적다

② 더 많고 난해하다고 느끼는 각각의 단어를 이해하는 과정에 들이는 평균 시간도 더 많다

③ 더 적지만 난해하다고 느끼는 각각의 단어를 이해하는 과정에 들이는 평균 시간은 더 많다

④ 더 적고 난해하다고 느끼는 각각의 단어를 이해하는 과정에 들이는 평균 시간도 더 적다

정답 및 해설 p.332

赤功신공 빨리 푸는 전략!

1단계

빈칸 (가)의 위치를 파악하고 빈칸 (가)를 스스로 예측하기

2단계

(가)의 빈칸을 추론할 수 있는 핵심 정보에 밑줄을 긋기

(가)에 알맞은 내용의 선택지는 살리고 맞지 않은 선지는 소거하기

3단계

살린 선지의 (나)를 먼저 보고 둘 중 어떤 내용이 둘째 빈칸에 맞는지 확인 후 답을 고르기

STEP 2 신유형 복수 빈칸 추론

01 다음 글의 (가)와 (나)에 들어갈 말로 적절한 것은? 2024 국가직 9급

채식주의자는 고기, 생선, 유제품, 달걀 섭취 여부에 따라 다섯 가지로 나뉜다. 완전 채식주의자는 이들 모두를 섭취하지 않으며, 페스코 채식주의자는 고기는 섭취하지 않지만 생선은 먹으며, 유제품과 달걀은 개인적 선호에 따라 선택적으로 섭취한다. 남은 세 가지 채식주의자는 고기와 생선 모두를 먹지 않되 유제품과 달걀 중 어떤 것을 먹느냐의 여부로 결정된다. 이들의 명칭은 라틴어의 '우유'를 의미하는 '락토(lacto)'와 '달걀'을 의미하는 '오보(ovo)'를 사용해 정해졌는데, 예를 들어, 락토오보 채식주의자는 고기와 생선은 먹지 않으나 유제품과 달걀은 먹는다. 락토 채식주의자는 [(가)] 먹지 않으며, 오보 채식주의자는 [(나)] 먹지 않는다.

① (가): 달걀은 먹지만 고기와 생선과 유제품은
  (나): 고기와 생선과 달걀은 먹지만 유제품은
② (가): 달걀은 먹지만 고기와 생선과 유제품은
  (나): 유제품은 먹지만 고기와 생선과 달걀은
③ (가): 유제품은 먹지만 고기와 생선과 달걀은
  (나): 고기와 생선과 유제품은 먹지만 달걀은
④ (가): 유제품은 먹지만 고기와 생선과 달걀은
  (나): 달걀은 먹지만 고기와 생선과 유제품은

01 다음 글의 (가)와 (나)에 들어갈 말로 적절한 것은? 2024 국가직 9급

> 채식주의자는 고기, 생선, 유제품, 달걀 섭취 여부에 따라 다섯 가지로 나뉜다. 완전 채식주의자는 이들 모두를 섭취하지 않으며, 페스코 채식주의자는 고기는 섭취하지 않지만 생선은 먹으며, 유제품과 달걀은 개인적 선호에 따라 선택적으로 섭취한다. 남은 세 가지 채식주의자는 고기와 생선 모두를 먹지 않되 유제품과 달걀 중 어떤 것을 먹느냐의 여부로 결정된다. 이들의 명칭은 라틴어의 '우유'를 의미하는 '락토(lacto)'와 '달걀'을 의미하는 '오보(ovo)'를 사용해 정해졌는데, 예를 들어, 락토오보 채식주의자는 고기와 생선은 먹지 않으나 유제품과 달걀은 먹는다. 락토 채식주의자는 [(가)] 먹지 않으며, 오보 채식주의자는 [(나)] 먹지 않는다.

① (가): 달걀은 먹지만 고기와 생선과 유제품은
(나): 고기와 생선과 달걀은 먹지만 유제품은

② (가): 달걀은 먹지만 고기와 생선과 유제품은
(나): 유제품은 먹지만 고기와 생선과 달걀은

③ (가): 유제품은 먹지만 고기와 생선과 달걀은
(나): 고기와 생선과 유제품은 먹지만 달걀은

④ (가): 유제품은 먹지만 고기와 생선과 달걀은
(나): 달걀은 먹지만 고기와 생선과 유제품은

Day
10 亦功 빈칸 추론 문제 훈련

▶ Day 10 해설 영상은 주독야독 시즌 1(2024 7월)에서 꼭 수강해 주시기 바랍니다.

01 다음 글의 ㉠~㉢에 들어갈 말을 적절하게 나열한 것은? 2025 인혁처 샘플

> 소설과 현실의 관계를 온당하게 살피기 위해서는 세계의 현실성, 문제의 현실성, 해결의 현실성을 구별해야 한다. 우리가 살고 있는 이 입체적인 시공간에서 특히 의미 있는 한 부분을 도려내어 서사의 무대로 삼을 경우 세계의 현실성이 확보된다. 그 세계 안의 인간이 자신을 둘러싼 세계와 고투하면서 당대의 공론장에서 기꺼이 논의해볼 만한 의제를 산출해낼 때 문제의 현실성이 확보된다. 한 사회가 완강하게 구조화하고 있는 '가능한 것'과 '불가능한 것'의 좌표를 흔들면서 특정한 선택지를 제출할 때 해결의 현실성이 확보된다.
> 최인훈의 「광장」은 밀실과 광장 사이에서 고뇌하는 주인공의 모습을 통해 '남(南)이냐 북(北)이냐'라는 민감한 주제를 격화된 이념 대립의 공론장에 던짐으로써 [㉠]을 확보하였다. 작품의 시공간으로 당시 남한과 북한을 소설적 세계로 선택함으로써 동서 냉전 시대의 보편성과 한반도 분단 체제의 특수성을 동시에 포괄할 수 있는 [㉡]도 확보하였다. 「광장」에서 주인공이 남과 북 모두를 거부하고 자살을 선택하는 결말은 남북으로 상징되는 당대의 이원화된 이데올로기를 근저에서 흔들었다. 이로써 [㉢]을 확보할 수 있었다.

	㉠	㉡	㉢
①	문제의 현실성	세계의 현실성	해결의 현실성
②	문제의 현실성	해결의 현실성	세계의 현실성
③	세계의 현실성	문제의 현실성	해결의 현실성
④	세계의 현실성	해결의 현실성	문제의 현실성

02 다음 글의 빈칸에 들어갈 결론으로 가장 적절한 것은? 2025 인혁처 샘플

신경과학자 아이젠버거는 참가자들을 모집하여 실험을 진행하였다. 이 실험에서 그의 연구팀은 실험 참가자의 뇌를 'fMRI' 기계를 이용해 촬영하였다. 뇌의 어떤 부위가 활성화되는가를 촬영하여 실험 참가자가 어떤 심리적 상태인가를 파악하려는 것이었다. 아이젠버거는 각 참가자에게 그가 세 사람으로 구성된 그룹의 일원이 될 것이고, 온라인에 각각 접속하여 서로 공을 주고받는 게임을 하게 될 것이라고 알려주었다. 그런데 이 실험에서 각 그룹의 구성원 중 실제 참가자는 한 명뿐이었고 나머지 둘은 컴퓨터 프로그램이었다. 실험이 시작되면 처음 몇 분 동안 셋이 사이좋게 순서대로 공을 주고받지만, 어느 순간부터 실험 참가자는 공을 받지 못한다. 실험 참가자를 제외한 나머지 둘은 계속 공을 주고받기 때문에, 실험 참가자는 나머지 두 사람이 아무런 설명 없이 자신을 따돌린다고 느끼게 된다. 연구팀은 실험 참가자가 따돌림을 당할 때 그의 뇌에서 전두엽의 전대상피질 부위가 활성화된다는 것을 확인했다. 이는 인간이 물리적 폭력을 당할 때 활성화되는 뇌의 부위이다. 연구팀은 이로부터 [   ]는 결론을 내릴 수 있었다.

① 물리적 폭력은 뇌 전두엽의 전대상피질 부위를 활성화한다
② 물리적 폭력은 피해자의 개인적 경험을 사회적 문제로 전환한다
③ 따돌림은 피해자에게 물리적 폭력보다 더 심각한 부정적 영향을 미친다
④ 따돌림을 당할 때와 물리적 폭력을 당할 때의 심리적 상태는 서로 다르지 않다

03 다음 글의 맥락을 고려할 때 빈칸에 들어갈 말로 가장 적절한 것은?

> 최근 자신의 디지털 클론을 만드는 사람들이 늘어나고 있다. 인공지능 소프트웨어로 구성한 디지털 클론은 마치 당사자 혹은 그의 비즈니스 파트너가 답변하는 것처럼 사람들의 질문에 신속하게 응답할 수 있는 챗봇과 같은 형태를 취한다. AI 클론을 만든 사람 중에는 기업의 CEO, 무속인, 영양사, 피트니스 코치, 결혼 상담사 등이 있다. AI 기술이 발달함에 따라 디지털 클론을 만들고자 하는 사람도 [(가)] 현재의 챗봇은 텍스트 형태의 질문에 대답하는 수준이지만, 빠른 시일 내에 비디오와 사운드 기능을 추가하여 실제 사람과 같은 형태의 아바타도 구현할 수 있을 것으로 보인다. 이런 AI클론의 최대 장점은 고객과 120개 이상의 언어로 대화할 수 있다는 데 있다. 이를 통해 사업가들은 더욱 많은 잠재적 고객을 확보할 수 있게 되었다. 또한 이들은 동시에 여러 고객에게 대답할 수 있게 되어 [(나)]

① (가): 늘어나는 추세에 있다.
(나): 상담에 사용하는 시간을 늘릴 수 있게 되었다.
② (가): 늘어나는 추세에 있다.
(나): 일에 투입하는 시간을 늘릴 수 있게 되었다.
③ (가): 늘어나는 추세에 있다.
(나): 일의 생산성을 높일 수 있게 되었다.
④ (가): 감소하는 추세에 있다.
(나): 상담에 사용하는 시간을 줄일 수 있게 되었다.

04 다음 글의 맥락을 고려할 때 빈칸에 들어갈 말로 가장 적절한 것은? 2023 지방직 9급

> 능숙한 필자와 미숙한 필자는 글쓰기 과정 중 '계획하기'에서 뚜렷한 차이를 보인다. 전자는 이 과정에 오랜 시간 공을 들이는 반면, 후자는 그렇지 않다. 글쓰기에서 계획하기는 글쓰기의 목적 수립, 주제 선정, 예상 독자 분석 등을 포함한다. 이 중 예상 독자 분석이 중요한 이유는 [　　　　　　] 때문이다. 글을 쓸 때 독자의 수준에 비해 너무 어려운 개념과 전문용어를 사용한다면 독자가 글을 이해하기 어렵게 된다. 글쓰기는 필자가 글을 통해 자신의 메시지를 독자에게 전달하는 행위라는 점을 고려하면 계획하기 단계에서 반드시 예상 독자를 분석해야 한다.

① 계획하기 과정이 글쓰기 전체 과정의 첫 단계이기
② 글에 어려운 개념이나 전문용어를 어느 정도 포함해야 하기
③ 필자의 메시지를 독자에게 효과적으로 전달하는 데 도움이 되기
④ 독자의 배경지식 수준을 고려해야 글의 목적과 주제가 결정되기

내가 이 문제를 틀린 이유 **체크리스트**

V	이유	틀린 문제 번호	보완 방법
□	시간 촉박	____번	
□	내용 이해 부족	____번	
□	발문 착각	____번	
□	오답 패턴 미숙지	____번	
□	선지 분석 부족	____번	

출.좋.포 독해·문학

Part

06

강화, 약화 추론

Chapter

14 일반 강화, 약화

2025년에 새로 추가된 유형으로 이 챕터는 일반 강화 약화 유형으로 0순위 최빈출 유형에 해당됩니다.
제시문에 여러 이론이 나열된 후에
특정 사례가 이 이론들을 뒷받침하면 강화,
반대로 뒷받침하면 약화한다고 보는 것입니다.
특정 사례가 이론과 관련이 없는 경우에 '강화'라고 판단을 내리는 것은 잘못된 것임에 유의해야 합니다.

정답 및 해설 p.334

기존 출제 유지 STEP 1 사례 추론

01 ㉠~㉣의 사례로 적절하지 않은 것은? 2022 국가직 9급

단어의 의미가 변화하는 양상은 다양하다. 첫째, "아침 먹고 또 공부하자."에서 '아침'은 본래의 의미인 '하루 중의 이른 시간'을 가리키지 않고 '아침에 먹는 밥'이라는 의미로 쓰인다. '밥'의 의미가 '아침'에 포함되어서 '아침'만으로도 '아침밥'의 의미를 표현하게 된 것으로, ㉠ <u>두 개의 단어가 긴밀한 관계여서 한쪽이 다른 한쪽의 의미까지 포함하는 의미로 변화하게 된 경우</u>이다. 둘째, '바가지'는 원래 박의 껍데기를 반으로 갈라 썼던 물건을 가리켰는데, 오늘날에는 흔히 플라스틱 바가지를 가리킨다. 이것은 ㉡ <u>언어 표현은 그대로인데 시대의 변화에 따라 지시 대상 자체가 바뀌어서 의미 변화가 발생한 경우</u>이다. 셋째, '묘수'는 본래 바둑에서 만들어진 용어이지만 일상적인 언어생활에서도 '쉽게 생각해 내기 어려운 좋은 방안'이라는 의미로 사용된다. 이는 ㉢ <u>특수한 영역에서 사용되던 말이 일반화되면서 단어의 의미가 변화한 경우</u>에 해당한다. 넷째, 호랑이를 두려워하던 시절에 사람들은 '호랑이'라는 이름을 직접 부르기 꺼려서 '산신령'이라고 부르기도 했는데, 이는 ㉣ <u>심리적인 이유로 특정 표현을 피하려다 보니 그것을 대신하는 단어의 의미에 변화가 생긴 경우</u>이다.

① ㉠: '아이들의 코 묻은 돈'에서 '코'는 '콧물'의 의미로 쓰인다.
② ㉡: '수세미'는 원래 식물의 이름이었지만 오늘날에는 '그릇을 씻는 데 쓰는 물건'이라는 의미로 쓰인다.
③ ㉢: '배꼽'은 일반적으로 '탯줄이 떨어지면서 배의 한가운데에 생긴 자리'를 가리키지만 바둑에서는 '바둑판의 한가운데'라는 의미로 쓰인다.
④ ㉣: 무서운 전염병인 '천연두'를 꺼려서 '손님'이라고 불렀다.

기존 출제 유지 STEP 1 사례 추론

01 ㉠~㉣의 사례로 적절하지 않은 것은? 2022 국가직 9급

> 단어의 의미가 변화하는 양상은 다양하다. 첫째, "아침 먹고 또 공부하자."에서 '아침'은 본래의 의미인 '하루 중의 이른 시간'을 가리키지 않고 '아침에 먹는 밥'이라는 의미로 쓰인다. '밥'의 의미가 '아침'에 포함되어서 '아침'만으로도 '아침밥'의 의미를 표현하게 된 것으로, ㉠ 두 개의 단어가 긴밀한 관계여서 한쪽이 다른 한쪽의 의미까지 포함하는 의미로 변화하게 된 경우이다. 둘째, '바가지'는 원래 박의 껍데기를 반으로 갈라 썼던 물건을 가리켰는데, 오늘날에는 흔히 플라스틱 바가지를 가리킨다. 이것은 ㉡ 언어 표현은 그대로인데 시대의 변화에 따라 지시 대상 자체가 바뀌어서 의미 변화가 발생한 경우이다. 셋째, '묘수'는 본래 바둑에서 만들어진 용어이지만 일상적인 언어생활에서도 '쉽게 생각해 내기 어려운 좋은 방안'이라는 의미로 사용된다. 이는 ㉢ 특수한 영역에서 사용되던 말이 일반화되면서 단어의 의미가 변화한 경우에 해당한다. 넷째, 호랑이를 두려워하던 시절에 사람들은 '호랑이'라는 이름을 직접 부르기 꺼려서 '산신령'이라고 부르기도 했는데, 이는 ㉣ 심리적인 이유로 특정 표현을 피하려다 보니 그것을 대신하는 단어의 의미에 변화가 생긴 경우이다.

① ㉠: '아이들의 코 묻은 돈'에서 '코'는 '콧물'의 의미로 쓰인다.

② ㉡: '수세미'는 원래 식물의 이름이었지만 오늘날에는 '그릇을 씻는 데 쓰는 물건'이라는 의미로 쓰인다.

③ ㉢: '배꼽'은 일반적으로 '탯줄이 떨어지면서 배의 한가운데에 생긴 자리'를 가리키지만 바둑에서는 '바둑판의 한가운데'라는 의미로 쓰인다.

④ ㉣: 무서운 전염병인 '천연두'를 꺼려서 '손님'이라고 불렀다.

PART 06

赤功신공 빨리 푸는 전략!

1단계

선지를 먼저 읽고 힌트를 얻는다. (호킨스의 주장, 호일의 주장, 글쓴이의 주장, 앳킨슨의 주장.)

2단계

'호킨스, 호일, 글쓴이, 앳킨슨의 주장'을 설명한 나열 구조의 제시문 읽기 (단, 일정한 기준에 따라 차이점을 정리하면서 읽기)

3단계

선택지를 2파트로 나누고

① 특정 사례가 이 이론을 뒷받침하면 강화,

② 반대로 뒷받침하면 약화

③ 특정 사례가 이론과 관련이 없는 경우에 '강화'라고 판단을 내리는 것은 잘못된 것임에 유의하기

STEP 신유형 2 일반 강화, 약화

다음 글을 읽고 물음에 답하시오.

영국의 유명한 원형 석조물인 스톤헨지는 기원전 3,000년경 신석기시대에 세워졌다. 1960년대에 천문학자 호일이 스톤헨지가 일종의 연산장치라는 주장을 하였고, 이후 엔지니어인 톰은 태양과 달을 관찰하기 위한 정교한 기구라고 확신했다. 천문학자 호킨스는 스톤헨지의 모양이 태양과 달의 배열을 나타낸 것이라는 의견을 제시해 관심을 모았다.

그러나 고고학자 앳킨슨은 그들의 생각을 비난했다. 앳킨슨은 스톤헨지를 세운 사람들을 '야만인'으로 묘사하면서, 이들은 호킨스의 주장과 달리 과학적 사고를 할 줄 모른다고 주장했다. 이에 호킨스를 옹호하는 학자들이 진화적 관점에서 앳킨슨을 비판하였다. 이들은 신석기시대보다 훨씬 이전인 4만 년 전의 사람들도 신체적으로 우리와 동일했으며 지능 또한 우리보다 열등했다고 볼 근거가 없다고 주장했다.

하지만 스톤헨지의 건설자들이 포괄적인 의미에서 현대인과 같은 지능을 가졌다고 해도 과학적 사고와 기술적 지식을 가지지는 못했다. 그들에게는 우리처럼 2,500년에 걸쳐 수학과 천문학의 지식이 보존되고 세대를 거쳐 전승되어 쌓인 방대하고 정교한 문자 기록이 없었다. 선사시대의 생각과 행동이 우리와 똑같은 식으로 전개되지 않았으리라는 점은 매우 중요하다. 지적 능력을 갖췄다고 해서 누구나 우리와 같은 동기와 관심, 개념적 틀을 가졌으리라고 생각하는 것은 잘못이다.

01 윗글에 대해 평가한 내용으로 가장 적절한 것은? 2025 인혁처 샘플

① 스톤헨지가 제사를 지내는 장소였다는 후대 기록이 발견되면 호킨스의 주장은 강화될 것이다.

② 스톤헨지 건설 당시의 사람들이 숫자를 사용하였다는 증거가 발견되면 호일의 주장은 약화될 것이다.

③ 스톤헨지의 유적지에서 수학과 과학에 관련된 신석기 시대 기록물이 발견되면 글쓴이의 주장은 강화될 것이다.

④ 기원전 3,000년경 인류에게 천문학 지식이 있었다는 증거가 발견되면 앳킨슨의 주장은 약화될 것이다.

다음 글을 읽고 물음에 답하시오.

영국의 유명한 원형 석조물인 스톤헨지는 기원전 3,000년경 신석기시대에 세워졌다. 1960년대에 천문학자 호일이 스톤헨지가 일종의 연산장치라는 주장을 하였고, 이후 엔지니어인 톰은 태양과 달을 관찰하기 위한 정교한 기구라고 확신했다. 천문학자 호킨스는 스톤헨지의 모양이 태양과 달의 배열을 나타낸 것이라는 의견을 제시해 관심을 모았다.

그러나 고고학자 앳킨슨은 그들의 생각을 비난했다. 앳킨슨은 스톤헨지를 세운 사람들을 '야만인'으로 묘사하면서, 이들은 호킨스의 주장과 달리 과학적 사고를 할 줄 모른다고 주장했다. 이에 호킨스를 옹호하는 학자들이 진화적 관점에서 앳킨슨을 비판하였다. 이들은 신석기시대보다 훨씬 이전인 4만 년 전의 사람들도 신체적으로 우리와 동일했으며 지능 또한 우리보다 열등했다고 볼 근거가 없다고 주장했다.

하지만 스톤헨지의 건설자들이 포괄적인 의미에서 현대인과 같은 지능을 가졌다고 해도 과학적 사고와 기술적 지식을 가지지는 못했다. 그들에게는 우리처럼 2,500년에 걸쳐 수학과 천문학의 지식이 보존되고 세대를 거쳐 전승되어 쌓인 방대하고 정교한 문자 기록이 없었다. 선사시대의 생각과 행동이 우리와 똑같은 식으로 전개되지 않았으리라는 점은 매우 중요하다. 지적 능력을 갖췄다고 해서 누구나 우리와 같은 동기와 관심, 개념적 틀을 가졌으리라고 생각하는 것은 잘못이다.

01 윗글에 대해 평가한 내용으로 가장 적절한 것은? 2025 인혁처 샘플

① 스톤헨지가 제사를 지내는 장소였다는 후대 기록이 발견되면 호킨스의 주장은 강화될 것이다.

② 스톤헨지 건설 당시의 사람들이 숫자를 사용하였다는 증거가 발견되면 호일의 주장은 약화될 것이다.

③ 스톤헨지의 유적지에서 수학과 과학에 관련된 신석기 시대 기록물이 발견되면 글쓴이의 주장은 강화될 것이다.

④ 기원전 3,000년경 인류에게 천문학 지식이 있었다는 증거가 발견되면 앳킨슨의 주장은 약화될 것이다.

PART 06

정답 및 해설 p.334

Day 11 亦功 일반 강화, 약화 문제 훈련

▶ Day 11 해설 영상은 주독야독 시즌 1(2024 7월)에서 꼭 수강해 주시기 바랍니다.

01 다음 글에 대해 평가한 내용으로 가장 적절한 것은?

모라벡의 역설은 인지과학자 한스 모라벡이 제시한 개념으로, 인공지능 연구에서 발견된 직관적인 모순을 설명한다. 이 역설은 인간에게는 쉬운 작업이 기계에게는 매우 어렵고, 반대로 인간에게 어려운 논리적이거나 복잡한 계산은 기계에게는 비교적 쉽다는 점을 지적한다. 예를 들어, 인간은 복잡한 체스 게임에서 최적의 수를 계산하는 것을 어려워 하지만, 간단한 물체 인식이나 걷기와 같은 일상적인 작업을 무의식적으로 수행할 수 있다. 반면 컴퓨터나 로봇은 체스 게임에서 세계 챔피언을 이길 수 있을 정도로 복잡한 계산을 빠르고 정확하게 수행하지만, 일상적인 물리적 환경에서의 탐색이나 물체를 인식하고 조작하는 기본적인 센서 운동 기술을 마스터하는 데는 큰 어려움을 겪는다. 이 역설은 인간의 뇌가 수백만 년에 걸친 진화를 통해 감각과 운동 능력을 향상시켜왔으나, 이러한 능력이 기계에게 전달되기 어려움을 시사한다. 결과적으로 ai의 발전에서 인간의 감각과 운동 능력을 모방하는 것은 여전히 주요한 도전 과제로 남아 있으며, 모라벡의 역설은 이러한 인공지능 연구의 핵심적인 문제들을 극명하게 드러낸다. 이를 통해 우리는 인간의 뇌와 인공지능 시스템의 근본적 차이를 이해할 수 있다.

① 로봇 기술이 인간의 일상적 운동을 모방하는 데 있어 혁신적인 진보를 이룬다면 모라벡의 역설이 강화될 것이다.

② 최첨단 로봇이 아직도 인간처럼 자연스럽게 걷지 못한다는 실험 결과가 발표된다면 모라벡의 역설은 약화될 것이다.

③ 인간 또는 동물의 운동 능력을 모방하는 생체 모방 로봇이 성공적으로 물리적 작업을 수행한다면 모라벡의 역설은 약화될 것이다.

④ 머신러닝과 인공 신경망 기술의 발전이 인공지능의 기본센서 능력을 크게 향상시켰다는 연구 결과가 발표되면 모라벡의 역설은 강화될 것이다.

02 다음 글에 대해 평가한 내용으로 적절하지 않은 것은?

고대 사상가 고자는 성무선악설을 통해 선하고 악함의 본성은 없으며, 식욕과 같은 자연적 욕구만 존재한다고 보았다. 그는 인간의 본성을 소용돌이치는 물에 비유하였다. 그는 인간의 선악도 물과 같아서 물꼬를 트는 방향에 따라 물길이 변화하듯 달라진다고 보았다.

맹자는 고자의 인성론을 비판하며, 인간의 본성에 대한 자신의 이해를 나무와 나무로 만든 술잔의 비유를 통해 설명한다. 버드나무가 술잔으로 변할 수 있는 잠재력을 이미 내포하고 있는 것처럼, 인간도 선천적으로 인의예지라는 본성을 지닌다고 본 것이다. 맹자는 인간이 타인의 고통에 공감하는 측은지심을 기본적으로 갖추고 있으며, 이러한 공감능력은 외부의 영향이 아니라 자연스럽게 나오는 것이라고 주장하였다. 이는 인간이 스스로의 노력으로 본성을 발현할 수 있음을 의미하며, 이것이 맹자 수양론의 핵심이다.

① 자연 상태에서 인간이 따르는 보편적이고 변하지 않는 도덕적 법칙이 있음을 주장하는 자연법론은 맹자의 성선설을 강화할 수 있다.

② 보편적이고 원초적인 도덕적 법칙이 존재한다는 주장은 고자의 성무선악설을 강화하지 않는다.

③ 선과 악의 개념이 문화에 따라 상대적이라고 보는 문화적 상대주의는 맹자의 성선설을 강화하지 않는다.

④ 본성보다 살면서 부딪히는 환경에 따라 선과 악이 결정된다는 주장은 고자의 성무선악설을 약화한다.

03 다음 글에 대해 평가한 내용으로 가장 적절한 것은?

> 개념은 지식 체계를 형성하는데 필수적이며, 이는 여러 관념 중 공통적인 요소를 추출하여 보편적인 관념으로 종합하는 과정을 통해 생성된다. 이런 방식으로, 개념을 미리 정립하고 이를 현실에 적용하는 개념주의적 태도를 취하는 근대 사상가들이 있었다. 그들은 체계와 기준을 사고의 출발점으로 삼았다.
>
> 반면, 들뢰즈는 이러한 접근 방식을 근본적으로 재고했다. 그는 모든 대상이 본질적으로 고유하고 차별화되어 있다는 전제를 바탕으로, 세계를 단순히 미리 정의된 개념으로 이해하려는 시도를 비판했다. 들뢰즈에 따르면, 이러한 접근은 개별 대상의 독특함과 다양성을 무시하며, 세계를 단일한 기준으로 단순화하려는 경향이 있다. 그는 대신 '차이'에 기반한 철학을 제안했다. 이는 각 개체의 독특한 속성과 관계를 인정하고, 이러한 차이를 통해 세계를 이해하고자 하는 태도를 강조한다.
>
> 개념주의자들이 현실을 미리 정의된 범주와 기준에 맞추려는 반면, 들뢰즈는 각 개체와 현상이 지닌 고유한 차이와 가능성에 주목한다.

① 현대 사회의 다양성과 복잡성은 개체의 차이를 중시하는 들뢰즈 견해의 당위성을 강화한다.
② 다양성에서 창의성이 발견되는 사례는 개념주의 견해의 당위성을 강화한다.
③ 사회통합을 위한 단일한 체계의 필요성은 개념주의 견해의 당위성을 약화한다.
④ 기술 발전이 가져온 새로운 형태의 커뮤니케이션 증가는 들뢰즈 견해의 당위성을 약화한다.

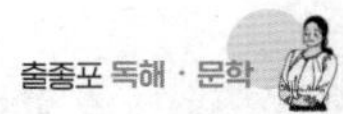

04 다음 글에 대해 평가한 내용으로 적절하지 않은 것은?

레비스트로스는 인간이 어떤 고립된 개인으로 이해되어서는 안 된다고 주장한다. 그는 사회 구조가 인간을 형성하기 때문에, 인간을 이해하려면 그 인간이 속한 사회 구조를 살펴야 한다고 본다. 그의 이론에 따르면, 현대 사회의 구조 아래에서 형성된 현대인의 모습은 소유를 중시하고 치열한 경쟁을 하는 것이 특징이다. 이는 사회 구조의 변화가 인간의 삶의 변화로 이어질 수 있음을 시사한다. 반면, 실존주의는 인간을 결단의 주체로 보고, 인간의 특성과 정체성은 자유로운 의식과 권리를 통해 스스로 결정할 수 있다고 보았다. 실존주의에서는 각 인간의 구체적인 행동에 관심을 두고, 이를 통해 인간 개개인의 존재와 정체성을 이해하려 한다.

① 사회적, 문화적 영향이 개인의 의식과 행동에 영향을 미치는 사례는 실존주의를 약화한다.
② 세계화와 문화개방에 따라 개인의 삶의 방식과 정체성이 변화한 사례는 구조주의를 강화한다.
③ 개인이 사회의 지배적 패러다임을 부정하고 주체적 선택을 한 사례는 실존주의를 강화한다.
④ 집단 내의 규범과 압력이 개인의 자유 의지를 제한하는 현상은 구조주의를 약화한다.

내가 이 문제를 틀린 이유 **체크리스트**

V	이유	틀린 문제 번호	보완 방법
☐	시간 촉박	____번	
☐	내용 이해 부족	____번	
☐	발문 착각	____번	
☐	오답 패턴 미숙지	____번	
☐	선지 분석 부족	____번	

Chapter **15**

<보기> 강화, 약화

2025년에 새로 추가된 유형으로 이 챕터는 <보기> 강화 약화 유형으로 0순위 최빈출 유형에 해당됩니다.
'<보기> 강화, 약화 유형'은 '일반 강화, 약화 유형'과는 달리 제시문에 이론이 하나 나옵니다.
이론이 하나가 나와서 쉬워 보일 수도 있겠지만,
<보기>의 'ㄱ, ㄴ, ㄷ'이 몇 개 정답인지 오답인지 정해져 있는 것이 아니므로
난도가 더 높을 수 있습니다.
'<보기> 강화, 약화 유형'도 마찬가지로 특정 사례가 이 이론들을 뒷받침하면 강화,
반대로 뒷받침하면 약화한다고 보면 됩니다~^^

신유형 STEP 2 〈보기〉 강화, 약화

정답 및 해설 p.335

01 ㉠을 평가한 내용으로 적절한 것만을 〈보기〉에서 모두 고르면? 2025 인혁처 샘플

흔히 '일곱 빛깔 무지개'라는 말을 한다. 서로 다른 빛깔의 띠 일곱 개가 무지개를 이루고 있다는 뜻이다. 영어나 프랑스어를 비롯해 다른 자연언어들에도 이와 똑같은 표현이 있는데, 이는 해당 자연언어가 무지개의 색상에 대응하는 색채 어휘를 일곱 개씩 지녔기 때문이라고 할 수 있다.

언어학자 사피어와 그의 제자 워프는 여기서 어떤 영감을 얻었다. 그들은 서로 다른 언어를 쓰는 아메리카 원주민들에게 무지개의 띠가 몇 개냐고 물었다. 대답은 제각각 달랐다. 사피어와 워프는 이 설문 결과에 기대어, 사람들은 자신의 언어에 얽매인 채 세계를 경험한다고 판단했다. 이 판단으로부터, "우리는 모국어가 그어놓은 선에 따라 자연세계를 분단한다."라는 유명한 발언이 나왔다. 이에 따르면 특정 현상과 관련한 단어가 많을수록 해당 언어권의 화자들은 그 현상에 대해 심도 있게 경험하는 것이다. 언어가 의식을, 사고와 세계관을 결정한다는 이 견해는 ㉠ 사피어-워프 가설이라 불리며 언어학과 인지과학의 논란거리가 되어왔다.

〈보기〉

ㄱ. 눈[雪]을 가리키는 단어를 4개 지니고 있는 이누이트족이 1개 지니고 있는 영어 화자들보다 눈을 넓고 섬세하게 경험한다는 것은 ㉠을 강화한다.
ㄴ. 수를 세는 단어가 '하나', '둘', '많다' 3개뿐인 피라하족의 사람들이 세 개 이상의 대상을 모두 '많다'고 인식하는 것은 ㉠을 강화한다.
ㄷ. 색채 어휘가 적은 자연언어 화자들이 색채 어휘가 많은 자연언어 화자들에 비해 색채를 구별하는 능력이 뛰어나다는 것은 ㉠을 약화한다.

① ㄱ
② ㄱ, ㄴ
③ ㄴ, ㄷ
④ ㄱ, ㄴ, ㄷ

신유형 STEP 2 〈보기〉 강화, 약화

01 ㉠을 평가한 내용으로 적절한 것만을 〈보기〉에서 모두 고르면? 2025 인혁처 샘플

흔히 '일곱 빛깔 무지개'라는 말을 한다. 서로 다른 빛깔의 띠 일곱 개가 무지개를 이루고 있다는 뜻이다. 영어나 프랑스어를 비롯해 다른 자연언어들에도 이와 똑같은 표현이 있는데, 이는 해당 자연언어가 무지개의 색상에 대응하는 색채 어휘를 일곱 개씩 지녔기 때문이라고 할 수 있다.

언어학자 사피어와 그의 제자 워프는 여기서 어떤 영감을 얻었다. 그들은 서로 다른 언어를 쓰는 아메리카 원주민들에게 무지개의 띠가 몇 개냐고 물었다. 대답은 제각각 달랐다. 사피어와 워프는 이 설문 결과에 기대어, 사람들은 자신의 언어에 얽매인 채 세계를 경험한다고 판단했다. 이 판단으로부터, "우리는 모국어가 그어놓은 선에 따라 자연세계를 분단한다."라는 유명한 발언이 나왔다. 이에 따르면 특정 현상과 관련한 단어가 많을수록(→ 단어↑) 해당 언어권의 화자들은 그 현상에 대해 심도 있게 경험하는 것이다(→ 경험↑). 언어가 의식을, 사고와 세계관을 결정한다는 이 견해는 ㉠ 사피어-워프 가설이라 불리며 언어학과 인지과학의 논란거리가 되어왔다.

(→ 단어↑ 경험↑ / 단어↓ 경험↓ — 비례 관계)

〈보기〉

ㄱ. 눈[雪]을 가리키는 단어를 4개 지니고 있는 이누이트족이(→ 단어↑) 1개 지니고 있는 영어 화자들보다 눈을 넓고 섬세하게 경험한(→ 경험↑)다는 것은 ㉠을 강화한다. (비례관계 ∴O)

ㄴ. 수를 세는 단어가 '하나', '둘', '많다' 3개뿐인 피라하족의 사람들이(→ 단어↓) 세 개 이상의 대상을 모두 '많다'고 인식하는 것은(→ 경험↓) ㉠을 강화한다. (비례관계 ∴O)

ㄷ. 색채 어휘가 적은 자연언어 화자들이(→ 단어↓) 색채 어휘가 많은 자연언어 화자들에 비해 색채를 구별하는 능력이 뛰어나다는(→ 경험↑) 것은 ㉠을 약화한다.

(→ 단어↓, 경험↑ ⟹ 반비례 관계이므로 ㉠을 약화한다.(∴O))

① ㄱ
② ㄱ, ㄴ
③ ㄴ, ㄷ
④ ㄱ, ㄴ, ㄷ (✓)

赤功신공 빨리 푸는 전략!

1단계

발문에 밑줄 친 ㉠이 무엇인지 확인하고 제시문의 ㉠의 핵심 정보에 밑줄 긋기

2단계

㉠의 개념을 이해한 것을 토대로 〈보기〉의 강화, 약화를 판단하기

3단계

선택지가 강화로 끝나는지 약화로 끝나는지 끝까지 읽기

STEP 신유형 2 〈보기〉 강화, 약화

01 ㉠을 평가한 내용으로 적절한 것만을 〈보기〉에서 모두 고르면?

2002년 노벨 경제학상 수상자이자 '행동 경제학의 창시자' 대니얼 카너먼은 '인간의 경제적 활동과 결정은 이성보다는 본능에 충실해 좌우된다'는 연구를 통해, 인간을 '합리적 행위자'로 규정하던 기존의 경제학 이론을 재편하였다. 대니얼 카너먼은 인간의 의사결정 과정에서 발생하는 비합리적 행동을 설명하기 위해 ㉠'전망 이론'을 개발하였다. 이 이론은 전통적인 경제학에서 가정하던 '합리적인 경제인' 개념에 도전장을 내민 것으로, 사람들이 잠재적 손실과 이익을 평가할 때 일관되게 합리적인 결정을 내리지는 않는다고 주장하였다. 전망 이론에 따르면 사람들은 손실을 피하기 위해 더 큰 리스크를 감수하는 경향이 있으며, 이익에 대해서는 상대적으로 보수적인 태도를 보인다. 이는 손실 회피라는 심리적인 특성에 기인한 것으로, 손실이 이익보다 더 큰 감정적 영향을 미침을 보여준다.

〈보기〉

ㄱ. 실험 참가자들이 동일한 기댓값을 가진 두 선택지 사이에서 잠재적 손실을 포함하는 선택지를 피하고, 잠재적 이익이 보장된 선택지를 선호하는 경향이 강하게 두드러진다면, 이는 ㉠을 강화한다.
ㄴ. 시장 참가자들이 경험을 통해 학습하면서 초기에 보여준 비합리적인 행동 패턴을 수정할 수 있다는 연구 결과가 축적된다면, 이는 ㉠을 강화한다.
ㄷ. 사람들이 발생 확률이 매우 낮은 손실을 피하기 위해 보험에 가입하고 비합리적으로 높은 보험료를 지불한다면, 이는 ㉠을 약화한다.

① ㄱ
② ㄱ, ㄴ
③ ㄱ, ㄷ
④ ㄴ, ㄷ

01 ㉠을 평가한 내용으로 적절한 것만을 〈보기〉에서 모두 고르면?

2002년 노벨 경제학상 수상자이자 '행동 경제학의 창시자' 대니얼 카너먼은 '인간의 경제적 활동과 결정은 이성보다는 본능에 충실해 좌우된다'는 연구를 통해, 인간을 '합리적 행위자'로 규정하던 기존의 경제학 이론을 재편하였다. 대니얼 카너먼은 인간의 의사결정 과정에서 발생하는 비합리적 행동을 설명하기 위해 ㉠'전망 이론'을 개발하였다. 이 이론은 전통적인 경제학에서 가정하던 '합리적인 경제인' 개념에 도전장을 내민 것으로, 사람들이 잠재적 손실과 이익을 평가할 때 일관되게 합리적인 결정을 내리지는 않는다고 주장하였다. 전망 이론에 따르면 사람들은 손실을 피하기 위해 더 큰 리스크를 감수하는 경향이 있으며, 이익에 대해서는 상대적으로 보수적인 태도를 보인다. 이는 손실 회피라는 심리적인 특성에 기인한 것으로, 손실이 이익보다 더 큰 감정적 영향을 미침을 보여준다.

⊖ 원리

⊕ 원리
① 손실 피하려고 더 큰 리스크 감수
② 이익에는 보수적

〈보기〉

ㄱ. 실험 참가자들이 동일한 기댓값을 가진 두 선택지 사이에서 잠재적 손실을 포함하는 선택지를 피하고, 잠재적 이익이 보장된 선택지를 선호하는 경향이 강하게 두드러진다면, 이는 ㉠을 강화한다. (O)

ㄴ. 시장 참가자들이 경험을 통해 학습하면서 초기에 보여준 비합리적인 행동 패턴을 수정할 수 있다는 연구 결과가 축적된다면, 이는 ㉠을 강화한다. (→ 약) ("합리적 경제인")

ㄷ. 사람들이 발생 확률이 매우 낮은 손실을 피하기 위해 보험에 가입하고 비합리적으로 높은 보험료를 지불한다면, 이는 ㉠을 약화한다. (→ 강)

① ㄱ　　② ㄱ, ㄴ

③ ㄱ, ㄷ　　④ ㄴ, ㄷ

Day 12 亦功 <보기> 강화, 약화 문제 훈련

▶ Day 12 해설 영상은 주독야독 시즌 1(2024 7월)에서 꼭 수강해 주시기 바랍니다.

01 ㉠을 평가한 내용으로 적절한 것만을 〈보기〉에서 모두 고르면?

애덤 스미스는 그의 저서 '국부론'에서 ㉠'보이지 않는 손'이라는 개념을 도입하여 시장 메커니즘 설명을 시도하였다. 이 개념은 개인이 자신의 이익을 추구함으로써 의도하지 않게 사회 전체의 경제적 복리를 증진시킬 수 있다는 이론을 중심으로 한다. 스미스는 각 개인이 자신의 이익을 최대화하려고 할 경우에 경쟁과 자유 시장의 메커니즘이 이들을 사회적으로 유익한 방향으로 인도할 수 있다고 보았다. 즉, 개인의 이기적인 행동이 시장에서는 경쟁을 통해 자원의 효율적 분배를 촉진하고, 이는 결과적으로 사회의 복지를 증가시킬 수 있다고 본 것이다. 이러한 '보이지 않는 손' 개념은 오늘날까지도 중요한 경제 이론으로 인정받고 있으며 경제 정책과 시장 규제에 대한 논의에서 중심적인 역할을 하고 있다.

〔보기〕

ㄱ. 경제적 자유가 높은 국가들에서 기업가 정신을 장려하고 신기술과 서비스 개발이 활발하게 이루어진다면, 이는 ㉠을 강화한다.

ㄴ. 이윤을 극대화하기 위해 비용을 절감하려는 기업들이 환경을 손상시켜 사회적 비용이 증가한다면, 이는 ㉠을 약화한다.

ㄷ. 경쟁과 자유시장 체제에서 공공재의 불평등한 분배가 발생하고 소득 불평등이 강화된다면, 이는 ㉠을 강화한다.

① ㄱ
② ㄱ, ㄴ
③ ㄱ, ㄷ
④ ㄴ, ㄷ

02 ㉠을 평가한 내용으로 적절한 것만을 〈보기〉에서 모두 고르면?

브루스 테트리스의 "맥락적 지능 이론"은 개인의 성공이 단순히 IQ나 기술적 능력에 의해서만 결정되지 않는다고 주장한다. 대신, 이 이론은 사람들이 자신의 환경에 어떻게 적응하고 그 맥락에서 어떻게 행동하는지에 초점을 맞춘다. 맥락적 지능은 사람이 속한 사회적, 문화적, 조직적 환경 내에서 효과적으로 작동할 수 있는 능력을 의미한다.

이 이론은 스티브 잡스와 리차드 브랜슨과 같은 사업가들의 성공 사례를 통해 뒷받침된다. 스티브 잡스는 기술적인 전문가보다는 그의 맥락적 지능이 뛰어났다고 평가받는다. 그는 시장의 변화를 예측하고, 소비자의 미충족 수요를 파악하며, 애플을 혁신의 상징으로 탈바꿈시켰다. 리차드 브랜슨 역시 비슷한 맥락에서 뛰어난 지능을 보였다. 그는 다양한 산업에 걸쳐 여러 기업을 성공적으로 창립하고 운영하며, 그의 능력을 증명했다.

이러한 사례들을 통해 볼 때, ㉠ 맥락적 지능 이론은 개인의 성공에 있어서 전문 지식이나 기술적 능력 이외의 요소들이 얼마나 중요한지를 강조한다. 이는 교육, 경영, 리더십 개발 등 여러 분야에서 응용되어 인재 개발과 조직 관리에 있어서 새로운 관점을 제공한다.

〈보기〉

ㄱ. 제너럴 일렉트릭(GE)의 전 CEO 잭 웰치가 변화하는 시장 환경을 빠르게 파악하고, 회사 구조를 적극적으로 재편하여 GE를 다국적 기업으로 탈바꿈시킴으로써 큰 성공을 거두었다는 사실은 ㉠을 강화한다.

ㄴ. 애플의 전 CEO 존 스컬리가 마케팅에 전문성이 있었지만 기술 혁신 회사의 운영에 대한 이해가 부족해 스컬리의 리더십 아래 애플은 혁신을 잃고 시장 점유율이 하락했다는 사실은 ㉠을 약화한다.

ㄷ. 펩시의 전 CEO 인드라 누이가 글로벌 시장의 변화와 소비자의 건강에 대한 증가하는 관심을 간파하여 회사의 제품 라인을 성공적으로 다각화했다는 사실은 ㉠을 강화한다.

① ㄴ
② ㄱ, ㄴ
③ ㄱ, ㄷ
④ ㄴ, ㄷ

03 ㉠을 평가한 내용으로 적절한 것만을 〈보기〉에서 모두 고르면?

과거에는 식량 생산과 유통의 한계로 인해 식량 부족 문제가 지속적으로 발생하였다. 그러나 첨단 농업 기술의 발전과 효율적인 식량 관리 시스템 도입으로 식량 생산량이 크게 증가하였고, 이로 인해 현대 사회에서는 식량의 접근성이 향상되었다. 인구 증가로 인한 식량 부족 문제가 더욱 심화될 것이라는 우려가 있으나, ㉠ 지속 가능한 농업 기술의 발전과 국제적인 식량 분배 체계의 개선으로 이러한 문제를 극복할 수 있는 가능성이 증가하고 있다. 식량의 생산과 분배에서의 혁신적인 기술적, 사회적 접근은 식량 안보를 강화하고 인구 증가에 따른 식량 부족 문제를 완화하는 데 기여할 수 있다.

〔보기〕
ㄱ. 첨단 농업 기술의 발전으로 단위 면적당 식량 생산량이 기존보다 크게 증가하였다면 이는 ㉠을 강화한다.
ㄴ. 식량 유통 네트워크의 개선과 글로벌 식량 분배 체계가 확립되어 식량 접근성이 높아졌다면 이는 ㉠을 강화한다.
ㄷ. 기후 변화로 인한 가뭄과 홍수가 빈번해지면서 식량 생산에 큰 영향을 미치고 있다면 이는 ㉠을 약화한다.

① ㄱ, ㄴ
② ㄱ, ㄷ
③ ㄴ, ㄷ
④ ㄱ, ㄴ, ㄷ

내가 이 문제를 틀린 이유 체크리스트

V	이유	틀린 문제 번호	보완 방법
□	시간 촉박	____ 번	
□	내용 이해 부족	____ 번	
□	발문 착각	____ 번	
□	오답 패턴 미숙지	____ 번	
□	선지 분석 부족	____ 번	

출.좋.포 독해·문학

Part

07

순서 배열

CHAPTER 16 순서 배열

DAY 13 문제 훈련

Chapter **16**

순서 배열

2025년에도 살아남은 **0순위 최빈출** 유형으로 **(가)~(라)의 문장이나 문단을 배열**하는 문제 유형입니다.
순서 배열 문제는 꼭! 자의적이고 주관적인 방법으로 풀어서는 안 됩니다.
출제자가 원하는 문제 풀이 방식이 다른 유형보다 훨씬 더 고정되어 있는 유형이므로
무조건 혜선 쌤이 알려주는 순서 배열 방식을 외우시고
그대로 변형 없이 적용하셔야 합니다.

독해 이론

1 첫 문단을 먼저 찾는 힌트를 얻기 위해 먼저 선택지를 봅니다. 그럼 첫 문단이 2개로 줄어들어 이득입니다.

① (가) - (나) - (다) - (라)
② (가) - (라) - (나) - (다)
③ (나) - (가) - (라) - (다)
④ (나) - (라) - (다) - (가)

2 혜선 쌤의 첫 문단 찾는 방법 야매 꼼수

처음부터 글이 접속어나 지시어로 시작할 가능성은 낮으므로 그러한 문단은 첫 문단이 되기 힘듭니다.

3 첫 문단을 찾을 때에 주의할 점!

첫 문단이 확실하면 그대로 배열하면 되지만
확실하지 않으면 선택지를 소거해서는 안 됩니다.
하나 정해서 뒤의 것을 배열**하되,** 이상함을 발견**하면** 첫 번째 배열을 달리**해야 합니다.**

4 표면적 연결

① 같은 단어가 있는 문단이 바로 뒤에 배열됩니다.

㉠ 폭설, 즉 대설이란 많은 눈이 시간적, 공간적으로 집중되어 내리는 현상을 말한다.
㉡ 또한, 경보는 24시간 신적설이 20 cm 이상 예상될 때이다.
㉢ 다만, 산지는 24시간 신적설이 30 cm 이상 예상될 때 발령된다.
㉣ 이때 대설의 기준으로 주의보는 24시간 새로 쌓인 눈이 5 cm 이상이 예상될 때이다.

2021 국가직 9급

② 앞의 대상을 받는 지시어가 바로 뒤에 배열됩니다.

(나) 산업화 초기에 나타났던 많은 문제점, 예컨대 도시 오염의 확산과 경관의 파괴, 주민 건강의 악화 등은 우리로 하여금 무분별한 발전이 과연 정당한지 되묻게 했다.
(라) 그리고 이러한 반성을 통해 사람들은 자연을 단순한 돈벌이 수단으로 여겨 마구 훼손해서는 안 된다는 사실을 깨달았다.

2018 국회직 9급

③ 접속어가 있는 문단이 바로 뒤에 배열됩니다.

폭설, 즉 대설이란 많은 눈이 시간적, 공간적으로 집중되어 내리는 현상을 말한다.
㉠ 그런데 눈은 한 시간 안에 5 cm 이상 쌓일 수 있어 순식간에 도심 교통을 마비시키는 위력을 가지고 있다.
㉡ 또한, 경보는 24시간 신적설이 20 cm 이상 예상될 때이다.
㉢ 다만, 산지는 24시간 신적설이 30 cm 이상 예상될 때 발령된다.
㉣ 이때 대설의 기준으로 주의보는 24시간 새로 쌓인 눈이 5 cm 이상이 예상될 때이다.
㉤ 이뿐만 아니라 운송, 유통, 관광, 보험을 비롯한 서비스 업종과 사회 전반에 영향을 미친다.

2021 국가직 9급

5 이면적으로 연결되는 경우

① 시간의 흐름
② 일반적 진술 – 구체적인 부연, 상술
③ 일반적 원리 – 구체적인 사례
④ 문제점 – 해결 방안
⑤ 실험 과정 – 실험 결과

赤功신공 빨리 푸는 전략!

1단계

〈보기〉 문장 분석에 몰빵하기 (핵심어, 지시어, 접속어 위주로 분석하기)

2단계

분석이 끝났으면 앞의 내용이 무엇이 나올지 스스로 예측하기

3단계

예측한 앞 내용이 나오면 그 뒤의 선택지가 답이 됨

STEP 1 기존 출제 유지 문장 삽입

01 다음 문장이 들어가기에 가장 적절한 곳을 ㉠~㉣에서 고르면? 2022 국가직 9급

〔보기〕
신분에 따라 문체를 고착화하는 것을 인정하지 않았던 것이다.

유럽이 교회로부터 정신적으로 해방된 것은 그리스와 로마의 고대 작가들에 대한 재발견을 통해서였다. (㉠) 그 이후 고대 작가들의 문체는 귀족 중심의 유럽 문화에서 모범으로 여겨졌다. (㉡) 이러한 상황은 대략 1770년대에 시작되는 낭만주의에서부터 변화하기 시작했다. (㉢) 이 낭만주의 시기에 평등과 민주주의를 꿈꿨던 신흥 시민계급은 문학에서 운문과 영웅적 운명을 귀족에게만 전속시키고 하층민에게는 산문과 우스꽝스러운 상황을 배정하는 전통 시학을 거부했다. (㉣) 고전 문학은 더 이상 문학의 규범이 아니었으며, 문학을 현실의 모방으로 인식하는 태도도 포기되었다.

① ㉠　　② ㉡
③ ㉢　　④ ㉣

01 다음 문장이 들어가기에 가장 적절한 곳을 ㉠~㉣에서 고르면? 2022 국가직 9급

〔보기〕

신분에 따라 문체를 고착화하는 것을 인정하지 않았던 것이다. 앞 문장을 부연 상술

유럽이 교회로부터 정신적으로 해방된 것은 그리스와 로마의 고대 작가들에 대한 재발견을 통해서였다. (㉠) 그 이후 고대 작가들의 문체는 귀족 중심의 유럽 문화에서 모범으로 여겨졌다. (㉡) 이러한 상황은 대략 1770년대에 시작되는 낭만주의에서부터 변화하기 시작했다. (㉢) 이 낭만주의 시기에 평등과 민주주의를 꿈꿨던 신흥 시민계급은 문학에서 운문과 영웅적 운명을 귀족에게만 전속시키고 하층민에게는 산문과 우스꽝스러운 상황을 배정하는 전통 시학을 거부했다. (㉣) 고전 문학은 더 이상 문학의 규범이 아니었으며, 문학을 현실의 모방으로 인식하는 태도도 포기되었다.

신분

① ㉠ ② ㉡

③ ㉢ ④ ㉣

PART 07

赤功신공 빨리 푸는 전략!

1단계

선지에서
첫 문단 올 가능성이 있는
문단을 확인하기
(나) 혹은 (라)

2단계

첫 문단을 찾았으면
표면적 연결,
이면적 연결을
확인하면서
문단을 배열하기

3단계

자의적이거나
주관적인 방법이 아니라
반드시 혜선 쌤이
일러 준 방법을 사용하기

STEP 신유형 2 문장, 문단 배열

02 (가)~(라)를 맥락에 맞추어 가장 적절하게 나열한 것은? 2025 인혁처 샘플

(가) 다음으로 시청자의 마음을 사로잡을 수 있는 참신한 인물을 창조해야 한다. 특히 주인공은 장애를 만나 새로운 목표를 만들고, 그것을 이루는 과정에서 최종적으로 영웅이 된다. 시청자는 주인공이 목표를 이루는 데 적합한 인물로 변화를 거듭할 때 그에게 매료된다.

(나) 스토리텔링 전략에서 제일 먼저 해야 할 일이 로그라인을 만드는 것이다. 로그라인은 '장애, 목표, 변화, 영웅'이라는 네 가지 요소를 담아야 하며, 3분 이내로 압축적이어야 한다. 이를 통해 스토리의 목적과 방향이 마련된다.

(다) 이 같은 인물 창조의 과정에서 스토리의 주제가 만들어진다. '사랑과 소속감, 안전과 안정, 자유와 자발성, 권력과 책임, 즐거움과 재미, 인식과 이해'는 수천 년 동안 성별, 나이, 문화를 초월하여 두루 통용된 주제이다.

(라) 시청자가 드라마나 영화에 대해 시청 여부를 결정하는 데 걸리는 시간은 8초에 불과하다. 제작자는 이 짧은 시간 안에 시청자를 사로잡을 수 있는 스토리텔링 전략이 필요하다.

① (나) － (가) － (라) － (다)
② (나) － (다) － (가) － (라)
③ (라) － (나) － (가) － (다)
④ (라) － (나) － (다) － (가)

02 (가)~(라)를 맥락에 맞추어 가장 적절하게 나열한 것은? 2025 인혁처 샘플

(가) 다음으로 시청자의 마음을 사로잡을 수 있는 참신한 인물을 창조해야 한다. 특히 주인공은 장애를 만나 새로운 목표를 만들고, 그것을 이루는 과정에서 최종적으로 영웅이 된다. 시청자는 주인공이 목표를 이루는 데 적합한 인물로 변화를 거듭할 때 그에게 매료된다.

(나) 스토리텔링 전략에서 제일 먼저 해야 할 일이 로그라인을 만드는 것이다. 로그라인은 '장애, 목표, 변화, 영웅'이라는 네 가지 요소를 담아야 하며, 3분 이내로 압축적이어야 한다. 이를 통해 스토리의 목적과 방향이 마련된다.

(다) 이 같은 인물 창조의 과정에서 스토리의 주제가 만들어진다. '사랑과 소속감, 안전과 안정, 자유와 자발성, 권력과 책임, 즐거움과 재미, 인식과 이해'는 수천 년 동안 성별, 나이, 문화를 초월하여 두루 통용된 주제이다.

(라) 시청자가 드라마나 영화에 대해 시청 여부를 결정하는 데 걸리는 시간은 8초에 불과하다. 제작자는 이 짧은 시간 안에 시청자를 사로잡을 수 있는 스토리텔링 전략이 필요하다.

스토리텔링의 필요성 설명

① (나) – (가) – (라) – (다)

② (나) – (다) – (가) – (라)

③ (라) – (나) – (가) – (다)

④ (라) – (나) – (다) – (가)

Day 13

亦功 순서 배열 문제 훈련

▶ Day 13 해설 영상은 주독야독 시즌 1(2024 7월)에서 꼭 수강해 주시기 바랍니다.

01 (가)~(라)를 맥락에 따라 가장 자연스럽게 배열한 것은? 2024 국가직 9급

약물은 질병을 치료하거나 예방할 목적으로 사용되는 의약품이다. 우리 주변에는 약물이 오남용되는 경우가 있다.

(가) 더구나 약물은 내성이 있어 이전보다 더 많은 양을 사용하기 마련이므로 피해는 점점 커지게 된다.

(나) 오남용은 오용과 남용을 합친 말로서 오용은 본래 용도와 다르게 사용하는 일, 남용은 함부로 지나치게 사용하는 일을 가리킨다.

(다) 그러므로 약물을 사용할 때는 반드시 의사나 약사와 상의하고 설명서를 확인하여 목적에 맞게 적정량을 사용해야 한다.

(라) 약물을 오남용하면 신체적 피해는 물론 정신적 피해를 입을 수 있다.

① (나) – (다) – (라) – (가)
② (나) – (라) – (가) – (다)
③ (라) – (가) – (나) – (다)
④ (라) – (다) – (나) – (가)

02 다음 글에서 (가)~(다)의 순서를 자연스럽게 배열한 것은? 2023 국가직 9급

빅데이터가 부각된다는 것은 기업들이 빅데이터의 가치를 받아들이기 시작했다는 뜻이다. 여기에는 기업들이 데이터를 바라보는 시각이 변한 측면도 있다.

(가) 기업들은 고객이 판촉 활동에 어떻게 반응하고 평소에 어떻게 행동하며 사물에 대해 어떤 태도를 보이는지 알기 위해 많은 돈을 투자해 마케팅 조사를 해 왔다.

(나) 그런 상황에서 기업들은 SNS나 스마트폰 등 새로운 데이터 소스로부터 그러한 궁금증과 답답함을 해결할 수 있다는 것을 알게 되었다. 페이스북에 올리는 광고에 친구가 '좋아요'를 한 것에서 기업들은 궁금증과 답답함을 해결할 수 있다.

(다) 그런데 기업들의 그런 노력이 효과가 있는 경우도 있었으나 아쉬운 점도 많았다. 쉬운 예로, 기업들은 많은 광고비를 쓰지만 그 돈이 구체적으로 어느 부분에서 효과를 내는지는 알지 못했다.

결국 데이터가 있는 곳에서 기업들은 점점 더 고객의 취향에 집중할 수 있게 되었으며, 이에 따라 기업들은 소셜 미디어의 빅데이터를 중요한 경영 수단으로 수용하기 시작한 것이다.

① (가) – (나) – (다)
② (가) – (다) – (나)
③ (나) – (가) – (다)
④ (다) – (나) – (가)

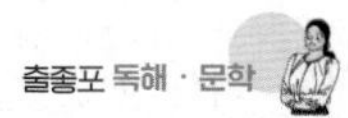

03 (가)~(다)를 맥락에 따라 가장 자연스럽게 배열한 것은? 2023 지방직 9급

> 독서는 아이들의 전반적인 뇌 발달에 큰 영향을 미친다.
> (가) 그에 따르면 뇌의 전두엽은 상상력을 관장하는데, 책을 읽으면 상상력이 자극되어 전두엽을 많이 사용하게 된다.
> (나) A 교수는 책을 읽을 때와 읽지 않을 때의 뇌 변화를 연구해서 세계적인 명성을 얻었다.
> (다) 이처럼 책을 많이 읽으면 전두엽이 훈련되어 전반적인 뇌 발달의 가능성이 높아지는데, 그 결과는 교육 현장에서 실증된 바 있다.
> 독서를 많이 한 아이는 학교에서 더 좋은 성적을 낼 뿐 아니라 언어 능력도 발달한다는 사실이 밝혀진 것이다.

① (나) – (가) – (다)
② (나) – (다) – (가)
③ (다) – (가) – (나)
④ (다) – (나) – (가)

04 다음 글의 전개 순서로 가장 자연스러운 것은? 2022 지방직 9급

> (가) 과거에는 고통만을 안겨 주었던 지정학적 조건이 이제는 희망의 조건이 되고 있습니다. 이제 한반도는 사람과 물자가 모여드는 동북아 물류와 금융, 비즈니스의 중심지가 될 것입니다. 우리가 주도해서 평화와 번영의 동북아 시대를 열어 나가야 합니다.
> (나) 100년 전 우리는 수난과 비극의 역사를 겪었습니다. 해양으로 나가려는 세력과 대륙으로 진출하려는 세력이 한반도를 가운데 놓고 싸움을 벌였습니다. 마침내 우리는 국권을 상실하는 아픔을 감수해야 했습니다.
> (다) 지금은 무력이 아니라 경제력이 국력을 좌우하는 시대입니다. 우리나라는 전쟁의 폐허를 극복하고 세계적인 경제 강국을 건설하고 있습니다. 우수한 인력과 세계 선두권의 정보화 기반을 갖추고 있습니다. 바다와 하늘과 땅을 연결하는 물류 기반도 손색이 없습니다.
> (라) 그 아픔은 분단으로 이어져서 오늘에 이르고 있습니다. 그 과정에서는 정의가 패배하고 기회주의가 득세하는 불행한 역사를 겪었습니다. 그러나 이제 우리에게도 새로운 희망의 시대가 열리고 있습니다. 세계의 변방으로 머물러 왔던 동북아시아가 북미 · 유럽 지역과 함께 세계 경제의 3대 축으로 떠오르고 있습니다.

① (가) – (나) – (다) – (라)
② (가) – (라) – (나) – (다)
③ (나) – (가) – (라) – (다)
④ (나) – (라) – (다) – (가)

내가 이 문제를 틀린 이유 체크리스트

V	이유	틀린 문제 번호	보완 방법
□	시간 촉박	____ 번	
□	내용 이해 부족	____ 번	
□	발문 착각	____ 번	
□	오답 패턴 미숙지	____ 번	
□	선지 분석 부족	____ 번	

Part

08

출.종.포 독해·문학

세트형(어휘, 지시 대상)

Chapter 17

어휘 - 문맥적 의미 추론

인사혁신처에서는 **2025년부터 단순 암기를 줄이겠다**는 선언을 하였습니다.
이 부분은 어휘 영역에서도 크게 작용이 되어
2025년부터는 밑줄 친 어휘의 문맥적인 의미를 추론하는 문제가 1문제 출제될 예정입니다.
꼭 수업에서 **혜선 쌤 고유의 문제 풀이 방식**을 전수 받으셔서 꼭 이 영역의 고수가 되시기를 기대합니다~^^
이 어휘 유형은 단독으로 나오지는 않고, **세트형의 2번째 문제**에 출제될 가능성이 있습니다~^^

독해 이론 어휘의 문맥적 의미

문맥적 의미를 잘 풀려면 밑줄 친 어휘의 성격을 파악해야 한다.
동음이의 혹은 다의 관계에서 파생된 문제이므로 이들의 성격을 먼저 파악해 보면 좋다.

1 동음이의 관계 vs 다의 관계

	동음이의(同音異義) 관계	다의(多義) 관계
개념	소리는 같으나 뜻이 다른 단어로 이루어진 단어	한 단어가 두 가지 이상의 뜻을 가진 것
특징	완전히 다른 두 단어의 관계이므로 표제어가 각각 다르게 등재된다.	같은 표제어 안에 뜻이 여러 개 있는 관계이므로 같은 표제어 안에 파생된 의미들이 등재된다.
예	배1 「1」『생명』 사람이나 동물의 몸에서 위장, 창자, 콩팥 따위의 내장이 들어 있는 곳으로 가슴과 엉덩이 사이의 부위. 예 배가 나오다. 배2 「1」 사람이나 짐 따위를 싣고 물 위로 떠다니도록 나무나 쇠 따위로 만든 물건. 예 배 두 척. 배3 배나무의 열매. 예 배를 깎아 먹다.	배1 「1」『생명』 사람이나 동물의 몸에서 위장, 창자, 콩팥 따위의 내장이 들어 있는 곳으로 가슴과 엉덩이 사이의 부위. 예 배가 나오다. 「2」 긴 물건 가운데의 볼록한 부분. 예 배가 불룩한 돌기둥. 「3」『의학』 여성의 몸에서 아이가 드는 부분. 예 임신 후 오 개월부터는 배가 눈에 띄게 불러 왔다.

2 다의 관계의 의미 확장 방법

여기에서 특히, 다의 관계의 성격을 좀 더 잘 파악해 보면 도움이 된다.

	중심적 의미	주변적 의미 1	주변적 의미 2	주변적 의미 3
1	사람	동물	식물	무생물
2	공간	시간	추상	추상
3	물리적 위치	사회적 위치	심리적 위치	심리적 위치
4	표면적 의미	비유적 의미	관습적 의미	관습적 의미

赤功 예시

다리

「1」 사람이나 동물의 몸통 아래 붙어 있는 신체의 부분. 서고 걷고 뛰는 일 따위를 맡아 한다. ≒각.
예 다리에 쥐가 나다. 다리를 다치다.

「2」 물체의 아래쪽에 붙어서 그 물체를 받치거나 직접 땅에 닿지 아니하게 하거나 높이 있도록 버티어 놓은 부분.
예 책상 다리. 이 의자는 다리가 하나 부러졌다.

「3」 오징어나 문어 따위의 동물의 머리에 여러 개 달려 있어, 헤엄을 치거나 먹이를 잡거나 촉각을 가지는 기관.
예 그는 술안주로 오징어 다리를 씹었다.

「4」 안경의 테에 붙어서 귀에 걸게 된 부분.
예 다리가 부러진 안경.

알다

「1」 교육이나 경험, 사고 행위를 통하여 사물이나 상황에 대한 정보나 지식을 갖추다.
예 이 문제는 공식을 알면 쉽게 풀 수 있습니다. 단어의 뜻을 알아야 그 문장의 뜻을 이해할 수 있다.

「2」 어떤 사실이나 존재, 상태에 대해 의식이나 감각으로 깨닫거나 느끼다.
예 감기가 들어 음식 맛을 알 수가 없다. 밖으로 나와서야 날씨가 추운 것을 알았다.

「3」 심리적 상태를 마음속으로 느끼거나 깨닫다.
예 부끄러움을 알다. 부모님의 사랑을 돌아가신 후에야 알았다.

「4」 ((주로 '알아서'의 꼴로 쓰여)) 사람이 어떤 일을 어떻게 할지 스스로 정하거나 판단하다.
예 네 일은 네가 알아서 해라. 이 문제는 자네가 알아서 처리해 주게.

「5」 다른 사람과 사귐이 있거나 안면이 있다.
예 나는 그녀와 아는 사이이다. 그들은 이미 서로 알고 지내는 사이였다.

먹다

「1」 음식 따위를 입을 통하여 배 속에 들여보내다.
예 밥을 먹다.

「2」 어떤 마음이나 감정을 품다.
예 앙심을 먹고 투서를 하다.

「3」 겁, 충격 따위를 느끼게 되다.
예 겁을 먹다.

「4」 (속되게) 뇌물을 받아 가지다.
예 뇌물을 먹다.

「5」 어떤 등급을 차지하거나 점수를 따다.
예 1등을 먹다.

「6」 매 따위를 맞다.
예 상대의 센 주먹을 한 방 먹고 나가떨어졌다.

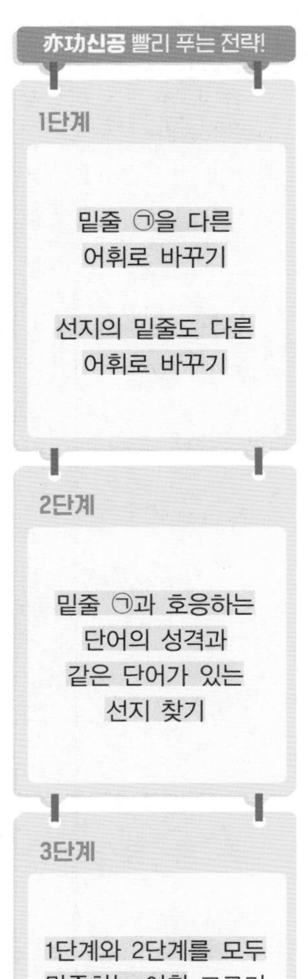

STEP 신유형 2 어휘의 문맥적 의미 추론

01 문맥상 ㉠의 의미와 가장 가까운 것은? 2025 인혁처 샘플

'크로노토프'는 그리스어로 시간과 공간을 뜻하는 두 단어를 결합한 것으로, 시공간을 통합적으로 이해하기 위한 개념이다. 크로노토프의 관점에서 보면 고소설과 근대소설의 차이를 명확하게 파악할 수 있다.

고소설에는 돌아가야 할 곳으로서의 원점이 존재한다. 그것은 영웅소설에서라면 중세의 인륜이 원형대로 보존된 세계이고, 가정소설에서라면 가장을 중심으로 가족 구성원들이 평화롭게 공존하는 가정이다. 고소설에서 주인공은 적대자에 의해 원점에서 분리되어 고난을 겪는다. 그들의 목표는 상실한 원점을 회복하는 것, 즉 그곳에서 향유했던 이상적 상태로 ㉠ <u>돌아가는</u> 것이다. 주인공과 적대자 사이의 갈등이 전개되는 시간을 서사적 현재라 한다면, 주인공이 도달해야 할 종결점은 새로운 미래가 아니라 다시 도래할 과거로서의 미래이다. 이러한 시공간의 배열을 '회귀의 크로노토프'라고 한다.

근대소설 「무정」은 회귀의 크로노토프를 부정한다. 이것은 주인공인 이형식과 박영채의 시간 경험을 통해 확인된다. 형식은 고아지만 이상적인 고향의 기억을 갖고 있다. 그것은 박 진사의 집에서 영채와 함께하던 때의 기억이다. 이는 영채도 마찬가지기에, 그들에게 박 진사의 집으로 표상되는 유년의 과거는 이상적 원점의 구실을 한다. 박 진사의 죽음은 그들에게 고향의 상실을 상징한다. 두 사람의 결합이 이상적 상태의 고향을 회복할 수 있는 유일한 방법이겠지만, 그들은 끝내 결합하지 못한다. 형식은 새 시대의 새 인물이 되어야 한다고 생각하며 과거로의 복귀를 거부한다.

① 전쟁은 연합군의 승리로 <u>돌아갔다</u>.
② 사과가 한 사람 앞에 두 개씩 <u>돌아간다</u>.
③ 그는 잃어버린 동심으로 <u>돌아가고</u> 싶었다.
④ 그녀는 자금이 잘 <u>돌아가지</u> 않는다며 걱정했다.

01 문맥상 ㉠의 의미와 가장 가까운 것은? 2025 인혁처 샘플

'크로노토프'는 그리스어로 시간과 공간을 뜻하는 두 단어를 결합한 것으로, 시공간을 통합적으로 이해하기 위한 개념이다. 크로노토프의 관점에서 보면 고소설과 근대소설의 차이를 명확하게 파악할 수 있다.

고소설에는 돌아가야 할 곳으로서의 원점이 존재한다. 그것은 영웅소설에서라면 중세의 인륜이 원형대로 보존된 세계이고, 가정소설에서라면 가장을 중심으로 가족 구성원들이 평화롭게 공존하는 가정이다. 고소설에서 주인공은 적대자에 의해 원점에서 분리되어 고난을 겪는다. 그들의 목표는 상실한 원점을 회복하는 것, 즉 그곳에서 향유했던 이상적 상태로 ㉠ 돌아가는 것이다. 주인공과 적대자 사이의 갈등이 전개되는 시간을 서사적 현재라 한다면, 주인공이 도달해야 할 종결점은 새로운 미래가 아니라 다시 도래할 과거로서의 미래이다. 이러한 시공간의 배열을 '회귀의 크로노토프'라고 한다.

→ 원래의 상태가 되다

근대소설 「무정」은 회귀의 크로노토프를 부정한다. 이것은 주인공인 이형식과 박영채의 시간 경험을 통해 확인된다. 형식은 고아지만 이상적인 고향의 기억을 갖고 있다. 그것은 박 진사의 집에서 영채와 함께하던 때의 기억이다. 이는 영채도 마찬가지기에, 그들에게 박 진사의 집으로 표상되는 유년의 과거는 이상적 원점의 구실을 한다. 박 진사의 죽음은 그들에게 고향의 상실을 상징한다. 두 사람의 결합이 이상적 상태의 고향을 회복할 수 있는 유일한 방법이겠지만, 그들은 끝내 결합하지 못한다. 형식은 새 시대의 새 인물이 되어야 한다고 생각하며 과거로의 복귀를 거부한다.

① 전쟁은 연합군의 승리로 돌아갔다. 결론이 났다

② 사과가 한 사람 앞에 두 개씩 돌아간다. 나누어 진다

③ 그는 잃어버린 동심으로 돌아가고 싶었다. 원래의 상태가 되다

④ 그녀는 자금이 잘 돌아가지 않는다며 걱정했다. 순환되지

PART 08

赤功신공 빨리 푸는 전략!

1단계

밑줄 ㉠을 다른 어휘로 바꾸기

선지의 밑줄도 다른 어휘로 바꾸기

2단계

밑줄 ㉠과 호응하는 단어의 성격과 같은 단어가 있는 선지 찾기

3단계

1단계와 2단계를 모두 만족하는 어휘 고르기

02 문맥상 의미가 ㉠과 가장 가까운 것은?

> 이로 인해 공공재가 공급되지 못하는 경우도 ㉠ 일어날 수 있다. 이를 해결하기 위해 클라크 조세 방식이 제안되었다.

① 말다툼 끝에 싸움이 일어났다.
② 꺼져 가던 불꽃이 다시 일어났다.
③ 파도가 바위에 부딪치며 거품이 일어났다.
④ 맛있는 음식을 보자 갑자기 식욕이 일어났다.

03 ㉠의 문맥적 의미와 가장 가까운 것은?

> 이 사진에서는 피사체들의 질감이 뚜렷이 ㉠ 살지 않게 처리하여 모든 피사체들이 사람인 듯한 느낌을 주고자 하였다.

① 이 소설가는 개성이 살아 있는 문체로 유명하다.
② 아궁이에 불씨가 살아 있으니 장작을 더 넣어라.
③ 어제까지도 살아 있던 손목시계가 그만 멈춰 버렸다.
④ 흰긴수염고래는 지구에 살고 있는 동물 중 가장 크다.

02 문맥상 의미가 ㉠과 가장 가까운 것은?

생길

> 이로 인해 공공재가 공급되지 못하는 경우도 ㉠ 일어날 수 있다. 이를 해결하기 위해 클라크 조세 방식이 제안되었다.

① 말다툼 끝에 싸움이 일어났다. 생겼다.(O)

② 꺼져 가던 불꽃이 다시 일어났다. 탔다.

③ 파도가 바위에 부딪치며 거품이 일어났다. 부글부글 생기다.

④ 맛있는 음식을 보자 갑자기 식욕이 일어났다. 올라갔다.

03 ㉠의 문맥적 의미와 가장 가까운 것은?

나타나지

> 이 사진에서는 피사체들의 질감이 뚜렷이 ㉠ 살지 않게 처리하여 모든 피사체들이 사람인 듯한 느낌을 주고자 하였다.

나타나(O)

① 이 소설가는 개성이 살아 있는 문체로 유명하다.

② 아궁이에 불씨가 살아 있으니 장작을 더 넣어라. 꺼지지 않아

③ 어제까지도 살아 있던 손목시계가 그만 멈춰 버렸다. 제 기능을 하던

④ 흰긴수염고래는 지구에 살고 있는 동물 중 가장 크다. 자리 잡고

PART 08

Day 14 亦功 어휘 - 문맥적 의미 추론 문제 훈련

▶ Day 14 해설 영상은 주독야독 시즌 1(2024 7월)에서 꼭 수강해 주시기 바랍니다.

01 문맥상 ㉠의 의미와 가장 가까운 것은?

> 이 둘의 반응 시간이 차이가 ㉠ 나는 이유는 다른 광수용 색소보다 로돕신의 합성에 시간이 더 걸리기 때문이다.

① 몸에 땀이 많이 나서 옷이 젖었다.
② 이제야 광고 효과가 나기 시작했다.
③ 신문에 합격자 발표가 나지 않아 걱정이다.
④ 따뜻한 남쪽 지방에서 겨울을 나고 돌아왔다.

02 ㉠의 문맥적 의미와 가장 가까운 것은?

> 양전기가 빵 반죽처럼 원자에 ㉠ 고르게 퍼져 있고, 전자는 건포도처럼 점점이 박혀 있어서 원자가 평소에 전기적으로 중성이라고 생각한 것이다.

① 그 식물은 전국에 고른 분포를 보인다.
② 국어사전에서 적당한 단어를 골라야 한다.
③ 그는 목소리를 고르며 차례를 기다리고 있다.
④ 울퉁불퉁한 곳을 흙으로 메워 판판하게 골랐다.

03 ㉠의 문맥적 의미와 가장 가까운 것은?

> 주제를 가장 잘 드러내기 위해 고대 조각상 중에서 자신의 표현 의도에 ㉠ 맞는 가장 이상적으로 생각하는 상을 골라 인위적인 자세를 취하도록 해야 한다고 보았다.

① 이 안경이 바로 아까 그 학생 것이 맞다.
② 그녀는 아무리 보아도 네게 잘 맞는 것 같다.
③ 과연 그 답이 맞는지 더 생각해 보기로 하자.
④ 나의 의견이 그의 생각과 맞을 것이라고 확신한다.

내가 이 문제를 틀린 이유 체크리스트

V	이유	틀린 문제 번호	보완 방법
□	시간 촉박	____ 번	
□	내용 이해 부족	____ 번	
□	발문 착각	____ 번	
□	오답 패턴 미숙지	____ 번	
□	선지 분석 부족	____ 번	

Chapter

18 어휘 - 바꿔 쓸 수 있는 유사한 표현

2025년에 이 유형은 **20문제 중 무조건 1문제** 나올 수 있는 **0순위 최빈출 유형**입니다.
보통은 **밑줄 친 ㉠~㉣은 순우리말(고유어)**로 나타나게 되고
이를 의미가 비슷한 한자어 단어로 바꿀 수 있는가를 묻는 문제라고 볼 수 있습니다.
단독으로 나오지는 않고, **세트형의 2번째 문제**에 출제될 가능성이 있습니다.
혹시 모르기 때문에 **밑줄 친 ㉠~㉣은 순우리말(고유어)**로 나타나게 되고
이를 의미가 비슷한 한자어 단어로 바꿀 수 있는가를 묻는 문제 또한 실었습니다.

정답 및 해설 p.339

신유형 STEP 2 고유어 → 한자어

01 ㉠~㉣과 바꿔 쓸 수 있는 유사한 표현으로 적절하지 않은 것은? 2025 인혁처 샘플

한국 신화에 보이는 신과 인간의 관계는 다른 나라의 신화와 ㉠ <u>견주어</u> 볼 때 흥미롭다. 한국 신화에서 신은 인간과의 결합을 통해 결핍을 해소함으로써 완전한 존재가 되고, 인간은 신과의 결합을 통해 혼자 할 수 없었던 존재론적 상승을 이룬다.

한국 건국신화에서 주인공인 신은 지상에 내려와 왕이 되고자 한다. 천상적 존재가 지상적 존재가 되기를 ㉡ <u>바라는</u> 것인데, 인간들의 왕이 된 신은 인간 여성과의 결합을 통해 자식을 낳음으로써 결핍을 메운다. 무속신화에서는 인간이었던 주인공이 신과의 결합을 통해 신적 존재로 ㉢ <u>거듭나게</u> 됨으로써 존재론적으로 상승하게 된다. 이처럼 한국 신화에서 신과 인간은 서로의 존재를 필요로 한다는 점에서 상호의존적이고 호혜적이다.

다른 나라의 신화들은 신과 인간의 관계가 한국 신화와 달리 위계적이고 종속적이다. 히브리 신화에서 피조물인 인간은 자신을 창조한 유일신에 대해 원초적 부채감을 지니고 있으며, 신이 지상의 모든 일을 관장한다는 점에서 언제나 인간의 우위에 있다. 이러한 양상은 북유럽이나 바빌로니아 등에 ㉣ <u>퍼져</u> 있는 신체 화생 신화에도 유사하게 나타난다. 신체 화생 신화는 신이 죽음을 맞게 된 후 그 신체가 해체되면서 인간 세계가 만들어지게 된다는 것인데, 신의 희생 덕분에 인간 세계가 만들어질 수 있었다는 점에서 인간은 신에게 철저히 종속되어 있다.

① ㉠: 비교해
② ㉡: 희망하는
③ ㉢: 복귀하게
④ ㉣: 분포되어

신유형 STEP 2 고유어 → 한자어

01 ㉠~㉣과 바꿔 쓸 수 있는 유사한 표현으로 적절하지 않은 것은? 2025 인혁처 샘플

한국 신화에 보이는 신과 인간의 관계는 다른 나라의 신화와 ㉠ 견주어(→ 비교하여) 볼 때 흥미롭다. 한국 신화에서 신은 인간과의 결합을 통해 결핍을 해소함으로써 완전한 존재가 되고, 인간은 신과의 결합을 통해 혼자 할 수 없었던 존재론적 상승을 이룬다.

한국 건국신화에서 주인공인 신은 지상에 내려와 왕이 되고자 한다. 천상적 존재가 지상적 존재가 되기를 ㉡ 바라는(→ 희망하는) 것인데, 인간들의 왕이 된 신은 인간 여성과의 결합을 통해 자식을 낳음으로써 결핍을 메운다. 무속신화에서는 인간이었던 주인공이 신과의 결합을 통해 신적 존재로 ㉢ 거듭나게(→ 복귀하게) 됨으로써 존재론적으로 상승하게 된다. 이처럼 한국 신화에서 신과 인간은 서로의 존재를 필요로 한다는 점에서 상호의존적이고 호혜적이다.

다른 나라의 신화들은 신과 인간의 관계가 한국 신화와 달리 위계적이고 종속적이다. 히브리 신화에서 피조물인 인간은 자신을 창조한 유일신에 대해 원초적 부채감을 지니고 있으며, 신이 지상의 모든 일을 관장한다는 점에서 언제나 인간의 우위에 있다. 이러한 양상은 북유럽이나 바빌로니아 등에 ㉣ 퍼져(→ 분포되어) 있는 신체 화생 신화에도 유사하게 나타난다. 신체 화생 신화는 신이 죽음을 맞게 된 후 그 신체가 해체되면서 인간 세계가 만들어지게 된다는 것인데, 신의 희생 덕분에 인간 세계가 만들어질 수 있었다는 점에서 인간은 신에게 철저히 종속되어 있다.

① ㉠: 비교해 (O)

② ㉡: 희망하는 (O)

③ ㉢: 복귀하게 (X)

④ ㉣: 분포되어 (O)

• '복귀하다'로 말 만들어 보기
→ 철수가 직장으로 복귀하였다.
(→ 돌아갔다.)

• '거듭나다'로 말 만들어 보기
→ 철수는 새 사람으로 거듭났다.
(→ 새 사람이 되다.)

정답 및 해설 p.339

신유형 2 한자어 → 고유어

02 문맥상 ㉠~㉣과 바꿔 쓰기에 적절하지 않은 것은?

(가) 17세기 초부터 ㉠ <u>유입되기</u> 시작한 서학 서적에 담긴 서양의 과학 지식은 사상의 변화를 이끌었다.
(나) 아담 샬이 쓴 『주제군징(主制群徵)』의 일부를 채록하면서 자신의 생각을 ㉡ <u>제시하였다</u>.
(다) 대신 기독교를 효과적으로 ㉢ <u>전파하기</u> 위해 신의 존재를 증명하려 했던 로마 시대의 생리설, 중세의 해부 지식 등이 실려 있었다.
(라) 비록 양자 사이의 결합이 완전하지는 않았지만, 서양 의학을 ㉣ <u>맹신하지</u> 않고 주체적으로 수용하여 정합적인 체계를 이루고자 하였다.

① ㉠: 들어오기
② ㉡: 드러내었다
③ ㉢: 퍼뜨리기
④ ㉣: 가리지

신유형 STEP 2 한자어 → 고유어

02 문맥상 ㉠~㉣과 바꿔 쓰기에 적절하지 않은 것은?

(가) 17세기 초부터 ㉠ 유입되기 시작한 서학 서적에 담긴 서양의 과학 지식은 사상의 변화를 이끌었다.

(나) 아담 샬이 쓴 『주제군징(主制群徵)』의 일부를 채록하면서 자신의 생각을 ㉡ 제시하였다.

(다) 대신 기독교를 효과적으로 ㉢ 전파하기 위해 신의 존재를 증명하려 했던 로마 시대의 생리설, 중세의 해부 지식 등이 실려 있었다.

(라) 비록 양자 사이의 결합이 완전하지는 않았지만, 서양 의학을 ㉣ 맹신하지 않고 주체적으로 수용하여 정합적인 체계를 이루고자 하였다.

① ㉠: 들어오기 (流: 흐를 류 / 入: 들 입) – (○)

② ㉡: 드러내었다 (提: 끌 제 / 示: 보일 시) – (○)

③ ㉢: 퍼뜨리기 (傳: 전할 전 / 播: 뿌릴 파) – (○)

④ ㉣: 가리지 (盲: 눈멀 맹 / 信: 신뢰할 신) – (×)
덮어놓고 믿지

정답 및 해설 p.339

赤功신공 빨리 푸는 전략!

1단계

선지의 단어를
밑줄 친 제시문의
단어에 넣어 보기

2단계

만약, 모르겠다면,
선지의 단어를 가지고
스스로 말을 만들어 보기

그래도 모르겠다면,
밑줄 친 제시문의 단어로
스스로 말을 만들어 보기

3단계

1단계, 2단계가
모두 충족되어야
답이 될 수 있다.

신유형 STEP 2 고유어 → 한자어

01 문맥상 ㉠~㉣과 바꿔 쓰기에 적절하지 않은 것은?

(가) 그러나 사르트르는 '이미지 이론'을 통해 상상 세계를 제시하면서 이에 대해 반대하는 입장을 ㉠ 드러냈다.
(나) 실재 세계에 속한 영역이자 열등한 복사물 정도로 ㉡ 여겨져 왔던 이미지를 실재 세계에서 완전히 독립하였다.
(다) 예를 들어 대상을 비추는 조명의 색이 ㉢ 달라지면 실재 세계에서 지각되는 색채는 그에 따라 달라지기도 한다.
(라) 예술가는 자신이 지각한 그대로를 완벽하게 표현하려 ㉣ 애쓰지만 실재 세계에서 인식되는 대상은 계속 변화하기 때문에 재현에 어려움이 생길 수밖에 없다.

① ㉠: 표명했다
② ㉡: 간주되어
③ ㉢: 변화하면
④ ㉣: 피력하지만

01 문맥상 ㉠~㉣과 바꿔 쓰기에 적절하지 않은 것은?

(가) 그러나 사르트르는 '이미지 이론'을 통해 상상 세계를 제시하면서 이에 대해 반대하는 입장을 ㉠ 드러냈다.
표명했다.(O)

(나) 실재 세계에 속한 영역이자 열등한 복사물 정도로 ㉡ 여겨져 왔던 이미지를 실재 세계에서 완전히 독립하였다.
간주되어(O)

(다) 예를 들어 대상을 비추는 조명의 색이 ㉢ 달라지면 실재 세계에서 지각되는 색채는 그에 따라 달라지기도 한다.
변화하면

(라) 예술가는 자신이 지각한 그대로를 완벽하게 표현하려 ㉣ 애쓰지만 실재 세계에서 인식되는 대상은 계속 변화하기 때문에 재현에 어려움이 생길 수밖에 없다.
피력하지만(X)

① ㉠: 표명했다 (O)

② ㉡: 간주되어 (O)

③ ㉢: 변화하면 (O)

④ ㉣: 피력하지만 (X)

• '애쓰다'로 말 만들어 보기
→ 그녀는 성공하려고 애썼다.
(→ 노력했다.)

• '피력하다'로 말 만들어 보기
→ 철수는 자기 견해를 피력했다.
(→ 말했다.)

PART 08

정답 및 해설 p.339

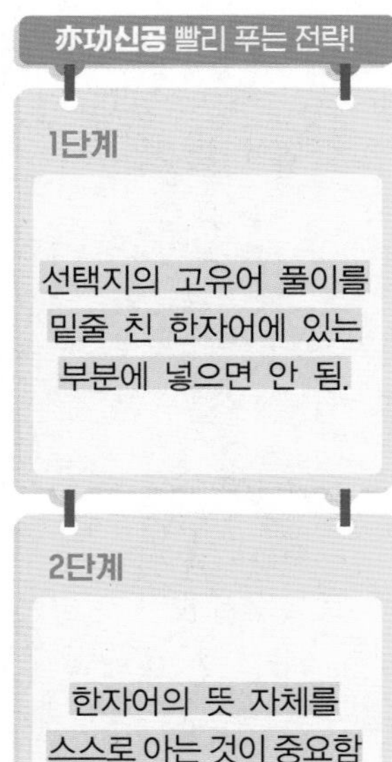

STEP 신유형 2 한자어 → 고유어

02 ㉠~㉣을 바꾸어 쓴 말로 적절하지 않은 것은?

> (가) 전기식 집진 방식은 인위적으로 발생시킨 전자를 먼지나 유해 물질에 ㉠ <u>흡착하게</u> 만든 후 이들을 집진판에 ㉡ <u>포집함으로써</u> 오염 물질을 걸러 내는 방식이다.
> (나) 오염 물질 제거 과정은 같지만 집진판을 ㉢ <u>세정하는</u> 방식에 따라 전기 집진기는 건식과 습식으로 구분된다.
> (다) 상부에는 오염 물질이 걸러져 깨끗해진 공기를 ㉣ <u>배출하는</u> 통로가 각각 연결되어 있다.

① ㉠: 스며들게
② ㉡: 모음으로써
③ ㉢: 깨끗하게 씻는
④ ㉣: 밀어 내보내는

02 ㉠~㉣을 바꾸어 쓴 말로 적절하지 않은 것은?

(가) 전기식 집진 방식은 인위적으로 발생시킨 전자를 먼지나 유해 물질에 ㉠ 흡착하게 만든 후 이들을 집진판에 ㉡ 포집함으로써 오염 물질을 걸러 내는 방식이다. (나) 오염 물질 제거 과정은 같지만 집진판을 ㉢ 세정하는 방식에 따라 전기 집진기는 건식과 습식으로 구분된다. (다) 상부에는 오염 물질이 걸러져 깨끗해진 공기를 ㉣ 배출하는 통로가 각각 연결되어 있다.

① ㉠: 스며들게 (吸: 마실 흡 / 着: 붙을 착) – (X)

② ㉡: 모음으로써 (捕: 잡을 포 / 執: 모을 집) – (O)

③ ㉢: 깨끗하게 씻는 (洗: 씻을 세 / 淨: 깨끗할 정) – (O)

④ ㉣: 밀어 내보내는 (排: 밀칠 배 / 出: 날 출) – (O)

PART 08

Day 15 亦功 어휘 - 바꿔 쓸 수 있는 유사한 표현 문제 훈련

▶ Day 15 해설 영상은 주독야독 시즌 1(2024 7월)에서 꼭 수강해 주시기 바랍니다.

01 문맥상 ㉠~㉣과 바꿔 쓰기에 가장 적절한 것은?

> (가) 자신뿐 아니라 백성 또한 올바른 행동을 할 수 있도록 ㉠이끌어야 한다
> (나) 그들이 지닌 명덕을 밝혀 새로운 사람이 될 수 있도록 ㉡가르쳐야 한다고 본다.
> (다) 주희는 『대학』을 새로 편찬하면서 고본(古本) 『대학』의 '친민'을 '신민'으로 ㉢고쳤다.
> (라) 구체적인 덕행의 실천에는 한 걸음도 나아가지 못하는 문제를 ㉣바로잡고자 하는 데 관심이 있었다.

① ㉠: 인도(引導)해야
② ㉡: 지시(指示)해야
③ ㉢: 개편(改編)했다
④ ㉣: 쇄신(刷新)하고자

02 문맥상 ㉠~㉣과 바꿔 쓰기에 가장 적절한 것은?

> (가) 광장의 바닥은 기마상에서 뻗어 나온 선들이 교차하여 ㉠만들어진 문양으로 잘게 나누어져 있다.
> (나) 옴팔로스는 '배꼽'을 ㉡가리키는 말로 인체의 중심, 나아가 '세계의 중심'을 뜻한다.
> (다) 이로써 로마 황제의 기마상은 우주의 중심에 ㉢서게 된다.
> (라) 고대인들은 우주를 북극성을 중심으로 별이 회전하며 12개의 구역으로 ㉣나누어진 원형의 공간으로 인식했다.

① ㉠: 제조(製造)된
② ㉡: 지적(指摘)하는
③ ㉢: 기립(起立)하게
④ ㉣: 분할(分割)된

03 문맥상 ㉠~㉣과 바꿔 쓰기에 적절하지 않은 것은?

(가) 토기 두께가 상당히 얇아지고 곡물의 전분 함량은 ㉠증가한다는 사실을 발견했다.
(나) 토기 두께의 변화를 ㉡초래한 원인을 찾는 것도 중요하지만 두께가 얇아진 토기가 장기간 사용된 이유에도 주목할 필요가 있다.
(다) 고고학에서는 발굴을 통해 유물 자료가 빠르게 ㉢축적되고, 주변 과학의 발달에 힘입어 새로운 측정 방법이 개발됨에 따라 다양한 해석이 제시된다.
(라) 특정한 이론에 ㉣집착하는 것보다는 새로운 자료와 방법을 적극적으로 이용하여 다양한 해석을 하고자 하는 열린 자세가 필요하다.

① ㉠: 늘어난다는
② ㉡: 일으킨
③ ㉢: 나타나고
④ ㉣: 얽매이는

내가 이 문제를 틀린 이유 체크리스트

V	이유	틀린 문제 번호	보완 방법
□	시간 촉박	____ 번	
□	내용 이해 부족	____ 번	
□	발문 착각	____ 번	
□	오답 패턴 미숙지	____ 번	
□	선지 분석 부족	____ 번	

Chapter 19

지시 대상 추론

지시 대상 추론 유형은 2025년에 무조건 1문제 나올 수 있는 **0순위 최빈출 유형**에 해당합니다~^^
다만, 단독으로 나오지는 않고, **세트형의 2번째 문제에 출제**될 것입니다.
제시문을 준 후에 단어나 어구에 밑줄을 친 후
㉠~㉣의 기호를 단 후 밑줄 친 ㉠~㉣ 중 지시 대상이 다른 하나를 고르거나
같은 지시 대상을 묶는 식으로 문제가 출제될 예정입니다.

독해 이론

1 지시어

문맥 내에서 주로 미리 언급된 앞말을 가리킬 때 쓰이는 말.

예 이, 그, 저 / 이것, 그것, 저것 / 이들, 그들, 저들

2 지시어 찾는 방법

앞뒤의 문맥을 잘 파악하며 객관적인 단서에 따라 앞의 어떤 말을 지시해주는지를 파악해야 한다.

정답 및 해설 p.340

신유형 STEP 2 ㉠~㉣ 중 지시 대상이 같은 것만으로 묶기

01 문맥상 ㉠~㉣ 중 지시 대상이 같은 것만으로 묶인 것은? 2025 인혁처 샘플

영국의 유명한 원형 석조물인 스톤헨지는 기원전 3,000년경 신석기시대에 세워졌다. 1960년대에 천문학자 호일이 스톤헨지가 일종의 연산장치라는 주장을 하였고, 이후 엔지니어인 톰은 태양과 달을 관찰하기 위한 정교한 기구라고 확신했다. 천문학자 호킨스는 스톤헨지의 모양이 태양과 달의 배열을 나타낸 것이라는 의견을 제시해 관심을 모았다.

그러나 고고학자 앳킨슨은 ㉠ <u>그들</u>의 생각을 비난했다. 앳킨슨은 스톤헨지를 세운 사람들을 '야만인'으로 묘사하면서, ㉡ <u>이들</u>은 호킨스의 주장과 달리 과학적 사고를 할 줄 모른다고 주장했다. 이에 호킨스를 옹호하는 학자들이 진화적 관점에서 앳킨슨을 비판하였다. ㉢ <u>이들</u>은 신석기시대보다 훨씬 이전인 4만 년 전의 사람들도 신체적으로 우리와 동일했으며 지능 또한 우리보다 열등했다고 볼 근거가 없다고 주장했다.

하지만 스톤헨지의 건설자들이 포괄적인 의미에서 현대인과 같은 지능을 가졌다고 해도 과학적 사고와 기술적 지식을 가지지는 못했다. ㉣ <u>그들</u>에게는 우리처럼 2,500년에 걸쳐 수학과 천문학의 지식이 보존되고 세대를 거쳐 전승되어 쌓인 방대하고 정교한 문자 기록이 없었다. 선사시대의 생각과 행동이 우리와 똑같은 식으로 전개되지 않았으리라는 점은 매우 중요하다. 지적 능력을 갖췄다고 해서 누구나 우리와 같은 동기와 관심, 개념적 틀을 가졌으리라고 생각하는 것은 잘못이다.

① ㉠, ㉢
② ㉡, ㉣
③ ㉠, ㉡, ㉢
④ ㉠, ㉡, ㉣

STEP 2 신유형 ㉠~㉣ 중 지시 대상이 같은 것만으로 묶기

01 문맥상 ㉠~㉣ 중 지시 대상이 같은 것만으로 묶인 것은? 2025 인혁처 샘플

영국의 유명한 원형 석조물인 스톤헨지는 기원전 3,000년경 신석기시대에 세워졌다. 1960년대에 천문학자 ①호일이 스톤헨지가 일종의 ①연산장치라는 주장을 하였고, 이후 엔지니어인 ②톰은 ②태양과 달을 관찰하기 위한 정교한 기구라고 확신했다. 천문학자 ③호킨스는 스톤헨지의 모양이 ③태양과 달의 배열을 나타낸 것이라는 의견을 제시해 관심을 모았다.

그러나 고고학자 앳킨슨은 ㉠ 그들의 생각을 비난했다. 앳킨슨은 스톤헨지를 세운 사람들을 '야만인'으로 묘사하면서, ㉡ 이들은 호킨스의 주장과 달리 과학적 사고를 할 줄 모른다고 주장했다. 이에 호킨스를 옹호하는 학자들이 진화적 관점에서 앳킨슨을 비판하였다. ㉢ 이들은 신석기시대보다 훨씬 이전인 4만 년 전의 사람들도 신체적으로 우리와 동일했으며 지능 또한 우리보다 열등했다고 볼 근거가 없다고 주장했다.

앳킨슨의 주장

하지만 스톤헨지의 건설자들이 포괄적인 의미에서 현대인과 같은 지능을 가졌다고 해도 과학적 사고와 기술적 지식을 가지지는 못했다. ㉣ 그들에게는 우리처럼 2,500년에 걸쳐 수학과 천문학의 지식이 보존되고 세대를 거쳐 전승되어 쌓인 방대하고 정교한 문자 기록이 없었다. 선사시대의 생각과 행동이 우리와 똑같은 식으로 전개되지 않았으리라는 점은 매우 중요하다. 지적 능력을 갖췄다고 해서 누구나 우리와 같은 동기와 관심, 개념적 틀을 가졌으리라고 생각하는 것은 잘못이다.

① ㉠, ㉢　　② ㉡, ㉣

③ ㉠, ㉡, ㉢　　④ ㉠, ㉡, ㉣

결국, ㉠은 호일, 톰, 호킨스
㉡은 스톤헨지를 세운 사람들
㉢은 호킨스를 옹호하는 학자들
㉣은 스톤헨지의 건설자들

∴ ㉡, ㉣의 대상이 같다.

PART 08

赤功신공 빨리 푸는 전략!

1단계

보통 세트형 문제로 지시 대상 찾기 문제가 2번째 문제로 출제됨.

지시 대상은 첫 문제를 푸는 것과 동시에 풀어 나가야 시간이 줄어듦.

2단계

지시어는 앞의 대상을 가리키는 것임

따라서 지시어를 기준으로 앞의 대상 중 어떤 대상을 가리키는 것인지 확인하기

3단계

복수 접미사 '들'과 같은 단서에 집중하기

다음 글을 읽고 물음에 답하시오.

약 1,000년 전, 바이킹의 해상 항해 기술은 그들이 북대서양을 넘나들며 유럽, 아시아, 그리고 북아메리카에 이르는 광범위한 항해를 가능하게 했다. 이 시기에 바이킹은 뛰어난 배 제작 기술과 항해술을 바탕으로 탐험과 무역, 식민지 확장을 크게 촉진시켰다. 특히, 바이킹의 '롱 쉽'은 그들의 해상 능력의 상징으로, 이 배들은 빠르고 기동성이 뛰어나 전투와 탐험에 모두 적합했다.

㉠ 역사가들은 바이킹의 해상 항해 기술이 중세 유럽의 경제와 문화에 큰 영향을 미쳤다고 평가한다. 실제로 바이킹은 ㉡ 그들의 항해 기술을 이용하여 북유럽과 러시아, 심지어 북미 대륙까지 이르는 무역 루트를 개척하였다. 그러나 ㉢ 일부 경제사학자들은 이러한 기술의 발전이 중세 유럽의 경제와 문화에 영향을 미친 것이 아니라 반대로 중세 유럽의 경제 구조와 문화가 바이킹으로 하여금 이러한 기술을 발전시키도록 한 것이라고 비판했다. ㉣ 이들은 바이킹이 필요에 의해 기술을 발전시켰으며, 그 과정에서 더 나은 배를 만들고 더 멀리 항해할 수 있는 능력을 개발했다고 주장한다.

바이킹의 해상 항해가 가져온 기술적, 사회적 변화는 오늘날에도 연구와 토론의 대상이 되고 있으며, 이 시기에 이루어진 기술적 혁신은 중세 유럽의 해상력을 이해하는 데 중요한 역할을 한다. 그러나 바이킹의 해상 항해 기술이 실제로 중세 유럽의 경제 구조와 문화의 압력에 의한 산물인지, 반대로 중세 유럽의 경제 구조와 문화를 형성하고 변화시킨 원동력이었는지에 대한 근본적인 질문은 여전히 열려 있다.

01 윗글에 대해 평가한 내용으로 가장 적절하지 않은 것은?

① 북유럽과 러시아 사이의 초기 무역 루트가 바이킹의 해상 항해 기술 없이는 개척될 수 없었다는 증거가 추가로 발견된다면, 역사가들의 주장이 강화될 것이다.
② 중세 유럽의 경제 구조에 의해 바이킹이 해상 무역 없이 살아남기 힘들었다는 기록이 발견된다면, 일부 경제사학자들의 주장이 강화될 것이다.
③ 바이킹이 롱 쉽을 제작한 이후 중세 유럽의 무역이 크게 촉진되었다는 기록이 발견된다면 일부 경제사학자들의 주장이 약화될 것이다.
④ 바이킹이 살던 지역의 나쁜 기후 때문에 바이킹이 새로운 정착지를 찾기 위한 탐험을 위한 해상 기술을 발전시켰다는 기록이 발견된다면 일부 경제사학자들의 주장이 강화될 것이다.

02 문맥상 지시하는 대상이 같은 것끼리 올바르게 묶인 것은?

① ㉠, ㉡ ② ㉠, ㉢ ③ ㉡, ㉣ ④ ㉢, ㉣

다음 글을 읽고 물음에 답하시오.

→ 대조, 나열 구조!

약 1,000년 전, 바이킹의 해상 항해 기술은 그들이 북대서양을 넘나들며 유럽, 아시아, 그리고 북아메리카에 이르는 광범위한 항해를 가능하게 했다. 이 시기에 바이킹은 뛰어난 배 제작 기술과 항해술을 바탕으로 탐험과 무역, 식민지 확장을 크게 촉진시켰다. 특히, 바이킹의 '롱 쉽'은 그들의 해상 능력의 상징으로, 이 배들은 빠르고 기동성이 뛰어나 전투와 탐험에 모두 적합했다.

㉠ 역사가들은 바이킹의 해상 항해 기술이 중세 유럽의 경제와 문화에 큰 영향을 미쳤다고 평가한다. 실제로 바이킹은 ㉡ 그들의 항해 기술을 이용하여 북유럽과 러시아, 심지어 북미 대륙까지 이르는 무역 루트를 개척하였다. 그러나 ㉢ 일부 경제사학자들은 이러한 기술의 발전이 중세 유럽의 경제와 문화에 영향을 미친 것이 아니라 반대로 중세 유럽의 경제 구조와 문화가 바이킹으로 하여금 이러한 기술을 발전시키도록 한 것이라고 비판했다. ㉣ 이들은 바이킹이 필요에 의해 기술을 발전시켰으며, 그 과정에서 더 나은 배를 만들고 더 멀리 항해할 수 있는 능력을 개발했다고 주장한다.

바이킹의 해상 항해가 가져온 기술적, 사회적 변화는 오늘날에도 연구와 토론의 대상이 되고 있으며, 이 시기에 이루어진 기술적 혁신은 중세 유럽의 해상력을 이해하는 데 중요한 역할을 한다. 그러나 바이킹의 해상 항해 기술이 실제로 중세 유럽의 경제 구조와 문화의 압력에 의한 산물인지, 반대로 중세 유럽의 경제 구조와 문화를 형성하고 변화시킨 원동력이었는지에 대한 근본적인 질문은 여전히 열려 있다.

㉠ 역사가들
㉡ 바이킹
㉢, ㉣ 경제사학자들

01 윗글에 대해 평가한 내용으로 가장 적절하지 않은 것은?

① 북유럽과 러시아 사이의 초기 무역 루트가 바이킹의 해상 항해 기술 없이는 개척될 수 없었다는 증거가 추가로 발견된다면, 역사가들의 주장이 강화될 것이다.

② 중세 유럽의 경제 구조에 의해 바이킹이 해상 무역 없이 살아남기 힘들었다는 기록이 발견된다면, 일부 경제사학자들의 주장이 강화될 것이다.

③ 바이킹이 롱 쉽을 제작한 이후 중세 유럽의 무역이 크게 촉진되었다는 기록이 발견된다면 일부 경제사학자들의 주장이 약화될 것이다.

④ 바이킹이 살던 지역의 나쁜 기후 때문에 바이킹이 새로운 정착지를 찾기 위한 탐험을 위한 해상 기술을 발전시켰다는 기록이 발견된다면 일부 경제사학자들의 주장이 강화될 것이다.

→ 강화했다고 보기는 힘들다.

02 문맥상 지시하는 대상이 같은 것끼리 올바르게 묶인 것은?

① ㉠, ㉡　　② ㉠, ㉢　　③ ㉡, ㉣　　④ ㉢, ㉣

Day **16**

亦功 지시 대상 추론 문제 훈련

▶ Day 16 해설 영상은 주독야독 시즌 1(2024 7월)에서 꼭 수강해 주시기 바랍니다.

다음 글을 읽고 물음에 답하시오.

약 20년 전, 인공지능(AI) 기술의 급격한 발전은 사회, 경제, 법적 환경에 상당한 변화를 가져왔다. 이 기술은 의료 진단, 자동차 운전, 금융 서비스 등 다양한 분야에서 활용되며 인간의 일상과 업무 방식을 혁신적으로 변화시켰다. 특히, AI가 의사결정 과정에서 사용될 때 그 정확성과 효율성은 많은 이점을 제공하지만, 동시에 개인의 사생활 침해와 결정의 투명성 문제와 같은 여러 윤리적 문제를 야기하기도 한다.

㉠ 윤리학자들은 AI의 발전이 사회적 윤리와 규제에 새로운 도전을 제시한다고 주장한다. ㉡ 이들은 자율주행 차량의 사고 책임 규정이나 AI 의료 진단의 법적 책임 소재에 대해 많은 사람들의 윤리적 판단이 다르고 또한 어느 범위까지 규제를 가해야 하는지에 대한 논란과 같은 사례를 들어 AI의 발전으로 인한 새로운 윤리적 상황에 대한 판단과 규제에 대한 논의가 필요하다고 주장한다. 반면, ㉢ 일부 철학자들은 AI도 인간에 의해 만들어진 것인 만큼 ㉣ 이들이 인간의 윤리적 가치를 모방하기만 한다면 인간의 윤리도 완벽한 정답이 없는 만큼 별도의 규제에 대한 고민을 할 필요가 없다는 의견을 제시한다.

물론 인간의 사회적 윤리와 그 판단에 대한 것도 보편적인 범위 내에서의 사회적 합의만 존재할 뿐 개별적인 사안에 대한 판단은 사회와 개인의 가치관에 따라 얼마든지 달라질 수 있는 만큼 AI가 인간의 윤리적 가치를 모방하기만 한다면 별도의 윤리적 판단이나 규제가 필요 없다는 의견도 타당성을 가진다. 하지만 AI의 발전으로 인해 이전에는 존재하지 않았던 상황과 이로 인해 파생되는 여러 문제에 대한 윤리적 판단은 우리가 별도로 생각해야 하는 문제이다. 따라서 AI 기술의 개발 과정과 적용 사례를 연구하면서 AI가 어떻게 윤리적, 사회적 쟁점을 촉발시키는지, 그리고 이에 대한 적절한 규제와 정책이 어떻게 마련되어야 하는지를 탐구할 필요가 있다.

01 윗글에 대해 평가한 내용으로 가장 적절하지 않은 것은?

① AI 기술이 스스로 인간의 윤리를 모방하여 사생활 보호를 향상시키는 새로운 알고리즘을 개발한 사례가 발견된다면, 윤리학자들의 주장이 강화될 것이다.

② AI 의사 결정 프로세스에서 인간의 윤리적 가치를 완벽하게 반영하지 못한다는 연구 결과가 발표된다면, 철학자들의 주장이 약화될 것이다.

③ AI가 자율주행 차량의 사고 책임에 대한 판단을 일관되게 하지 못하는 사례는 윤리학자들의 주장을 강화할 것이다.

④ AI 기술에 대해 국제적인 윤리 규제를 논의한 이후로 AI의 윤리적 문제가 줄어든 사례는 윤리학자들의 주장을 강화할 것이다.

02 문맥상 지시하는 대상이 같은 것끼리 올바르게 묶인 것은?

① ㉠, ㉡
② ㉠, ㉢
③ ㉡, ㉢
④ ㉢, ㉣

다음 글을 읽고 물음에 답하시오.

메소아메리카 지역에서 발전한 마야 문명은 그들의 복잡한 달력 시스템과 천문학적 지식으로 유명하다. 1970년대에 천문학자들은 마야의 달력이 태양 및 행성의 움직임을 정교하게 계산하는 데 사용되었다고 주장했고, 이후 여러 연구자들이 이를 뒷받침하는 증거를 제시했다. 특히, 마야의 '장기 달력'은 그들이 천체 사건을 미리 예측하고, 그에 따른 행사와 의례를 계획하는 데 사용했음을 보여준다.

그러나 일부 고고학자들은 마야 문명의 천문학적 지식에 대한 이러한 해석을 비판한다. 이들은 마야인들을 원시적인 사람들로 보고, ㉠ 그들의 복잡한 달력은 단지 우연의 일치일 뿐이라고 주장했다. 이에 대해 천문학자들은 ㉡ 이들이 고도로 발달된 수학적 사고를 가지고 있었으며, 이를 통해 복잡한 천문 현상을 이해하고 기록했다고 반박했다. ㉢ 그들은 고대인들이 현대인과 비교하여 지적 능력에서 열등하다고 보는 것은 진화론적 관점에서도 부당하다고 지적했다.

하지만 마야 문명이 고도의 지적 능력을 지녔다고 해도, ㉣ 그들의 지식이 현대의 과학적 지식과 동일하다고 보는 것은 오해일 수 있다. 고대 마야인들에게는 천년 이상 지속된 문화와 전통을 통해 발전된 그들만의 독특한 지식 체계가 있었다. 이는 우리의 과학적 방법론과는 다른 형태로 발전했으며, 그들의 생각과 행동이 현대인과 같은 방식으로 전개되었다고 보는 것은 역사적 맥락을 고려하지 않는 오류일 수 있다.

03 윗글에 대해 평가한 내용으로 가장 적절하지 않은 것은?

① 마야 달력이 정교하게 계산된 행성의 운행을 기록했다는 추가 증거가 발견되면, 천문학자들의 주장이 강화될 것이다.
② 고대 마야인들에게 천문학적 지식이 없었다는 직접적인 증거가 발견되면, 글쓴이의 주장이 강화될 것이다.
③ 마야 유적지에서 천문학적 현상을 정밀하게 계산한 수학적 기록이 추가로 발견되면, 고고학자들의 주장이 약화될 것이다.
④ 마야의 도시에서 단순히 농사 일정을 위해 사용된 달력의 증거만 발견된다면, 천문학자들의 주장이 약화될 것이다.

04 문맥상 지시하는 대상이 다른 하나를 고른 것은?

① ㉠
② ㉡
③ ㉢
④ ㉣

다음 글을 읽고 물음에 답하시오.

> 약 500년 전, 르네상스 시대는 유럽 전역에 걸쳐 문화와 예술의 근본적 변화를 가져왔다. 이 시기에는 회화, 조각, 건축 등 다양한 예술 형태가 크게 발전하며, 인간 중심의 세계관을 반영했다. 특히, 예술가 레오나르도 다 빈치, 미켈란젤로, 라파엘 같은 인물들은 자연의 진실된 재현과 인간의 아름다움을 추구하며 예술의 새로운 지평을 열었다. ㉠ 서양문화연구자들은 르네상스 예술이 서구 문화의 근간을 형성했다고 주장했다.
>
> 그러나 일부 예술사학자들은 이러한 예술적 혁신이 단순히 창의적 발전의 결과라기보다는 당시의 경제적 번영과 밀접한 관련이 있다고 ㉡ 그들을 비판했다. ㉢ 이들은 예술가들이 순수한 창의력을 발휘한 것이 아니라 부유한 후원자들의 요구와 취향에 맞춰 작품을 창조했다고 주장했다. 이에 대해 예술이론가들은 르네상스 시대의 작품과 문헌을 통해 그들의 예술적 능력을 입증할 수 있었다고 반박했다. ㉣ 이들은 르네상스 예술의 보존과 연구를 진행하고 있으며, 이러한 작업을 통해 당시 예술가들의 섬세한 기술과 심미적 혁신을 세계에 알리고 있다.
>
> 그럼에도 불구하고, 르네상스 예술이 단순히 경제적 번영의 결과인지, 아니면 실제로 예술적, 창의적 발전의 산물인지에 대한 논란은 여전히 계속되고 있다. 르네상스 예술이 실제로 예술 이론과 창작 기법에서 어떤 수준에 있었는지에 대한 근본적인 질문은 아직도 열려 있다.

05 윗글에 대해 평가한 내용으로 가장 적절하지 않은 것은?

① 르네상스 시대의 예술가들이 인체의 정확한 해부학적 표현을 연구하여 작품에 반영했다는 기록이 추가로 발견된다면, 서양문화연구자들의 주장이 강화될 것이다.

② 르네상스 예술 작품들이 주로 귀족과 부유한 시민의 요구에 맞춰 제작되었다는 증거가 더 많이 발견된다면 일부 예술사학자들의 주장이 강화될 것이다.

③ 르네상스 예술가들이 자연과학적 지식을 활용하여 작품을 제작했다는 증거가 발견된다면, 서양문화연구자들의 주장이 강화될 것이다.

④ 르네상스 예술가들이 후원자들이 제공하는 자연과학, 철학 교육을 받고 이를 활용하여 자연을 진실되게 묘사한 작품을 제작했다는 증거가 발견된다면, 일부 예술사학자들의 주장이 강화될 것이다.

06 문맥상 지시하는 대상이 같은 것끼리 올바르게 묶인 것은?

① ㉠, ㉡　　② ㉠, ㉢

③ ㉡, ㉢　　④ ㉡, ㉣

내가 이 문제를 틀린 이유 체크리스트

V	이유	틀린 문제 번호	보완 방법
□	시간 촉박	____ 번	
□	내용 이해 부족	____ 번	
□	발문 착각	____ 번	
□	오답 패턴 미숙지	____ 번	
□	선지 분석 부족	____ 번	

출.좋.포 독해·문학

Part

09

문학+독해 결합형

현대 운문, 현대 산문

2025년에 혜성같이 떠오르는 0순위 최빈출 문학 유형은 '문학+독해 결합형'입니다.
과거에는 문학 작품을 준 후 문학 작품의 해설이 맞는지 틀리는지를 물었다면
2025에는 문학 작품 그 자체가 아니라
유명 작가의 문학 작품, 비평, 문학 갈래를 제재로 하는 독해 유형이 출제되고 있습니다.

이 문제 유형은 특히 '현대 운문와 현대 산문'에 관련된 제재로 비문학 제시문을 준 유형으로
1) 출좋포 문학에 나온 유명 작가의 작품, 문학 갈래를 이해하고
2) 이를 적용하여 풀 수 있는가를 물어봅니다.

정답 및 해설 p.342

현대 운문의 이해

01 다음 글을 이해한 내용으로 적절한 것은?

이육사의 시 『청포도』는 고향의 여름과 청포도가 익어가는 자연적 풍경을 배경으로 하면서, 깊은 상징성을 내포하고 있다. 특히, 이 시에서 언급된 '고달픈 몸으로 청포를 입고 찾아온다'는 손님은 조선의 독립을 의미하는 것으로 해석될 수 있다. 이 구절은 고향인 조선으로 찾아오는 독립을 상징하며, 고달픈 몸으로 찾아온다는 표현을 통해 독립을 위한 투쟁과 그 과정에서의 고통을 암시한다. 시인은 독립된 조국을 맞이하기 위해 고향의 자연과 함께 기다림의 자세를 보여줌으로써, 독립을 향한 갈망과 기대를 표현한다.

시는 또한 이 강렬한 소망을 풍요로운 자연 이미지와 연결 지어 감동적으로 전달한다. "하늘 밑 푸른 바다가 가슴을 열고, 흰 돛단배가 곱게 밀려서 오면"이라는 구절은 독립 후의 평화롭고 번영할 조선을 예견하며, 이러한 희망이 시인의 마음속에 깊이 자리 잡고 있음을 나타낸다. 이 시는 독립이라는 역사적 사건을 자연의 변화와 함께 조화롭게 표현함으로써, 광복을 향한 민족의 염원을 서정적으로 담아낸다.

① 『청포도』는 고향의 청포도와 여름을 배경으로 하여 일상의 소소한 즐거움을 노래한다.
② 이 시는 현재 고향의 풍경을 통해 독립을 이룬 조선을 나타내며 그리움과 기다림의 정서를 포착한다.
③ 시에서는 청포를 입고 고달픈 몸으로 찾아오는 손님을 통해 조선의 독립과 함께 독립을 위한 투쟁과 고통을 암시한다.
④ 『청포도』는 고향의 여름과 청포도가 익어가는 자연의 풍경을 통해 자연에 대한 경외심을 드러낸다.

신유형 STEP 2 현대 운문의 이해

01 다음 글을 이해한 내용으로 적절한 것은?

> 이육사의 시 『청포도』는 고향의 여름과 청포도가 익어가는 자연적 풍경을 배경으로 하면서, 깊은 상징성을 내포하고 있다. 특히, 이 시에서 언급된 '고달픈 몸으로 청포를 입고 찾아온다'는 손님은 조선의 독립을 의미하는 것으로 해석될 수 있다. 이 구절은 고향인 조선으로 찾아오는 독립을 상징하며, 고달픈 몸으로 찾아온다는 표현을 통해 독립을 위한 투쟁과 그 과정에서의 고통을 암시한다. 시인은 독립된 조국을 맞이하기 위해 고향의 자연과 함께 기다림의 자세를 보여줌으로써, 독립을 향한 갈망과 기대를 표현한다.
>
> 시는 또한 이 강렬한 소망을 풍요로운 자연 이미지와 연결 지어 감동적으로 전달한다. "하늘 밑 푸른 바다가 가슴을 열고, 흰 돛단배가 곱게 밀려서 오면"이라는 구절은 독립 후의 평화롭고 번영할 조선을 예견하며, 이러한 희망이 시인의 마음속에 깊이 자리 잡고 있음을 나타낸다. 이 시는 독립이라는 역사적 사건을 자연의 변화와 함께 조화롭게 표현함으로써, 광복을 향한 민족의 염원을 서정적으로 담아낸다.

① 『청포도』는 고향의 청포도와 여름을 배경으로 하여 일상의 소소한 즐거움을 노래한다.

② 이 시는 현재 고향의 풍경을 통해 독립을 이룬 조선을 나타내며 그리움과 기다림의 정서를 포착한다.

③ 시에서는 청포를 입고 고달픈 몸으로 찾아오는 손님을 통해 조선의 독립과 함께 독립을 위한 투쟁과 고통을 암시한다.

④ 『청포도』는 고향의 여름과 청포도가 익어가는 자연의 풍경을 통해 자연에 대한 경외심을 드러낸다.

PART 09

赤功신공 빨리 푸는 전략!

1단계

선택지 길이를 보고 무엇을 먼저 볼 것인지 판단하기

2단계

선택지를 분석해서 참 거짓을 판별하기

3단계

만약 확실히 모르겠다면 출제자들이 좋아하는 오답 패턴을 떠올려 보기

STEP 2 신유형 현대 산문의 이해

01 다음 글을 추론한 내용으로 적절한 것은?

「광장」은 최인훈의 대표작으로, 이념과 사상이 첨예하게 대립하던 시기를 배경으로 한국 사회의 모순과 개인의 내면적 갈등을 심도 있게 다룬다. 이 소설은 주인공 이명준이 남한과 북한을 경험하면서 겪는 이념적, 정치적 갈등을 통해 인간의 자유와 정체성을 탐구한다. 소설은 이명준이 이념의 광장과 개인의 내면적 공간 사이에서 방황하며, 자신의 존재와 사상에 대해 근본적인 질문을 던지는 과정을 그린다.

이명준은 각기 다른 사회 체제에서 경험하는 이념적 압박과 자유에 대한 갈망 사이에서 균형을 찾으려 애쓴다. 그의 여정은 개인이 사회적, 정치적 압력에 어떻게 반응하며, 그 과정에서 어떤 윤리적, 인간적 결정을 내리는지를 보여준다. 「광장」은 이러한 내용을 통해 개인의 자유를 찾기 위한 이명준의 내적 싸움을 극적으로 묘사하며, 독자에게 깊은 성찰의 기회를 제공한다.

① 「광장」은 주인공 이명준이 사회적 이념에 따라 살아가면서 겪는 윤리적 갈등과 선택을 탐구한다.
② 이 소설은 이명준이 새로운 정체성을 발견하고 결국에는 이념적 갈등을 해소하는 과정을 그린다.
③ 「광장」에서 이명준은 남한과 북한 사이에서 자신의 이념을 확립하고 사회적 인정을 받는다.
④ 이 소설은 이명준이 정치적 이념에 따라 가족과의 관계를 재정립하는 과정을 다룬다.

01 다음 글을 추론한 내용으로 적절한 것은?

「광장」은 최인훈의 대표작으로, 이념과 사상이 첨예하게 대립하던 시기를 배경으로 한국 사회의 모순과 개인의 내면적 갈등을 심도 있게 다룬다. 이 소설은 주인공 이명준이 남한과 북한을 경험하면서 겪는 이념적, 정치적 갈등을 통해 인간의 자유와 정체성을 탐구한다. 소설은 이명준이 이념의 광장과 개인의 내면적 공간 사이에서 방황하며, 자신의 존재와 사상에 대해 근본적인 질문을 던지는 과정을 그린다.

이명준은 각기 다른 사회 체제에서 경험하는 이념적 압박과 자유에 대한 갈망 사이에서 균형을 찾으려 애쓴다. 그의 여정은 개인이 사회적, 정치적 압력에 어떻게 반응하며, 그 과정에서 어떤 윤리적, 인간적 결정을 내리는지를 보여준다. 「광장」은 이러한 내용을 통해 개인의 자유를 찾기 위한 이명준의 내적 싸움을 극적으로 묘사하며, 독자에게 깊은 성찰의 기회를 제공한다.

① 「광장」은 주인공 이명준이 사회적 이념에 따라 살아가면서 겪는 윤리적 갈등과 선택을 탐구한다. (O)

② 이 소설은 이명준이 새로운 정체성을 발견하고 결국에는 이념적 갈등을 해소하는 과정을 그린다. - 미언급의 오류

③ 「광장」에서 이명준은 남한과 북한 사이에서 자신의 이념을 확립하고 사회적 인정을 받는다. - 미언급의 오류

④ 이 소설은 이명준이 정치적 이념에 따라 가족과의 관계를 재정립하는 과정을 다룬다. - 객체 혼동의 오류

PART 09

Day 17 亦功 현대 운문, 현대 산문 문제 훈련

▶ Day 17 해설 영상은 주독야독 시즌 1(2024 7월)에서 꼭 수강해 주시기 바랍니다.

01 다음 글을 이해한 내용으로 적절한 것은?

김소월의 시 『산유화』는 산 속에서 혼자 피고 지는 꽃을 통해 인간의 고독과 삶의 덧없음을 서정적으로 표현한다. 시는 단순하면서도 강렬한 반복을 통해 꽃의 생명주기를 강조하고, "산에는 꽃 피네, 꽃이 피네, 갈 봄 여름 없이 꽃이 피네"와 같은 구절에서는 계절의 변화와 무관하게 피어나는 꽃의 모습을 통해 자연의 불변적인 아름다움과 인간 삶의 순환을 상징한다.

시의 중반부에서 "산에, 산에, 피는 꽃은 저만치 혼자서 피어 있네"라는 구절은 꽃의 고립된 존재를 드러내며, 이는 인간의 고독한 삶을 은유한다. "산에서 우는 작은 새여, 꽃이 좋아, 산에서 사노라네"라는 말은 산속의 자연과 어우러진 존재들이 갖는 소박하고도 순수한 삶을 나타낸다. 꽃이 지는 것을 묘사하는 마지막 절 "산에는 꽃 지네, 꽃이 지네, 갈 봄 여름 없이 꽃이 지네"는 삶의 필연적인 종말과 그 속에서도 찾을 수 있는 조용한 아름다움을 시사한다.

① 『산유화』는 산에서 자연스럽게 피고 지는 꽃의 생명력을 통해 인간의 유한성이 극복됨을 드러낸다.
② 김소월은 이 시에서 계절의 변화를 초월하는 꽃의 아름다움을 통해 인간 존재의 소멸을 애도한다.
③ 『산유화』는 산속에서 피고 지는 꽃의 모습을 통해 인간의 고독과 삶의 순환을 서정적으로 표현한다.
④ 『산유화』는 꽃과 산새의 상호 작용을 통해 자연의 순환 과정과 생태계의 복잡성을 탐구한다.

02 다음 글을 이해한 내용으로 적절한 것은?

「님의 침묵」은 한용운이 일제 강점기의 억압과 상실을 주제로 쓴 대표적인 시다. 이 시는 식민지 시대 한국인의 내면적 고통과 정체성의 상실을 서정적으로 표현하며, 개인의 아픔이 민족적 아픔과 어떻게 연결되는지 탐구한다. 시의 시작 구절 "님은 갔습니다. 아아, 사랑하는 나의 님은 갔습니다."는 주인공의 깊은 슬픔과 절망을 드러내며, 님의 부재를 통해 개인과 민족의 상실감을 강조한다. 이 구절은 또한 님의 침묵이라는 주제와 맞물려, 강제된 침묵과 소통의 부재가 개인의 삶에 어떤 영향을 끼치는지 심도 있게 다룬다. 시 전체를 통해 한용운은 역사적 상황 속에서 겪는 개인의 고독과 투쟁을 시적 이미지와 언어를 통해 효과적으로 전달하며, 이를 통해 독자에게 깊은 감정적 공감을 유도한다.

① 「님의 침묵」은 개인의 상실과 고통을 통해 사회적 억압과 저항의 필요성을 강조한다.
② 이 시는 한용운의 개인적 경험을 바탕으로 하여 불교적 사상과 철학적 성찰을 주제로 다룬다.
③ 「님의 침묵」은 주로 자연의 이미지를 통해 개인의 내면적 성찰과 민족적 상징을 탐구한다.
④ 한용운은 「님의 침묵」에서 식민지 시대의 암울한 현실을 반영하며 개인의 내면적 고통을 시적으로 표현한다.

03 다음 글을 이해한 내용으로 적절한 것은?

「난장이가 쏘아올린 작은 공」은 한국의 급격한 산업화 과정 중 겪는 사회적 변화와 그로 인한 인간적 고통을 다룬 조세희의 대표작이다. 이 작품에서 주인공 난장이는 물리적, 경제적, 사회적 한계를 넘어 자신의 꿈을 향해 나아가려는 인물로 묘사된다. 특히 주목할 만한 구절인 "작은 공이 하늘 높이 솟구치듯, 나의 꿈도 힘차게 날아오르리라"는 난장이의 강인한 의지와 희망을 상징적으로 표현하는 동시에, 이는 그의 내면적 갈등과 외부 세계에 대한 도전적인 태도를 반영한다. 이 구절은 난장이가 경제적 어려움과 사회적 차별에 맞서면서도 포기하지 않고 꿈을 향해 나아가려는 의지를 드러내며, 독자에게 깊은 울림을 전달한다.

소설은 또한 난장이가 사회적 약자로서 겪는 여러 도전들을 세밀하게 탐구하며, 이를 통해 인간 정신의 강인함과 회복력을 탐색한다. 난장이의 삶은 한국 사회에서 소외된 계층의 어려움을 드러내는 동시에, 그들의 끊임없는 투쟁과 희망을 조명한다.

① 「난장이가 쏘아올린 작은 공」에서 주인공은 자신의 꿈을 실현하는 것에 회의적이다.

② 주인공 '난장이'는 현실의 어려움을 극복하고 희망을 품으며 꿈을 향해 나아간다.

③ 이 소설은 '난장이'의 삶을 통해 사회적 억압과 불평등에 굴복하는 소시민의 모습을 보여준다.

④ 「난장이가 쏘아올린 작은 공」은 '난장이'의 외로움과 절망을 중심으로 서사가 전개된다.

04 다음 글을 이해한 내용으로 적절한 것은?

> 「소나기」는 황순원의 대표적인 단편 소설로, 이 작품은 한 소녀와 소년의 순수한 첫사랑을 아름답게 그려내며 어린 시절의 감정을 섬세하게 포착한다. 소설에서 가장 인상적인 장면 중 하나는 소년과 소녀가 갑작스럽게 몰아치는 소나기를 피해 작은 초가집으로 피신하는 부분이다. 이 때 소년이 소녀에게 "비가 그칠 때까지 여기서 기다리자"라고 말하는 구절은 두 인물 사이의 순수하고 무해한 관계를 상징하며, 이는 어린 시절의 순수하고 순간적인 감정의 진실성을 드러낸다. 이 구절은 또한 갑작스러운 소나기가 가져오는 일시적인 고립 속에서 두 인물이 서로의 존재에 대해 더 깊이 인식하게 되는 순간을 표현한다. 소나기가 그치고 두 인물이 다시 나오면서, 그들 사이에 형성된 감정적 유대감은 더욱 깊어진다. 이 간단한 사건을 통해, 황순원은 첫사랑의 아름다움과 그 감정의 순간적인 성격을 강조하며, 어린 나이에 경험하는 깊은 감정의 가능성을 탐색한다.

① 「소나기」는 소년과 소녀가 겪는 잠시 동안의 고립을 통해 성장의 중요성을 강조한다.
② 소년과 소녀는 소나기 속에서 서로의 존재를 새롭게 인식하며 순수한 사랑을 경험한다.
③ 이 소설은 어린 시절의 무해한 관계를 통해 인간관계의 복잡성과 어려움을 탐구한다.
④ 「소나기」에서 소년과 소녀는 자연의 아름다움 속에서 서로에 대한 영구적인 감정을 깨닫는다.

내가 이 문제를 틀린 이유 체크리스트

V	이유	틀린 문제 번호	보완 방법
☐	시간 촉박	____번	
☐	내용 이해 부족	____번	
☐	발문 착각	____번	
☐	오답 패턴 미숙지	____번	
☐	선지 분석 부족	____번	

PART 09

Chapter 21

고전 운문, 고전 산문

2025년에 혜성같이 떠오르는 **0순위 최빈출** 문학 유형은 **'문학+독해 결합형'**입니다.
과거에는 문학 작품을 준 후 문학 작품의 해설이 맞는지 틀리는지를 물었습니다.
2025년에 특히 고전 문학은
특정 갈래의 특징과 의의 등이 독해 유형으로 출제될 가능성이 큽니다.

이 문제 유형은 특히 **'고전 운문과 고전 산문'에 관련된 제재**로 비문학 제시문을 준 유형으로
1) **고전 문학의 특정 갈래와 특징, 의의**를 출좋포 문학에서 배우고
2) **이를 적용**하여 풀 수 있는가를 물어봅니다.

정답 및 해설 p.343

신유형 STEP 2 고전 운문 갈래의 이해

01 다음 글을 이해한 내용으로 가장 적절하지 않은 것은?

고려 속요는 고려 시대 궁중에서 형성되어 조선 시대까지 이어진 궁중 연향에서 불린 노래이다. 이 노래들의 기원과 형성 과정에는 민간의 노래가 크게 기여하였다. 왕을 중심으로 한 통치제제에서는 풍속을 교화하고 왕권을 강화하는 수단으로 예법과 음악이 사용되었다. 민간의 노래 가운데 인륜적 차원으로 확장될 수 있는 노래들은 통치 질서를 구현하기에 적합한 궁중악으로 편입되었다. 특히, 남녀 간의 사랑 노래는 신하와 임금의 관계로 재해석될 수 있어 궁중악으로 채택하기 용이하였다.

關關雎鳩(관관저구) 꾸욱꾸욱 우는 물수리 한 쌍
在河之洲(재하지주) 하수(河水)의 모래톱에 있도다.
窈窕淑女(요조숙녀) 요조숙녀는
君子好逑(군자호구) 군자의 좋은 짝이로다.

위 작품은 '풍'에 실린 「관저(關雎)」편으로, 물수리 한 쌍의 모습과 요조숙녀와 군자의 관계를 대비시키며 자연과 인간, 인간과 인간의 조화를 노래한다. 이 노래는 문왕과 후비의 덕, 부부간의 화합, 풍속 교화 등 다양한 해석이 가능했기에 궁중에서 불리며 국가적 의미를 부여받았다.

또한 고려 속요는 민간 사랑 노래가 궁중악으로 변화하며 독특한 특성을 지니게 되었다. 작품 구성에 있어 형식적 장치를 통해 통일성을 부여하고, 궁중 연향을 고려한 부분을 추가하여 변화를 주기도 했다.

① 고려 속요의 형성 과정에는 민간의 노래가 크게 기여하였다.
② 고려 속요에는 민간 노래가 궁중악으로 변화하며 생겨난 특성이 있다.
③ 민간의 노래는 궁중악으로 편입되기 전에 내용이나 형식적으로 완전히 새롭게 창작되는 과정을 거쳐야 했다.
④ 남녀 간의 사랑 노래는 통치 질서를 드러낼 수 있었기에 궁중악으로 편입되기 유리한 측면이 있었다.

STEP 신유형 2 고전 운문 갈래의 이해

01 다음 글을 이해한 내용으로 가장 적절하지 않은 것은?

고려 속요는 고려 시대 궁중에서 형성되어 조선 시대까지 이어진 궁중 연향에서 불린 노래이다. 이 노래들의 기원과 형성 과정에는 민간의 노래가 크게 기여하였다. 왕을 중심으로 한 통치제제에서는 풍속을 교화하고 왕권을 강화하는 수단으로 예법과 음악이 사용되었다. 민간의 노래 가운데 인륜적 차원으로 확장될 수 있는 노래들은 통치 질서를 구현하기에 적합한 궁중악으로 편입되었다. 특히, 남녀 간의 사랑 노래는 신하와 임금의 관계로 재해석될 수 있어 궁중악으로 채택하기 용이하였다.

關關雎鳩(관관저구) 꾸욱꾸욱 우는 물수리 한 쌍
在河之洲(재하지주) 하수(河水)의 모래톱에 있도다.
窈窕淑女(요조숙녀) 요조숙녀는
君子好逑(군자호구) 군자의 좋은 짝이로다.

위 작품은 '풍'에 실린 「관저(關雎)」편으로, 물수리 한 쌍의 모습과 요조숙녀와 군자의 관계를 대비시키며 자연과 인간, 인간과 인간의 조화를 노래한다. 이 노래는 문왕과 후비의 덕, 부부간의 화합, 풍속 교화 등 다양한 해석이 가능했기에 궁중에서 불리며 국가적 의미를 부여받았다.

또한 고려 속요는 민간 사랑 노래가 궁중악으로 변화하며 독특한 특성을 지니게 되었다. 작품 구성에 있어 형식적 장치를 통해 통일성을 부여하고, 궁중 연향을 고려한 부분을 추가하여 변화를 주기도 했다.

① 고려 속요의 형성 과정에는 민간의 노래가 크게 기여하였다. (O)

② 고려 속요에는 민간 노래가 궁중악으로 변화하며 생겨난 특성이 있다. (O)

③ 민간의 노래는 궁중악으로 편입되기 전에 내용이나 형식적으로 완전히 새롭게 창작되는 과정을 거쳐야 했다. – 극단의 오류

④ 남녀 간의 사랑 노래는 통치 질서를 드러낼 수 있었기에 궁중악으로 편입되기 유리한 측면이 있었다. (O)

PART 09

정답 및 해설 p.343

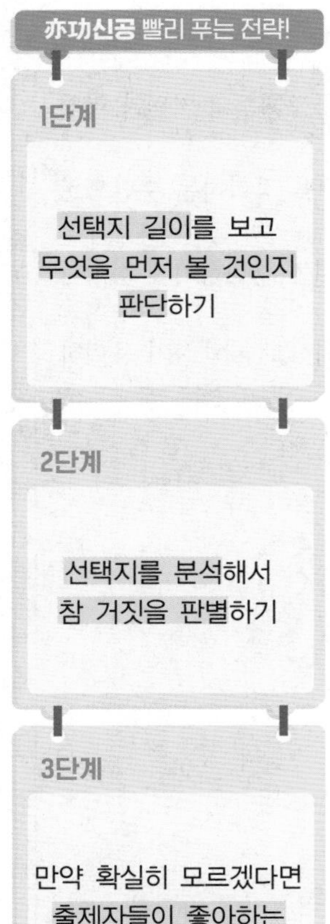

01 윗글을 이해한 내용으로 적절하지 않은 것은? 2025 인혁처 샘플

> 한국 신화에 보이는 신과 인간의 관계는 다른 나라의 신화와 견주어 볼 때 흥미롭다. 한국 신화에서 신은 인간과의 결합을 통해 결핍을 해소함으로써 완전한 존재가 되고, 인간은 신과의 결합을 통해 혼자 할 수 없었던 존재론적 상승을 이룬다.
>
> 한국 건국신화에서 주인공인 신은 지상에 내려와 왕이 되고자 한다. 천상적 존재가 지상적 존재가 되기를 바라는 것인데, 인간들의 왕이 된 신은 인간 여성과의 결합을 통해 자식을 낳음으로써 결핍을 메운다. 무속신화에서는 인간이었던 주인공이 신과의 결합을 통해 신적 존재로 거듭나게 됨으로써 존재론적으로 상승하게 된다. 이처럼 한국 신화에서 신과 인간은 서로의 존재를 필요로 한다는 점에서 상호의존적이고 호혜적이다.
>
> 다른 나라의 신화들은 신과 인간의 관계가 한국 신화와 달리 위계적이고 종속적이다. 히브리 신화에서 피조물인 인간은 자신을 창조한 유일신에 대해 원초적 부채감을 지니고 있으며, 신이 지상의 모든 일을 관장한다는 점에서 언제나 인간의 우위에 있다. 이러한 양상은 북유럽이나 바빌로니아 등에 퍼져 있는 신체 화생 신화에도 유사하게 나타난다. 신체 화생 신화는 신이 죽음을 맞게 된 후 그 신체가 해체되면서 인간 세계가 만들어지게 된다는 것인데, 신의 희생 덕분에 인간 세계가 만들어질 수 있었다는 점에서 인간은 신에게 철저히 종속되어 있다.

① 히브리 신화에서 신과 인간의 관계는 위계적이다.
② 한국 무속신화에서 신은 인간을 위해 지상에 내려와 왕이 된다.
③ 한국 건국신화에서 신은 인간과의 결합을 통해 완전한 존재가 된다.
④ 한국 신화에 보이는 신과 인간의 관계는 신체 화생 신화에 보이는 신과 인간의 관계와 다르다.

01 윗글을 이해한 내용으로 적절하지 않은 것은? 2025 인혁처 샘플

> ①한국 신화에 보이는 신과 인간의 관계는 ②다른 나라의 신화와 견주어 볼 때 흥미롭다. 한국 신화에서 신은 인간과의 결합을 통해 결핍을 해소함으로써 완전한 존재가 되고, 인간은 신과의 결합을 통해 혼자 할 수 없었던 존재론적 상승을 이룬다.
>
> ①한국 건국신화에서 주인공인 신은 지상에 내려와 왕이 되고자 한다. 천상적 존재가 지상적 존재가 되기를 바라는 것인데, ①인간들의 왕이 된 신은 인간 여성과의 결합을 통해 자식을 낳음으로써 결핍을 메운다. 무속신화에서는 인간이었던 주인공이 신과의 결합을 통해 신적 존재로 거듭나게 됨으로써 존재론적으로 상승하게 된다. (= ①) 이처럼 한국 신화에서 신과 인간은 서로의 존재를 필요로 한다는 점에서 상호의존적이고 호혜적이다.
>
> ②다른 나라의 신화들은 신과 인간의 관계가 (한국 신화와 달리) 위계적이고 종속적이다. ②-1 히브리 신화에서 피조물인 인간은 (자신을 창조한 유일신에 대해) 원초적 부채감을 지니고 있으며, 신이 (지상의 모든 일을 관장한다는 점에서) 언제나 인간의 우위에 있다. 이러한 양상은 북유럽이나 바빌로니아 등에 퍼져 있는 ②-2 신체 화생 신화에도 유사하게 나타난다. 신체 화생 신화는 신이 죽음을 맞게 된 후 그 신체가 해체되면서 인간 세계가 만들어지게 된다는 것인데, ②-2 신의 희생 덕분에 인간 세계가 만들어질 수 있었다는 점에서 인간은 신에게 철저히 종속되어 있다.

① 히브리 신화에서 신과 인간의 관계는 위계적이다. (O)

② 한국 무속신화에서 신은 ~~인간을 위해~~ 지상에 내려와 왕이 된다. - 미언급의 오류

③ 한국 건국신화에서 신은 인간과의 결합을 통해 완전한 존재가 된다. (O)

④ 한국 신화에 보이는 신과 인간의 관계는 / 신체 화생 신화에 보이는 신과 인간의 관계와 / 다르다. (O)
상호 의존적, 호혜적 ≠ 신에게 인간이 종속

구조도
- 1문단 - ① 한국 신화
- 2문단 - ② 다른 나라의 신화
  - ②-1 히브리 신화
  - ②-2 신체 화생 신화

Day 18 亦功 고전 운문, 고전 산문 문제 훈련

▶ Day 18 해설 영상은 주독야독 시즌 1(2024 7월)에서 꼭 수강해 주시기 바랍니다.

01 다음 글을 이해한 내용으로 적절한 것은?

조선시대 사대부 문인들에게 강원도는 유교적 문명화가 덜 된 지역이면서 탈속의 공간이자 치유의 공간으로 알려져 있다. 정철의 강원도 인식도 이와 비슷하게 이해되었다. 그는 강원도의 아름다운 경치를 통해 정치적 좌절을 치유한다고 여겼다. 이렇게 강원도를 교화의 대상이자 치유의 공간으로만 보면 강원도의 자연은 인간에 의해 타자화된다. 그러나 <관동별곡>에 나타난 자연은 특별히 주목할 점이 있다.

첫째, <관동별곡>의 자연은 고려 말 안축의 경기체가에 영향을 받아 인간과 상호작용하며 왕화를 함께 실현하는 존재로 등장한다. 안축은 강원도의 자연을 백성을 교화하는 원리로 보았고, 정철도 강원도의 자연을 자신과 함께 왕화를 펼칠 존재로 인식했을 가능성이 있다.

둘째, <관동별곡>은 강원도의 명승에 대한 선인들의 시문을 많이 인용하고 있다. 이는 강원도 자연에 대한 정철의 특별한 관심을 보여준다. 16세기 중·후반 지방 수령들은 《신증동국여지승람》을 필독하거나 휴대했는데, 이 책에는 명승지에 대한 선인들의 '제영'이 실려 있다. 《동국여지승람》의 서문은 "물상을 읊조리며 왕화를 노래하여 칭송함은 실로 시와 문밖에는 없다"고 하였다. 《신증동국여지승람》에 실린 시문들은 <관동별곡>의 결말부에서 집중적으로 인용되어 작자와 자연의 상호작용에 중요한 역할을 한다.

① 《동국여지승람》의 서문은 물상과 왕화를 노래하는 것이 시와 문 밖에서도 가능하다고 언급했다.
② <관동별곡>은 강원도의 명승지에 대한 선인들의 시문을 많이 인용하여 자연에 대한 특별한 관심을 보여준다.
③ 정철은 강원도를 유교적 문명화가 되어야 할 공간으로 인식하였다.
④ 《신증동국여지승람》에 실린 시문들은 <관동별곡>의 서문에서 집중적으로 인용되었다.

02 다음 글을 이해한 내용으로 가장 적절한 것은?

몰락한 왕조를 회고하는 회고가에는 작가의 정치의식이 깃들어 있는 경우가 많다. 원천석은 고려가 망하고 조선이 건국되던 시기 시국을 비판하며 고향에서 농사를 지으며 은사(隱士)로 지낸 인물이다. 원천석의 작품에서는 향촌에 머물로 있으면서도 시국을 한탄하며 현실을 증언하려 했던 사대부의 인식이 드러난다. 하기 작품에는 조선 건국은 정당성이 없으며 고려 왕조에 대한 의리와 충성을 철저히 지켜야 한다는 유교적 정치의식이 깔려 있다. 작품 자체에만 주목한다면 화자가 석양에 지나는 객이 되어 눈물을 흘리며 과거로 돌아가지 못함을 애석하게 본다고도 풀이할 수 있다.

흥망이 유수ᄒᆞ니 만월대도 추초ㅣ로다
오백년 왕업이 목적에 붓쳐시니
석양에 지나는 객이 눈물계워 ᄒᆞ노라

조선조 초기에는 한시보다 시조에서 회고가가 많이 산출되었는데 이는 시조가 입에서 입으로 전해지는 구술적인 특성을 가지고 있었기 때문이다. 시조는 훈민정음이 창제되어 널리 보급되고 근대에 들어설 때까지도 노래 문학으로 향유되었다. 그래서 이 시기의 시조는 한시와는 다르게 고려 왕조에 대한 그리움이나 안타까움을 이야기한다고 해도 기록이 남지 않기도 했다. 시조는 당대 지식인의 고뇌를 풀어낼 수 있는 안전한 수단이었고, 정치적으로 민감할 수밖에 없는 왕조 교체기에 필화를 피하기 위한 방법으로 쓰였다.

① 조선 초기에는 시조보다 한시에서 고려 왕조에 대한 그리움을 더 많이 찾아볼 수 있다.
② 원천석은 조선 건국에 정당성이 있다고 하였다.
③ 원천석의 작품은 작가의 정치의식과 당시의 시국에 대한 비판적 관점을 담고 있다.
④ 시조는 노래문학보다 기록문학으로 향유되었다.

03 다음 글을 이해한 내용으로 적절하지 않은 것은?

『홍길동전』과 『구운몽』은 모두 17세기에 창작된 소설이다. 17세기는 국문소설의 발흥기라고 말할 수 있는데 오랜 한문소설 경험의 축적과 국문의 광범위한 보급, 임진왜란 이후 서민의 자아 각성 및 새로운 문학환경의 조성, 여성 독자층의 형성 등 다양한 사회적 요인이 영향을 주었을 것으로 짐작된다.

허균의 『홍길동전』은 최초의 국문소설로 알려져 있는데 사회개혁가이자 지식인이었던 허균은 이 작품을 통해 사회개혁에 대한 생각을 드러내고자 하였다. 허균이 반란을 꾀했다는 죄명으로 처형되면서 『홍길동전』은 금서로 지정되어 공개적으로 유통될 수 없었다. 그럼에도 불구하고 『홍길동전』은 몰래 전해져 많은 사람들에게 읽혔고 국문소설을 개척한 대표작으로 꼽힌다.

허균보다 두 세대 뒤의 인물인 김만중이 창작한 『구운몽』은 문체 측면에서 매우 뛰어난 작품으로 평가된다. 이 작품은 김만중이 선천에 유배를 가 있을 때 늙은 어머니를 위해 창작한 것으로 알려져 있다. 환몽구조를 채택하여 세속적 출세에 대한 인간의 그칠 줄 모르는 욕망을 보여주면서도 욕망의 헛됨을 말하고 있다는 점에서 높은 문학적 가치를 지닌 작품으로 평가받는다.

① 『홍길동전』과 『구운몽』의 창작 배경에는 임진왜란 이후 서민의 자아 각성과 같은 사회적 변화가 영향을 미쳤을 수 있다.
② 17세기 국문소설의 발전에 있어 여성 독자층의 형성과 같은 새로운 문학 환경의 조성이 중요한 역할을 하였다.
③ 『홍길동전』은 사회 개혁의 필요성을 주장한 국문소설로, 금서의 지위에도 불구하고 널리 읽혔다.
④ 『홍길동전』과 『구운몽』은 모두 창작 당시의 사회적 맥락보다는 작가의 의도가 중시되었다.

내가 이 문제를 틀린 이유 체크리스트

V	이유	틀린 문제 번호	보완 방법
□	시간 촉박	____ 번	
□	내용 이해 부족	____ 번	
□	발문 착각	____ 번	
□	오답 패턴 미숙지	____ 번	
□	선지 분석 부족	____ 번	

출.좋.포 독해·문학

Part

10

문법+독해 결합형

Chapter

22 형태론

2025년에 문법 파트는 더 중요해질 예정입니다. 그 이유는 다음과 같습니다.
첫째, 3문제 출제로 비중이 커졌습니다.
둘째, 독해 비중이 커졌기 때문에 문법 영역에서 시간을 절약해야 합니다.
물론 문법과 독해가 결합된 형태로 시험이 출제될 예정입니다.
하지만 문법 문제를 독해 문제처럼만으로 풀게 되면 독해 문제가 15문제, 18문제로 늘어나게 되어
20문제를 25분 안에 풀 수 없게 되고, 이는 다른 과목에도 부정적인 영향을 끼칠 것입니다.
따라서 평소 공부하기에 까다롭더라도 문법 개념을 확실하게 공부하여
시험장에서는 경쟁자들보다 빠르고 정확하게 답을 골라야 합니다.
이 문제 유형을 정복하려면
1) 출좋포 문법(콤단문 문법, 족집게 적중 노트)에서 형태론의 개념과 최빈출 문법 예시에 대해서 암기하고
2) 이를 적용하여야 합니다. 단, 막히는 경우에 제시문을 참고하여야 합니다.

정답 및 해설 p.345

신유형 STEP 2 단순 사례 추론

01 다음 글에서 추론한 내용으로 적절하지 않은 것은? 2025 인혁처 샘플

'밤하늘'은 '밤'과 '하늘'이 결합하여 한 단어를 이루고 있는데, 이처럼 어휘 의미를 띤 요소끼리 결합한 단어를 합성어라고 한다. 합성어는 분류 기준에 따라 여러 방식으로 나눌 수 있다. 합성어의 품사에 따라 합성명사, 합성형용사, 합성부사 등으로 나누기도 하고, 합성의 절차가 국어의 정상적인 단어 배열법을 따르는지의 여부에 따라 통사적 합성어와 비통사적 합성어로 나누기도 하고, 구성 요소 간의 의미 관계에 따라 대등합성어와 종속합성어로 나누기도 한다.

합성명사의 예를 보자. '강산'은 명사(강)+명사(산)로, '젊은이'는 용언의 관형사형(젊은)+명사(이)로, '덮밥'은 용언 어간(덮)+명사(밥)로 구성되어 있다. 명사끼리의 결합, 용언의 관형사형과 명사의 결합은 국어 문장 구성에서 흔히 나타나는 단어 배열법으로, 이들을 통사적 합성어라고 한다. 반면 용언 어간과 명사의 결합은 국어 문장 구성에 없는 단어 배열법인데 이런 유형은 비통사적 합성어에 속한다. '강산'은 두 성분 관계가 대등한 관계를 이루는 대등합성어인데, '젊은이'나 '덮밥'은 앞 성분이 뒤 성분을 수식하는 종속합성어이다.

① 아버지의 형을 이르는 '큰아버지'는 종속합성어이다.
② '흰머리'는 용언 어간과 명사가 결합한 합성명사이다.
③ '늙은이'는 어휘 의미를 지닌 두 요소가 결합해 이루어진 단어이다.
④ 동사 '먹다'의 어간인 '먹'과 명사 '거리'가 결합한 '먹거리'는 비통사적 합성어이다.

신유형 STEP 2 단순 사례 추론

01 다음 글에서 추론한 내용으로 적절하지 않은 것은? 2025 인혁처 샘플

> ‘밤하늘’은 ‘밤’과 ‘하늘’이 결합하여 한 단어를 이루고 있는데, 이처럼 어휘 의미를 띤 요소끼리 결합한 단어를 합성어라고 한다. 합성어는 분류 기준에 따라 여러 방식으로 나눌 수 있다. 합성어의 품사에 따라 합성명사, 합성형용사, 합성부사 등으로 나누기도 하고, 합성의 절차가 국어의 정상적인 단어 배열법을 따르는지의 여부에 따라 통사적 합성어와 비통사적 합성어로 나누기도 하고, 구성 요소 간의 의미 관계에 따라 대등합성어와 종속합성어로 나누기도 한다.
>
> 합성명사의 예를 보자. ‘강산’은 명사(강)+명사(산)로, ‘젊은이’는 용언의 관형사형(젊은)+명사(이)로, ‘덮밥’은 용언 어간(덮)+명사(밥)로 구성되어 있다. 명사끼리의 결합, 용언의 관형사형과 명사의 결합은 국어 문장 구성에서 흔히 나타나는 단어 배열법으로, 이들을 통사적 합성어라고 한다. 반면 용언 어간과 명사의 결합은 국어 문장 구성에 없는 단어 배열법인데 이런 유형은 비통사적 합성어에 속한다. ‘강산’은 두 성분 관계가 대등한 관계를 이루는 대등합성어인데, ‘젊은이’나 ‘덮밥’은 앞 성분이 뒤 성분을 수식하는 종속합성어이다.

① 아버지의 형을 이르는 ‘큰아버지’는 종속합성어이다.

② ‘흰머리’는 용언 어간과 명사가 결합한 합성명사이다.

③ ‘늙은이’는 어휘 의미를 지닌 두 요소가 결합해 이루어진 단어이다.

④ 동사 ‘먹다’의 어간인 ‘먹’과 명사 ‘거리’가 결합한 ‘먹거리’는 비통사적 합성어이다.

정답 및 해설 p.345

1단계

밑줄을 확인하고 내 스스로 답을 판단해 본다.

2단계

만약 판단이 안 되는 경우에는 제시문으로 가서 사례를 참고하여 선택지를 판단한다.

STEP 신유형 2 밑줄 사례 추론

01 다음 글의 밑줄 친 ㉠과 ㉡이 모두 사용된 문장은?

> 부사어는 다른 말을 꾸며주는 문장 성분이다. 부사어는 '빨리 갈게.'에서 부사 '빨리'가 '갈게'를 수식하는 것과 같이 주로 용언을 수식하지만, 관형어나 다른 부사어를 수식하기도 한다. 또, '과연 그 사람은 훌륭한 예술가로구나.'에서 '과연'과 같이 문장 전체를 수식할 수도 있다.
>
> 부사어로는 부사 외에도 '나는 그와 다르다.'에서 '그와'와 같이 ㉠ <u>체언에 조사가 결합한 것</u>, '하늘이 빨갛게 물들었다.'의 '빨갛게'와 같이 ㉡ <u>용언의 부사형</u> 등이 쓰일 수 있다.

① 국어에 대한 그의 열정은 변함없었다.
② 좋은 글을 쓰려면 경험을 많이 쌓아야 한다.
③ 사고 없이 공사를 끝내게 되어 다행이다.
④ 요즘에는 어떻게 지내십니까?

01 다음 글의 밑줄 친 ㉠과 ㉡이 모두 사용된 문장은?

> 부사어는 다른 말을 꾸며주는 문장 성분이다. 부사어는 '빨리 갈게.'에서 부사 '빨리'가 '갈게'를 수식하는 것과 같이 주로 용언을 수식하지만, 관형어나 다른 부사어를 수식하기도 한다. 또, '과연 그 사람은 훌륭한 예술가로구나.'에서 '과연'과 같이 문장 전체를 수식할 수도 있다.
>
> 부사어로는 부사 외에도 '나는 그와 다르다.'에서 '그와'와 같이 ㉠ 체언에 조사가 결합한 것, '하늘이 빨갛게 물들었다.'의 '빨갛게'와 같이 ㉡ 용언의 부사형 등이 쓰일 수 있다.

① 국어에 대한 그의 열정은 변함없었다. → ㉠ 체언(국어) + 조사(에)

② 좋은 글을 쓰려면 경험을 많이 쌓아야 한다. → ㉠, ㉡ 모두 만족 X

③ 사고 없이 공사를 끝내게 되어 다행이다. → ㉡ 끝내(용언 어간) + 게(부사형 어미)

④ 요즘에는 어떻게 지내십니까? → ㉡ 어떻(용언 어간) + 게(부사형 어미)
→ ㉠ 체언(요즘) + 조사(에)

Day 19 亦功 형태론 문제 훈련

▶ Day 19 해설 영상은 주독야독 시즌 1(2024 7월)에서 꼭 수강해 주시기 바랍니다.

01 다음 글을 이해한 내용으로 적절한 것은?

> 하나의 형태소가 주변 환경에 따라 다른 형태로 나타나는 경우가 있는데, 이를 이형태라고 부른다. 이형태가 성립하려면 동일한 형태소가 다른 형태로 나타나더라도 그 의미가 동일해야 한다. 예를 들어, '이'와 '가'는 주어를 나타내는 조사로 의미가 동일하다. 하지만 의미의 동일성만으로 이형태를 판별하기 어려울 때가 있다. 이럴 때 각각의 형태가 상보적 분포를 보이는지 확인하면 이형태 여부를 알 수 있다. 주격 조사 '이'는 자음 뒤에만 나타나고, '가'는 모음 뒤에만 나타나므로, 이 두 형태가 나타나는 음운 환경은 겹치지 않는다. 따라서 '이'와 '가'는 상보적 분포를 보이며, 의미가 동일하기 때문에 이형태 관계에 있다. 이형태는 주로 음운 환경에 따라 다른 형태로 나타나는 경우가 많으며, 이를 음운론적 이형태라고 한다. 예를 들어, '막았다'의 '-았-'과 '먹었다'의 '-었-'은 앞에 오는 모음이 양성인지 음성인지에 따라 결정되므로 음운론적 이형태이다. 반면, 음운론적으로 설명할 수 없는 특정 환경에서 나타나는 이형태를 형태론적 이형태라고 한다. '하였다'의 '-였-'은 '하-'라는 특정 형태소와 결합할 때 나타나는 형태로, 음운론적으로 설명할 수 없는 경우이다. 따라서 '-였-'은 '-았-/-었-'과 형태론적 이형태 관계에 있다.

① 동일한 형태소가 다른 형태로 나타날 때 의미가 달라져도 이형태로 인정된다.
② '하였다'의 '-였-'은 '하-'와 결합할 때 음운론적으로 설명될 수 있으므로 음운론적 이형태이다.
③ 형태론적 이형태는 음운론적으로 설명할 수 없는 특정 환경에서 나타난다.
④ '이'와 '가'는 주어를 나타내는 조사로 의미가 동일하므로 상보적 분포가 아닌 이형태 관계에 있다.

02 다음 글을 이해한 내용으로 적절하지 않은 것은?

> 한국어 문법에서 용언은 동사와 형용사를 포함하는 말로, 문장에서 주어의 동작이나 상태를 설명하는 역할을 한다. 용언은 어간과 어미로 구성되며, 이 둘의 결합을 통해 다양한 형태로 변화할 수 있다. 어간은 용언의 기본 형태로, 변하지 않는 부분이다. 어간은 용언의 의미를 담고 있으며, 어미가 결합되어 다양한 문법적 형태를 만든다. 예를 들어, 동사 '가다'에서 '가-'가 어간이며, 형용사 '예쁘다'에서 '예쁘-'가 어간이다. 어미는 어간에 결합되어 용언의 의미를 변화시키거나 문법적 기능을 부여하는 부분이다. 어미는 다양한 형태로 변화할 수 있으며, 그 종류에 따라 활용, 시제, 존칭, 부정 등을 나타낼 수 있다. 어미는 크게 연결 어미, 종결 어미, 전성 어미로 나눌 수 있다. 연결 어미는 두 문장을 연결하거나 문장 내에서 여러 요소를 연결하는 역할을 한다. 종결 어미는 문장의 끝에서 문장을 종결짓는 역할을 한다. 전성 어미는 용언이 다른 기능을 할 수 있게끔 하는 어미이다. 예를 들어, '가는'에서 '-는'은 동사를 관형사의 역할로 기능하게 하는 전성 어미이다. 또 다른 예로, '먹기'에서 '-기'는 동사를 명사의 역할로 기능하게 하는 전성 어미이다. 여기에서 주의해야 할 점은 전성 어미의 경우 품사를 바꾸지는 못한다는 것이다.

① '놀다'가 '놀기'로 바뀔 경우 전성 어미가 사용된 것으로 볼 수 있다.
② 형용사 '멋지다'에서 '멋지-'는 어미에 해당하며, 용언의 의미를 담고 있다.
③ 어미는 연결 어미, 종결 어미, 전성 어미로 나눌 수 있으며, 각각 다른 문법적 기능을 가진다.
④ 동사 '뛰다'에서 '뛰-'는 어간에 해당하며, 이는 용언의 기본 형태로 변하지 않는 부분이다.

PART 10

03 다음 글에서 추론한 내용으로 적절하지 않은 것은?

본용언은 문장에서 독립적으로 사용될 수 있는 용언으로, 고유한 의미를 가지며 문장의 주된 서술어 역할을 한다. 본용언은 동사와 형용사로 나눌 수 있으며, 각각 행위나 상태를 표현한다. 보조용언은 본용언에 결합하여 그 의미를 보완하거나 문법적 기능을 추가하는 역할을 한다. 보조용언은 독립적으로 쓰일 수 없으며 반드시 본용언과 함께 사용된다. 보조용언은 보조 동사와 보조 형용사로 나눌 수 있다. 보조 동사의 종류로는 '-하다', '-되다', '-지다', '-오다' 등이 있으며 보조 형용사의 종류로는 '-싶다', '-아/어지다' 등이 있다. 본용언과 보조용언을 연결하기 위해 보조적 연결어미를 사용한다. 보조적 연결어미는 본용언의 어간에 결합하여 보조용언과 연결해줌으로써 이들이 복합 용언을 형성할 수 있도록 한다. 보조적 연결어미의 종류로는 '-아/어', '-게', '-지' 등이 있으며 본용언의 의미와 보조용언이 추가하고자 하는 의미나 문법적 기능을 고려하여 다르게 쓰인다.

① '그는 밥을 먹어 버렸다.'에서 '버렸다'는 고유한 의미를 가지는 본용언으로 사용되었다.
② '그 책이 읽고 싶다.'에서 본용언의 어간 '읽-'에 보조적 연결어미 '-고'가 결합하여 보조용언 '싶다'와 본용언을 연결한다.
③ '그는 일을 빨리 끝내게 되었다.'에서 '되었다'는 본용언 '끝내다'의 의미를 보완하기 위해 사용된 보조용언이다.
④ '그는 공부를 하지 않는다.'에서 본용언의 어간 '하-'에 보조적 연결어미 '-지'가 결합하여 보조용언 '않는다'와 본용언을 연결한다.

내가 이 문제를 틀린 이유 체크리스트

V	이유	틀린 문제 번호	보완 방법
☐	시간 촉박	____번	
☐	내용 이해 부족	____번	
☐	발문 착각	____번	
☐	오답 패턴 미숙지	____번	
☐	선지 분석 부족	____번	

Chapter 23

통사론

2025년에 문법 파트는 더 중요해질 예정입니다. 그 이유는 다음과 같습니다.
첫째, 3문제 출제로 비중이 커졌습니다.
둘째, 독해 비중이 커졌기 때문에 문법 영역에서 시간을 절약해야 합니다.
물론 문법과 독해가 결합된 형태로 시험이 출제될 예정입니다.
하지만 문법 문제를 독해 문제처럼만으로 풀게 되면 독해 문제가 15문제, 18문제로 늘어나게 되어
20문제를 25분 안에 풀 수 없게 되고, 이는 다른 과목에도 부정적인 영향을 끼칠 것입니다.
따라서 평소 공부하기에 까다롭더라도 문법 개념을 확실하게 공부하여
시험장에서는 경쟁자들보다 빠르고 정확하게 답을 골라야 합니다.
이 문제 유형을 정복하려면
1) 출좋포 문법(콤단문 문법, 족집게 적중 노트)에서 통사론의 개념과 최빈출 문법 예시에 대해서 암기하고
2) 이를 적용하여야 합니다. 단, 막히는 경우에 제시문을 참고하여야 합니다.

정답 및 해설 p.346

신유형 STEP 2 단순 사례 추론

01 다음 글을 이해한 내용으로 적절하지 않은 것은?

한국어 문법에서 문장을 구성하는 주요 성분에는 주어, 목적어, 보어, 부사어, 서술어가 있다. 보어는 서술어의 의미를 보충해 주는 역할을 하는 문장 성분이다. 주로 서술어와 밀접한 관계를 맺으며, 서술어가 요구하는 자리에 나타난다. 보어는 주로 '되다', '아니다'와 같은 서술어와 함께 쓰인다. 예를 들어, "철수는 학생이 되었다."라는 문장에서 '학생이'가 보어이다. '학생이'는 '되었다'의 의미를 보충해 주며, '철수는'과 함께 서술어를 완성한다. 부사어는 주로 서술어를 수식하거나 문장 전체를 수식하는 역할을 하는 문장 성분이다. 부사어는 서술어뿐만 아니라 다른 성분을 수식하기도 하며, 문장의 의미를 더욱 풍부하게 만들어준다. 예를 들어, "철수는 빨리 달렸다."라는 문장에서 '빨리'가 부사어이다. '빨리'는 '달렸다'라는 서술어를 수식하여 행동의 상태를 더욱 구체적으로 설명해 준다. '제발 저를 떠나지 마세요'라는 문장에서 '제발'은 뒤의 '저를 떠나지 마세요'의 문장 전체를 수식하고 있다.

① '그는 선생님이 아니다.'라는 문장에는 보어가 포함되어 있다.
② '설마 그 사람이 오겠니?'의 '설마'는 문장 전체를 수식하고 있다.
③ '철수는 공무원이 되었다'의 '공무원이'는 문장에서 주어의 의미를 보충하는 기능을 한다.
④ '그녀는 아름답게 춤을 추었다.'라는 문장에는 부사어가 포함되어 있다.

신유형 STEP 2 단순 사례 추론

01 다음 글을 이해한 내용으로 적절하지 않은 것은?

한국어 문법에서 문장을 구성하는 주요 성분에는 주어, 목적어, 보어, 부사어, 서술어가 있다. 보어는 서술어의 의미를 보충해 주는 역할을 하는 문장 성분이다. 주로 서술어와 밀접한 관계를 맺으며, 서술어가 요구하는 자리에 나타난다. 보어는 주로 '되다', '아니다'와 같은 서술어와 함께 쓰인다. 예를 들어, "철수는 학생이 되었다."라는 문장에서 '학생이'가 보어이다. '학생이'는 '되었다'의 의미를 보충해 주며, '철수는'과 함께 서술어를 완성한다. 부사어는 주로 서술어를 수식하거나 문장 전체를 수식하는 역할을 하는 문장 성분이다. 부사어는 서술어뿐만 아니라 다른 성분을 수식하기도 하며, 문장의 의미를 더욱 풍부하게 만들어준다. 예를 들어, "철수는 빨리 달렸다."라는 문장에서 '빨리'가 부사어이다. '빨리'는 '달렸다'라는 서술어를 수식하여 행동의 상태를 더욱 구체적으로 설명해 준다. '제발 저를 떠나지 마세요'라는 문장에서 '제발'은 뒤의 '저를 떠나지 마세요'의 문장 전체를 수식하고 있다.

① '그는 선생님이 아니다.'라는 문장에는 보어가 포함되어 있다.

② '설마 [그 사람이 오겠니?]'의 '설마'는 문장 전체를 수식하고 있다.

③ '철수는 공무원이 되었다'의 '공무원이'는 문장에서 ~~주어~~ 서술어의 의미를 보충하는 기능을 한다. (객체 혼동의 오류)
서술어 '되다'의 의미를 보충!

④ '그녀는 아름답게 춤을 추었다.'라는 문장에는 부사어가 포함되어 있다.

PART 10

정답 및 해설 p.346

赤功신공 빨리 푸는 전략!

1단계

밑줄을 확인하고 내 스스로 답을 판단해 본다.

2단계

만약 판단이 안 되는 경우에는 제시문으로 가서 사례를 참고하여 선택지를 판단한다.

STEP 신유형 2 밑줄 사례 추론

01 다음 글의 ㉠의 사례가 포함되어 있지 않은 것은? 2025 인혁처 샘플

> 존경 표현에는 주어 명사구를 직접 존경하는 '직접존경'이 있고, 존경의 대상과 긴밀한 관련을 가지는 인물이나 사물 등을 높이는 ㉠'간접존경'도 있다. 전자의 예로 "할머니는 직접 용돈을 마련하신다."를 들 수 있고, 후자의 예로는 "할머니는 용돈이 없으시다."를 들 수 있다. 전자에서 용돈을 마련하는 행위를 하는 주어는 할머니이므로 '마련한다'가 아닌 '마련하신다'로 존경 표현을 한 것이다. 후자에서는 용돈이 주어이지만 할머니와 긴밀한 관련을 가진 사물이라서 '없다'가 아니라 '없으시다'로 존경 표현을 한 것이다.

① 고모는 자식이 다섯이나 있으시다.
② 할머니는 다리가 아프셔서 병원에 다니신다.
③ 언니는 아버지가 너무 건강을 염려하신다고 말했다.
④ 할아버지는 젊었을 때부터 수염이 많으셨다고 들었다.

01 다음 글의 ㉠의 사례가 포함되어 있지 않은 것은? 2025 인혁처 샘플

> 존경 표현에는 ①주어 명사구를 직접 존경하는 '직접존경'이 있고, ②존경의 대상과 긴밀한 관련을 가지는 인물이나 사물 등을 높이는 ㉠'간접존경'도 있다. 전자의 예로 ①"할머니는 직접 용돈을 마련하신다."를 들 수 있고, 후자의 예로는 ②"할머니는 용돈이 없으시다."를 들 수 있다. 전자에서 ①용돈을 마련하는 행위를 하는 주어는 할머니이므로 '마련한다'가 아닌 '마련하신다'로 존경 표현을 한 것이다. 후자에서는 ②용돈이 주어이지만 할머니와 긴밀한 관련을 가진 사물이라서 '없다'가 아니라 '없으시다'로 존경 표현을 한 것이다.

① 고모는 [자식이 다섯이나 있으시다.] - ㉠ 간접 존경

② 할머니는 [다리가 아프셔서] 병원에 다니신다. - ㉠ 간접 존경

✓③ 언니는 [아버지가 너무 건강을 염려하신다고] 말했다. - 직접 존경

④ 할아버지는 젊었을 때부터 [수염이 많으셨다]고 들었다. - ㉠ 간접 존경

> 주어인 '자식, 다리, 수염'은
> 각각 '고모, 할머니, 할아버지'와 긴밀한 관련을 가지므로
> ㉠ 간접 존경에 해당한다.

PART 10

Day

20 亦功 통사론 문제 훈련

▶ Day 20 해설 영상은 주독야독 시즌 1(2024 7월)에서 꼭 수강해 주시기 바랍니다.

01 다음 글을 이해한 내용으로 적절하지 않은 것은?

'안은문장'과 '안긴문장'은 문장의 구조를 이해하는 데 중요한 개념이다. 안은문장이란 다른 문장 속에 들어가 하나의 문장 성분으로 쓰이는 홑문장을 안고 있는 문장을 말한다. 이때 명사절을 가진 안은 문장은 명사형 어미 '-(으)ㅁ, -기'가 붙어서 만들어지는 것으로 문장에서 주어, 목적어, 부사어 등의 기능을 한다. 예를 들어 '그가 범인임이 밝혀졌다.'라는 문장은 '그가 범인이다.'라는 문장이 명사절 형태로 안긴 문장이다. 관형절을 가진 안은 문장은 관형사형 어미 '-(으)ㄴ, -는, -(으)ㄹ, -던'이 붙어서 만들어지며 문장에서 관형어의 역할을 한다. 부사절을 가진 안은 문장은 부사형 어미 '-게, -도록, -(아/어)서' 등이 붙어서 만들어지는데 접미사 '-이'가 붙은 '없이, 같이, 달리, 듯이' 등도 포함하며 문장에서 부사어의 기능을 한다. '이 책은 내가 요즘 읽는 책이다.'라는 문장은 관형절을 안은 문장, '벚꽃이 예쁘게 피었다.'는 부사절을 안은 문장이다.

① '나는 네가 행복하기를 바란다.'는 명사절을 안은 문장이다.
② '내가 자주 가던 오락실이 사라졌다.'는 부사절을 안은 문장이다.
③ '귀여운 아이가 잠을 잔다.'는 관형절을 안은 문장이다.
④ '그가 소리도 없이 찾아왔다.'는 부사절을 안은 문장이다.

02 다음 글을 이해한 내용으로 적절하지 않은 것은?

한국어 문법에서 이어진문장은 두 개 이상의 절이 연결되어 하나의 문장을 이루는 구문을 말한다. 이어진문장은 대등하게 이어진 문장과 종속적으로 이어진 문장으로 나뉜다. 대등하게 이어진 문장은 두 개 이상의 절이 서로 대등한 관계로 연결되는 문장으로 앞 절과 뒤 절의 의미가 독립적이면서 대등한 관계를 보인다. 주로 대등적 연결 어미인 나열이나 대조, 선택의 의미를 갖는다. 예를 들어 '영희는 집에 갔고(갔으며) 철수는 학교에 갔다.' '수학은 어렵지만 국어는 쉽다', '베트남에 가든지 라오스에 가든지 빨리 결정하자.'라는 문장은 나열, 대조, 선택의 의미로 앞뒤 문장의 순서를 교체할 수 있다. 종속적으로 이어진 문장은 앞 절과 뒤 절의 의미가 독립적이지 못하고 종속적인 관계인 문장이다. 조건, 목적, 의도, 원인 등의 의미를 가지므로 앞뒤 문장의 순서를 교체할 수 없다. 예를 들어 '연필을 사러 문구점에 갔다.'라는 문장은 앞절과 뒷절이 목적의 의미를 가진다.

① '형은 학원에 가고, 동생은 학교에 간다.'라는 문장은 대등하게 이어진 문장이다.
② '철수는 밥을 먹고 설거지를 했다.'라는 문장은 대등하게 이어진 문장이다.
③ '역공이는 합격하려고 열심히 공부했다.'라는 문장은 종속적으로 이어진 문장이다.
④ '바람이 불며, 비가 내린다.'라는 문장은 대등하게 이어진 문장이다.

03 다음 글을 이해한 내용으로 적절한 것은?

> 한국어 문법에서 높임표현은 주체 또는 객체에 대해 존경이나 공경의 뜻을 나타내기 위해 사용하는 표현방식이다. 주체높임은 말하는 이가 서술어의 주체, 즉 문장의 주어를 높이는 표현이다. 주체 높임은 주격조사 '께서'나 서술어에 선어말 어미 '-(으)시-'를 붙여 실현할 수 있다. 혹은 높임을 나타내는 특수한 어휘인 '진지, 연세, 성함, 주무시다, 편찮으시다' 등을 사용하여 높임의 의미를 드러낼 수도 있다. 주체높임법은 말하는 이가 문장의 주어를 직접 높이는 직접 높임과, 높여야 할 대상과 밀접하게 관련된 것을 높이는 간접 높임으로 또다시 구분된다. 예를 들어 '할머니께서 진지를 잡수신다.'라는 문장은 진지를 잡수시는 주체인 '할머니'를 높이고 있으므로 직접 높임에 해당한다. '할아버지께서는 다리가 아프시다.'라는 문장은 할아버지를 직접 높이는 것이 아니라, 할아버지의 신체 일부인 '다리'를 높임으로써 '할아버지'를 간접적으로 높인 것이다.

① '어머니는 인심이 좋으시다.'라는 문장에는 직접 높임이 쓰였다.
② '교수님께서 많이 편찮으시다.'라는 문장에는 특수어휘가 사용되지 않았다.
③ '아버지께서는 지병이 있으십니다.'라는 문장에는 간접 높임이 쓰였다.
④ '할머니께서 댁에 계십니다.'라는 문장에서 '-(으)시-'가 쓰였다.

내가 이 문제를 틀린 이유 체크리스트

V	이유	틀린 문제 번호	보완 방법
□	시간 촉박	____ 번	
□	내용 이해 부족	____ 번	
□	발문 착각	____ 번	
□	오답 패턴 미숙지	____ 번	
□	선지 분석 부족	____ 번	

Chapter
24 음운론

2025년에 문법 파트는 더 중요해질 예정입니다. 그 이유는 다음과 같습니다.
첫째, 3문제 출제로 비중이 커졌습니다.
둘째, 독해 비중이 커졌기 때문에 문법 영역에서 시간을 절약해야 합니다.
물론 문법과 독해가 결합된 형태로 시험이 출제될 예정입니다.
하지만 문법 문제를 독해 문제처럼만으로 풀게 되면 독해 문제가 15문제, 18문제로 늘어나게 되어
20문제를 25분 안에 풀 수 없게 되고, 이는 다른 과목에도 부정적인 영향을 끼칠 것입니다.
따라서 평소 공부하기에 까다롭더라도 문법 개념을 확실하게 공부하여
시험장에서서는 경쟁자들보다 빠르고 정확하게 답을 골라야 합니다.
이 문제 유형을 정복하려면
1) 출좋포 문법(콤단문 문법, 족집게 적중 노트)에서 음운론의 개념과 최빈출 문법 예시에 대해서 암기하고
2) 이를 적용하여야 합니다. 단, 막히는 경우에 제시문을 참고하여야 합니다.

정답 및 해설 p.347

신유형 STEP 2 단순 사례 추론

01 다음 글에서 추론한 내용으로 적절하지 않은 것은?

구개음화와 경음화는 한국어 음운 변동 중 교체 현상의 대표적인 예시이다. 이들은 발음을 쉽고 자연스럽게 할 수 있도록 하기 위해 일어나는 음운 변동으로 각각 다른 방식으로 음운의 변화를 일으킨다. 먼저 구개음화는 치조음 'ㄷ'과 'ㅌ'이 'ㅣ'나 반모음 'j'(이중모음 'ㅑ', 'ㅕ', 'ㅛ', 'ㅠ'의 초성) 계열의 형식형태소 앞에서 구개음인 'ㅈ'과 'ㅊ'으로 변하는 현상이다. 예를 들어, '굳이'는 [구지]로 발음된다. 경음화는 평음인 'ㄱ', 'ㄷ', 'ㅂ', 'ㅅ', 'ㅈ'이 특정 환경에서 경음인 'ㄲ', 'ㄸ', 'ㅃ', 'ㅆ', 'ㅉ'으로 변하는 현상이다. 경음화는 주로 어간과 어미 또는 접사 사이에서 일어나며 경음화가 일어나면 발음이 더 강해진다. 경음화는 평음 앞에 오는 받침이 'ㄱ', 'ㄷ', 'ㅂ'인 경우, 평음 앞에 오는 어간의 받침이 'ㄴ', 'ㅁ'인 경우, 평음 앞에 관형사형 전성어미 '-ㄹ'이 오는 경우에 일어난다. 예를 들어, '국밥'은 [국빱]으로 발음되며 '신고'는 [신꼬]로 발음된다. 또 '할 바를'은 [할 빠를]로 발음이 된다. 이처럼 음운의 교체 현상 중 구개음화와 경음화는 국어의 발음을 좀 더 자연스럽고 쉽게 만들어준다.

① '곧이'는 구개음화가 일어나 [고지]로 발음된다.
② '국수'는 경음화가 일어나 [국쑤]로 발음된다.
③ '심다'는 경음화가 일어나 [심따]로 발음된다.
④ '밭이랑'은 구개음화가 일어나 [바치랑]으로 발음된다.

STEP 신유형 2 단순 사례 추론

01 다음 글에서 추론한 내용으로 적절하지 않은 것은?

구개음화와 경음화는 한국어 음운 변동 중 교체 현상의 대표적인 예시이다. 이들은 발음을 쉽고 자연스럽게 할 수 있도록 하기 위해 일어나는 음운 변동으로 각각 다른 방식으로 음운의 변화를 일으킨다. 먼저 구개음화는 치조음 'ㄷ'과 'ㅌ'이 'ㅣ'나 반모음 'j'(이중모음 'ㅑ', 'ㅕ', 'ㅛ', 'ㅠ'의 초성) 계열의 형식형태소 앞에서 구개음인 'ㅈ'과 'ㅊ'으로 변하는 현상이다. 예를 들어, '굳이'는 [구지]로 발음된다. 경음화는 평음인 'ㄱ', 'ㄷ', 'ㅂ', 'ㅅ', 'ㅈ'이 특정 환경에서 경음인 'ㄲ', 'ㄸ', 'ㅃ', 'ㅆ', 'ㅉ'으로 변하는 현상이다. 경음화는 주로 어간과 어미 또는 접사 사이에서 일어나며 경음화가 일어나면 발음이 더 강해진다. 경음화는 평음 앞에 오는 받침이 'ㄱ', 'ㄷ', 'ㅂ'인 경우, 평음 앞에 오는 어간의 받침이 'ㄴ', 'ㅁ'인 경우, 평음 앞에 관형사형 전성어미 '-ㄹ'이 오는 경우에 일어난다. 예를 들어, '국밥'은 [국빱]으로 발음되며 '신고'는 [신꼬]로 발음된다. 또 '할 바를'은 [할 빠를]로 발음이 된다. 이처럼 음운의 교체 현상 중 구개음화와 경음화는 국어의 발음을 좀 더 자연스럽고 쉽게 만들어준다.

① '곧이'는 구개음화가 일어나 [고지]로 발음된다.

② '국수'는 경음화가 일어나 [국쑤]로 발음된다.

③ '심다'는 경음화가 일어나 [심따]로 발음된다.

④ '밭이랑'은 구개음화가 일어나 [바치랑]으로 발음된다.

PART 10

정답 및 해설 p.347

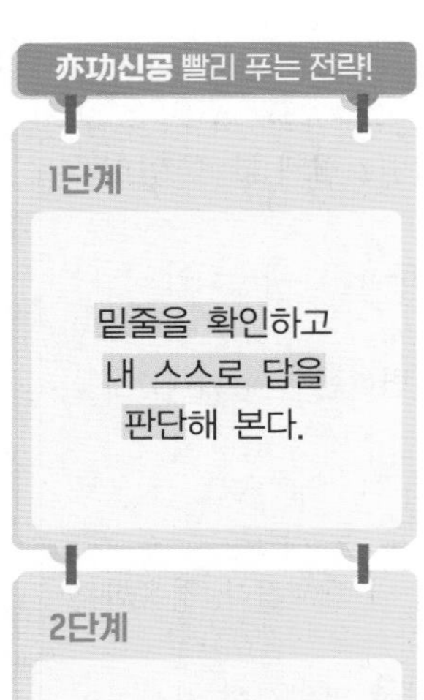

신유형 STEP 2 밑줄 사례 추론

01 다음 글에서 추론한 내용으로 적절하지 않은 것은?

> 'ㄴ 첨가'는 한국어 음운 변동 현상 중 하나로, 단어의 형태소 경계에서 발음의 편의를 위해 자음 'ㄴ'이 새로 추가되는 현상을 말한다. 이 현상은 주로 합성어나 파생어에서 나타나며, 모음과 모음이 만나면서 발음이 불편해지는 것을 방지하기 위해 발생한다. 'ㄴ' 첨가는 단어의 발음을 보다 자연스럽고 원활하게 만들어 주는 역할을 한다. 합성어의 경우 합성어를 구성하는 두 형태소 중 앞 형태소가 자음으로 끝나고, 뒤 형태소가 '이', '야', '여', '요', '유'와 같은 모음으로 시작할 때 'ㄴ'이 첨가된다. 파생어의 경우 파생어를 구성하는 접미사가 '이', '야', '여', '요', '유'와 같은 모음으로 시작할 때 'ㄴ'이 첨가된다. ㄴ 첨가는 발음을 더 부드럽고 자연스럽게 만들어주며 국어의 음운론에서 규칙적으로 일어나는 음운 변동 중 하나로 국어의 규칙성과 체계에 있어 중요한 역할을 한다.

① '솜이불'이 [솜니불]로 발음되는 것은 합성어에서 뒤에 오는 어근이 모음 '이'로 시작하여 ㄴ 첨가가 일어난 사례이다.
② '물약'이 [물략]으로 발음되는 것은 합성어에서 뒤에 오는 어근이 모음 '야'로 시작하여 ㄴ 첨가가 일어난 사례이다.
③ '영업용'이 [영엄뇽]으로 발음되는 것은 파생어에서 뒤에 오는 접사가 모음 '요'로 시작하여 ㄴ 첨가가 일어난 사례이다.
④ '한여름'이 [한녀름]으로 발음되는 것은 합성어에서 뒤에 오는 어근이 모음 '여'로 시작하여 ㄴ 첨가가 일어난 사례이다.

01 다음 글에서 추론한 내용으로 적절하지 않은 것은?

> 'ㄴ 첨가'는 한국어 음운 변동 현상 중 하나로, 단어의 형태소 경계에서 발음의 편의를 위해 자음 'ㄴ'이 새로 추가되는 현상을 말한다. 이 현상은 주로 합성어나 파생어에서 나타나며, 모음과 모음이 만나면서 발음이 불편해지는 것을 방지하기 위해 발생한다. 'ㄴ' 첨가는 단어의 발음을 보다 자연스럽고 원활하게 만들어 주는 역할을 한다. 합성어의 경우 합성어를 구성하는 두 형태소 중 앞 형태소가 자음으로 끝나고, 뒤 형태소가 '이', '야', '여', '요', '유'와 같은 모음으로 시작할 때 'ㄴ'이 첨가된다. 파생어의 경우 파생어를 구성하는 접미사가 '이', '야', '여', '요', '유'와 같은 모음으로 시작할 때 'ㄴ'이 첨가된다. ㄴ 첨가는 발음을 더 부드럽고 자연스럽게 만들어주며 국어의 음운론에서 규칙적으로 일어나는 음운 변동 중 하나로 국어의 규칙성과 체계에 있어 중요한 역할을 한다.

① '솜이불'이 [솜니불]로 발음되는 것은 합성어에서 뒤에 오는 어근이 모음 '이'로 시작하여 ㄴ 첨가가 일어난 사례이다. (O)

② '물약'이 [물략]으로 발음되는 것은 합성어에서 뒤에 오는 어근이 모음 '야'로 시작하여 ㄴ 첨가가 일어난 사례이다. (O)

③ '영업용'이 [영엄뇽]으로 발음되는 것은 파생어에서 뒤에 오는 접사가 모음 '요'로 시작하여 ㄴ 첨가가 일어난 사례이다. (O)

④ '한여름'이 [한녀름]으로 발음되는 것은 ~~합성어~~ 파생어에서 뒤에 오는 어근이 모음 '여'로 시작하여 ㄴ 첨가가 일어난 사례이다.

Day **21**

亦功 음운론 문제 훈련

▶ Day 21 해설 영상은 주독야독 시즌 1(2024 7월)에서 꼭 수강해 주시기 바랍니다.

01 다음 글의 밑줄 친 ㉠에 해당하는 예로 적절한 것은?

> 국어의 자음과 관련된 동화 현상은 자음의 조음 방법과 조음 위치에 따라 나누어 볼 수 있다. '국물'이 [궁물]로 소리 나는 비음화 현상은 파열음 [ㄱ]이 뒤에 오는 비음 [ㅁ]의 영향으로 비음인 [ㅇ]으로 바뀌는 것으로, 조음 방법에 따른 동화이다. 비표준 발음이지만 '손가락'이 [송까락]으로 발음되기도 한다. 이는 치조음 [ㄴ]이 뒤에 오는 연구개음 [ㄲ]에 의해서 연구개음 [ㅇ]으로 바뀐 것으로, 조음 위치에 따른 동화이다. 이처럼 자음과 관련된 동화 현상은 자음의 조음 위치가 바뀌거나 조음 방법이 바뀌는 현상이지만, ㉠ <u>조음 위치와 조음 방법이 함께 바뀌는 음운 변동</u>이 일어날 수도 있다.

① 독립[동닙]
② 물난리[물랄리]
③ 문법[뭄뻡]
④ 굳이[구지]

02 다음 글을 이해한 내용으로 적절한 것은?

> 한국어 음운론에서 중요한 개념 중 하나는 음절의 끝소리 규칙이다. 음절의 끝소리 규칙은 음절의 종성 위치에 올 수 있는 자음의 종류와 그 발음 방법을 규정하는 원칙이다. 이 규칙을 통해 한국어 발음이 보다 명확하고 일관성 있게 유지된다. 한국어에서 음절의 끝소리에 올 수 있는 자음은 총 7가지로 제한된다. 이 자음들은 'ㄱ, ㄴ, ㄷ, ㄹ, ㅁ, ㅂ, ㅇ'이다. 예를 들어, '책'의 끝소리는 'ㄱ', '산'의 끝소리는 'ㄴ', '밥'의 끝소리는 'ㅂ'으로 발음된다. 이 7개의 자음만이 음절의 종성 위치에서 발음될 수 있으며, 다른 자음들은 종성에서 발음이 변하게 된다. 음절의 끝소리 규칙에 따라, 자음이 종성에 위치할 때 발음이 변하는 예를 살펴보자. 예를 들어, '꽃'이라는 단어에서 'ㅊ'이 종성에 위치할 때, 'ㄷ'으로 바뀌어 '꼳'으로 발음된다. 또한 '밖'은 음절의 끝소리 규칙에 의하여 '박'으로 발음된다.

① '닦다'라는 단어에서 종성 자음은 발음 변화 없이 그대로 유지된다.
② 모든 한국어 자음은 음절의 종성에서 발음될 수 있으나 편의를 위해 7가지로 제한하였다.
③ 음절의 끝소리 규칙을 고려하더라도, 음절 끝에서 본래 발음이 유지되는 경우가 있다.
④ '닭'은 음절의 끝소리 규칙에 의하여 '닥'으로 발음된다.

03 다음 글에서 추론한 내용으로 적절한 것은?

> 음운 교체 현상 중에서 흔히 일어나는 현상으로 비음화와 유음화가 있다. 비음화는 특정 받침이 비음인 'ㅁ, ㄴ, ㅇ'으로 변하는 현상을 말한다. 비음화는 특정 조건하에서 일어나는데, 첫째, 'ㅂ, ㄷ, ㄱ'가 'ㅁ, ㄴ' 앞에서 [ㅁ, ㄴ, ㅇ]으로 교체된다. 예를 들어, '먹는'이 [멍는]으로 발음된다. 둘째, 받침 'ㅁ, ㅇ' 뒤에 연결되는 'ㄹ'은 [ㄴ]으로 교체된다. 예를 들어, '침략'이 [침냑]으로 발음된다. 셋째, 받침 'ㄱ, ㅂ' 뒤에 연결되는 'ㄹ'이 [ㄴ]으로 교체된다. 예를 들어, '백 리'를 [뱅니]로 발음된다. 유음화는 특정 받침이 유음인 'ㄹ'로 변하는 현상이다. 유음화가 일어나는 조건은 'ㄴ'이 'ㄹ'의 앞이나 뒤에 있을 때로, 비음인 'ㄴ'이 유음 'ㄹ'의 영향을 받아 유음 'ㄹ'로 교체된다. 예를 들어 '신라'가 [실라]로 발음되는 것이 있다. 이렇게 비음화와 유음화를 통해 음운 교체가 일어남으로써 국어의 단어를 좀 더 편하게 발음할 수 있게 된다.

① '깎는'이 [깡는]으로 발음되는 것은 탈락이 일어난 후 비음화가 일어난 것이다.
② '침략'이 [침냑]으로 발음되는 것은 유음화가 일어난 것이다.
③ '닫는'이 [단는]으로 발음되는 것은 비음화가 일어난 것이다.
④ '칼날'이 [칼랄]로 발음되는 것은 비음화가 일어난 것이다.

내가 이 문제를 틀린 이유 체크리스트

V	이유	틀린 문제 번호	보완 방법
□	시간 촉박	____ 번	
□	내용 이해 부족	____ 번	
□	발문 착각	____ 번	
□	오답 패턴 미숙지	____ 번	
□	선지 분석 부족	____ 번	

출.좋.포 독해·문학

Part

11

현대 문학

Chapter 25

1920년대 현대 운문

김소월(1902~1934) 작가의 문학경향

김소월의 본명은 김정식으로 김소월은 필명입니다.

김소월 작가님은 1902년 9월 7일 평북에서 출생하고 성장하면서 1923년 일본 도쿄 상대 예과에 입학하였지만 관동대지진으로 인하여 중퇴한 후에 귀국하였습니다. 그 이후 집안에서 할아버지 때부터 해 오던 광산업이 실패하자 구성군으로 이사하여 동아일보지국을 개설한 후에 경영했지만 그 또한 실패한 뒤 극심한 우울증에 시달렸다고 합니다. 이후에 1934년에 고향으로 돌아가 안타깝게도 아편을 먹고 생을 마감하게 되었습니다.

김소월 작가의 시적 경향을 보게 되면 다음과 같습니다.

스승이던 김억(金億)의 영향을 받아 등단을 하였습니다. 김소월 작가님이 『창조』, 『개벽』 등에 시를 발표하며, 김억과 함께 『영대』 동인으로 활동했습니다. 1925년에 시집 『진달래꽃』을 내고, 시론 「시혼」을 『개벽』에 발표하였습니다.

김소월 작품은 애상적인 분위기를 민요조 가락으로 풀어낸 특징이 있습니다.

우리 민족의 전통적인 정서인 이별의 정한을 여러 작품에 형상화하고 있습니다.

그는 한국 근대문학을 대표하는 민족시인으로 손꼽히고 있으며 그의 시 세계는 토속적이며 전통적인 정한의 세계를 수준 높은 서정적 언어로 형상화했다는 점에서 높이 평가받고 있습니다.

강의에서 혜선 쌤이 정리해 주는 3줄 요약

김소월 의 대표적인 문학 작품

1 김소월, 〈가는 길〉(1923)

1 그립다 / 말을 할까
㉠하니 / 그리워

2 그냥 갈까 / 그래도
다시 더 한 번……

3 저 산(山)에도 ㉡까마귀, 들에 까마귀
서산(西山)에는 해 진다고
지저귑니다.

4 앞 강물, 뒷 강물,
흐르는 물은
㉢어서 따라오라고 따라가자고
흘러도 연달아 ㉣흐릅디다려.

赤功 정리

- **갈래**: 자유시, 서정시
- **시대**: 근대 (1923년)
- **제재**: 임과의 이별
- **주제**: 이별에 대한 아쉬움과 망설임, 임에 대한 그리움
- **성격**: 전통적, 민요적, 서정적, 애상적
- **특징**
  ① 3음보 7.5조의 민요조 운율을 사용하였음
  ② 간결한 구조를 기반으로 유음과 비음으로 된 시어를 통해 음악적 효과를 얻음
  ③ 1,2연은 화자의 미련을 보여주므로 운율이 느리지만(= 글자 수가 적음), 3,4연은 화자를 재촉하는 상황이므로 운율이 빠름(= 글자 수가 많음)
  ④ 말줄임표를 통해 화자의 미련을 드러내고 있음
- **해석**
  1연: 임에 대한 그리움
  2연: 임을 떠나며 느끼는 아쉬움과 미련
  3연&4연: 갈 길을 재촉하는 까마귀와 강물

콤단문 으로 보는 기출문제

정답 및 해설 p.348

01 ㉠~㉣에 대한 설명으로 가장 적절한 것은? 2010. 법원직

① ㉠: 행간 걸침으로 시적 자아의 시간적 여유를 표현
② ㉡: 화자에게 이별을 재촉하는 객관적 상관물
③ ㉢: 주체인 시적자아가 객체인 강물에게 끌려가는 시간
④ ㉣: '흐릅디다'를 늘여 쓴 평안북도 방언

02 위의 작품에 대한 설명으로 적절하지 않은 것은? 2015. 교육행정직 9급

① 2연에서 화자의 망설임이 표현되고 있다.
② 화자가 처한 상황이 자연물을 통해 드러나고 있다.
③ 행의 길이가 변하면서 정서적 안정감이 커지고 있다.
④ 4연에서 'ㄹ'소리를 통해 강물의 흐름을 환기하고 있다.

2 김소월, 〈진달래꽃〉(1925)

1 나 보기가 역겨워
가실 때에는
말없이 고이 보내 드리우리다

2 영변(寧邊)에 약산(藥山)
진달래꽃
아름 따다 가실 길에 뿌리우리다

3 가시는 걸음 걸음
놓인 그 꽃을
사뿐히 즈려밟고 가시옵소서

4 나 보기가 역겨워
가실 때에는
죽어도 아니 눈물 흘리우리다

赤功 정리

- **갈래**: 자유시, 서정시
- **시대**: 근대 (1925년)
- **제재**: 사랑하는 임과의 이별
- **주제**: 임과의 이별에 대한 정한(情恨)
- **성격**: 전통적, 민요적, 향토적, 애상적
- **특징**
  ① 이별의 상황을 가정하였음
  ② 7·5조, 3음보의 민요조 율격과 어미('-우리다')의 반복으로 운율을 형성하였음
  ③ 반어법이 사용됨: 겉으로는 이별을 수용하나, 속으로는 강한 만류를 바람
  ④ 변형된 수미상관의 구조를 통해 화자의 심리 상태를 강조하였음 (기승전결의 구조이기도 함)
  ⑤ 불교의 산화공덕(散花功德: (불교) 부처에게 꽃을 뿌리며 공덕을 기림)의 사상이 드러남
- **해석**
  1연: (기) 임과의 이별에 대한 체념
  2연: (승) 떠나는 임을 위한 축복
  3연: (전) 희생적 사랑으로 초월한 원망감
  4연: (결) 괴로움을 참으며 이별의 정한(情恨)을 극복

콤단문으로 보는 기출문제

정답 및 해설 p.348

03 위 시의 특징으로 적절하지 않은 것은?

① '-우리다'와 같은 종결 어미의 반복을 통해 리듬감을 형성한다.
② 화자는 아직 일어나지 않은 상황을 가정하여 이별의 정한을 표현하고 있다.
③ 2연과 3연에서는 화자의 임에 대한 희생적이고 헌신적인 사랑을 진달래꽃으로 표현하고 있다.
④ '사뿐히 즈려 밟고'에서 반어법을 사용하여 주제를 강조하였다.

Chapter **26**

1930년대 현대 운문

정지용(1902~1950) 작가의 문학경향

1902년 충청북도 옥천(沃川)에서 출생하신 후 6·25 때 납북된 뒤 소식을 듣지 못하다가 이후에 정지용 작가님이 1950년 9월경 6·25 때 경기도 동두천 쪽에서 사망했음이 드러나게 되었습니다.

정지용 작가님은 모더니즘 시인의 대표로 특히 이미지즘 시인으로 이름이 나 있습니다.
이미지즘이란 여러 감각적 이미지 중에서 시각적 이미지를 구체적으로 형상화하는 모더니즘의 한 지류입니다.
그는 다양한 감각적 이미지를 사용하며 화자의 감정을 노골적으로 드러내지 않고 절제하며 드러내었습니다.

또한 '고향'과도 같은 향토적인 소재들이 많이 쓰였습니다.
자연 친화적 삶의 태도와 고향에 대한 그리움이 시에 잘 드러납니다.
하지만 그 이후에 일제 강점기 등의 이유로
그리워하던 고향에 갔음에도 즐겁다고 느끼지 못함에 대한 안타까움을 느끼는 시를 쓰기도 했습니다.

이후 일제 강점기 말의 탄압이 더욱 심해지게 되면서 '산수시'라는 지평을 열게 되었습니다.
정지용의 시적 경향은 말기에는 가톨릭의 종교적인 시를 제작하는 것으로 마무리되었습니다.

PART 11

강의에서 혜선 쌤이 정리해 주는 3줄 요약

정지용의 대표적인 문학 작품

3 정지용, 〈고향〉(1932)

보기

고향에 고향에 돌아와도 / 그리던 고향은 아니러뇨.
산꿩이 알을 품고 / 뻐꾸기 제철에 울건만,
마음은 제 고향 지니지 않고 / 머언 항구(港口)로 떠도는 구름.
오늘도 뫼 끝에 홀로 오르니 / 흰 점 꽃이 인정스레 웃고,
어린 시절에 불던 풀피리 소리 아니 나고 / 메마른 입술에 쓰디쓰다.
고향에 고향에 돌아와도 / 그리던 하늘만이 높푸르구나.

赤功 정리

- **성격**: 감각적, 회상적, 애상적
- **제재**: 고향
- **주제**: 마음속 고향을 잃은 안타까움과 상실감
- **특징**
  ① 자연의 불변함과 인간의 유한성을 대조함
  ② 수미상관 구조를 통해 운율 형성, 의미 강조, 통일성 부여
  ③ 시각, 청각, 후각, 촉각의 감각적 이미지를 통해 분위기와 감정을 효과적으로 형상화함.
  ④ 독백체로 자신이 추구하는 인생의 방향을 제시함.

4 정지용, 〈향수〉(1923)

넓은 벌 동쪽 끝으로 / 옛이야기 지줄대는 실개천이 휘돌아 나가고,
얼룩백이 황소가 / 해설피 금빛 게으른 울음을 우는 곳,

—그곳이 차마 꿈엔들 잊힐 리야.

질화로에 재가 식어지면 / 비인 밭에 밤바람 소리 말을 달리고
엷은 졸음에 겨운 늙으신 아버지가 / 짚베개를 돋아 고이시는 곳,

—그곳이 차마 꿈엔들 잊힐 리야.

흙에서 자란 내 마음 / 파아란 하늘빛이 그리워
함부로 쏜 화살을 찾으려 / 풀섶 이슬에 함초롬 휘적시던 곳,

—그곳이 차마 꿈엔들 잊힐 리야.

전설(傳說) 바다에 춤추는 밤물결 같은 / 검은 귀밑머리 날리는 어린 누이와
아무렇지도 않고 예쁠 것도 없는 / 사철 발 벗은 아내가
따가운 햇살을 등에 지고 이삭 줍던 곳,

—그곳이 차마 꿈엔들 잊힐 리야.

하늘에는 성근 별 / 알 수도 없는 모래성으로 발을 옮기고,
서리 까마귀 우지짖고 지나가는 초라한 지붕, / 흐릿한 불빛에 돌아앉아 도란도란거리는 곳,
—그곳이 차마 꿈엔들 잊힐 리야.

赤功 정리

- **성격**: 묘사적, 감각적, 향토적
- **제재**: 고향
- **주제**: 고향에 대한 그리움
- **특징**
  ① 향토적 시어를 통해 고향의 평화로움을 드러냄
  ② 고향에 대한 그리움을 감각적으로 드러냄
  ③ 후렴구의 반복으로 운율을 형성하고 의미를 강조하며 통일성을 부여함
  ④ 병렬적인 구성으로 고향을 드러냄

콤단문 으로 보는 기출문제

정답 및 해설 p.348

01 위의 시와 〈보기〉를 비교 감상한 내용으로 가장 적절한 것은? 2022 법원직 9급

① 위의 시와 〈보기〉 모두 과거의 추억을 잃어버린 현실을 씁쓸히 드러내고 있다.
② 〈보기〉와 달리 위의 시는 고향과의 거리감, 단절감을 드러내고 있다.
③ 위의 시와 〈보기〉 모두 자연물에 인격을 부여하여 대상을 형상화하고 있다.
④ 〈보기〉와 달리 위의 시는 다양한 감각적 심상을 통해 화자의 정서를 드러내고 있다.

5 정지용, 〈장수산 1〉(1939)

벌목정정(伐木丁丁)이랬거니 아람도리 큰 솔이 베혀짐즉도 하이 골이 울어 멩아리 소리 쩌르렁 돌아옴즉도 하이 다람쥐도 좇지 않고 뫼새도 울지 않어 깊은 산 고요가 차라리 뼈를 저리우는데 눈과 밤이 조히보담 희고녀! 달도 보름을 기달려 흰 뜻은 한밤 이골을 걸음이랸다? 웃절 중이 여섯 판에 여섯 번 지고 웃고 올라간 뒤 조찰히 늙은 사나이의 남긴 내음새를 줏는다? 시름은 바람도 일지 않는 고요에 심히 흔들리우노니 오오 견디랸다 차고 올연(兀然)히 슬픔도 꿈도 없이 장수산 속 겨울 한밤내—

亦功 정리

- **성격**: 산문적, 감각적, 탈속적, 동양적
- **제재**: 장수산의 겨울 정경
- **주제**: 고요한 장수산의 모습과 인간적 번뇌를 초월한 탈속의 경지 추구
- **특징**
  ① 예스러운 어투를 사용하여 탈속적이고 신비스러운 분위기를 조성함.
  ② 영탄과 의문의 어투로 감정을 직설적으로 드러냄.
  ③ 시각, 청각, 후각, 촉각의 감각적 이미지를 통해 분위기와 감정을 효과적으로 형상화함.
  ④ 독백체로 자신이 추구하는 인생의 방향을 제시함.

콤단문 으로 보는 기출문제

정답 및 해설 p.348

02 밑줄 친 '웃절 중'에 대한 설명으로 적절한 것은? 2015. 기상직 7급

① 시적 배경과 대비되는 이미지를 지닌다.
② 시적 화자가 지향하는 정서를 지니고 있다.
③ 세속적 욕망에서 벗어나기 위해 고뇌하고 있다.
④ 시적 화자의 현실도피적 태도가 투영된 대상이다.

Chapter 27

1940년대 현대 운문

이육사(1904~1944) 작가의 문학경향

본명은 원록(源祿)으로 가장 대표적인 적극적 저항시인입니다.
이육사 작가님은 1904년 4월 4일 경북 안동에서 출생하신 후
일제 강점기 때에 독립 운동을 하다가 일제에 잡혀 수감 중에 옥사하셨습니다.

그는 1925년 독립운동단체 의열단에 가입하여 활발하게 활동하다가 조선은행 대구지점 폭파사건에 연류되어 투옥되었습니다. 이때 '264'라는 그의 수감 번호로 호를 육사(陸史)로 짓게 되었습니다.

그는 독립 운동에 적극적으로 헌신하여 17회나 투옥되었는데,
그의 대표 작품들을 보면 그는 일제 강점기라는 시련 상황을 극복하기 위한 저항 의지를
강인한 남성의 어조로 표현하고 있습니다.

안동의 양반 집안의 분위기에 맞게 유교적 선비의식인 '지조, 절개'를 중시하는 시를 형상화하여
죽기 직전까지 부조리한 일제에 항거하였습니다.

그의 대표작으로는 《청포도(靑葡萄)》, 《교목(喬木)》, 《절정(絶頂)》 등이 있습니다.

강의에서 혜선 쌤이 정리해 주는 3줄 요약

이육사 의 대표적인 문학 작품

6 이육사, 〈교목〉(1945)

1 푸른 하늘에 닿을 듯이
세월에 불타고 우뚝 남아 서서
차라리 봄도 꽃피진 말아라

2 낡은 거미집 휘두르고
끝없는 꿈길에 혼자 설레이는
마음은 아예 뉘우침 아니리

3 검은 그림자 쓸쓸하면
마침내 호수(湖水) 속 깊이 거꾸러져
차마 바람도 흔들진 못해라

赤功 정리

- **갈래**: 자유시, 서정시
- **시대**: 근대 (1945년)
- **제재**: 교목
- **주제**: 암담한 시대 상황에 굴복하지 않는 강인한 의지
- **특징**
  ① 강인한 남성적 어조로 표현함
  ② 부정어 종결을 통해 저항 의지를 표출함
  ③ 상징성이 강한 시어와 시구를 통해 주제 의식을 표현함
- **해석**
  1연: 굽히지 않는 신념과 의지
  2연: 삶의 결의
  3연: 죽음을 불사한 단호한 결의

콤단문 으로 보는 기출문제

정답 및 해설 p.349

01 위 시의 표현상의 특징으로 적절하지 않은 것은?

① 부사어를 활용하여 화자의 의지를 나타낸다.
② 부정어 종결을 통해 화자의 저항의지를 나타낸다.
③ 여성적 어조를 통해 부드럽지만 곧은 신념과 의지를 표출한다.
④ 화자의 내면세계는 자연물 등을 통해 형상화된다.

콤단문 으로 보는 기출문제

정답 및 해설 p.349

02 〈보기〉는 위 시에 대한 심화 학습을 위하여 수집한 자료이다. 이를 참고하여 토의한 내용으로 적절하지 않은 것은? 2007 수능

〔보기〕

【백과사전】

이육사 : 시인. 1904년 경상북도 안동 출생. 항일 독립 투쟁으로 20여 차례의 투옥 끝에 베이징 감옥에서 옥사함.

- 작품 경향 : 저항 의식, 실향 의식과 비애, 초인 의지와 조국 광복에 대한 열망 등을 주제로 삼고 있음. 정제된 형식미와 안정된 운율감을 보임.
- 「교목」 : 1940년 『인문평론』 7월호에 발표.

【국어사전】

교목 : 줄기가 곧고 굵으며 높게 자라는 큰 나무.

【인터넷 자료】

- 『맹자』에 따르면, '교목'은 오랜 세월 덕을 닦아 임금을 도(道)로써 보필하여 나라를 떠받치는 신하를 의미한다.
- 시인은 빈궁과 투옥과 유랑의 사십 평생에 거의 하루도 평온한 날이 없었다. 문학청년은 아니었으나 삼십 고개를 넘어 시를 쓰기 시작했고, 혁명적 열정과 의욕을 시에 의탁해 꿈도 그려 보고 불평도 터뜨렸던 것이다.(『육사 시집』 발문)

① 이 시의 제목은 나라를 위한 시인의 절개와 기상을 표상한 것이다.
② 이 시의 행 배열과 연 구성에서도 이육사 시의 형식적 특성을 찾을 수 있다.
③ '낡은 거미집'은 시인의 고난에 찬 삶의 모습을 형상화한 것이다.
④ '끝없는 꿈길'은 시인의 혁명적 열정과 의욕을 함축하고 있다.
⑤ '바람'은 이국을 떠돌던 시인의 실향 의식과 저항 의지를 표현한 것이다.

윤동주(1917~1945) 작가의 문학경향

1917년 12월 30일 북간도 명동촌(明東村)에서 태어나 한인촌에서 자라
일본 유학 중 일본 경찰에 의해 잡혀가 수감되었다가
광복을 6개월 앞두고 후쿠오카 형무소에서 옥사한 대표적 저항시인입니다.

윤동주의 증조할아버지인 윤재옥이 1886년 길림성으로 이주하여 윤동주의 집안은 간도에 터전을 잡았습니다.

1937년에 공부를 잘했던 윤동주의 진학 문제로 부친과 갈등하지만 할아버지의 도움으로 연전(현재 연세대학교) 문과 진학을 결정했습니다. 1941년 연희전문학교 문과를 졸업할 때쯤 시집 《하늘과 바람과 별과 시》를 내려 했지만 일제 강점이라는 사회적 분위기로 인해 원고를 후배 정병욱에게 준 후 일본 유학(도시샤대학교)을 떠나게 되었습니다.

1943년 귀향길 직전에 조선 독립의 야망을 실현시키려고 했다는 이유로 사상범으로 체포되었고 이후에 투옥 중 안타깝게 옥사하였습니다.

그는 민족적 저항시인으로 식민지 지식인의 고뇌와 자기 성찰을 한 시인입니다.
현실에 안주하며 편안하게 살 수 있었던 '현실적 자아'와
부조리한 현실에 저항하고 부조리한 현실을 비판하는 '이상적 자아' 사이에서 치열한 내적 갈등을 하고
그 사이에서 지식인의 부끄러움을 느끼며
결국 이상적 자아의 승리로 독립이라는 꿈을 염원하는 시인의
모습이 잘 드러납니다.

윤동주의 시집은 사후에 출간되어 큰 반향을 일으켰는데 대표적인 시에는
《서시(序詩)》, 《또 다른 고향》, 《별 헤는 밤》, 《쉽게 씌어진 시》 등이 있습니다.

강의에서 혜선 쌤이 정리해 주는 3줄 요약

윤동주의 대표적인 문학 작품

7 윤동주, 〈쉽게 씌어진 시〉(1948)

1 창 밖에 ㉠ 밤비가 속살거려+
육첩방+은 남의 나라,

2 시인이란 슬픈 천명+인 줄 알면서도
한 줄 시를 적어 볼까,

3 땀내와 사랑내 포근히 품긴
보내 주신 학비 봉투를 받아

4 대학 노-트를 끼고
㉡ 늙은 교수의 강의 들으러 간다.

5 생각해 보면 어린 때 동무를
하나, 둘, 죄다 잃어버리고

6 나는 무얼 바라
나는 다만, 홀로 침전+하는 것일까?

7 인생은 살기 어렵다는데
시가 이렇게 쉽게 쓰여지는 것은
부끄러운 일이다.

8 육첩방은 남의 나라,
창 밖에 밤비가 속살거리는데,

9 ㉢ 등불을 밝혀 어둠을 조금 내몰고,
시대처럼 올 아침을 기다리는 최후의 나,

10 나는 나에게 작은 손을 내밀어
눈물과 위안으로 잡는 최초의 ㉣ 악수.

+ 속살거려: 자질구레한 말로 속닥거려.
+ 육첩방(六疊房): 다다미 한 장에 0.5평 정도이므로 육첩방은 3평 크기.
+ 천명(天命): 하늘이 내린 피할 수 없는 명령.
+ 침전(沈澱): 액체 속에 섞인 작은 고체가 밑바닥에 가라앉음. 또는 그 앙금.

赤功 정리

- **갈래**: 자유시, 서정시
- **시대**: 근대 (1948년)
- **제재**: 지식인의 삶
- **주제**: 일제 강점기에서의 지식인의 고뇌와 자아성찰, 광복에의 염원
- **특징**
  ① 고백적 어조를 사용하여 자기 성찰과 극복 의지를 표현함
  ② 이상적 자아와 현실적 자아의 대립과 화해를 통해 시상을 전개함
  ③ 설의법을 통해 자아를 성찰하고 있음
  ④ 빛과 어둠의 대조를 통해 주제를 강조함
  ⑤ 의인법, 청각적 심상을 사용함

콤단문 으로 보는 기출문제

정답 및 해설 p.349

01 〈보기〉와 같은 관점에서 위 시를 감상한 것은? 2016. 법원직 9급

〔보기〕
문학 작품이 독자와 맺는 관계를 중심으로 해석하는 관점을 효용론적 관점, 또는 수용론적 관점이라고 한다. 이에 따르면 시(~詩)는 독자에게 교훈을 줄 수도 있고 즐거움을 줄 수도 있다.

① 이 시의 창작 시기로 미루어 생각해보면 '어둠'은 일제강점기라는 부정적 현실이라고 해석할 수 있어.
② 내면적 자아와 현실적 자아가 갈등하고 화해하기까지의 과정을 순차적으로 보여주면서 시상을 전개하고 있어.
③ '육첩방'은 당시 일본 유학중이던 시인이 생활하던 공간으로서 시인의 현실적 상황을 상징적으로 보여주는 역할을 해.
④ 자기 삶에 대해 반성하는 화자의 모습을 통해 안일하게 살아가는 나의 삶의 태도를 되돌아보는 계기가 되었어.

02 위 시를 읽고 이해한 내용으로 가장 옳지 않은 것은? 2020. 법원직 9급

① 시선의 이동에 따라 시상을 전개해 시적 안정감을 부여한다.
② 시간적, 공간적 배경을 통해 화자의 현재 상황을 드러낸다.
③ 상징적 의미를 지닌 시어의 대립을 통해 시적 의미를 구체화한다.
④ 반성적이고 미래지향적인 어조를 통해 주제의식을 효과적으로 제시한다.

Chapter 28

1960년대 현대 운문

김수영(1921~1968) 작가의 문학경향

1921년 11월 27일, 서울 종로구 관철동에서 태어나 한국 전쟁 때 반공 포로로 거제도 수용소에 수감되었고 전쟁이 끝난 후에는 독재 정권의 시대를 살다가 1968년에 교통사고로 젊은 나이로 사망하셨습니다.

한국의 대표적인 참여 문학 시인으로 사랑 받고 있는 김수영 작가는
당시 민주와 자유를 억압하는 군부독재에 항거하며
지식인의 의무를 다하여 부정과 타협하지 않으려는 저항 정신을 담은 시를 쓰셨습니다.

민중을 억압하는 독재 정권에서
편안하게 살고 있는 자신의 모습을 조소하며 자책하고 자신의 삶을 성찰하셨습니다.
부조리한 현실에 타협하지 않고 저항하려는 정신을 중시하셨습니다.

그의 대표적인 시에는 '《풀》, 《폭포》, 《눈》' 등이 있습니다.

강의에서 혜선 쌤이 정리해 주는 3줄 요약

김수영의 대표적인 문학 작품

8 김수영, 〈눈〉(1956)

1 눈은 살아 있다.

2 떨어진 눈은 살아 있다.
마당 위에 떨어진 눈은 살아 있다.

3 기침을 하자.
젊은 시인이여 기침을 하자.
눈 위에 대고 기침을 하자.
눈더러 보라고 마음놓고, 마음놓고
기침을 하자.

4 눈은 살아 있다.
죽음을 잊어버린 영혼과 육체를 위하여
눈은 새벽이 지나도록 살아 있다.

5 기침을 하자.
젊은 시인이여 기침을 하자.
눈을 바라보며
ⓒ밤새도록 고인 가슴의 가래라도
마음껏 뱉자.

亦功 정리

- **갈래**: 자유시, 서정시
- **성격**: 비판적, 참여적
- **제재**: 눈
- **주제**: 순수와 정의를 지향하는 희망과 시련 극복 의지
- **특징**
  ① 순수를 상징하는 '눈'과 더러움을 상징하는 '가래'에 대조적인 의미가 나타남.
  ② 청유형 어미를 통해 함께 행동할 것을 권유함.
  ③ 비슷한 문장의 반복과 변조를 통해 운율이 형성됨.
- **출전**: 《문학 예술》(1956)

콤단문으로 보는 기출문제

정답 및 해설 p.349

01 다음 작품을 내재적 관점에서 바라보고 있는 것은? 2015. 경찰 2차

① 시인의 의지적 삶이 곳곳에서 느껴져.
② '눈'과 '기침하는 행위'의 상징성이 뚜렷이 부각되고 있어.
③ 시인은 죽음조차도 별로 두려워하지 않았던 사람인 것 같아.
④ 4·19 혁명 이후, 강렬한 현실 인식에서 나온 작품인 것 같아.

02 위의 시 ㉡과 〈보기〉의 ㉠을 비교하여 이해한 내용으로 가장 적절한 것은?
2017. 법원직 9급

〔보기〕
모란이 피기까지는,
나는 아직 나의 ㉠ 봄을 기다리고 있을 테요.
모란이 뚝뚝 떨어져 버린 날,
나는 비로서 봄을 여읜 설움에 잠길 테요.
5월 어느 날 그 하루 무덥던 날,
떨어져 누운 꽃잎마저 시들어 버리고는
천지에 모란은 자취도 없어지고,
뻗쳐오르던 내 보람 서운케 무너졌느니,
모란이 지고 말면 그뿐, 내 한 해는 다 가고 말아,
삼백예순 날 하냥 섭섭해 우옵내다.
모란이 피기까지는,
나는 아직 기다리고 있을 테요,
찬란한 슬픔의 봄을.

– 김영랑, 〈모란이 피기까지는〉

① ㉠과 ㉡은 부정적인 현실을 상징하는 시간적 배경이다.
② ㉠과 ㉡은 과거를 회상하게 만드는 시간적 배경이다.
③ ㉠은 ㉡과 달리 화자에게 기쁨과 슬픔이 공존하는 시간이다.
④ ㉡은 ㉠과 달리 화자가 소망하는 가치가 실현되는 시간이다.

신동엽(1930~1969) 작가의 문학경향

신동엽 작가는 1930년 8월 18일 부여 출생으로 대표적인 참여 문학 시인입니다.
실제 그는 한국 전쟁에 징집되어 남한군과 북한군이 총을 들고 서로를 죽이는 모습을 목격했고 이에 큰 충격을 받은 나머지 민족 분단 현실에 대한 비판적 인식과 통일에 대한 염원을 시에 담으셨습니다.

또한 1960년 4월 19일 혁명을 계기로 민중들을 대변하는 지식인의 의무를 다하기 시작합니다.
민중을 억압하는 당시 군부 독재 정권에 대한 비판적인 인식을 드러내며 자유와 민주에 대한 열망을 시에 담아 내기 시작했습니다.

그의 대표적인 시에는 <껍데기는 가라>, <봄은>, <삼월>, <발>, <4월은 갈아엎는 달>, <주린 땅의 지도원리>, <우리가 본 하늘> 등이 있습니다. 또한 <이야기하는 쟁기꾼의 대지>, <여자의 삶>, <시인정신론>, <시와 사상성> 등 평론 10여 편을 썼습니다.

강의에서 혜선 쌤이 정리해 주는 3줄 요약

신동엽 의 대표적인 문학 작품

9 신동엽, 〈봄은〉(1956)

봄은
남해에서도 북녘에서도
오지 않는다.

너그럽고
빛나는
봄의 그 눈짓은,
제주에서 두만까지
우리가 디딘
아름다운 논밭에서 움튼다.

겨울은,
바다와 대륙 밖에서
그 매운 눈보라 몰고 왔지만
이제 올
너그러운 봄은, 삼천리 마을마다
우리들 가슴속에서
움트리라.

움터서,
강산을 덮은 그 미움의 쇠붙이들
눈 녹이듯 흐물흐물
녹여버리겠지.

亦功 정리

- **갈래**: 자유시, 서정시
- **성격**: 비판적, 참여적
- **제재**: 눈
- **주제**: 주체적인 통일에 대한 의지와 염원
- **특징**
  ① '봄'과 '겨울'이라는 대립적인 시어를 통해 주제를 강조함
  ② 봄을 의안화하여 친근감을 드러냄
  ③ 대유법을 통해 주제를 드러냄
  ④ 단정적인 어조로 통일에 대한 의지를 강조함
- **출전**: 《문학 예술》(1956)

콤단문 으로 보는 기출문제

정답 및 해설 p.349

01 위의 시에 대한 이해로 적절하지 않은 것은? 2022. 국가직 9급

① 현실을 초월한 순수 자연의 세계를 노래하고 있다.
② 희망과 신념을 드러내는 단정적 어조로 표현하고 있다.
③ 시어들의 상징적인 의미를 통해 주제를 형성하고 있다.
④ '봄'과 '겨울'의 이원적 대립으로 시상을 전개하고 있다.

Chapter 29

1970년대 현대 운문

신경림(1936~2024) 작가의 문학경향

신경림 작가님은 1935년 4월 6일 충청북도 충주에서 태어나 최근 2024년 5월 22일에 별세하였습니다.
1960년대의 참여 문학의 정신을 계승한 민중 문학의 대표적인 작가입니다.

1970년대에는 정치적으로는 군부 독재, 경제적으로는 산업화와 도시화를 겪으면서
우리나라가 겪게 된 여러 부조리한 정치적 경제적 현실들에 대해
민중을 대변하여 저항하고 비판하는 시를 쓰게 되었습니다.

특히, 산업화 도시화에 의해 소외된 농촌이나 어촌 주민들에게 공감과 연민의 감정을 보이며
그들의 삶의 애환을 드러내는 시를 형상화하였습니다.

그의 대표적인 시에는 '《농무(農舞)》, 《가난한 사랑노래》, 《목계장터》' 등이 있습니다.

강의에서 혜선 쌤이 정리해 주는 3줄 요약

신경림의 대표적인 문학 작품

10 신경림, 〈농무〉(1971)

징이 울린다 막이 내렸다
오동나무에 전등이 매어달린 가설 무대
구경꾼이 돌아가고 난 텅 빈 운동장
우리는 분이 얼룩진 얼굴로
학교 앞 소줏집에 몰려 술을 마신다
답답하고 고달프게 사는 것이 원통하다
꽹과리를 앞장세워 장거리로 나서면
따라붙어 악을 쓰는 ㉠ 쪼무래기들뿐
㉡ 처녀애들은 기름집 담벼락에 붙어 서서
철없이 킬킬대는구나
보름달은 밝아 어떤 녀석은
㉢ 꺽정이처럼 울부짖고 또 어떤 녀석은
㉣ 서림이처럼 해해대지만 이까짓
산구석에 처박혀 발버둥친들 무엇하랴
비료값도 안 나오는 농사 따위야
아예 여편네에게나 맡겨 두고
쇠전을 거쳐 도수장 앞에 와 돌 때
우리는 점점 신명이 난다
한 다리를 들고 날라리를 불거나
고갯짓을 하고 어깨를 흔들거나

赤功 정리

- **갈래**: 자유시, 농민시, 서정시
- **시대**: 현대 (1971년)
- **제재**: 농무
- **주제**: 산업화에서 소외된 농촌 현실에 대한 농민들의 한(恨)과 분노, 그리고 고뇌 어린 삶
- **특징**
  ① 직설적인 표현으로 화자의 현실 인식을 드러냄
  ② 분노가 치미는 상황에 농무를 추는 역설적인 상황이 전개됨
  ③ 사건이 전개되는 서사적인 구조
  ④ 반어법을 통해 분노의 정서를 강조함
- **해석**
  1~6행: 공연 후의 음주
  7~10행: 장거리에서 농악과 서글픔
  11~16행: 농촌 현실에 대한 분노
  17~20행: 농무를 통해 울분과 한(恨)의 표출

콤단문으로 보는 기출문제

정답 및 해설 p.350

01 ㉠~㉣ 중 다음 시의 주제와 관련하여 시적 화자의 정서를 가장 잘 대변하는 인물은?

2018. 지방직 7급

① ㉠
② ㉡
③ ㉢
④ ㉣

02 〈보기〉를 읽고 위 시에 대해 설명으로 가장 적절하지 않은 것은? 2014. 법원직 9급

〔보기〕

70년대 우리 작가들이 농촌문제의 형상화에 심혈을 기울인 까닭은 농촌이 산업화의 최대 피해자였기 때문이다.

농촌의 황폐화와 저임금 · 저곡가 체제로 인한 농촌 경제의 파탄, 이농현상으로 인한 급격한 인구 감소 등의 상황은 많은 문학작품의 소재가 되었으며, 작품 속에서 농민은 때로 분노하거나 좌절하는 모습으로, 때로는 자각에까지 이르는 모습으로 형상화되었다.

① '쪼무래기들뿐'은 이농으로 인해, 농업을 계승할 젊은이들이 떠나버린 현실을 보여준다.
② '꺽정이처럼 울부짖'는 모습은, 분노와 좌절을 거쳐 자각에까지 이른 농민의 모습을 형상화한 것이다.
③ '비료값도 안 나오는 농사'의 원인은 '저곡가 체제'에 있는 것으로, 화자가 좌절하는 원인이다.
④ '소'가 전통적으로 농민의 모습을 상징해 왔다는 것을 고려한다면, '도수장'은 농민이 살아가기 힘든 현실을 빗대어 표현한 것이라고 볼 수 있다.

Chapter 30

1910년대 개화기 문학

1 이광수, 〈무정(無情)〉(1917)

赤功 정리

- **갈래**: 장편소설, 계몽소설, 연재 소설
- **성격**: 계몽적, 민족주의적, 설교적, 사실적, 근대적
- **배경**
  - ① 시간: 1910년대의 개화기
  - ② 공간: 경성과 평양, 삼랑진
- **시점**: 전지적 작가 시점
- **주제**: 신교육을 통한 민족의 계몽과 남녀의 자유연애 사상
- **특징**
  - ① 우리나라 최초의 근대 장편 소설
  - ② 산문체, 언문일치 등을 통해 새로운 문체를 사용함
  - ③ 자유연애 사상과 민족 계몽 사상의 표면화

출종포 줄거리

이형식은 영어 교사였으며 김선형에게 사랑의 감정을 느낀다. 하지만 어린 시절 은사의 딸 박영채가 나타나 이형식에게 사랑을 고백한다. 이형식은 박영채가 기생이 됐기 때문에 아내로 받아들이지 못하는 죄책감, 그리고 김선형에 대한 사랑의 감정에서 갈등을 느낀다. 한편, 박영채는 이형식이 일하던 경성학교의 배 학감에게 순결을 빼앗기게 되고 유서를 남긴 채 자취를 감춘다. 이형식은 박영채를 찾기 위해 평양에 갔으나 박영채를 찾지 못하게 된다. 박영채는 병욱을 만남으로 인해 자살을 단념한 뒤 동경으로 유학을 떠나게 되고, 선형과의 약혼 후 미국으로 유학을 떠나는 이형식은 같은 기차에서 만나게 된다. 형식과 영채는 수재민의 구호 활동을 토대로 교육으로 민족을 계몽할 것을 결심하게 되며 유학길에 떠난다.

콤단문으로 보는 기출문제

정답 및 해설 p.350

하룻밤 비에 모든 것을 잃어버리고 발발 떠는 그네들이 어찌 보면 가련하기도 하지마는 또 어찌 보면 너무 약하고 어리석어 보인다.

그네의 얼굴을 보건댄 무슨 지혜가 있을 것 같지 아니하다. 모두 다 미련해 보이고 무감각(無感覺)해 보인다. 그네는 몇 푼어치 아니 되는 농사한 지식을 가지고 그저 땅을 팔 뿐이다. 이리하여서 몇 해 동안 하나님이 가만히 두면 썩은 볏섬이나 모아 두었다가는 한번 물이 나면 다 씻겨 보내고 만다. 그래서 그네는 영구히 더 부(富)하여짐 없이 점점 더 가난하여진다. 그래서 몸은 점점 더 약하여지고 머리는 점점 더 미련하여진다. 저대로 내버려 두면 마침내 북해도의 '아이누'나 다름없는 종자가 되고 말 것 같다.

저들에게 힘을 주어야 하겠다. 지식을 주어야 하겠다. 그리하여서 생활의 근거를 안전하게 하여 주어야 하겠다.

"과학(科學)! 과학!"

하고 형식은 여관에 돌아와 앉아서 혼자 부르짖었다. 세 처녀는 형식을 본다.

"조선 사람에게 무엇보다 먼저 과학을 주어야 하겠어요. 지식을 주어야 하겠어요."

하고 주먹을 불끈 쥐며 자리에서 일어나 방 안으로 거닌다.

"여러분은 오늘 그 광경을 보고 어떻게 생각하십니까."

이 말에 세 사람은 어떻게 대답할 줄을 몰랐다. 한참 있다가 병욱이가

"불쌍하게 생각했지요."

하고 웃으며

"그렇지 않아요?"

한다. 오늘 같이 활동하는 동안에 훨씬 친하여졌다.

"그렇지요. 불쌍하지요! 그러면 그 원인이 어디 있을까요?"
"물론 문명이 없는 데 있겠지요 — 생활하여 갈 힘이 없는 데 있겠지요."
"그러면 어떻게 해야 저들을…… 저들이 아니라 우리들이외다…… 저들을 구제할까요?"
하고 형식은 병욱을 본다. 영채와 선형은 형식과 병욱의 얼굴을 번갈아 본다. 병욱은 자신 있는 듯이
"힘을 주어야지요! 문명을 주어야지요!"
"그리하려면?"
"가르쳐야지요! 인도해야지요!"
"어떻게요?"
"교육으로, 실행으로."
영채와 선형은 이 문답의 뜻을 자세히는 모른다. 물론 자기네가 아는 줄 믿지마는 형식이와 병욱이가 아는 만큼 절실(切實)하게, 깊게, 단단하게 알지는 못한다. 그러나 방금 눈에 보는 사실이 그네에게 산 교훈을 주었다. 그것은 학교에서도 배우지 못할 것이요, 큰 웅변에서도 배우지 못할 것이었다.

01 밑줄 친 인물들에 대한 설명으로 가장 적절한 것은? 2015. 교육행정직 7급

① '형식'은 '저들'에 대해 계몽적인 태도를 보이고 있다.
② '병욱'은 현실 문제에 대해 '형식'과 상반된 해법을 가지고 있다.
③ '영채'는 교육과 문명의 중요성에 대해 확고한 신념을 가지고 있다.
④ '선형'은 자신이 무능력하다는 것을 깨닫고 괴로워하고 있다.

Chapter 31

1920년대 현대 산문

2 현진건, 〈고향〉(1926)

赤功 정리

- **갈래**: 단편소설, 액자소설
- **성격**: 사실적, 회상적, 현실 고발적
- **배경**
  ① 시간: 일제 강점기
  ② 공간: 대구발 서울행 기차 안
- **시점**
  ① 외부 이야기: 1인칭 관찰자
  ② 내부 이야기: 전지적 작가
- **주제**: 일제 강점기 한민족의 참혹한 현실을 고발하며 일제 치하에서의 일반 민중들의 비참한 삶을 폭로함
- **특징**
  ① 방언을 사용하여 현장감, 생동감을 드러냄
  ② 서술자의 동정적인 시선과 영탄적인 어조를 효과적으로 사용하여 농지를 뺏긴 농민들의 참상을 사실적으로 표현함
  ③ 대화를 통해 내용을 효과적으로 전개함
  ④ 1920년대의 민족 항일기의 시대를 나타냄

출좋포 줄거리

나는 대구발 서울행 기차 안에서 기이하고 천박한 언행을 보이는 그와 함께 앉았다. 그와 대화를 나누며 왜 고향에서 떠났는지 물었고, 평화로운 농부였지만 농토를 잃고 유랑 생활을 시작했음을 듣게 된다. 그가 오랜만에 고향에 돌아갔었음에도 고향은 폐허가 되었었으며, 그는 그와 혼담이 오고가던 여인에게 기구한 인생사를 직접 듣게 된다. 나는 그의 이야기에 공감하며 함께 술을 마시고, 그는 일제에 대한 분노와 현실의 절망으로 어릴 때 부르던 노래를 부른다.

콤단문으로 보는 기출문제 정답 및 해설 p.350

[가] 대구에서 서울로 올라오는 차중에서 생긴 일이다. 나는 나와 마주 앉은 그를 매우 흥미있게 바라보고 또 바라보았다. 두루마기 격으로 기모노를 둘렀고, 그 안에서 옥양목 저고리가 내어 보이며 아랫도리엔 중국식 바지를 입었다. (중략) 그때 나는 그의 얼굴이 웃기보다 찡그리기에 가장 적당한 얼굴임을 발견하였다. 군데군데 찢어진 겅성드뭇한 눈썹이 올올이 일어서며, 아래로 축 처지는 서슬에 양미간에는 여러 가닥 주름이 잡히고, (중략) 삼십 세밖에 안되어 보이는 그 얼굴이 10년 가량은 늙어진 듯하였다. 나는 그 신산스러운 표정에 얼마쯤 감동이 되어서 그에게 대한 반감이 풀려지는 듯하였다.

(중략)

"어디서 오시는 길입니까?"

"흠, 고향에서 오누마."하고 그는 휘 한숨을 쉬었다. 그러자, 그의 신세타령의 실마리는 풀려 나왔다.

[나] 그의 고향은 대구에서 멀지 않은 K군 H란 외따른 동리였다. (중략) 넉넉지는 못할망정 평화로운 농촌으로 남부럽지 않게 지낼 수 있었다. 그러나 세상이 뒤바뀌자 그 땅은 전부가 동양 척식 회사의 소유에 들어가고 말았다. (중략) 지금으로부터 9년 전, 그가 열일곱 살 되던 해 봄에(그의 나이는 실상 스물여섯이었다. 가난과 고생이 얼마나 사람을 늙히는가?) 그의 집안은 살기 좋다는 바람에 서간도로 이사를 갔었다. 쫓겨 가는 운명이거든 어디를 간들 신신하랴. (중략) 남의 밑천을 얻어서 농사를 짓고 보니, 가을이 되어 얻는 것은 빈주먹뿐이었다. 이태 동안을 사는 것이 아니라 억지로 버티어 갈 제, 그의 아버지는 망연히 병을 얻어 타국의 외로운 혼이 되고 말았다.

[다] 그 후 그는 부모 잃은 땅에 오래 머물기 싫었다. 신의주로, 안동현으로 품을 팔다가 일본으로 또 벌이를 찾아가게 되었다. 규슈 탄광에 있어도 보고, 오사까 철공장에도 몸을 담아 보았다. 벌이는 조금 나았으나 외롭고 젊은 몸은 자연히 방탕해졌다. 돈을 모으려야 모을 수 없고 이따금 울화만 치받치기 때문에 한곳에 주접을 하고 있을 수 없었다. 화도 나고 고국산천이 그립기도 하여서 훌쩍 뛰어나왔다가 오래간만에 고향을 둘러보고 벌이를 구할 겸 서울로 올라가는 길이라 했다.

[라] "그래, 이번 길에 고향 사람은 하나도 못 만났습니까?" (중략)

"나와 혼인 말이 있던 여자구마."

"하아!" 나는 놀란 듯이 벌린 입이 닫혀지지 않았다.(중략)

"암만 사람이 변하기로 어째 그렇게도 변하는기오? 그 숱 많던 머리가 훌렁 다 벗을졌두마. 눈을 푹 들어가고 그 이들이들하던 얼굴빛도 마치 유산을 끼얹은 듯하더마."

"서로 붙잡고 많이 우셨겠지요"

"눈물도 안 나오더마. 일본 우동집에 들어가서 둘이서 정종만 열병 때려 뉘고 헤어졌구마." (중략)

"이야기를 다하면 뭐하는기오." 하고 쓸쓸하게 입을 다문다. 나 또한 너무도 참혹한 사람살이를 듣기에 쓴물이 났다.

"자, 우리 술이나 마자 먹읍시다." 하고 우리는 주거니받거니 한되 병을 다 말리고 말았다. 그는 취흥에 겨워서 우리가 어릴 때 멋모르고 부르던 노래를 읊조렸다.

[A] 볏섬이나 나는 전토는 /
신작로가 되고요…… /
말마디나 하는 친구는 /
감옥소로 가고요……
담뱃대나 떠는 노인은 /
공동묘지 가고요…… /
인물이나 좋은 계집은 /
유곽으로 가고요……

01 위 글에 대한 설명으로 가장 적절한 것은? 2012. 법원직

① [가] – 인물의 행적을 요약하기의 방법으로 서술하여 긴장감을 고조시키고 있다.
② [나] – 보여주기 방식으로 서술하여 서술자와 인물 사이의 객관적 거리를 확보하고 있다.
③ [다] – 서술자가 자신의 경험을 회상하는 방식으로 서술하여 액자식 구성으로 전개하고 있다.
④ [라] – 서술자와 인물의 대화를 통해 인물에 대한 서술자의 공감과 연대감을 보여준다.

02 위 글에서 [A]의 기능으로 가장 적절하지 못한 것은? 2012. 법원직

① 이 작품의 주제 의식을 집약해서 드러내는 기능을 한다.
② 소설의 배경이 되는 시대적 상황을 짐작할 수 있게 한다.
③ 산업화로 인해 문명화된 고향을 형상화하는 기능을 한다.
④ 작가가 당시 현실을 비관적으로 인식하고 있음을 드러낸다.

Chapter 32

1930년대 현대 산문

3 박태원, 〈소설가 구보씨의 일일〉(1934)

赤功 정리

- **갈래**: 중편소설, 심리소설, 세태소설, 모더니즘소설
- **성격**: 관찰적, 모더니즘적, 심리적, 묘사적
- **배경**
  ① 시간: 1930년대의 어느 하루
  ② 공간: 경성 시내
- **시점**: 전지적 작가 시점
- **주제**: 소설가가 보는 1930년대의 경성의 일상과, 예술인으로서의 갈등과 일상적 행복에 대한 소망 등의 내면 의식
- **특징**
  ① 당시 서울의 모습을 구체적으로 보여줌
  ② 공간의 이동에 따른 내용 전개
  ③ 몽타주 기법을 사용하여 한 인물의 내면 의식을 표출함

출좋포 줄거리

소설가 구보는 정오에 경성 시내를 배회하다가 건강 문제에 대해 불안해한다. 동대문행 전차에서 과거에 선을 본 여자를 발견하고 외면한 것을 후회한다. 경성역을 찾아간 구보는 온정이 없는 사람들만 발견한다. 우연히 중학생 시절 열등생이던 동창이 예쁜 여자와 동행한 것을 보게 된다. 이것을 보고는 여자의 허영심에 대하여 생각한다. 다방에서는 기자일을 하는 친구를 만나는데, 친구가 돈을 위해 기사를 작성한다는 것에 연민을 느낀다. 친구와 술을 마시고서는 세상 사람들을 정신병자로 취급하고 싶은 충동이 든다. 새벽 두 시경, 구보는 창작에 전념할 것을 다짐하며 귀가한다.

콤단문으로 보는 기출문제 정답 및 해설 p.351

[가] 표, 찍읍쇼 — 차장이 그의 앞으로 왔다. 구보는 단장을 왼팔에 걸고 바지 주머니에 손을 넣었다. 그러나 그가 그 속에서 다섯 닢의 동전을 골라내었을 때 차는 종묘 앞에 서고, 그리고 차장은 제자리로 돌아갔다.

구보는 눈을 떨어뜨려, 손바닥 위의 다섯 닢 동전을 본다. 그것들은 공교롭게도 모두가 뒤집혀 있었다. 대정(大正) 12년, 11년, 8년, 12년, 대정 54년 — 구보는 그 숫자에서 어떤 한 개의 의미를 찾아내려 들었다. 그러나 그것은 부질없는 일이었고 그리고 또 설혹 그것이 무슨 의미를 가지고 있었다 하더라도, 그것은 적어도 '행복'은 아니었을 게다. 차장이 다시 그의 옆으로 왔다. 어디를 가십니까, 구보는 전차가 향하여 가는 곳을 바라보며 문득 창경원에라도 갈까, 하고 생각한다. 그러나 그는 차장에겐 아무런 사인도 하지 않았다. 갈 곳을 갖지 않은 사람이, 한번, 차에 몸을 의탁하였을 때, 그는 어디서든 섣불리 내릴 수 없다.

차는 서고, 또 움직였다. 구보는 창밖을 내다보며, 문득, 대학병원에라도 들를 것을 그랬나 해 본다. 연구실에서, 벗은, 정신병을 공부하고 있었다. 그를 찾아가, 좀 다른 세상을 구경하는 것은, 행복은 아니어도, 어떻든 한 개의 일일 수 있다…….

[나] ㉠ <u>개찰구</u> 앞에 두 명의 사내가 서 있었다. 낡은 파나마에 모시 두루마기 노랑 구두를 신고, 그리고 손에 조그만 보따리 하나도 들지 않은 그들을, 구보는, 확신을 가져 무직자라고 단정한다. 그리고 이 시대의 무직자들은, 거의 다 ㉡ <u>금광 브로커</u>에 틀림없었다. 구보는 새삼스러이 대합실 안팎을 둘러본다. 그러한 인물들은, 이곳에도 저곳에도 눈에 띄었다.

㉢ <u>황금광 시대(黃金狂時代)</u>.

저도 모를 사이에 구보의 입술에서는 무거운 한숨이 새어 나왔다. 황금을 찾아, 황금을 찾아, 그것도 역시 숨김없는 인생의, 분명히, 일면이다. 그것은 적어도, 한 손에 단장과 또 한 손에 공책을 들고, 목적 없이 거리로 나온 자기보다는 좀 더 진실한 인생이었을지도 모른다. 시내에 산재한 무수한 광무소(鑛務所). 인지대 백 원. 열람비 오 원. 수수료 십 원. 지도대 십팔 전……. 출원 등록된 광구, 조선 전토(全土)의 칠 할. 시시각각으로 사람들은 졸부가 되고, 또 몰락해 갔다. 황금광 시대. 그들 중에는 평론가와 시인, 이러한 문인들조차 끼어 있었다. 구보는 일찍이 창작을 위해 그의 벗의 광산에 가 보고 싶다 생각하였다. 사람들의 사행심, 황금의 매력, 그러한 것들을 구보는 보고, 느끼고, 하고 싶었다. 그러나 고도의 금광열은, 오히려, ㉣ 총독부 청사, 동측 최고층, 광무과 열람실에서 볼 수 있었다…….

01 [가]에 대한 설명으로 가장 적절한 것은?

① 의식의 흐름에 따라 서술하고 있다.
② 구체적인 배경 묘사를 강조하여 내용이 전개된다.
③ 작품 내 서술자가 외부의 세계를 관찰하며 내용이 전개된다.
④ 인과적인 흐름에 따라 사건이 전개된다.

02 〈보기〉를 참고할 때, [나]에 대한 분석으로 적절하지 않은 것은? 2017. 국가직 9급

〈보기〉
어떤 특정한 시기의 풍속이나 세태의 한 단면을 그리는 소설 양식을 세태 소설이라 한다. 세태 소설은 당대 사회의 모순이나 부조리 등을 있는 그대로 묘사하여 그 사회에 대한 비판 의식을 드러낸다. 그 대표적인 소설로 박태원의 '소설가 구보 씨의 일일'이 있다.

① ㉠: 세태의 단면이 드러나는 공간적 배경이다.
② ㉡: 적극성을 지닌 존재들로 서술자의 예찬 대상이다.
③ ㉢: '무거운 한숨'을 유발하는 부조리한 현실로 서술자의 비판 대상이다.
④ ㉣: 서술자가 '금광열'이 고조되어 있는 것으로 설정한 대상이나 공간이다.

Chapter 33

1940년대 현대 산문

赤功 정리

- **갈래**: 단편소설, 순수소설
- **성격**: 무속적, 운명적, 토속적
- **배경**: 전라도와 경상도의 경계에 있는 화개장터
- **시점**: 전지적 작가시점
- **주제**: 역마살에 순응하는 삶과 인간 구원의 문제
- **특징**
  ① 공간적 배경인 '화개장터'에 상징적 의미를 부여하여 인생과 '길'의 유사성을 보여줌
  ② 전통적인 운명론을 기반으로 개인과 운명의 갈등을 보여줌

4 김동리, 〈역마〉(1948)

출종포 줄거리

옥화는 화개장터에서 주막을 운영하며 살고 있으나, 아들 성기의 역마살을 없애기 위해 노력한다. 어느 날, 체장수 영감이 딸 계연을 주막에 맡기고 떠나고, 옥화는 계연을 성기와 맺어주고 성기의 역마살 극복을 바란다. 어느 날 옥화는 계연의 왼쪽 귓바퀴에 사마귀를 발견하고는 자신의 동생이 아닐까 의심하고, 돌아온 체장수 영감으로부터 들은 이야기로 인해 계연이 옥화의 이복동생임이 밝혀진다. 결국 성기와 계연은 이별하게 되고, 계연은 아버지를 따라 고향으로 떠나며 성기는 병을 앓는다. 그 후 성기는 엿판을 걸고는 화개장터를 떠난다.

콩단문 으로 보는 기출문제

정답 및 해설 p.351

[가] "오빠, 편히 사시오."

계연은 이미 시뻘겋게 된 두 눈으로 성기의 마지막 시선을 찾으며 하직 인사를 했다. 성기는 계연의 이 말에, 꿈을 깬 듯, 마루에서 벌떡 일어나, 계연의 앞으로 당황히 몇 걸음 어뜩어뜩 걸어오다간, 돌연히 다시 정신이 나는 듯 그 자리에 화석처럼 발이 굳어 버린 채, 한참 동안 장승같이 계연의 얼굴만 멍하게 바라보고 있었다.

"오빠, 편히 사시오."

이렇게 두 번째 하직을 하는 순간까지도, 계연의 그 시뻘건 두 눈은 역시 성기의 얼굴에서 그 어떤 기적과도 같은 구원만을 기다리는 것이었고, 그러나 성기는 그 자리에 그냥 주저앉아 버릴 뻔하던 것을 겨우 버드나무 가지를 움켜잡을 수 있었을 뿐이었다.

계연의 시뻘겋게 상기된 얼굴은, 옥화와 그녀의 아버지가 그들을 지켜보고 있다는 것도 잊은 듯이 성기의 얼굴만 뚫어지게 바라보고 있었으나, 버드나무에 몸을 기대인 성기의 두 눈엔 다만 불꽃이 활활 타오를 뿐, 아무런 새로운 명령도 기적도 나타나지 않았다.

"오빠, 편히 사시오."

하고, 거의 울음이 다 된, 마지막 목소리를 남기고 돌아선 계연의 저만치 가고 있는 항라적삼을, 고운 햇빛과 늘어진 버들가지와 산울림처럼 울려오는 뻐꾸기 울음 속에, 성기는 우두커니 지켜보고 있을 뿐이었다.

[나] 그해 아직 봄이 오기 전, 보는 사람마다 성기의 회춘을 거의 다 단념하곤 하였을 때, 옥화는 이왕 죽고 말 것이라면, 어미의 맘속이나 알고 가라고, 그래, 그 체장수 영감은, 서른 여섯 해 전 남사당을 꾸며와 이 '화개장터'에 하룻밤을 놀고 갔다는 자기의 아버지임에 틀림이 없다는 것과 계연은 그 왼쪽 귓바퀴 위의 사마귀로 보아 자기의 동생임이 분명하더라는 것을 통정하노라면서, 자기의 왼쪽 귓바퀴 위의 같은 검정 사마귀까지를 그에게 보여 주었다.

"나도 처음부터 영감이 '서른 여섯 해 전'이라고 했을 때 가슴이 섬짓하긴 했다. 그렇지만 설마 했지, 그렇게 남의 간을 뒤집어 놀 줄이야 알았나. 하도 아슬해서 이튿날 악양으로가 명도까지 불러 봤더니, 요것도 남의 속을 빤히 드려다나 보는 듯이 재줄대는구나, 차라리 망신을 했지."

옥화는 잠깐 말을 그쳤다. 성기는 두 눈에 불을 켜듯 한 형형한 광채를 띠고, 그 어머니의 얼굴을 쳐다보고 있었다.

"차라리 몰랐으면 또 모르지만 한 번 알고 나서야 인륜이 있는듸 어쩌겠냐."

그리고 부디 에미 야속타고나 생각지 말라고 옥화는 아들의 뼈만 남은 손을 눈물로 씻었다.

[다] 성기가 다시 자리에서 일어나게 된 것은 이듬해 우수(雨水)도 경칩(驚蟄)도 다 지나, 청명(淸明) 무렵의 비가 질금거릴 즈음이었다. 주막 앞에 늘어선 버들가지는 다시 실같이 푸르러지고 살구, 복숭아, 진달래 들이 골목 사이로 산기슭으로 울긋불긋 피고 지고 하는 날이었다.

아들의 미음상을 차려 들고 들어온 옥화는 성기가 미음 그릇을 비우는 것을 보자, 이렇게 물었다.

"아직도 너, 강원도 쪽으로 가 보고 싶냐?"

"……."

성기는 조용히 고개를 돌렸다.

"여기서 장가들어 나랑 같이 살겠냐?"

"……."

성기는 역시 고개를 돌렸다.

01 [가]에 대한 설명으로 가장 적절한 것은? 2017. 지방직 7급

① 계연이 하직 인사를 세 번 한 것은 성기와의 인연을 끝내고자 하는 의지가 강함을 의미한다.

② 성기의 말없음은 어떠한 말로도 표현할 수 없는 복잡다단한 성기의 심리를 상징적으로 보여준다.

③ 계연이가 마을을 떠나는 장면의 자연적 배경은 굴곡이 심한 계연의 미래를 암시한다.

④ 성기의 성격과 태도에 대한 작가의 냉소적이고 비판적인 시각을 보여주는 서술이 있다.

02 위의 작품에 대한 설명으로 가장 적절한 것은? 2018. 경찰직 2차

① 운명에 순응하며 살아온 우리 민족의 전통적 정서가 담긴 작품이다.

② 한국전쟁 직후를 살아가는 지식인의 불안과 고뇌를 다양한 기법으로 표현한 작품이다.

③ 길에서 우연히 만난 두 인물이 함께 귀향하는 과정을 다룬 작품이다.

④ 부조리한 자본주의 사회에서 패배하는 현대인의 모습이 비극적으로 그려진 작품이다.

Chapter 34

1950년대 현대 산문

赤功 정리

- **갈래**: 단편소설, 전후소설
- **성격**: 사실적, 비판적, 현실고발적
- **배경**
  ① 시간: 6.25 전쟁 직후
  ② 공간: 서울의 해방촌 일대
- **시점**: 3인칭 관찰자 시점(부분적인 전지적 작가 시점)
- **주제**: 전쟁 직후 혼란스러운 사회에서 소시민들의 삶과 비애
- **특징**
  ① 객관적인 묘사를 통해 시대적 궁주림과 사회의 구조적 문제를 나타냄
  ② 전쟁 직후 사회의 위기감과 그 당시를 살아가는 인물들의 갈등을 효과적으로 보여줌
  ③ 양심적인 인물의 몰락을 통해 당대 사회의 부조리를 고발함

5 이범선, 〈오발탄〉(1959)

출좋포 줄거리

철호는 성실한 계리사 사무실의 서기이다. 철호의 집안은 고향에서 지주출신이었으나, 월남하여 궁핍하게 생활하고 있다. 철호네는 실성한 어머니와 만삭의 아내, 영양실조에 걸린 딸, 상이군인 동생 영호, 양공주가 된 동생 명숙 등의 암울한 상황이다. 어느 날 철호와 영호는 삶의 방식에 대한 논쟁을 벌이는데, 철호는 양심과 성실의 가치를 믿는 편이지만, 영호는 양심과 성실의 가치를 앓는 이 같은 것으로 격하시킨다. 며칠 후 영호는 강도 짓을 하다 경찰에 체포당하고, 만삭인 철호의 아내는 출산 중 사망하게 된다. 충격으로 인해 철호는 거리를 배회하고, 치과에서 의사의 만류를 뿌리치고 충치들을 모두 뽑아버린다. 그러나 가야할 방향을 몰라 허둥대고, 결국 어머니처럼 "가자!"만을 외치며, 자신을 조물주의 오발탄에 비유하며 의식을 잃는다.

콤단문으로 보는 기출문제 정답 및 해설 p.351

"저도 형님의 그 생활 태도를 잘 알아요. 가난하더라도 깨끗이 살자는. 그렇지요, 깨끗이 사는 게 좋지요. 그런데 형님 하나 깨끗하기 위하여 치르는 식구들의 희생이 너무 어처구니없이 크고 많단 말입니다. 헐벗고, 굶주리고, 형님 자신만 해도 그렇죠. 밤낮 쑤시는 ㉠ <u>충치</u> 하나 처치 못하시고, 이가 쑤시면 치과에 가서 치료를 하거나 빼 버리거나 해야 할 거 아니야요? 그런데 형님은 그것을 참고 있어요. 낯을 잔뜩 찌푸리고 참는단 말입니다. 물론 치료비가 없으니까 그러는 수밖에 없겠지요. 그겁니다. 바로 그겁니다. 그 돈을 어떻게든가 구해야죠. 이가 쑤시는데 그럼 어떻게 해요? 그걸, 형님처럼 마치 이 쑤시는 것을 참고 견디는 그것이 돈을-치료비를-버는 것이기나 한 것처럼 생각하는 것, 안 쓰는 것은 혹 버는 셈이 된다고 할 수도 있을 거야요. 그렇지만 꼭 써야 할 데 못 쓰는 것이 버는 셈이라고는 할 수 없지 않아요? 세상에는 이런 계층의 사람들이 있다고 봅니다. 즉 돈을 모으기 위해서만으로 필요 이상의 돈을 버는 사람과, 필요하니까 그 필요한 만큼의 돈을 버는 사람과, 또 하나는 이건 꼭 필요한 돈도 채 못 벌고서 그 대신 생활을 졸이는 사람들. 신발에다 발을 맞추는 격으로 형님은 아마 맨 끝의 층에 속하겠지요. 필요한 돈도 미처 벌지 못하는 사람. 깨끗이 살자니까 그럴 수밖에 없다고 하시겠지요. 언제까지나 충치가 쏘아 부은 볼을 싸 쥐고 울상일 수밖에 없지요. 그렇지 않습니까? 그야 형님! 인생이 저 골목 안에서 십 환짜리를 받고 코 흘리는 어린애들에게 보여 주는 ㉡ <u>요지경</u>이라면야 자기가 가지고 있는 돈값 만치 구멍으로 들여다보고 말 을 수도 있겠지요. 그렇지만 어디 인생이 자기 주머니 속의 돈 액수만치만 살고 그만두고 싶으면 그만둘 수 있는 요지경인가요. 어디, 돈 만치만 먹고 말을 수 있는 그런 편리한 목구멍인가요. 어디, 싫어도 살아야 하니까 문제지요. 사실이지 자살을 할 만치 소중한 인생도 아니고요. 살자니까 돈이 필요하구요. 필요한 돈이니까 구해야죠. 왜 우리라고 넓은 테두리, 법률선(法律線)까지 못 나가란 법이 어디 있어요 아니 남들은 다 벗어던지구 법률선까지 넘나들면서 사는데, 왜 우리만이 옹색한 양심의 울타리 안에서 숨이 막혀야 해요. ㉢ 법률이란 뭐야요. 우리들이 피차에 약속한 선이 아니야요?"

영호는 얼굴을 번쩍 들며 반쯤 끌러 놓았던 넥타이를 마저 끌러서 방구석에 픽 던졌다.

철호는 여전히 턱을 가슴에 푹 묻은 채 묵묵히 앉아 두 짝 다 엄지발가락이 몽땅 밖으로 나온 뚫어진 ㉣ 양말을 내려다보고 있었다. 나일론 양말을 한 켤레 사면 반년은 무난히 뚫어지지 않고 견딘다는 말은 들었다. 그러나 뻔히 알면서도 번번이 백 환짜리 무명 양말을 사들고 들어오는 철호였다. 칠백 환이란 돈을 단번에 잘라낼 여유가 도저히 없는 월급이었던 것이다.

"그건 억설이야."

철호는 천천히 고개를 들었다.

01 ㉠~㉣ 중 함축적인 의미가 다른 하나는?

① ㉠ ② ㉡
③ ㉢ ④ ㉣

02 윗글의 설명으로 옳지 않은 것은?

① 영호는 깨끗하지만 가난하게 사는 철호의 삶의 태도에 불만이 있다.
② 영호는 돈이 필요하므로 법률을 어겨도 된다고 생각하고 있다.
③ 철호는 자신의 싸구려 양말을 보면서도 영호의 말에 동의하지 않고 있다.
④ 철호는 월급이 적어 구멍이 잘 뚫리는 백 환짜리 나일론 양말을 신는다.

Chapter 35

1960년대 현대 산문

6 최인훈, 〈광장〉(1960)

출종포 줄거리

해방 후 명준은 평범한 대학생이었지만 월북한 아버지로 인해 고초를 겪고서 월북을 결행한다. 북한에 도착하였음에도 막상 북한 사회를 체험하자 북한의 이상적 선전과는 달리 왜곡된 이념이 존재하고, 자유가 없음을 알게 된다. 명준은 은혜와의 사랑으로 이를 돌파하려고 하지만 은혜의 유학으로 인해 좌절된다. 6·25 전쟁이 발발하자 인민군으로 참전하게 된 명준은 은혜와 극적으로 만나지만, 은혜는 죽음을 맞이하고 명준은 포로로 잡히게 된다. 포로수용소에서 석방될 때 명준은 제 3국을 선택하는데, 인도로 향하는 타고르 호에서 바다에 투신한다.

赤功 정리

- **갈래**: 장편소설, 관념소설, 분단소설, 사회소설
- **성격**: 관념적, 독백적, 철학적, 회고적
- **배경**
  - ① 시간: 해방 직후에서 6.25전쟁의 종전까지
  - ② 공간: 남한과 북한, 인도양의 타고르 호 안
- **시점**: 전지적 작가 시점
- **주제**: 이데올로기의 갈등 속에서 이상적 삶과 사회에 대한 추구
- **특징**
  - ① 상징적인 소재와 배경을 사용함
  - ② 이데올로기적 이념 문제를 본격적으로 다룸
  - ③ 주인공이 회상하는 형식으로 내용을 전개함

콤단문으로 보는 기출문제 정답 및 해설 p.352

[가] 준다고 바다를 마실 수는 없는 일. 사람이 마시기는 한 사발의 물. 준다는 것도 허황하고 가지거니 함도 철없는 일. 바다와 한 잔의 물. 그 사이에 놓인 골짜기와 눈물과 땀과 피. 그것을 셈할 줄 모르는 데 잘못이 있었다. 세상에서 뒤진 가난한 땅에 자란 지식 노동자의 슬픈 환상. 과학을 믿은 게 아니라 마술을 믿었던 게지. 바다를 한 잔의 영생수로 바꿔 준다는 마술사의 말을. 그들은 뻔히 알면서 권력이라는 약을 팔려고 말로 속인 꼬임을.

어리석게 신비한 술잔을 찾아 나섰다가, 낌새를 차리고 항구를 돌아보자, 그들은 항구를 차지하고 움직이지 않고 있었다. 참을 알고 돌아온 바다의 난파자들을 그들은 감옥에 가둘 것이다. 못된 균을 옮기지 않기 위해서. 역사는 소걸음⁺으로 움직인다. 〈중략〉

사람이 풀어야 할 일을 한눈에 보여 주는 것? 그것이 '죽음'이다. 은혜의 죽음을 당했을 때, 이명준 배에서는 마지막 돛대가 부러진 셈이다. 이제 이루어 놓은 것에 눈을 돌리면서 살 수 있는 힘이 남아 있지 않다. 팔자소관⁺으로 빨리 늙는 사람도 있는 법이었다. 사람마다 다르게 마련된 몸의 길, 마음의 길, 무리의 길. 대일 언덕 없는 난파꾼은 항구를 잊어버리기로 하고 물결 따라 나선다.

환상의 술에 취해 보지 못한 섬에 닿기를 바라며. 그리고 그 섬에서 환상 없는 삶을 살기 위해서. 무서운 것을 너무 빨리 본 탓으로 지쳐 빠진 몸이, 자연의 수명을 다하기를 기다리면서 쉬기 위해서. 그렇게 해서 결정한, 중립국행이었다.

⁺ 소걸음: 소처럼 느릿느릿 걷는 걸음.

⁺ 팔자소관: 타고난 운수로 말미암아 어쩔 수 없이 당하는 일.

[나] ……펼쳐진 부채가 있다. 부채의 끝 넓은 테두리 쪽을, 철학과 학생 이명준이 걸어간다. 가을이다. 겨드랑이에 낀 대학신문을 꺼내 들여다본다. 약간 자랑스러운 듯이. 여자를 깔보지는 않아도, 알 수 없는 동물이라고 여기고 있다. 책을 모으고, 미라를 구경하러 다닌다.

정치는 경멸하고 있다. 그 경멸이 실은 강한 관심과 아버지 일 때문에 그런 모양으로 나타난 것인 줄은 알고 있다. 다음에, 부채의 안쪽 좀더 좁은 너비에, 바다가 보이는 분지가 있다. 거기서 보면 갈매기가 날고 있다. 윤애에게 말하고 있다. 윤애 날 믿어 줘. 알몸으로 날 믿어 줘. 고기 썩는 냄새가 역한 배 안에서 물결에 흔들리다가 깜빡 잠든 사이에, 유토피아의 꿈을 꾸고 있는 그 자신이 있다. 조선인 꼴호즈 숙소의 창에서 불타는 저녁놀의 힘을 부러운 듯이 바라보고 있는 그도 있다. 구겨진 바바리코트 속에 시래기처럼 바랜 심장을 하고 은혜가 기다리는 하숙으로 돌아가고 있는 9월의 어느 저녁이 있다. 도어에 뒤통수를 부딪치면서 악마도 되지 못한 자기를 언제까지나 웃고 있는 그가 있다. 그의 삶의 터는 부채꼴, 넓은 데서 점점 안으로 오므라들고 있었다. 마지막으로 은혜와 둘이 안고 뒹굴던 동굴이 그 부채꼴 위에 있다. 사람이 안고 뒹구는 목숨이 꿈이 다르지 않느니. 어디선가 그런 소리도 들렸다.

그는 지금, ㉠<u>부채의 사북+ 자리</u>에 서 있다. 삶의 광장은 좁아지다 못해 끝내 그의 두 발바닥이 차지하는 넓이가 되고 말았다. 자 이제는? 모르는 나라, 아무도 자기를 알리 없는 먼 나라로 가서, 전혀 새사람이 되기 위해 이 배를 탔다. 사람은, 모르는 사람들 사이에서는, 자기 성격까지도 마음대로 골라잡을 수도 있다고 믿는다. 성격을 골라잡다니! 모든 일이 잘 될 터이었다. 다만 한 가지만 없었다면. 그는 두 마리 새들을 방금까지 알아보지 못한 것이었다.

무덤 속에서 몸을 푼 한 여자의 용기를, 방금 태어난 아기를 한 팔로 보듬고 다른 팔로 무덤을 깨뜨리고 하늘 높이 치솟는 여자를, 그리고 마침내 그를 찾아내고야 만 그들의 사랑을.

돌아서서 마스트+를 올려다본다. 그들은 보이지 않는다. 바다를 본다. 큰 새와 꼬마 새는 바다를 향하여 미끄러지듯 내려오고 있다. 바다. 그녀들이 마음껏 날아다니는 광장을 명준은 처음 알아본다. 부채꼴 사북까지 뒷걸음질친 그는 지금 핑그르르 뒤로 돌아선다. 제정신이 든 눈에 비친 ㉡<u>푸른 광장</u>이 거기 있다.

+ 사북: 접부채의 아랫머리나 가위다리의 교차된 곳에 못과 같이 박아서 돌쩌귀처럼 쓰이는 물건.

+ 마스트: 돛대

01 윗글 [가]의 설명으로 가장 적절하지 않은 것은? 2015. 법원직 9급

① 전후 현실에서 자유를 추구하는 지성인의 자아반성이 드러나 있다.
② 과거의 사건을 회상하면서 사건의 전말을 설명하고 있는 형식이다.
③ 남북 분단의 비극을 이데올로기 측면에서 본격적으로 다루고 있다.
④ 분단 상황에서 선택에 내몰리는 지식인의 고뇌와 갈등을 그리고 있다.

Chapter 36

1970년대 현대 산문

赤功 정리

- **갈래**: 단편소설, 사실주의소설, 여로소설
- **성격**: 사실적, 현실비판적
- **배경**
  ① 시간: 1970년대의 겨울
  ② 공간: 공사장에서 삼포로 가는 길
- **시점**: 전지적 작가 시점
- **주제**: 산업화의 과정에서 소외된 계층들의 애환과 연대의식
- **특징**
  ① 한 인물이 고향을 찾아 가는 여로를 중심으로 사건이 전개됨
  ② 여운을 남기는 방식으로 결말을 구성함
  ③ 과거와 현재의 장면이 겹치는 복합 구성을 보임

7 황석영, 〈삼포 가는 길〉(1973)

출종포 줄거리

공사가 중단되자 영달은 밀린 밥값을 떼어먹고 도망친다. 그러다가 정 씨를 만나는데 고향인 삼포를 찾아가고 있었고 둘은 동행하게 된다. 둘은 국밥집에서 술집 작부인 백화의 도망에 대한 이야기를 듣고, 그녀에 대한 만 원의 현상금의 제안을 받게 된다. 둘은 삼포로 가는 기차를 타기 위해 감천으로 향하는 중 백화를 만나게 된다. 둘은 백화의 과거를 들으며 그녀를 이해하게 되었다. 영달에게 호감이 생긴 백화는 기차역에 도착하고 자신의 고향으로 가자고 제안하지만, 영달은 이를 거절하고 갖고 있는 돈을 털어 백화를 혼자 보낸다. 영달과 정 씨는 대합실에서 삼포가 공사판으로 변했다는 이야기를 듣게 되는데, 영달은 공사판 소식에 기뻐하고 정 씨는 고향을 잃었다는 생각으로 실망한다.

콤단문 으로 보는 기출문제

정답 및 해설 p.352

[가] 역으로 가면서 백화가 말했다.

"어차피 갈 곳이 정해지지 않았다면 우리 고향에 함께 가요. 내 일자리를 주선해 드릴게."

"내야 삼포루 가는 길이지만, 그렇게 하지?"

정씨도 영달이에게 권유했다. 영달이는 흙이 덕지덕지 달라붙은 신발 끝을 내려다보며 아무 말이 없었다. 대합실에서 정씨가 영달이를 한쪽으로 끌고 가서 속삭였다.

"여비 있소?" / "빠듯이 됩니다. 비상금이 한 천원쯤 있으니까."

"어디루 가려우?" / "일자리 있는 데면 어디든지……"

스피커에서 안내하는 소리가 웅얼대고 있었다. 정씨는 대합실 나무의자에 피곤하게 기대어 앉은 백화 쪽을 힐끗 보고 나서 말했다.

"같이 가시지. 내 보기엔 좋은 여자 같군." / "그런 거 같아요."

"또 알우? 인연이 닿아서 말뚝 박구 살게 될지. 이런 때 아주 뜨내기 신셀 청산해야지."

영달이는 시무룩해져서 역사 밖을 멍하니 내다보았다. 백화는 뭔가 쑤군대고 있는 두 사내를 불안한 듯이 지켜보고 있었다. 영달이가 말했다.

"어디 능력이 있어야죠." / "삼포엘 같이 가실라우?" / "어쨌든……"

영달이가 뒷주머니에서 꼬깃꼬깃한 오백 원짜리 두 장을 꺼냈다.

"저 여잘 보냅시다."

영달이는 표를 사고 삼립빵 두 개와 찐 달걀을 샀다.

백화에게 그는 말했다. / "우린 뒤차를 탈 텐데…… 잘 가슈."

영달이가 내민 것들을 받아 쥔 백화의 눈이 붉게 충혈되었다.

[A]
그 여자는 더듬거리며 물었다.
"아무도…… 안 가나요?" / "우린 삼포루 갑니다. 거긴 내 고향이오."
영달이 대신 정씨가 말했다. 사람들이 개찰구로 나가고 있었다. 백화가 보퉁이를 들고 일어섰다.
"정말, 잊어버리지…… 않을게요."
백화는 개찰구로 가다가 다시 돌아왔다. 돌아온 백화는 눈이 젖은 채로 웃고 있었다.
"내 이름 백화가 아니에요. 본명은요…… 이점례예요."
여자는 개찰구로 뛰어나갔다. 잠시 후에 기차가 떠났다.

01 [가]에 대한 감상으로 적절하지 않은 것은? 2022. 지방직 9급

① 정 씨는 영달이 백화와 함께 떠날 것을 권유했군.
② 백화는 영달의 선택이 어떤 것일지 몰라 불안했군.
③ 영달은 백화를 신뢰할 수 없었기 때문에 같이 떠나지 않았군.
④ 백화가 자신의 본명을 말한 것은 정 씨와 영달에 대한 고마움의 표현이었군.

02 [A]를 읽고 추론한 내용으로 적절하지 않은 것은? 2017. 국가직 9급

① '눈 덮인 길의 고랑'은 백화가 신음하는 계기로 작용하기도 한다.
② 등에 업힌 백화는 영달이가 '옥자'를 떠올리는 계기로 작용하기도 한다.
③ 영달이는 '대전에서의 옥자'를, 어린애처럼 생각이 깊지 않은 존재로 인식하고 있다.
④ 백화는 처음에는 영달이의 등에 업히기를 싫어했으나, 영달이의 등에 업힌 이후 싫어하는 내색이 없어 보인다.

출.좋.포 독해·문학

Part

12

고전 문학

Chapter 37

고대 가요와 향가

출종포 문학 이론

1 고대 시가

집단적이고 서사적인 원시 종합 예술 예 〈구지가〉, 〈해가〉
→ 개인적이고 서정적인 시가 예 〈공무도하가〉, 〈황조가〉, 〈정읍사〉

① 배경 설화와 함께 전해짐 예 〈공무도하가〉, 〈구지가〉, 〈황조가〉, 〈해가〉, 〈정읍사〉
★ ② 구비 전승되다가 한문으로 기록됨(정읍사는 한글로 기록된 최고 가요)

2 향가

주로 승려, 귀족이 부르던 향찰로 표기된 우리나라 최초의 정형시(6세기경 신라에서 발생하여 고려 초까지 향유)

① **4구체 :** 초기 버전 예 〈서동요〉, 〈풍요〉, 〈헌화가〉, 〈도솔가〉

② **8구체 :** 4구체와 10구체 사이의 과도기적 형식 예 〈모죽지랑가〉, 〈처용가〉

③ **10구체(사뇌가) :** 가장 완성형!
- **3단 구성 :** 기(4구) 서(4구) 결(2구)
- 낙구에 감탄사 ⇨ 시조가 이를 계승함

예 월명사의 〈제망매가〉, 충담사의 〈안민가〉·〈찬기파랑가〉, 융천사의 〈혜성가〉

» **향가의 문학사적 의의**
1. 우리나라 최초의 정형화된 서정시이다.
2. 한자의 음과 훈을 이용하여 우리 고유의 표기인 향찰을 만든 점에서 민족의 주체성이 빛난다.
3. 시조와 가사가 10구체 향가의 3단 형식과 종장 형식을 계승하였다. 이는 국문학의 독자적인 형식의 연속성을 보여준다.

고대가요 의 대표적인 문학 작품

공무도하가의 배경 설화

1 백수 광부의 아내, 〈공무도하가(公無渡河歌)〉

公無渡河(공무도하)	임아, 그 물을 건너지 마오.
公竟渡河(공경도하)	임은 그예 그 물을 건너셨네.
墮河而死(타하이사)	물에 쓸려 돌아가시니,
當奈公何(당내공하)	가신 임을 어이할꼬

콤단문 으로 보는 기출문제

정답 및 해설 p.353

01 위 시의 특징으로 적절하지 않은 것은?

① 집단 서사시에서 개인적 서정시로 넘어가는 과도기에 있는 작품이다.
② 화자의 임에 대한 사랑이 역설적으로 나타나있다.
③ 남편(사랑하는 임)과의 이별에 대한 애상과 체념이 드러나 있는 작품이다.
④ '물'을 중심으로 시상이 전개되고 있다.

02 위 작품에 대한 설명으로 가장 옳은 것은? 2019. 서울시 9급 1회

① 〈황조가〉와 더불어 현존하는 우리나라 최고의 서사시이다.
② 한시와 함께 번역한 시가가 따로 전한다.
③ '물'의 상징적 의미를 따라 시상을 전개하고 있다.
④ 몇 번을 죽어도 충성의 마음이 변치 않음을 노래하고 있다.

赤功 정리

- **해설**
  1구 : 물로 들어가려는 임을 말림(애원)
  2구 : 사랑하는 임이 떠나감(초조)
  3구 : 사랑하는 임의 죽음(절망)
  4구 : 화자의 탄식과 슬픔(체념)
- **갈래** : 고대 가요, 4언 4구의 한역시가
- **시대** : 고조선
- **제재** : 물을 건너는 임
- **주제** : 임과의 이별(죽음)을 슬퍼함, 이별의 한
- **성격** : 서정적, 애상적, 개인적
- **특징**
  ① 화자의 감정을 직접적으로 드러냄
  ② '물'을 중심으로 시상을 전개(사랑 – 이별 – 죽음 – 만남 – 재생)
  ③ 마지막 구에서 떠나간 임에 대한 슬픔과 체념의 정서가 드러남
  ④ 우리나라의 보편적 정서인 '한'을 노래함
- **의의**
  ① 집단 서사시에서 개인적 감정을 담은 서정시로 넘어가는 과도기에 있는 작품
  ② 고조선 시대에 만들어진 노래로 우리나라 최고(最古)의 서정시

*출전 : ≪해동역사≫

구지가의 배경 설화

~~~~~~~~~~~~~~~~~~~~~~~~~~~~~~~~~~~~

~~~~~~~~~~~~~~~~~~~~~~~~~~~~~~~~~~~~

~~~~~~~~~~~~~~~~~~~~~~~~~~~~~~~~~~~~

2 구간(九干)의 등, 〈구지가(龜旨歌)〉

龜何龜何(구하구하)	거북아, 거북아(부름)
首其現也(수기현야)	머리를 내어라(명령)
若不現也(약불현야)	내어 놓지 않으면,(가정)
燔灼而喫也(번작이끽야)	구워서 먹으리.(위협)

콕단문으로 보는 기출문제

정답 및 해설 p.353

03 이 노래에 대한 설명으로 적절하지 않은 것은?

① 기원하는 대상에게 자신들의 소망을 위협적으로 표현하고 있다.
② 주술적인 성격을 지닌 현전하는 최고의 집단 무요(舞謠)이다.
③ 왕의 강림을 기원하고 있다.
④ 우리 민족의 전통적인 정서인 한을 노래하고 있다.

04 이 작품의 전개방식으로 옳은 것은? 2017. 국가직 9급

① 요구 – 위협 – 환기 – 조건
② 환기 – 요구 – 조건 – 위협
③ 위협 – 조건 – 환기 – 요구
④ 조건 – 요구 – 위협 – 환기

亦功 정리

- **해설**
  1구: 기원하는 대상인 거북을 부름
  2구: 거북에게 바라는 것을 명령 ⇨ 왕의 출현을 기원함(요구)
  3구: 명령한 것이 이루어지지 않는 상황을 가정
  4구: 소망을 성취하겠다는 의지를 표현하며 대상을 위협 ⇨ 소원 성취 의지를 보여 줌(위협)
- **갈래**: 고대 가요, 4구체 한역 시가, 노동요
- **성격**: 집단적, 주술적
- **시대**: 신라 시대(유리왕 19년, A.D. 42)
- **제재**: 거북
- **주제**: 임금(수로왕)의 강림(降臨) 기원
- **표현**: 명령 어법, 직설적, 위협적, 협박적
- **의의**
  ① 현전하는 최고(最古)의 집단 무요(舞謠)
  ② 주술성을 지닌 무요(舞謠)

*출전: ≪삼국유사≫ 권 2
~~~~~~~~~~~~~~~~~~~~~~~~~~~~~~~~~~~~

서동요의 배경 설화

3 서동, 〈서동요(薯童謠)〉

善化公主主隱	善化公主니믄	선화공주님은
他 密只 嫁良 置古	놈 그슥 얼어 두고	남 몰래 짝 맞추어 두고
薯童房乙	薯童 바올	서동 방을
夜矣 卯乙 抱遣 去如	바매 알홀 안고 가다	밤에 알을 안고 간다.

콤단문으로 보는 기출문제

정답 및 해설 p.353

05 위 작품에 대한 설명으로 적절하지 않은 것은?

① 참요적인 성격을 가진 4구체 민요이다.
② 주제는 선화 공주의 은밀한 사랑이다.
③ 일반적 한자표기로 기록하고 읽었다.
④ ≪삼국유사≫에 배경 설화와 함께 전해진다.
⑤ 현전하는 가장 오래된 향가이다.

06 위 글에 대한 설명으로 적절하지 않은 것은?

① 한자를 모르는 사람들은 향찰 표기를 읽을 수 없는 한계가 존재했다.
② 형식상 4구체 향가이고, 내용상으로는 참요의 성격을 띠고 있다.
③ 향가의 작가들은 주로 서민층이었다.
④ 한자의 소리와 뜻을 빌려 문장 전체를 적을 수 있도록 고안한 표기체계를 사용하였다.

亦功 정리

• **해설**
1구: 이야기의 주체(참요의 대상)
3-4구: 이야기의 내용(참요⁺의 내용)
⁺ 참요(讖謠): 미래를 예언하는 사람들 사이에 떠돌아다니는 민요
• **갈래**: 4구체 향가
• **성격**: 민요적, 참요(讖謠)적, 동요적
• **시대**: 신라 26대 진평왕(599년 이전)
• **제재**: 선화공주의 사랑
• **주제**: 선화공주와 서동의 비밀스러운 사랑, 서동의 선화공주에 대한 연모의 마음
• **특징**: 향찰의 표기를 이용한 작품.(실질적인 의미를 가진 부분은 뜻을 빌려 표기하고 어미와 같은 문법적 요소는 음을 빌려 표기)
• **의의**
① 현전하는 가장 오래된 향가
② 민요가 4구체 향가로 정착
*출전: ≪삼국유사≫ 권 2

Chapter 38

고려 가요

고려 가요(장가(長歌), 속요(俗謠), 여요(麗謠))

1 개념

고려 시대 평민들이 부르던 민요적 정형시

2 특성

기준	내용
전승 방법	오래 전부터 민요로 구비 전승되다가 조선시대에 기록되어 궁중악으로 불렸다. 조선 시대 훈민정음 창제 이후에는 ≪악학궤범≫(4편), ≪악장가사≫(8편), ≪시용향악보≫(2편) 등에 기록되었다.
작가	일반적으로 평민 계층이었기 때문에 미상이 많았다.
형식	① 3음보, 3 · 3 · 2조 ② 분연체(이상곡 사모곡 등은 단연시로 예외) ③ 후렴구(여음구, 조흥구, 감탄사)
내용	① 남녀 간의 사랑과 이별(남녀상열지사로 삭제 당함) ② 자연 친화 ③ 삶의 고단함(지배층 비판)
의의	우리말의 아름다움, 경쾌한 리듬(운율) 평민들의 진솔하고 소박한 생활 감정을 담음 표현의 함축성

★★» **후렴구의 효과**

1. 운율 형성(경쾌함)
2. 분연의 기능
3. 작품의 통일성 부여
4. 궁중 음악이었음의 증거

1 정서, 〈정과정(鄭瓜亭)〉

내 님믈 그리ᅀᆞ와 우니다니
내 님을 그리워하여 울고 있으니

山(산) 졉동새 난 이슷ᄒᆞ요이다
산 접동새와 내 신세가 비슷합니다.

아니시며 거츠르신 ᄃᆞᆯ 아으
(모함들이 사실이) 아니며 거짓인 줄을

잔월 효성(殘月曉星)이 아ᄅᆞ시리이다
잔월효성(지는 달 뜨는 별)이 아실 것입니다.

▶ 기: 자신의 결백함 주장

넉시라도 님은 ᄒᆞᆫᄃᆡ 녀져라 아으
넋이라도 님과 함께하고 싶습니다.

벼기더시니 뉘러시니잇가
(내가 죄가 있다고) 우기시는 이가 누구입니까

과(過)도 허믈도 천만(千萬) 업소이다
잘못도 허물도 전혀 없습니다.

ᄆᆞᆯ힛마리신뎌
뭇 사람들의 말입니다.

ᄉᆞᆯ읏븐뎌 아으
슬프구나. 아으

니미 나ᄅᆞᆯ 하마 니ᄌᆞ시니잇가
님이 나를 벌써 잊으셨습니까?

▶ 서: 결백함 하소연

아소 님하 도람 드르샤 괴오쇼셔
아소 님아, 돌이켜 들으시어 사랑해 주소서.

▶ 결: 애원과 소망

亦功 정리

- **갈래**: 유배 문학, 고려가요, 향가계 여요
- **성격**: 애상적, 충신연주지사, 유배시
- **시대**: 고려 의종
- **제재**: 임과의 이별(참소와 유배)
- **주제**: 임금을 향한 변함없는 충절
- **의의**
  ① 유배 문학의 효시
  ② 고려 가요 중 작가와 연대가 모두 밝혀진 유일한 작품
  ③ 11줄로 되어 있으나, 8, 9행을 합치면 10구체 향가의 구성이 됨. 10구체 향가의 흐름을 잇는 '기 – 서 – 결' 3단으로 구성된 가요

*출전: ≪악학궤범≫

콤단문 으로 보는 기출문제

정답 및 해설 p.353

01 〈보기〉의 화자가 위 시의 화자에게 할 수 있는 말로 가장 적절한 것은? 2003.4월 모의

〔보기〕
어져 내 일이야 그릴 줄을 모로다냐.
이시라 하더면 가랴마는 제 구태여
보내고 그리는 情(정)은 나도 몰라 하노라.

— 황진이의 시조

① 당신의 마음을 천지신명만큼은 반드시 아실 것입니다.
② 차라리 깨끗하게 모든 것을 단념하고 새 출발을 하세요.
③ 조금만 더 참고 기다리면 곧 좋은 소식이 있을 것입니다.
④ 혹시 자신에게 잘못은 없는지 다시 한 번 생각해 보세요.
⑤ 사람은 때때로 자신의 의지와는 무관한 일을 겪기도 한답니다.

02 위 작품에 대한 특징으로 옳지 않은 것은?

① 고려가요 중 작가와 연대가 모두 밝혀진 유일한 작품이다.
② 임에 대한 간절한 염원과 소망을 담고 있다.
③ 충신연주지사의 흐름을 잇고 있다.
④ 접동새와의 대조를 통해 자신의 상황을 나타내고 있다.
⑤ 자신의 결백함을 직접적으로 표현하고 있다.

Chapter 39

시조

문학 이론 시조(단가(短歌), 시절가조(時節歌調 : 당대의 유행 가조)

1 개념

고려 중기에 발생하고 말기에 완성되어 조선 시대의 전성기를 거쳐 지금까지 창작되고 있는 우리 민족 고유의 정형 시가

2 형식

① 3장 6구 45자 내외

② 4음보율 / 3 · 4조(4 · 4조)

③ 종장의 첫 음보는 3음절로 고정

> 구름이 無心(무심)탄 말이 아마도 虛浪(허랑)ᄒᆞ다.
> 中天(중천)에 ᄯᅥ 이셔 任意(임의)로 ᄃᆞᆫ니면셔
> 구ᄐᆡ야 光明(광명)ᄒᆞᆫ 날빗출 ᄯᅡ라가며 덥ᄂᆞ니
>
> ㅡ 이존오

3 종류

형식에 따라		길이에 따라	
평시조	3장 6구 45자 내외 주로, 조선 전기, 중기	단시조	1수로 된 시조
엇시조	평시조에서 초장이나 중장 중 한 구가 길어진 시조로, 중형 시조라고도 한다.	연시조	하나의 제목 아래 2수 이상의 시조가 연결된 시조
사설시조	3장 중 2구 이상이 평시조보다 매우 길어진 시조로, 장형 시조라고도 한다. 주로 조선 후기 평민 계층이 향유함.		

출좋포 문학 이론 조선 시대 시조

1 조선 전기

1. 내용

① 완전 초

– 회고가(懷古歌) : 고려 왕조에 대해 회상하며 새로운 왕조에 대한 고뇌를 노래하거나 새로운 왕조에 대한 기대감을 드러냄

– 절의가(節義歌) : 스러진 고려 왕조에 대한 그리움과 탄식, 절개를 노래

② 조선 전기(관념적이고 유교적인 내용)

양반들의 유교적 절의 / 자연 친화(강호가도*, 유유자적) / 사랑과 이별

*강호가도 : 자연을 예찬하고 자연에 귀의하여 생활하는 것

2. 형식

① 주로 양반 계층이 노래를 불렀기 때문에 '평시조' 형식

② 평시조가 2수 이상 연결된 '연시조' 형식

2 조선 후기

임진왜란 이후, 평민 계급의 의식의 성장, 산문 정신, 실학정신 또한 발휘되었다.
이로 인해 비교적 길이가 짧던 평시조의 형식이 파괴되기 시작했다.

- 평민 중심의 가단 형성 : 경정산 가단(김천택 · 김수장), 승평계(박효관 · 안민영), 노가재 가단(김수장 중심) 등
- 시조집 편찬 : 청구영언 (靑丘永言), 해동가요(海東歌謠) 등
- 작가층 확대 : 양반, 기생 → 평민

  ▸시조의 대중화, 국민 문학!

1. 내용(현실적이고 구체적인 내용)

남녀 간의 사랑과 이별 / 지배계급에 대한 비판과 풍자 / 고달픈 삶의 해학

2. 형식

① 기생, 평민 계급이 노래를 부르기 시작.

② 엇시조, 사설시조와 같이 형식이 파괴된 형태가 보이기 시작했다.

(사설시조 최초 : 정철의 〈장진주사〉)

> 두터비 ᄑᆞ리를 물고 두험 우희 치ᄃᆞ라 안자
> 것넌山 ᄇᆞ라보니 白松骨이 써잇거ᄂᆞᆯ 가슴이 금즉ᄒᆞ여 풀덕 뛰여내ᄃᆞᆺ다가 두험 아래 ᄌᆞᆺ바지거고
> 모쳐라 ᄂᆞᆯ낸 낼싀만졍 에헐질 번ᄒᆞ괘라

고려 말～조선 초

고려 왕조의 멸망

1 이존오, 〈구룸이 무심(無心)ᄐᆞᆫ 말이〉

구룸이 무심(無心)ᄐᆞᆫ 말이 아마도 허랑(虛浪)ᄒᆞ다.

중천(中天)에 ᄯᅥ 이셔 임의(任意)로 ᄃᆞ니면셔

구ᄐᆡ야 광명(光明)ᄒᆞᆫ 날빗ᄎᆞᆯ ᄯᅡ라가며 덥ᄂᆞ니.

현대어 풀이

구름이 욕심이 없단 말은 너무 허무맹랑하다.(거짓이다.)
하늘 가운데에 떠 있어 마음대로 다니면서
굳이 밝은 햇빛을 따라가며 덮는구나.

혜선쌤이 한땀한땀 정리한 亦功 작품 정리

- **주제**: 고려 말의 간신 신돈을 풍자함.
- **시적 상황**: 공민왕의 신뢰를 얻은 신돈이 횡포를 부림.
- **정서와 태도**: 어지럽고 혼탁한 현실을 탄식함.
- **표현상 특징**
  ① '신돈'을 풍자하기 위해 상징적 표현을 사용함
  예 1) 구름(= 나라를 혼탁한 상태로 만든 신돈 무리) 2) 광명한 날빛(=공민왕의 총명)
  ② '구룸'을 의인화함.

2 원천석, 〈흥망(興亡)이 유수(有數)ᄒᆞ니〉

흥망(興亡)이 유수(有數)ᄒᆞ니 만월대(滿月臺)도 추초(秋草)ㅣ로다.

오백년(五百年) 왕업(王業)이 목적(牧笛)에 부쳐시니,

석양(夕陽)에 지나는 객(客)이 눈물계워 ᄒᆞ노라.

현대어 풀이

흥망성쇠 하늘에 달렸으니, 만월대도 가을 풀만 우거져 있다.
오백 년 왕업이 목동 피리 소리에 들어 있으니
석양에 지나는 나그네가 눈물겨워 하노라.

혜선쌤이 한땀한땀 정리한 작품 정리

- **주제**: 고려를 회고하며 무상감을 느낌.
- **시적 상황**: 고려 멸망으로 조선이 건국되었을 시기
- **정서와 태도**: 고려의 멸망에 애통함을 느낌.
- **표현상 특징**
  ① 고려 멸망의 무상감을 청각적 이미지를 사용하여 표현함.
  ② 영탄법을 통해 안타까움을 강조함.
  ③ 은유법(만월대=추초)을 사용해 주제를 구체화함.
  ④ '석양(夕陽)'은 '해가 진다, 고려 멸망'의 의미를 가지므로 중의법이 나타남.

3 이색, 〈백설(白雪)이 ᄌᆞᄌᆞ진 골에〉

백설(白雪)이 ᄌᆞᄌᆞ진 골에 구루미 머흐레라.

반가온 매화(梅花)ᄂᆞᆫ 어ᄂᆡ 곳에 픠엿ᄂᆞᆫ고.

석양(夕陽)에 홀로 셔 이셔 갈 곳 몰라 ᄒᆞ노라.

현대어 풀이

백설 잦아진(=사라진) 골짜기에 구름이 험하구나.
날 반길 매화가 어느 곳에 피어 있는가?
석양에 홀로 서 있어 갈 곳 몰라 한다.

혜선쌤이 한땀한땀 정리한 작품 정리

- **주제**: 고려에 대한 우국충정(憂國衷情)
- **시적 상황**: 고려 왕조가 무너지고 있는 상황.
- **정서와 태도**: 무너져 가는 고려 왕조에 대한 애통함.
- **표현상 특징**
  ① 화자의 심정을 자연물을 이용해 우의적(=간접적)으로 나타냄.
  ② '구름'과 '매화, 백설'을 대조하여 주제를 나타냄.
  '구름'은 이성계 일파를, '매화, 백설'은 고려 충신을 상징한다.
  ③ '석양(夕陽)'은 무너져 가는 고려를 상징함.
  ④ 방황 중인 지식인의 역사적인 괴로움, 고민이 드러남.

PART 12

조선 전기

1. 자연 친화

4 한호, 〈짚방석 내지 마라〉

짚방석(方席) 내지 마라, 낙엽(落葉)엔들 못 안즈랴.

솔불 혀지 마라, 어제 진 달 도다온다.

아희야, 박주산채(薄酒山菜)ㄹ망정 업다 말고 내여라.

현대어 풀이

짚방석 내오지 말아라, 낙엽이라고 못 앉겠느냐.
솔불 켜지 말아라, 어제 진 달 돋아온다.
아이야, 좋지 않은 술과 나물이라도 없다고 하지 말고 내어오너라.

혜선쌤이 한땀한땀 정리한 珍功 작품 정리

- **주제**: 자연을 소박하게 즐기는 안빈낙도(安貧樂道)의 삶
- **시적 상황**: 낙엽에 앉아 싼 술과 나물을 먹고 즐기려 함.
- **정서와 태도**: 값비싼 인위적인 것보다 소박한 자연을 추구
- **표현상 특징**
  ① 청자가 설정되어 말을 건네는 어조를 보임.
  ② 초장과 중장이 대구를 이루며 인위적인 것인 '짚방석, 솔불'과 소박한 자연인 '낙엽, 달'이 대조됨.
  ③ 종장의 '박주산채(薄酒山菜)'는 자연 그대로를 나타내며 자연에서 소박하게 살고자 하는 화자의 정서를 드러냄.
  ④ 설의법을 통해 주제를 강조함.

≫ **관련 한자 성어**
안빈낙도(安貧樂道): 가난 속에서도 편안한 마음으로 도를 즐김.
안분지족(安分知足): 편안한 마음으로 제 분수를 지키며 만족함을 앎.
단사표음(簞食瓢飮): 도시락밥과 표주박에 든 물이라는 뜻으로, 소박한 생활의 비유.
단표누항(簞瓢陋巷): 도시락밥과 표주박과 누추한 거리라는 뜻으로, 소박한 생활의 비유.

5 성혼, 〈말 업슨 청산(靑山)이요〉

말 업슨 청산(靑山)이요, 태(態) 업슨 유수(流水)ㅣ로다.

갑 업슨 청풍(淸風)이요, 님ᄌ 업슨 명월(明月)이라.

이 중(中)에 병(病) 업슨 이 몸이 분별(分別) 업시 늙으리라.

현대어 풀이

말 없는 것은 청산이요, 모양 없는 것은 흐르는 물이로다.
값 없는 것은 바람이요, 주인 없는 것은 밝은 달이로다.
이 자연 속 병 없는 이 몸이 걱정 없이 늙으리라.

혜선쌤이 한땀한땀 정리한 작품 정리

- **주제**: 자연 속 물아일체를 추구
- **시적 상황**: 자연 속에 있는 상황임.
- **정서와 태도**: 물아일체(物我一體)의 삶을 추구함.
- **표현상 특징**
  ① 자연의 좋은 점을 말하려 초장과 중장에서 대구법을 사용하며 운율을 형성함.
  ② 종장의 '분별(分別) 업시 늙으리라'는 자연에서 평생을 살아가겠다는 화자의 마음이 드러남.
  ③ 의인법을 통해 자연에 대한 친근감을 드러냄.
- **문학사적 의의**: 조선 중기 성리학자 성혼이 쓴 작품으로, 자연 속에서 살고자 하는 성리학적 이상향이 잘 드러나 있음.

6 윤선도, 〈만흥(漫興)〉

산슈간(山水間) 바회 아래 뛰집을 짓노라 ᄒᆞ니

그 모론 ᄂᆞᆷ들은 욷ᄂᆞᆫ다 ᄒᆞᆫ다마

어리고 햐암의 ᄠᅳᆮ의ᄂᆞᆫ 내 분(分)인가 ᄒᆞ노라.

▶ 제1수 〈안분지족(安分知足)〉

현대어 풀이

산과 물 사이 바위 아래 초가집을 지으려 하니
그 뜻을 모르는 남들은 비웃는다지만
어리석은 시골뜨기의 생각에는 이것이 내 분수에 맞는 일인가 하노라.

혜선쌤이 한땀한땀 정리한 赤功 작품 정리

- **주제**: 자연 친화적 삶과 그에 대한 자부심
- **시적 상황**: 자연에서 소박함과 여유의 삶을 누리고 있음.
- **정서와 태도**: 자연에서의 삶에 대한 만족감
- **표현상 특징**
  ① 화자의 정서를 강조하고자 영탄법을 활용함.
  ② 우리말의 묘미가 잘 드러나 있음.
- **문학사적 의의**: 윤선도가 영덕으로 유배 갔다가 풀리고 난 이후, 해남에 있으면서 6수의 연시조로 자연에서 느낀 흥취를 표현한 작품. 〈제6수〉는 임금님의 은혜를 드러내는 '강호가도(江湖歌道)'가 잘 나타나 있음.

조선 전기

2. 지조와 절개

7 성삼문, 〈이 몸이 주거 가셔〉

이 몸이 주거 가셔 무어시 될고 하니,

봉래산(蓬萊山) 제일봉(第一峯)에 낙락장송(落落長松) 되야 이셔,

백설(白雪)이 만건곤(滿乾坤)홀 제 독야청청(獨也靑靑)ᄒᆞ리라.

현대어 풀이

이 몸 죽고 나서 무엇이 될까 생각해 보니,
봉래산 가장 높은 봉우리에 우뚝 솟은 소나무 되어서
흰 눈이 온 세상 뒤덮을 때 홀로 푸른 빛 발하리라.

혜선쌤이 한땀한땀 정리한 亦功 작품 정리

- **주제**: 죽음을 각오하고 지키는 굳은 절개
- **시적 상황**: 단종을 복위시키려다 들켜 처형당하는 상황
- **정서와 태도**: 단종을 향한 굳건한 태도와 충의
- **표현상 특징**
  ① 비유와 상징을 통해서 굳은 의지와 절개를 우의적으로 나타냄.
  ② 소나무라는 자연물을 소재로 사용하여 시상을 전개함.
  ③ '독야청청(獨也靑靑)'은 세조의 왕위 찬탈에 대항하는 지조, 절개를 지키겠다는 화자의 다짐을 드러냄.

8 이개, 〈방(房) 안에 혓는 촉(燭)불〉

방(房) 안에 혓는 촉(燭)불 눌과 이별(離別)ᄒᆞ엿관ᄃᆡ

것츠로 눈믈 디고 속 타는 쥴 모로는고.

뎌 촉불 날과 갓트여 속 타는 쥴 모로도다.

현대어 풀이

방 안에 켜 있는 촛불이 누구와 이별하였기에
겉은 눈물 흘리면서 속은 타 들어가는 줄을 모르는가?
저 촛불 역시 나와 같아 속 타는 줄 모르는구나.

혜선쌤이 한땀한땀 정리한 亦功 작품 정리

- **주제**: 임금(단종)과 이별한 이후의 슬픔
- **시적 상황**: 임금(단종)의 유배로 임금과 이별함.
- **정서와 태도**: 임금(단종)과의 이별로 인한 탄식과 슬픔
- **표현상 특징**
  ① 여성적인 어조와 더불어 의인법(촛불의 눈물 = 촛농)을 사용함.
  ② 감정 이입을 통해 이별의 슬픔을 나타냄(형상화).
  ③ 설의법을 통해 주제를 강조함.

조선 전기

3. 양반과 기생의 사랑과 이별

9 황진이, 〈동지(冬至)ㅅ돌 기나긴 밤을〉

동지(冬至)ㅅ돌 기나긴 밤을 한 허리를 버혀 내여

춘풍(春風)니블 아레 서리서리 너헛다가

어론 님 오신 날 밤이여든 구뷔구뷔 펴리라.

현대어 풀이

동짓달 기나긴 밤의 한가운데를 베어 내어
봄바람같이 따뜻한 이불 속에 서리서리 넣어 뒀다가
정든 임 오시는 날 밤이 되거든 굽이굽이 펴리라.

혜선쌤이 한땀한땀 정리한 亦功 작품 정리

- **주제**: 임을 그리워하고 사랑함을 드러냄.
- **시적 상황**: 사랑하는 사람과 이별한 상황
- **정서와 태도**: 절실하게 임을 기다리며 임을 그리워하는 모습이 미래를 상상하는 것을 통해 표현됨.
- **표현상 특징**
  ① 음성 상징어를 통해 운율을 형성함.
  ② 임과 오래 있고 싶음을 추상적 개념의 구체화로 표현함.

10 황진이, 〈내 언제 무신(無信)하여〉

내 언제 무신(無信)하여 님을 언제 소겻관듸

월침삼경(月沈三更)에 온 뜻이 전혀 업닉.

추풍(秋風)에 디는 닙 소리야 낸들 어이 ᄒ리오.

현대어 풀이

내가 언제 믿음이 없어 임을 언제 속였기에
달도 자는 깊은 밤에도 임 오시는 뜻 전혀 없는가.
가을바람에 떨어지는 잎 소리도 임의 발자국 소리로 들리는 것을 난들 어찌하겠는가?

혜선쌤이 한땀한땀 정리한 가가 작품 정리

- **주제**: 임을 간절하게 그리워함.
- **시적 상황**: 임을 기다리는 밤에 떨어지는 잎소리에도 초조하게 애를 태우는 상황
- **정서와 태도**: 임을 향한 간절하고 애틋한 마음과 그리움, 기다림을 솔직하게 드러냄.
- **표현상 특징**
  ① 계절과 시간을 알 수 있는 시어와 오해를 부르게 만드는 매개물, 설의법 등을 사용해 화자의 심리상태를 드러냄.
  ② 설의법을 통해 안타까움을 강조함.
  ③ 청각적 이미지를 사용함.
- **문학사적 의의**: 「ᄆᆞ음이 어린 후(後) ㅣ 니」라는 서경덕의 작품과 연관된 작품으로, 양반 사대부와 기생이 시조라는 매개체로 서로 교류하였음을 알려주는 작품임.

Chapter 40

고대 산문

출종포 문학 이론 고대 산문의 특징

	신화	전설	민담
성격	신성성, 위엄성(숭고미)	구체성, 신빙성(비장미)	흥미성, 교훈성(해학미)
주인공	신적 존재	비범	평범
증거물	포괄적	구체적	추상적(없음)
배경	신성함, 아득함	구체적	분명 ×
결말	위대한 업적	비극	해피엔딩
전승 범위	민족적	지역적	민족, 지역 초월

Chapter 41

고려 시대 산문

출종포 문학 이론 가전체(假傳體) 문학

1 개념

가전체는 설화에서 한걸음 나아가 소설적 요소를 내포한 것이다. 사물을 의인화하여 전기(傳記) 형식으로 기록한 한문 문학 작품이다.(고려 중기 이후 크게 유행하였으며, 조선 시대에도 꾸준히 창작)

2 의의

① 패관 문학과는 달리 순수한 개인의 창작물로, 설화와 소설을 잇는 교량 역할
② 가전체 문학의 기원으로는 신라 신문왕 때 설총이 지은 〈화왕계(花王戒)〉를 봄

작품	작가	내용
국순전(麴醇傳)	임춘	술을 의인화하여 지은 최초의 가전체 작품이다. 적당한 술은 흥을 돋우지만 지나치면 나라를 망칠 수도 있다는 생각을 표현했다.
국선생전(麴先生傳)	이규보	술을 의인화하여 군자의 처신을 경계한 작품이다. 술은 사람의 마음을 관대하게 하고 근심을 없애 주는 것이라 하여 이상적 마음가짐을 나타냈다.
공방전(孔方傳)	임춘	엽전(돈)을 의인화하여 탐재(貪財, 재물을 탐함)를 경계한 작품이다. 돈이 벼슬하는 이에게 집중되는 세태와, 벼슬해서 나라를 망치는 무리에 대한 비판을 담고 있다.
청강사자현부전(淸江使者玄夫傳)	이규보	신령스러운 동물로 여겨지는 거북을 의인화하여 어진 사람의 행적을 그린 작품이다.
죽부인전(竹夫人傳)	이곡	대나무를 의인화하여 유교 사회의 이상인 현숙하고 절개 있는 여성상을 그린 작품이다.
저생전(楮生傳)	이첨	종이를 의인화하여 종이의 내력과 문인이 취해야 할 태도, 그리고 당시 유생들을 비판한 작품이다.
정시자전(丁侍子傳)	석식영암	지팡이를 의인화한 가전체로, 사람은 도를 알고 행하여야 함을 내세우고 있다. 사물의 가계와 생애를 기록한 다른 가전체들과 구성상 차이가 있다.

Chapter

42 조선 시대 산문

문학 이론 조선 시대 산문의 개념과 특성

1 개념

설화를 바탕으로 쓰인 서사 문학. 설화가 패관 문학과 가전체 문학을 거치면서 형성됨

2 특성

주제	권선징악 (勸善懲惡), 인과응보(因果應報)
배경	시간: 불분명 공간: 중국 or 불분명
시점	3인칭 전지적 작가 시점
인물	재자가인(才子佳人), 영웅 전형적, 평면적인 특성을 지닌다.
사건	우연적, 전기적(傳奇的), 비현실적
구성	일대기적 형식 / 평면적, 순행적 구성
결말	행복한 결말
문체	문어체, 낭독하기 쉬웠던 운문체 서술자의 개입, 편집자적 논평

1 김만중, 〈구운몽(九雲夢)〉

赤功 정리

- **갈래**: 고전 소설, 몽자류(夢字類) 소설, 양반 소설, 영웅 소설
- **시대**: 조선 시대 숙종
- **제재**: 성진이 꿈을 통한 진정한 깨달음
- **주제**: 인생의 허무함과 불도에 정진
- **배경**
  - 현실: 당나라 때 중국 남악 형산 연화봉 동정호
  - 꿈: 당나라 서울과 변방
- **성격**: 불교적, 전기적, 이상적
- **특징**
  ① '꿈 – 현실 – 꿈'의 환몽적 구조를 취함
  ② 불교의 공(空)사상, 윤회사상을 바탕으로 하고 유교와 도교의 사상도 나타나 있음
- **의의**: 몽자류(夢字類) 소설의 시초

출좋포 줄거리

발단: 육관 대사가 팔선녀의 아름다움에 매료된 성진을 인간 세계로 내쫓음
전개: 인간 세계에서 성진은 양소유로 태어남
위기: 성진은 입신양명하고 부귀를 누리며 두 부인과 여섯 첩을 거느리고 삶
절정: 인생 말미에 양소유가 허무함을 느끼고 불교에 귀의하고자 하니 육관 대사가 꿈에서 깨움
결말: 꿈에서 깬 성진이 깨달음을 얻고 팔선녀와 함께 불교에 귀의함

콤단문으로 보는 기출문제

정답 및 해설 p.353

01 다음 글에 대한 이해로 가장 적절한 것은? 2018. 국가직 9급

잔을 씻어 다시 술을 부으려 하는데 갑자기 석양에 막대기 던지는 소리가 나거늘 괴이하게 여겨 생각하되, '어떤 사람이 올라오는고.' 하였다. 이윽고 한 중이 오는데 눈썹이 길고 눈이 맑고 얼굴이 특이하더라. 엄숙하게 자리에 이르러 승상을 보고 예하여 왈,

"산야(山野) 사람이 대승상께 인사를 드리나이다."

승상이 이인(異人)인 줄 알고 황망히 답례하여 왈,

"사부는 어디에서 오신고?"

중이 웃으며 왈,

"평생의 낯익은 사람을 몰라보시니 귀인이 잘 잊는다는 말이 옳도소이다."

승상이 자세히 보니 과연 낯이 익은 듯하거늘 문득 깨달아 능파 낭자를 돌아보며 왈,

"소유가 전에 토번을 정벌할 때 꿈에 동정 용궁에 가서 잔치하고 돌아오는 길에 남악에 가서 놀았는데 한 화상이 법좌에 앉아서 불경을 강론하더니 노부께서 바로 그 노화상이냐?"

중이 박장대소하고 말하되,

"옳다. 옳다. 비록 옳지만 꿈속에서 잠깐 만나본 일은 생각하고 십 년을 같이 살던 일은 알지 못하니 누가 양 장원을 총명하다 하더뇨?"

승상이 어리둥절하여 말하되,

"소유가 열대여섯 살 전에는 부모 슬하를 떠나지 않았고, 열여섯에 급제하여 줄곧 벼슬을 하였으니 동으로 연국에 사신을 갔고 서로 토번을 정벌한 것 외에는 일찍이 서울을 떠나지 않았으니 언제 사부와 십 년을 함께 살았으리요?"

중이 웃으며 왈,

"상공이 아직 춘몽에서 깨어나지 못하였도소이다."

승상이 왈,

"사부는 어떻게 하면 소유를 춘몽에서 깨게 하리요?"

중이 왈,

"어렵지 않으니이다."

> 하고 손 가운데 돌 지팡이를 들어 난간을 두어 번 치니 갑자기 사방 산골짜기에서 구름이 일어나 누대 위에 쌓여 지척을 분변하지 못했다. 승상이 정신이 아득하여 마치 꿈에 취한 듯하더니 한참 만에 소리 질러 말하되,
>
> "사부는 어찌 소유를 정도로 인도하지 않고 환술(幻術)로 희롱하나뇨?"
>
> 대답을 듣기도 전에 구름이 날아가니 중은 간 곳이 없고 좌우를 돌아보니 여덟 낭자 또한 간 곳이 없는지라.

① '승상'은 꿈에 남악에서 '중'을 보았던 기억을 떠올리며 낯이 익은 듯하다고 여기기 시작한다.

② '승상'은 본디 남악에서 '중'의 문하생으로 불도를 닦던 승려였음을 인정한 뒤 꿈에서 깨게 된다.

③ '승상'은 '중'이 여덟 낭자를 사라지게 한 환술을 부렸음을 확인하고서 그의 진의를 의심한다.

④ '승상'은 능파 낭자와 어울려 놀던 죄를 징벌한 이가 '중'임을 깨닫고서 '중'과의 관계를 부정하게 된다.

2 허균, 〈홍길동전(洪吉童傳)〉

赤功 정리

- **갈래**: 고전 소설(국문 소설, 사회 소설, 영웅 소설)
- **시대**: 조선 광해군 4년(1612)
- **제재**: 인간 평등에 기반한 적서 차별의 철파와 이상국 건설의 소망
- **주제**: 적서 차별
- **배경**: 조선 시대, 조선국과 율도국
- **성격**: 현실비판적, 영웅적, 전기적
- **특징**
  ① 현실의 사회적 모순을 개혁시키고자 함
  ② 영웅적 인물이 등장하며 강한 전기적 요소가 나타남
- **의의**
  ① 최초의 우리말(국문) 소설
  ② 현실의 사회적 모순을 지적한 사회 소설의 선구적 역할을 하는 작품

*출전: ≪홍길동전≫

출좋포 줄거리

홍판서의 첩이었던 춘섬은 홍길동을 낳았고, 홍길동은 얼자가 되었다. 홍길동은 호부호형 하고 싶었으나 계급상의 문제로 집안에서 고립되었다. 후에 홍판서의 또다른 첩이 홍길동을 죽이려 하자 가출한다. 이후에 그는 가난한 백성들이 모인 도적단을 접수하여 '활빈당'이라는 정의로운 조직을 세운 후 의적 활동을 한다. 곧 나라에서 수배령이 떨어지자 형과 아버지를 위해 임금 앞에서 일부러 잡히는 척한다. 하지만 곧 도술을 써서 탈출한다. 임금은 홍길동의 능력을 보고 홍길동 잡는 것이 불가능하다고 판단하고는 그에게 병조 판서를 내려 준다. 후에 길동은 옆의 율도국으로 가 율도국의 왕이 된다.

길동이 "형님께서는 염려하지 마시고, 내일 소제(小弟)를 잡아 보내시되, 장교 중에 부모와 처자 없는 자를 가리어 소제를 호송하시면 좋은 묘책이 있습니다."라고 말하였다. 감사가 그 뜻을 알고자 하나 길동이 대답을 아니 하니, 감사가 그 생각을 알지 못해도 호송원을 그 말과 같이 뽑아 길동을 호송해 한양으로 올려 보냈다.

조정에서 길동이 잡혀 온다는 말을 듣고 훈련도감의 포수 수백을 남대문에 매복시키고는, "길동이 문 안에 들어오거든 일시에 총을 쏘아 잡으라." 하고 명했다.

이때에 길동이 풍우같이 잡혀 오지만 어찌 그 기미를 모르리오. 동작 나루를 건너며 '비우(雨)' 자 셋을 써 공중에 날리고 왔다. 길동이 남대문 안에 드니 좌우의 포수가 일시에 총을 쏘았지만 총구에 물이 가득하여 할 수 없이 계획을 이루지 못했다.

길동이 대궐 문 밖에 다다라 자기를 잡아온 장교를 돌아보면서 말하기를, "너희는 날 호송하여 이곳까지 왔으니 문죄 당해 죽지는 아니하리라." 하고, 수레에서 내려 천천히 걸어갔다. 오군영(五軍營)의 기병들이 말을 달려 길동을 쏘려 했으나 말을 아무리 채찍질해 몬들 길동의 축지하는 법을 어찌 당하랴. 성 안의 모든 백성들이 그 신기한 수단을 헤아릴 수 없더라.

— 허균, 〈홍길동전〉

3 김만중, 〈사씨남정기(謝氏南征記)〉

출좋포 줄거리

발단 : 중국 명나라 때 유현의 아들로 태어난 유연수는 젊은 나이에 한림학사를 제수받는다.
전개 : 유연수(유 한림)는 모든 것이 뛰어난 사씨와 결혼하나, 자식이 없어 교활한 교씨를 첩으로 맞이한다. 교씨는 아들을 낳자 사씨에게 억울한 누명을 씌운다. 결국 유 한림은 사씨를 쫓아내고 교씨를 정부인으로 삼는다.
위기 : 교씨는 동청과 바람을 피우며 유 한림에게 누명을 씌워 유배시킨다.
절정 : 조정에서 유 한림의 억울함을 풀어 다시 올라오게 하고, 동청을 처형한다.
결말 : 유 한림은 잘못을 깨닫고 사씨를 찾다가 사씨와 만난다. 그는 교활한 교씨를 처형하고 사씨를 다시 정부인으로 맞이한다.

亦功 정리

- **갈래** : 국문 소설, 가정 소설
- **시대** : 조선 숙종 15~18년(1689~1692)
- **제재** : 일부다처제
- **주제** : 처첩 간의 갈등과 사 씨의 고행, 인과응보
- **배경** : 중국 명나라 초기, 중국 북경 금릉 순천부
- **성격** : 권선징악(사필귀정)
- **특징**
  ① 처첩 간의 갈등을 소설화한 최초의 작품으로 가정 소설의 효시가 됨.
  ② 작품에 나타난 당대 상황에 대한 날카로운 비판을 숨기기 위해 명나라를 배경으로 함.

콤단문으로 보는 기출문제

정답 및 해설 p.354

02 다음 글에 대한 이해로 가장 적절한 것은? 2019. 지방직 9급

> 유 소사가 말하기를, "신부(新婦)가 이제 내 집에 들어왔으니 어떻게 남편을 도울꼬?"
> 사씨 대답하여 말하기를, "첩(妾)이 일찍 아비를 여의고 자모(慈母)의 사랑을 입사와 본래 배운 것이 없으니 물으시는 말씀에 대답치 못하옵거니와 어미 첩을 보낼 제 중문(中門)에 임(臨)하여 경계하여 말씀하시기를 '반드시 공경(恭敬)하며 반드시 경계(警戒)하여 남편을 어기오지 말라.' 하시니 이 말씀이 경경(耿耿)하여 귓가에 있나이다."
> 유 소사가 말하기를, "남편의 뜻을 어기오지 말면 장부(丈夫) 비록 그른 일이 있을지라도 순종(順從)하랴?"
> 사씨 대 왈, "그런 말이 아니오라 부부(夫婦)의 도(道) 오륜(五倫)을 겸(兼)하였으니 아비에게 간(諫)하는 자식이 있고 나라에 간하는 신하 있고 형제(兄弟) 서로 권하고 붕우(朋友) 서로 책(責)하나니 어찌 부부라고 간쟁(諫諍)치 않으리이까? 그러하나 자고로 장부(丈夫) 부인(婦人)의 말을 편청(偏聽)하면 해로움이 있삽고 유익(有益)함이 없으니 어찌 경계 아니 하리이까?"
> 유 소사가 모든 손님을 돌아보며 말하기를, "나의 며느리는 가히 조대가*에 비할 것이니 어찌 시속(時俗) 여자가 미칠 바리오."라고 하였다.
>
> – 김만중, 『사씨남정기』에서 –
>
> * 조대가 : 『한서(漢書)』를 지은 반고(班固)의 누이동생인 반소(班昭). 학식이 뛰어나고 덕망이 높아 왕실 여성의 스승으로 칭송이 자자했다.

① 사씨의 어머니는 딸이 남편에게 맞섰던 일을 비판하고 있다.
② 사씨는 홀어머니를 모시느라 제대로 배우지 못한 것을 안타까워하고 있다.
③ 사씨는 부부의 예에 따라, 남편이 잘못하면 이를 지적해야 한다고 생각한다.
④ 유 소사는 며느리와의 대화를 통해, 효성이 지극한 사씨의 모습에 흡족해 하고 있다.

4 박지원, 〈허생전(許生傳)〉

赤功 정리

- **갈래**: 고전 소설(한문 소설, 풍자 소설)
- **성격**: 풍자적, 비판적, 냉소적, 실학적
- **시대**: 조선 시대
- **제재**: 허생의 비범한 삶
- **주제**: 조선의 취약한 경제 구조를 비판하고 무능력한 사대부를 신랄하게 비판하며 지배층이 깨닫고 개선하기를 요구함.
- **배경**: 조선 17세기 중반 효종, 국내(한반도 전역)와 국외(무인도, 장기도)
- **의의**: 실학사상을 기반으로 당시 사회의 모순을 비판 및 풍자함.

출좀포 줄거리

발단: 더 이상 생활고를 참을 수 없는 아내의 질책에 집을 나간 허생
전개: 변 씨에게 돈을 빌려 매점매석과 빈 섬 경영을 통해 돈을 벎
위기: 허생과 변 씨의 친목, 허생에게 이완을 소개해 주는 변 씨.
절정: 허생이 현실 개혁할 수 있는 좋은 방법(적극적인 인재 등용, 명나라 자손 우대, 청나라와의 교류)을 제시하나 이완이 거절, 그를 쫓아냄
결말: 종적을 감춘 허생

콤단문으로 보는 기출문제 정답 및 해설 p.354

03 ㉠~㉣에 대한 설명으로 적절하지 않은 것은? 2018. 법원직 9급

> 허생은 묵적골에 살았다. 곧장 남산(南山) 밑에 닿으면, 우물 위에 오래된 은행나무가 서 있고, 은행나무를 향하여 사립문이 열렸는데, 두어 칸 초가는 비바람을 막지 못할 정도였다. 그러나 허생은 글 읽기만 좋아하고, 그의 처가 남의 바느질품을 팔아서 입에 풀칠을 했다. 하루는 그의 처가 몹시 배가 고파서 울음 섞인 소리로 말했다.
>
> ㉠<u>"당신은 평생 과거(科擧)를 보지 않으니, 글을 읽어 무엇합니까?"</u>
>
> 허생은 웃으며 대답했다.
>
> "나는 아직 독서를 익숙히 하지 못하였소."
>
> ㉡<u>"그럼 장인바치 일이라도 못 하시나요?"</u>
>
> "장인바치 일은 본래 배우지 않은 걸 어떻게 하겠소?"
>
> "그럼 장사는 못 하시나요?"
>
> "장사는 밑천이 없는 걸 어떻게 하겠소?"
>
> 처는 왈칵 성을 내며 소리쳤다.
>
> "밤낮으로 글을 읽더니 기껏 '어떻게 하겠소?' 소리만 배웠단 말씀이오? 장인바치 일도 못 한다, 장사도 못 한다면, 도둑질이라도 못 하시나요?"
>
> 허생은 읽던 책을 덮어 놓고 일어나면서,
>
> ㉢<u>"아깝다. 내가 당초 글 읽기로 십 년을 기약했는데, 인제 칠 년인걸……."</u>
>
> 하고 휙 문밖으로 나가 버렸다.
>
> 〈중략〉
>
> 이때, 변산(邊山)에 수천의 군도(群盜)들이 우글거리고 있었다. 각 지방에서 군사를 징발하여 수색을 벌였으나 좀처럼 잡히지 않았다. 군도들도 감히 나가 활동을 못 해서 배고프고 곤란한 판이었다. 허생이 군도의 산채를 찾아가서 우두머리를 달래었다.
>
> "천 명이 천 냥을 빼앗아 와서 나누면 하나 앞에 얼마씩 돌아가지요?"
>
> "일 인당 한 냥이지요."
>
> "모두 아내가 있소?"
>
> "없소."/"논밭은 있소?"

군도들이 어이없어 웃었다.

"땅이 있고 처자식이 있는 놈이 무엇 때문에 도둑이 된단 말이오?"

"정말 그렇다면, 왜 아내를 얻고, 집을 짓고, 소를 사서 논밭을 갈고 지내려 하지 않는가? 그럼 도둑놈 소리도 안 듣고 살면서, 집에는 부부의 낙(樂)이 있을 것이요, 돌아다녀도 잡힐까 걱정을 않고 길이 의식의 요족을 누릴텐데."

㉣"아니, 왜 바라지 않겠소? 다만 돈이 없어 못 할 뿐이지요."

허생은 웃으며 말했다.

"도둑질을 하면서 어찌 돈을 걱정할까? 내가 능히 당신들을 위해서 마련할 수 있소. 내일 바다에 나와 보오. 붉은 깃발을 단 것이 모두 돈을 실은 배이니, 마음대로 가져가구려."

허생이 군도와 언약하고 내려가자, 군도들은 모두 그를 미친놈이라고 비웃었다. 이튿날, 군도들이 바닷가에 나가 보았더니, 과연 허생이 삼십만 냥의 돈을 싣고 온 것이었다. 모두들 대경(大驚)해서 허생 앞에 줄지어 절했다.

① ㉠: 허생의 처가 생각하는 글 읽기의 목적은 입신양명이고 이는 그녀의 실용적 학문관을 보여주는 것이다.

② ㉡: 허생의 처가 생각하는 바람직한 직업을 허생에게 추천하고 있다.

③ ㉢: 글 읽기에 대한 허생의 관점이 드러난 부분으로 허생은 도를 이루기 위해 글 읽기를 한 것이다.

④ ㉣: 돈의 필요성에 대해 인식한 부분으로 이 시대에도 상업 자본에 대한 근대적 자각이 있었음을 확인할 수 있다.

5 작자 미상, 〈유충렬전〉

赤功 정리

- **해설**
  전형적인 영웅 서사 구조: 고귀한 혈통 – 비정상적인 출생 – 탁월한 능력 – 유년의 위기 – 구출 및 양육 – 성장 후의 위기 – 고난 극복과 승리
- **사상(불교, 유교)**
  ① 불교: 출생 및 구출, 무예 연마
  ② 유교: 입신양명, 부귀영화, 국가에 충성, 효도
- **갈래**: 고전 소설(국문 소설, 영웅 소설, 군담 소설, 적강 소설)
- **제재**: 충신 유충렬의 영웅적 삶
- **주제**
  표면적: 유충렬의 고난과 역경, 영웅적 면모
  이면적: 당쟁으로 도태된 양반층이 권력을 되찾고자 함
- **배경**
  ① 시간: 중국 명나라 시대
  ② 공간: 명나라 조정과 중국 대륙
- **성격**: 전기적, 영웅적, 귀족적, 비현실적, 우연적

출좋포 줄거리

발단: 명나라에 사는 신하 유심은 기다려도 자식이 없자 산천에 기도하고 기이한 태몽을 꾸고는 충렬을 낳는다.

전개: 간신 정한담은 유심의 정적이었는데 그는 유심에게 누명을 씌워 유심을 귀양 보낸다. 그것도 모자라 충렬 모자를 모두 죽이려 했지만 겨우 빠져 나온 후 충렬은 강희주의 사위가 된다.

위기: 하지만 장인 강희주까지 정한담의 모함으로 귀양을 가게 되자 충렬은 아내와 헤어져 도승을 만나 도술을 익힌다.

절정: 이후 정한담이 남적, 북적과 함께 역모를 꾸미자 충렬이 천자를 구해 낸다.

결말: 결국 충렬은 반란군을 진압하고 황후 · 태후 · 태자를 구한다. 또한 유배지의 아버지와 장인을 꺼내 준 후 아내와 함께 행복하게 산다.

콤단문으로 보는 기출문제

정답 및 해설 p.354

04 ㉠~㉣에 대한 풀이로 옳지 않은 것은? 2017. 국가직 9급

> 빌기를 다 함에 지성이면 감천이라 황천인들 무심할까. 단상의 오색구름이 사면에 옹위하고 산중에 ㉠ <u>백발 신령이 일제히 하강하여 정결케 지은 제물 모두 다 흠향한다</u>. 길조(吉兆)가 여차(如此)하니 귀자(貴子)가 없을쏘냐. 빌기를 다한 후에 만심 고대하던 차에 일일은 한 꿈을 얻으니, ㉡ <u>천상으로서 오운(五雲)이 영롱하고, 일원(一員) 선관(仙官)이 청룡(靑龍)을 타고 내려와</u> 말하되,
> "나는 청룡을 다스리던 선관이더니 익성(翼星)이 무도(無道)한 고로 상제께 아뢰되 익성을 치죄하야 다른 방으로 귀양을 보냈더니 익성이 이걸로 함심(含心)하야 ㉢ <u>백옥루 잔치 시에 익성과 대전(對戰)</u>한 후로 상제전에 득죄하여 인간에 내치심에 갈 바를 모르더니 남악산 신령들이 부인 댁으로 지시하기로 왔사오니 부인은 애휼(愛恤)하옵소서."
> 하고 타고 온 청룡을 오운 간(五雲間)에 방송(放送)하며 왈,
> "㉣ <u>일후 풍진(風塵) 중에 너를 다시 찾으리라.</u>"
> 하고 부인 품에 달려들거늘 놀래 깨달으니 일장춘몽이 황홀하다.
> 정신을 진정하야 정언주부를 청입(請入)하야 몽사를 설화(說話)한대 정언주부가 즐거운 마음 비할 데 없어 부인을 위로하야 춘정(春情)을 부쳐 두고 생남(生男)하기를 만심 고대하더니 과연 그달부터 태기 있어 십 삭이 찬 연후에 옥동자를 탄생할 제, 방 안에 향취 있고 문 밖에 서기(瑞氣)가 뻗질러 생광(生光)은 만지(滿地)하고 서채(瑞彩)는 충천하였다.

① ㉠: 길조(吉兆)가 일어날 것임을 암시한다.
② ㉡: '부인'이 꾼 꿈의 상황이다.
③ ㉢: '선관'이 인간 세상에 귀양을 오게 되는 계기이다.
④ ㉣: '남악산 신령'이 후일 청룡을 타고 천상 세계로 복귀할 것임을 암시한다.

6 작자 미상, 〈운영전〉

출좋포 줄거리

- 외화: 선비 유영이 텅빈 안평 대군의 집터에서 술을 마시다 잠이 든 후 운영과 김 진사를 만나 그들의 과거 사랑 이야기를 듣는다.
- 내화: 운영은 안평 대군의 궁녀였다. 그러나 시를 쓰던 김 진사를 만나 사랑하는 사이가 되어 편지도 쓰고 밤마다 궁에서 정을 나눈다. 결국 안평 대군에게 들키자 도망치려 한다. 안평 대군은 동료 궁녀들을 문책하게 되고 이에 운영은 자살하고 김 진사는 따라 죽는다.
- 외화: 유영이 졸다가 깨어 보니 그 일을 기록한 책만 있었다.

유영은 차고 온 술병을 풀어 술을 모두 마시고는 취하여 돌을 베개 삼아 바위 한 켠에 누웠다. 얼마 뒤 술이 깨어 눈을 들어 보니 놀던 사람들이 다 흩어지고 없었다. 산은 달을 토하고 안개는 버들잎을 감싸고 바람은 꽃잎에 살랑 불었다. 그때 한 줄기 가녀린 목소리가 바람을 타고 들려왔다. 유영이 이상하게 여겨 일어나 보니 소년 한 사람이 젊은 미인과 정답게 마주 앉아 있었다.

…(중략)…

김 진사가 눈물을 거두고 감사의 뜻을 표하며 이렇게 말했다.

"㉠ 우리 두 사람 모두 원한을 품고 죽었기에 염라 대왕은 우리가 죄 없이 죽은 것을 가련히 여겨 인간 세상에 다시 태어나게 하려 했습니다. 그러나 지하의 즐거움도 인간 세계보다 덜하지 않거늘 하물며 천상의 즐거움이야 말해 무엇 하겠습니까? 이 때문에 우리는 인간 세계에 태어나기를 소망하지 않았습니다. 다만 오늘 밤 서글퍼하는 것은 다른 이유에서입니다. ㉡ 대군이 몰락하여 궁궐에 주인이 없어지자 새들은 슬피 울고 사람들의 발길도 끊어졌으니, 이것만 해도 참으로 슬픈 일이지요. 게다가 새로 전쟁을 겪은 뒤 화려하던 집은 잿더미가 되고 고운 담장은 무너져 내려 오직 섬돌의 꽃과 뜨락의 풀만 우거져 있습니다. 봄빛은 예전 그대로이거늘 사람 일은 이처럼 바뀌었으니, ㉢ 이 곳에 다시 와 지난날을 추억하매 어찌 슬프지 않겠습니까?"

유영이 말했다.

"그렇다면 그대들은 모두 천상에 계신 분들인가요?"

김 진사가 말했다.

"우리 두 사람은 본래 천상의 신선으로, 오랫동안 옥황상제를 곁에서 모시고 있었지요. 그러던 어느 날 상제께서 태청궁에 납시어 내게 동산의 과실을 따오라는 명을 내리셨습니다. 나는 반도와 경실과 금련자를 많이 따서 ㉣ 사사로이 운영에게 몇 개를 주었다가 발각되고 말았습니다. 그래서 속세로 유배되어 인간 세상의 고통을 두루 겪는 벌을 받았지요. 이제는 옥황상제께서 죄를 용서하셔서 다시 삼청궁(三淸宮)에 올라 상제 곁에서 시중을 들고 있습니다. 그러다가 때때로 회오리바람 수레를 타고 내려와 속세에서 예전에 노닐던 곳을 찾아보곤 한답니다."

亦功 정리

- **배경**: 조선 초중기
- **갈래**: 액자 소설, 애정 소설, 몽유록계 소설, 한문 소설
- **주제**
  - **표면적**: 신분을 초월한 남녀 간의 지고지순한 사랑
  - **이면적**: 인간성의 해방 추구
- **특성**: 액자식 구성(외화–내화–외화)과 몽유적 구성을 띰.

PART 12

출.좋.포 독해·문학

정답 및 해설

Part 01 화법, 작문

CHAPTER 01 말하기 방식

2025 독해 PIN POINT

STEP 01 발문에 집중해야 할 '발화 주체'가 있는 경우 p.32

01 ▶ ④ [독해(화법) – 말하기 방식]

발문에서 '진행자'의 말하기 방식을 중점적으로 물어보고 있으므로 '진행자'의 대사 위주로 집중하여 읽으면 되었다. 진행자의 대사 안에서 자신의 경험을 예시하는 부분은 나오지 않는다.

오답풀이 ① '아, 그러니까 속도를 10km/h 낮출 때 2분 정도 늦어지는 것이라면 ~는 말씀이시군요.'를 통해 확인할 수 있다.

② 진행자의 마지막 대사에서 '교통사고를 줄이고 보행자 안전을 확보할 수 있다는 점, 교통체증 유발은 미미할 것이라는 점, ~ 맞습니까?'를 통해 확인할 수 있다.

③ '그런데 일각에서는 그런 효과는 미미하고 오히려 교통체증을 유발하여 대기오염이 심화될 것이라며 이 정책에 반대합니다. 이에 대해 말씀해 주시겠어요?'를 통해 확인할 수 있다.

STEP 01 선택지에 주어가 있는 경우 p.34

02 ▶ ② [독해(화법) – 말하기 방식]

을은 '빈부 격차에 따라 계급이 나뉘고 그에 따른 불평등이 엄연히 존재하잖아.'라고 말하고 있다. 갑 또한 마지막 대사를 보면 '현대 사회에서 인간의 사회적 지위는 부모의 경제력과 직결되기 때문에 계급사회라고 말할 수 있어.'라고 말하고 있다. 이를 통해 갑과 을 모두 경제적인 격차를 이유로 현대 사회가 계급 사회임을 인정하고 있으므로 을의 주장은 갑의 주장과 대립하지 않음을 알 수 있다.

오답풀이 ① 갑은 을의 주장과 대립하지 않으므로 갑이 을의 주장 중 일부 반박한다는 것은 옳지 않다.

③ 갑은 현대 사회가 계급사회라고 했고 병은 현대 사회를 계급 사회로 보기 어렵다고 했다. 따라서 갑과 병이 유사한 결론을 도출하고 있다는 것은 옳지 않다.

④ 병의 주장은 갑과 을 모두의 주장과 대립한다. 따라서 병의 주장은 갑의 주장과는 대립하지 않는다는 것은 옳지 않다.

STEP 02 주어가 없는 경우 p.36

03 ▶ ① [독해(화법) – 말하기 방식]

갑과 병의 경우에는 '개인의 기본권, 윤리적인 차원'이라는 측면에서 마스크를 쓰지 않는 행위를 탐색하고 있다면 '을'은 문화적인 차원에서도 고려할 필요가 있다며 다른 측면에서 탐색하고 있으므로 ①은 적절하다.

오답풀이 ② 갑이 마스크를 쓰지 않는 사람이 이해되지 않는다고 의견을 제시하자 을은 마스크를 쓰지 않는 사람을 비난하기보다는 그 이유를 알아야 한다고 반박하고 있다. 뒤에 갑이 '개인의 자유로운 선택이 타인의 생명을 위협한다면 기본권이라 하더라도 제한하는 것이 보편적 상식 아닐까?'라며 질문을 하고 있기는 하나 이 질문의 화제는 '마스크를 쓰지 않는 사람들'에 대한 것이므로 앞의 화제와 동일함을 알 수 있다. 따라서 질문을 던져 화제를 전환하는 사람이 있다는 것은 옳지 않다.

③ 갑, 병은 모두 마스크를 쓰지 않는 사람들에 대해 반대하는 입장을 취하고 을은 마스크를 쓰지 않는 이유를 분석해야 한다는 입장을 유지하고 있다. 따라서 논점에 대한 찬반 입장이 바뀌는 사람이 있다는 것은 옳지 않다.

④ 사례의 공통점을 종합하는 부분은 나오지 않으므로 옳지 않다.

▶ Day 01 해설 영상은 주독야독 시즌 1(2024 7월)에서 꼭 수강해 주시기 바랍니다.

DAY 01 말하기 방식 p.38

01 ▶ ④ [독해(화법) – 말하기 방식]

화법 문제는 발문에 집중해 독해하는 것이 좋다. 발문 속에 발화자가 등장할 경우 그 발화자의 대사에만 집중하면 되기 때문이다. 따라서 '유진'의 대사에만 집중하면 답을 찾을 수 있다. '유진'의 마지막 발화를 보면 '나도 그래.'라고 답함으로써 '희준'의 의견에 동의하고 있음을 보여주고 있다. 이는 집중하기의 일종에 해당한다.

오답풀이 ① 유진은 상대방의 약점을 분석하지 않았다.

② 유진은 '이전에 들어본 적 있긴 하지만'이라는 말로 과거를 회상하기는 했으나 희준에게 조언하고 있지 않다.

③ 대화 내용에서 희준과 유진의 관계가 나쁘다고 추론하기 어렵다. 또한 자신의 감정을 이야기하고 있지도 않다.

02 ▶ ④ [독해(화법) – 말하기 방식]

A가 보고서를 요약한 버전만 보내면 팀원 간 의견 공유가 어렵겠다는 우려를 표하자 B는 '아, 네 그렇네요.'라고 동의하는 태도를 보이고 있으므로 적절하다.

오답풀이 ① A는 '(미소를 지으며)'를 통해 비언어적 표현을 사용한 것은 옳음을 알 수 있지만 프로젝트 보고서 초안을 검토해 달라고 했을 뿐 구체적인 검토 방식을 제안하지는 않았다.

② A는 B의 의견에 대해 '팀원 간 의견 공유가 어려울 것'이라는 우려를 표하고 있으므로 전적으로 동의하는 것은 아니다.
③ A는 요약본만 보내는 것에 우려를 표하고 있을 뿐 요약 자체를 반대한 것은 아니므로 적절하지 않다. 또한 의문문을 통한 간접 발화로 반대하고 있으므로 직접적으로 반대하는 것도 옳지 않다.

03 ▶ ② [독해(화법) – 말하기 방식]
'유보'란 어떤 일을 당장 처리하지 않고 나중으로 미루어 둔다는 의미이다. 을은 환경 보호 정책을 실행해야 한다는 갑에게 '환경 보호를 위한 조치들이 경제적 비용을 수반한다는 사실을 고려해야 해.'라고 말함으로써 경제적 편익을 고려해야 함을 이야기하였다. 하지만 정책 실행 시기를 미뤄야 한다는 이야기를 하지는 않았으므로 적절하지 않다.

오답풀이 ① 갑은 '지속 가능한 발전'의 중요성을 강조한 병의 의견에 덧붙여 '친환경 기술에 대한 투자를 늘려서 장기적인 비용을 줄이는 거지.'라고 말함으로써 장기적 이득을 고려한 기술적 조치를 언급하였다.
③ 병은 '환경 보호와 경제 발전은 균형을 이루어야 해. 지속 가능한 발전을 위해 환경과 경제 양쪽 모두를 고려한 정책이 필요하다고 생각해.'라고 이야기함으로써 경제적 부담과 사회적 이익 사이의 균형을 찾기 위한 정책의 필요성을 언급하였다.
④ 병은 기술 투자를 늘리자는 갑의 의견에 대하여 '초기 비용이나 기술적 장애를 어떻게 극복할지도 중요한 문제야.'라고 이야기함으로써 잠재적 문제를 지적하고 신중한 접근을 유지하였다.

04 ▶ ③ [독해(화법) – 말하기 방식]
병은 게임 제작자들이 책임을 가지고 게임을 만들어야 한다고 이야기하였다. 또한 '부모와 교육자들이 더 적극적으로 개입하여 어린이들이 건강하게 기술을 사용할 수 있도록 돕는 것도 중요해.'라고 말함으로써 사용자의 역할도 강조하였다. 하지만 둘 중 어떤 것이 더 중요하다고 이야기하지는 않았으므로 기술 제작자보다 사용자의 역할이 더 중요하다고 이야기한 것은 아니다.

오답풀이 ① 갑은 스마트폰 게임을 통해 어린이들이 기술을 접하는 것이 학습에 도움이 된다고 말함으로써 긍정적인 측면을 강조하였다. 따라서 적절하다.
② 을은 스마트폰 게임이 학습에 도움이 된다는 갑에게 '스마트폰 게임의 중독성 때문에 어린이들의 일상생활에 부정적인 영향을 미칠 수 있어.'라고 말함으로써 부정적 영향을 이야기하고 있다. 따라서 적절하다.
④ 병은 '게임 제작자들이 책임감을 가지고, 중독성을 줄이고 교육적 요소를 강화한 게임을 만들어야 해.'라고 말함으로써 기술 제작자의 윤리적 책무를 강조하였다. 따라서 적절하다.

CHAPTER 02 [작문] 조건에 맞는 개요 작성

STEP 01 조건에 부합한 선택지를 찾는 경우 p.42

01 ▶ ③ [독해(작문) – 조건 충족]
자기 쓰레기는 자기가 집으로 되가져가자는 생활 속 실천 방법을 말하고 있으며, '버렸을까요?'에서 설의적 표현을, '바다가 몸살을 앓는다'와 '양심이 모래밭 위를 뒹굴고 있'다는 것에서 비유적 표현을 확인할 수 있다.

오답풀이 ① '푸른 날을 꿈'꾸는 것과 '보이지 않는 독'에서 비유적 표현을 확인할 수 있지만, 생활 속 실천 방법과 설의적 표현이 확인되지 않는다.
② 분리수거와 일회용품을 통해 생활 속 실천 방법을 이야기하지만, 비유적, 설의적 표현은 확인되지 않는다.
④ '고통 받게 되지 않을까요?'에서 설의적 표현을, '바다는 쓰레기 무덤이 되고 말 것'에서 비유적 표현을 확인할 수 있지만, 생활 속 실천 방안이 나타나지 않았다.

2025 독해 PIN POINT

STEP 01 개요 작성 p.44

01 ▶ ③ [독해(작문) – 개요 작성]
㉢의 '플라스틱 사용 줄이기 캠페인과 대체재 개발'은 플라스틱 쓰레기 문제를 해결하기 위한 방안이므로 'Ⅱ-3'과 부합한다. 따라서 'Ⅱ-1'의 '플라스틱 쓰레기의 폐해' 하위 항목으로 옮기는 것은 적절하지 않다.

오답풀이 ① Ⅱ.2라의 '폐수 처리장에서 흘러나오는 미세 플라스틱'에 1:1 대응이 되도록 ㉠의 하위 항목으로 '플라스틱 쓰레기로 인한 지하수 오염'을 추가하는 것은 옳다.
② '텀블러와 에코백 사용 빈도 증가'는 '플라스틱 쓰레기의 발생 원인'이 아니므로 삭제하는 것이 적절하다.
④ '지하수 보호를 위한 현장 위생 시스템 강화'는 플라스틱 쓰레기 문제를 해결하기 위한 방안에 해당하며, 'Ⅱ-2-라' 항목과도 대응하므로 적절하다.

STEP 02 조건에 맞는 공문서 개요 작성 p.46

02 ▶ ③ [독해(작문) – 개요 작성]
㉢은 <지침>에서처럼 '각 장의 하위 항목끼리 대응되도록 작성할 것.'을 잘 지켜야 했다. 'Ⅱ.-2.'라는 원인에 대응되는 것이 ㉢(Ⅲ.-2.)에 와야 했는데 그러지 않았으므로 옳지 않다. 'Ⅱ.-2. 사회복지 담당 공무원의 인력 부족'에 대응되는 해소 방안이 '사회복지 업무 경감을

통한 공무원 직무 만족도 증대'는 아니기 때문이다. '공무원 인력을 늘리기'가 오면 더 적절했을 것이다.

오답풀이 ① '서론은 중심 소재의 개념 정의와 문제 제기를 1개의 장으로 작성할 것.'이라는 지침에 따를 때, 이미 개념 정의는 서술이 되어 있으므로 ㉠에 '복지 사각지대의 발생에 따른 사회 문제의 증가'를 넣은 것은 옳다.

② '본론은 제목에서 밝힌 내용을 2개의 장으로 구성하되'라는 지침에 따라 '복지 사각지대의 발생 원인과 해소 방안'이라는 제목에서 밝힌 내용으로 본다면 '㉡ 사회적 변화를 반영하지 못한 기존 복지 제도의 한계'를 넣은 것은 옳다.

④ '결론은 기대 효과와 향후 과제를 1개의 장으로 작성할 것.'이라는 지침에 따라 이미 Ⅳ.-2에 향후 과제가 기재되어 있으므로 ㉣에는 기대 효과가 언급되는 '복지 혜택의 범위 확장을 통한 사회 안전망 강화'를 넣은 것은 옳다.

▶ Day 02 해설 영상은 주독야독 시즌 1(2024 7월)에서 꼭 수강해 주시기 바랍니다.

DAY 02 [작문] 조건에 맞는 개요 작성 p.48

01 ▶ ④ [독해(작문) – 개요 작성]

<지침>에 따르면 연구를 통해 SNS 사용의 긍정적 및 부정적 영향에 대한 이해를 도모하고 건전한 SNS 문화 조성의 촉구를 언급해야 한다고 하였다. 책임감 있는 SNS 문화 조성을 위한 사회적 노력의 필요성을 강조하는 것은 이에 해당하므로 적절하다.

오답풀이 ① SNS를 통해 '㉠ 공동체의 소비 방식'이 발달하게 된 것은 '개인적' 영향보다는 '사회적' 차원의 영향으로 논의되어야 하므로 적절하지 않다.

② SNS상의 '㉡ 상호작용이 실제 자신감에 미치는 영향'은 '사회적' 영향보다는 '개인적' 영향의 측면에서 논의되어야 하므로 적절하지 않다.

③ '㉢ SNS 사용시간 관리를 위한 대안을 제시하는 것'은 사례 탐구가 아니라 결론부에서 논의되어야 하므로 적절하지 않다.

02 ▶ ④ [독해(작문) – 개요 작성]

결론은 기대 효과와 향후 과제를 1개의 장으로 작성해야 한다. 8에서 '대응 방안의 입법을 통한 제도화'로 향후 과제를 제시하였으므로 ㉣에서는 전염병 대응을 위한 체계적 방안 마련에 대한 기대 효과가 제시되어야 한다. 그런데 '개인 건강 정보의 보호'는 전염병 대응을 위한 체계적 방안 마련의 기대 효과와는 거리가 멀다.

오답풀이 ① 서론은 중심 소재의 개념 정의와 문제 제기를 1개의 장으로 작성해야 한다. 1에서 '전염병 대응'이라는 중심 소재의 개념을 정의하였으므로 2에서는 '㉠ 전염병 대응'이라는 소재에 대한 문제 제기를 해야 한다. 문제 제기로 '전염병 대응을 위한 사전 대응 부족 실태'를 제시하는 것은 적절하다.

② 본론은 제목에서 밝힌 내용을 2개의 장으로 구성하되 각 장의 하위 항목끼리 대응되도록 작성해야 한다. 'Ⅱ. 전염병 대응의 최신 동향'의 하위 항목으로 '㉡ 비상 의료 체계 가동'을 제시한 것은 적절하다.

③ 본론은 제목에서 밝힌 내용을 2개의 장으로 구성하되 각 장의 하위 항목끼리 대응되도록 작성해야 한다. 'Ⅲ. 전염병 대응에 있어서 문제점'의 하위 항목으로 '㉢ 의료진의 업무 부담 가중'을 제시한 것은 적절하다.

03 ▶ ③ [독해(작문) – 개요 작성]

본론은 제목에서 밝힌 내용을 2개의 장으로 구성하되 각 장의 하위 항목끼리 대응되도록 작성해야 한다. '㉢ 도시 내 토지 이용의 효율성 개선'은 'Ⅲ. 도시 녹지 확장 방안'과 무관하다. 또한 1 : 1 대응이 이뤄져야 하는 'Ⅱ. 2 도시 내 생물학적 다양성 파괴'와도 무관하므로 이 항목의 하위 항목으로 제시되기에는 부적절하다.

오답풀이 ① 서론은 중심 소재의 개념 정의와 문제 제기를 1개의 장으로 작성해야 하는데 1에서 '도시 녹지'라는 중심 소재에 대한 개념을 정의하였으므로 2에서는 문제 제기를 해야 한다. '도시 녹지'에 대한 문제 제기로 '㉠ 현재 도시 녹지의 부족 현황'은 적절하다.

② 본론은 제목에서 밝힌 내용을 2개의 장으로 구성하되 각 장의 하위 항목끼리 대응되도록 작성해야 한다. 'Ⅱ. 도시 녹지 파괴의 문제점'에 대한 하위 항목으로 '㉡ 도시 내 생물학적 다양성 파괴'는 적절하다.

④ 결론은 기대 효과와 향후 과제를 1개의 장으로 작성해야 하는데 8에서 '지속 가능한 도시 생태계 조성'으로 향후 과제를 제시하였으므로 7에서는 기대 효과를 제시해야 한다. 기대 효과로 '㉣ 도시 거주 주민에게 쾌적한 환경 제공'은 적절하다.

04 ▶ ④ [독해(작문) – 개요 작성]

결론은 본론의 내용을 요약하고 앞으로의 발전 방향을 제시해야 한다고 하였다. '㉣ 자연 생태계 변화가 유발할 농산물 위기'는 본론의 전체 내용을 포괄하지 못하므로 적절하지 않다.

오답풀이 ① 서론은 주제의 중요성을 강조하는 형태로 구성해야 한다고 하였다. '㉠ 농산물 가격 상승이 경제에 미치는 지대한 영향'은 이 주제가 유발하는 사회적 비용에 대한 서술이므로 적절하다.

② '㉡ 농업인의 부담은 농산물 가격 상승'의 경제적 영향에 해당하므로 적절하다.

③ '㉢ 국제적 분쟁으로 인한 농산물 수입량 감소'는 농산물 가격 상승의 원인이 될 수 있으므로 적절하다.

CHAPTER 03 [작문] 문장 고쳐 쓰기

2025 독해 PIN POINT

STEP 01 문장 고쳐 쓰기 p.60

01 ▶ ③ [독해(작문) – 문장 고쳐 쓰기]
'㉢ 국가 정책 수립과 국제 협약을 체결하기 위해'는 어법상 수정할 필요가 있다. 병렬관계의 오류가 보이기 때문이다. 병렬의 접속 조사 '과' 앞에는 명사구의 나열이 있지만 '과' 뒤는 '국제 협약을(목적어) 체결하기(서술어)'의 구성이기 때문에 구조가 같지 않으므로 적절하지 않다. 따라서 '국가 정책을(목적어) 수립하고(서술어) 국제 협약을(목적어) 체결하기(서술어)'로 고치거나 '국가 정책 수립과 국제 협약 체결을 위해'로 고쳐야 한다.

오답풀이 ①, ②, ④는 모두 문장 성분의 호응이 적절하다.

STEP 02 공문서 문장 고쳐 쓰기 p.62

02 ▶ ② [독해(작문) – 문장 고쳐 쓰기]
'대등한 것끼리 접속할 때는 구조가 같은 표현을 사용할 것.'이라는 조건이 있음에도 '표준적인 언어생활을 확립하고 일상적인 국어 생활의 향상을 위해'로 고치는 것은 옳지 않다. '표준적인 언어생활의 확립과 일상적인 국어 생활의 향상을 위해' 또는 '표준적인 언어생활을 확립하고 일상적인 국어 생활을 향상하기 위해'로 고쳐야 한다.

오답풀이 ① '중복되는 표현을 삼갈 것.'이라는 조건에 따라 '안내'와 '알림'은 중복되므로 ㉠에서 '알림'을 삭제한 것은 옳다.
③ '주어와 서술어를 호응시킬 것.'에 따라 ㉢은 주어 '본원은'과 호응되어야 하므로 '표준 정보를 제공하고 있습니다.'로 고치는 것은 옳다.
④ '필요한 문장 성분이 생략되지 않도록 할 것.'에 따라 ㉣의 '개선하다'는 목적어를 필수적으로 요구하므로 '의약품 용어를'을 추가한 것은 옳다.

▶ Day 03 해설 영상은 주독야독 시즌 1(2024 7월)에서 꼭 수강해 주시기 바랍니다.

DAY 03 [작문] 문장 고쳐 쓰기 p.64

01 ▶ ③ [독해(작문) – 문장 고쳐 쓰기]
지침에 따르면 전문용어의 사용을 최소화하라고 하였다. '플라이 애쉬'는 연소가스 중에 함유된 재를 총칭하는 환경관련 용어이다. 이는 원래대로 '연소가스에 함유된 재'라고 풀어 쓰는 것이 적절하므로 기존 서술을 유지해야 한다.

오답풀이 ① 지침에서 불필요한 한자어 사용을 줄일 것을 권장하였으므로 '요망'은 '바랍니다'로 풀어 쓰는 것이 옳다.
② 문장은 간결하게 쓰라고 하였으므로 '각 시도 환경관리과의 환경보호 노력'으로 줄여 쓰는 것이 적절하다.
④ 문맥에 맞는 적절한 어휘를 쓰려면 정책은 도출하는 것이 아니라 '개발'한다고 표현하는 것이 옳다. '도출하다'는 '판단이나 결론 따위를 이끌어 내다'라는 의미이며, '개발하다'는 '새로운 물건을 만들거나 새로운 생각을 내어놓다'라는 의미이다.

02 ▶ ④ [독해(작문) – 문장 고쳐 쓰기]
'필요한 문장 성분이 생략되지 않도록 할 것'이라고 했는데 ㉣을 수정한 ④에서는 부사절 '환경보호의 중요성을 이해하다.'의 주어가 없다. 오히려 수정하기 전 ㉣이 주어 '국민이'가 들어가 있는 정확한 문장이다.
친환경 정책을 효과적으로 실행해야 하는 객체가 '지역 사회'이고 환경 보호의 중요성을 이해하도록 하는 객체는 '지역 사회'가 아니므로 환경 보호의 중요성을 이해하도록 하는 객체인 '국민이'를 생략하는 것은 필요한 문장 성분이 생략된 것이다. 따라서 이렇게 수정하는 것은 <공공언어 바로 쓰기 원칙>에 어긋난다.

오답풀이 ① '중복되는 표현을 삼갈 것'이라고 했으므로 비슷한 의미를 가지는 '협조', '지원'은 둘 중 하나만 써야 한다. 따라서 '협조'와 '지원' 중 '지원'만 남긴 것은 올바른 수정이다.
② '대등한 것끼리 접속할 때는 구조가 같은 표현을 사용할 것'이라고 했다. ㉡에서 '지역 사회의 지속 가능한 발전'은 개선하는 것이 아니므로 수정해서 '지역 사회의 지속 가능한 발전'과 '환경 보호 정책의 개선'을 '도모'한다 하여 대등한 것끼리 접속하여 같은 서술어를 쓰도록 한 것은 올바른 수정이다.
③ 주어가 '우리 부서'이므로 행정적 지원을 제공하는 주체이다. 따라서 서술어를 '제공하다'로 고치는 것이 옳다.

03 ▶ ② [독해(작문) – 문장 고쳐 쓰기]
'본 연구원'은 '국내 교육 발전을 위한 주요 정책연구기관'이라는 자격으로 '현행 교육과정의 효과분석 및 개선 방안을 연구'하는 것이므로 '조사를 정확하게 쓸 것'이라는 원칙에 따라 자격을 나타내는 부사격 조사 '-로서'를 쓰는 것이 옳다. 따라서 이를 수단, 방법의 의미를 나타내는 부사격 조사 '-로써'로 수정하는 것은 적절하지 않다.

오답풀이 ① '교육과정 개선을 위하다'라는 관형절이 '정책 자문회의'라는 명사를 수식하는 구조이므로 '수식어와 피수식어를 호응시킬 것'이라는 원칙에 따라 '위하다'의 어근 '위하-'에 결합한 부사형 어미 '-여'를 관형사형 어미 '-ㄴ'으로 수정하는 것은 적절하다. 참고로 '위하여'의 준말이 '위해'이다.
③ 부사절 '귀원의 전문가들을 참여하다.'에서 '귀원의 전문가들'이 주어인데 목적격 조사 '을'이 붙어 있다. 따라서 '주어와 서술어를 호응시킬 것'이라는 원칙에 따라 목적격 조사 '을'을 주격 조사 '이'로

고쳐 '전문가들을'을 '전문가들이'로 수정하는 것은 적절하다.

④ 필요한 문장 성분이 생략되지 않도록 하기 위해 서술어 '송부하다'에 필요한 문장 성분 '본 연구원으로'를 추가하는 것은 적절하다.

04 ▶ ① [독해(작문) – 문장 고쳐 쓰기]

'국가 지리 정보 인프라의 향상에 큰 기여를 하고 있음'에 대해 감사를 표시하는 것이므로 부사격 조사 '-에'를 쓰는 것은 적절하다. 따라서 '조사를 정확하게 쓸 것'이라는 원칙에 따라 부사격 조사 '-에'를 목적격 조사 '-을'로 수정하는 것은 적절하지 않다.

오답풀이 ② '돕다'와 '지원하다'는 비슷한 의미를 가지므로 '효율적인 국토 관리를 돕고 지속 가능한 개발을 지원하는'과 같이 서술어 2개를 모두 써서 접속하는 것보다 '효율적인 국토 관리와 지속 가능한 개발을 지원하는'과 같이 명사끼리 접속한 후 서술어를 '지원하다'로 하나만 쓰는 것이 문장이 더 간결해진다.

③ 목적어가 '국내외 GIS 기술의 최신 동향과 혁신 사례'이므로 이는 '공유한다'라는 서술어와 호응된다. 따라서 '목적어와 서술어를 호응시킬 것'이라는 조건에 따라 '공유되는'을 '공유하는'으로 수정하는 것은 적절하다.

④ 서술어 '참석하다'에 필수 부사어 '세미나에'를 추가하는 것은 적절하다. 서술어 '나눠주시다'의 목적어가 없다. 따라서 '필요한 문장 성분이 생략되지 않도록 할 것'이라는 조건에 따라 목적어 '귀중한 의견'을 추가하는 것은 적절하다.

CHAPTER 04 [작문] 내용 고쳐 쓰기

STEP 01 내용 고쳐 쓰기 p.68

01 ▶ ② [독해(작문) – 내용 고쳐 쓰기]

파놉티콘(panopticon)은 소수의 교도관이 다수의 죄수를 감시할 수 있게 하는 시스템이다. 따라서 'ⓒ 다수'는 옳기 때문에 '소수'로 고치는 것은 옳지 않다.

오답풀이 ① 자리에 없을 때에도 감시하기 때문에 다수가 통제되므로 ㉠을 '없을'로 고치는 것은 옳다.

③ '신변 노출 없이'라는 단서가 있으므로 ⓒ을 '익명성'으로 고치는 것은 옳다.

④ '다수'가 소수의 권력자를 감시하는 것이므로 ㉣을 '누구나가'로 고치는 것은 옳다.

PIN POINT 2025 독해

STEP 02 내용 고쳐 쓰기 p.70

01 ▶ ③ [독해(작문) – 내용 고쳐 쓰기]

'현재 기준에서는 질병 치료를 목적으로 개발한 신약만 승인받을 수 있는데,'를 통해 노화를 멈추는 약이 승인되지 않는 이유가 기존에는 노화를 질병으로 보지 않았기 때문임을 알 수 있으므로 ⓒ은 옳지 않다. 따라서 '질병으로 보지 않은 탓에 노화를 멈추는 약은 승인받을 수 없었다'로 고치는 것은 옳다.

오답풀이 나머지는 이미 문맥상 적절한 내용을 가지므로 고칠 필요가 없는 것들이다.

▶ Day 04 해설 영상은 주독야독 시즌 1(2024 7월)에서 꼭 수강해 주시기 바랍니다.

DAY 04 [작문] 내용 고쳐 쓰기 p.72

01 ▶ ③ [독해(작문) – 내용 고쳐 쓰기]

정교하면서도 빠르게 읽어야 하기에 '정(精)'자를 사용한 '정속독(精速讀)'이 적절하다.

오답풀이 ① 각기 '정교한 독서'와 '바른 독서'를 의미하므로 소리가 같지만 뜻이 다른 것이 맞다.

② 문맥상 정교한 독서를 의미하므로 '정독(精讀)'이 적절하다.

④ '빼먹고 읽는 습관'이라는 서술로 보아 정교하게 읽지 못함을 의미한다. 따라서 '정독이 빠진 속독'이 적절하다.

02 ▶ ③ [독해(작문) – 내용 고쳐 쓰기]

ⓒ 뒤에 이어지는 '자연 상태에서는 감당 가능한 수 이상의 아이를 가진 부모는 아이들을 충분히 먹이기 어렵기 때문에 자연스럽게 개체 수가 조절되었다.'를 통해 짐작해야 하는 선지이다. 복지국가는 자연 상태와는 다른 시스템임을 추론할 수 있으므로 '매우 부자연적인 실체'로 수정하는 것이 적절하다.

오답풀이 ① ㉠ 뒤의 '다음 세대로 대량 전달되기 어렵다.'라는 서술로 보아, 어른이 될 때까지 살아남는 개체가 거의 없다는 내용이 적절함을 알 수 있다.

② ⓛ 뒤에 '부부가 양육 가능한 수 이상의 아이를 낳더라도 국가에서 개입하여 아이들이 자랄 수 있도록 지원'한다고 하였으므로, 가족의 크기는 부모의 자원에 제한되지 않을 것임을 추론할 수 있다.

④ ㉣ 앞에 '하지만'이라는 역접 접속사가 나오며, 과거에는 아이들이 굶어 죽는다고 해도 아무런 조치를 취할 수 없었다고 하였으므로 현대 사회는 옛날과 달라졌다는 서술이 문맥상 자연스럽다.

03 ▶ ② [독해(작문) – 내용 고쳐 쓰기]

본문의 흐름과 부합하지 않는 선지이다. 본문은 코로나19로 인한 언택트 사회의 도래가 기업 디지털 전환의 중요성을 인식하는 계기가 되었다고 나와 있으며, 디지털화가 촉진되며 나타나는 변화를 소개하고 있다. 따라서 디지털 기술 활용 능력은 기업 경쟁력을 결정짓는 중요한 요소로 부상하고 있는 것이지, 간과되는 것이라고 볼 수 없다.

오답풀이 ① 언택트 사회 도래가 기업 디지털 전환의 중요성을 인식하는 계기가 되었다는 서술 이후 원격근무와 디지털 상거래, 온오프라인 하이브리드 시스템 적용 등 디지털화가 적용되는 사례들이 나열되어 있다. 따라서 디지털화는 둔화하는 것이 아니라 가속화되는 것으로 보는 것이 적절하다.

③ '하지만'이라는 역접 접속사가 나온 이후 중소기업은 디지털 전환에 예산을 투입하기 어렵다는 서술이 나온다. 따라서 디지털화는 영세기업에는 호재가 아니라 악재라고 보는 것이 적절하다.

④ 중소기업은 디지털 전환에 비용을 확보하지 못한다는 서술이 나와 있으므로 디지털 전환이 지연될 가능성이 높다고 서술하는 것이 적절하다.

04 ▶ ④ [독해(작문) – 내용 고쳐 쓰기]

본문의 전체적인 내용으로 볼 때 나무의 나이테를 통해 나무의 생장 환경을 추론할 수 있음을 알 수 있다. '비슷한 두께의 나이테가 연속된다면 나무가 생장하기에 적합한 날씨가 지속되었을 것임'이라는 서술로 볼 때, 날씨나 자연환경이 안정화됐다는 서술과 호응하기 위해서는 ㉣에 '어느 시점부터 규칙성을 회복했다면'이 오는 것이 적절하다.

오답풀이 ① ㉠ 뒤에 나이테의 두께가 비슷하다면 나무가 생장하기에 적합한 날씨가 지속되었을 것이라는 서술이 나오므로, '나이테의 두께가 전반적으로 일정하다면'이라는 표현을 그대로 유지하는 것이 적절하다.

② ㉡ 뒤에 '나무의 발달이 고르지 못했다'는 서술이 이어지고 있으며, 앞부분을 통해 나이테의 너비가 규칙적이라는 것은 나무가 생장하기에 적합한 환경이었음을 의미한다는 것을 알 수 있다. 따라서 '나이테의 너비가 불규칙하다면'이라는 기존 서술을 유지하는 것이 적절하다.

③ ㉢ 뒤에 '이렇듯 나무가 생장하기 어려운 배경에는'이라는 서술이 나오므로, '나무의 생장 환경이 나무에게 비우호적이었음'이라는 서술을 유지하는 것이 적절하다.

Part 02 논리 추론

CHAPTER 05 반드시 참인 명제

2025 독해 PIN POINT

STEP 01 내용 추론이지만 논리 추론 개념을 이용하는 경우 p.84

01 ▶ ① [독해 – 논리 추론]

'논리실증주의자들에 따르면, 만약 어떤 것이 과학일 경우 거기에서 사용되는 문장은 유의미하다'의 문장의 대우가 '논리실증주의자들에 따르면 무의미한 문장을 사용하는 것은 과학이 아니다.'이므로 옳다.

오답풀이 ② 너무 극단적인 의미의 선택지이다. 참이나 거짓을 검증할 수 있으면 문장이 유의미해지므로, 과학이 아니더라도 참, 거짓을 검증할 수 있으면 문장이 유의미해진다.

③ 아직 경험되지 않은 것을 언급했어도 검증이 가능한 경우에는 유의미한 문장으로 볼 수 있으므로 적절하지 않다.

④ 거짓인 문장이더라도 참, 거짓을 검증할 수 있었다는 점에서 문장은 유의미하다고 볼 수 있다.

STEP 02 여러 명제를 통해 반드시 참인 경우를 고르는 경우 p.86

02 ▶ ④ [독해 – 논리 추론]

- 오 → 박
  (~박 → ~오)
- 박 → 홍
  (~홍 → ~박)
- ~홍 → ~공
  (공 → 홍)

위의 대우 관계를 비롯하여 볼 때, 매개항이 '~박'이라는 점에서 '(~홍 → ~박 → ~오)'가 성립되어 '홍 주무관이 회의에 참석하지 않으면, 오 주무관도 참석하지 않는다.'가 참임을 알 수 있다.

오답풀이 ① 공 주무관이 회의에 참석하면, 홍 주무관이 참석하는 것은 알 수 있으나, 박 주무관도 참석할지는 알 수 없다.

② 오 주무관이 회의에 참석하면, 홍 주무관은 참석하므로 옳지 않다.

③ 박 주무관이 회의에 참석하지 않으면, 오 주무관이 참석하지 않는 것은 확실히 알 수 있으나, 공 주무관이 참석할지는 알 수 없다.

03 ▶ ② [독해 – 논리 추론]

- 과학 → 수학 ≡ ~수학 → ~과학
- ~수학 → 예술 ≡ ~예술 → 수학
- ~음악 → ~수학 ≡ 수학 → 음악

세 번째 명제에 의해 '~음악 → ~수학'이고 첫 번째 명제의 대우명제에 의해 '~수학 → ~과학'이므로 두 명제를 연결하면 '~음악 → ~과학'이다. 따라서 음악을 좋아하지 않는 사람은 과학도 좋아하지 않는다.

오답풀이 ① 첫 번째 명제에 의해 '과학 → 수학'이고 세 번째 명제의 대우명제에 의해 '수학 → 음악'이므로 두 명제를 연결하면 '과학 → 음악'이다. 따라서 과학을 좋아하는 사람은 음악도 좋아한다.

③ 첫 번째 명제의 대우명제에 의해 '~수학 → ~과학'이고 두 번째 명제에 의해 '~수학 → 예술'이긴 하지만 이를 통해 '~과학 → 예술'을 도출하는 것은 불가능하다.

④ 세 번째 명제에 의해 '~음악 → ~수학'이고 두 번째 명제에 의해 '~수학 → 예술'이므로 두 명제를 연결하면 '~음악 → 예술'이다. 따라서 음악을 좋아하지 않는 사람은 예술을 좋아한다.

▶ Day 05 해설 영상은 주독야독 시즌 1(2024 7월)에서 꼭 수강해 주시기 바랍니다.

DAY 05 반드시 참인 명제 p.88

01 ▶ ④ [독해 – 논리 추론]

- 최 주무관

전제	① ~A → ~B　　② B
결론	B → A

결론은 전제의 대우명제이다. 따라서 전제가 참이라면 결론은 항상 참이다.

따라서 전제가 참일 때 결론이 항상 참인 논증을 펼친 사람은 최 주무관이다.

오답풀이 전제와 결론을 나타내본다.

- 김 주무관

전제	① A → ~B　　② ~B
결론	~B → A

결론은 전제의 역명제이다. 따라서 전제를 통해서 결론이 반드시 참이라고 논증할 수 없다.

• 이 주무관

전제	① A → B ② ~A
결론	~A → ~B

결론은 전제의 이명제이다. 따라서 전제를 통해서 결론이 반드시 참이라고 논증할 수 없다.

• 박 주무관

전제	① ~A → B ② ~B
결론	~B → ~A

전제의 대우명제는 '~B → A'이다. 따라서 전제가 참이고 B가 회의에 참석하지 않았다면 A는 회의에 참석해야 한다는 결론이 나와야 한다. 따라서 이 논증은 반드시 거짓이다.

02 ▶ ② [독해 – 논리 추론]

'모든', '어떤'과 같은 양화사(quantifier)에 주의하여 문장을 분석해야 한다. (가)~(라)를 기호를 이용하여 나타내면 아래와 같다.

(가) 나무 ∧ 불
(나) 나무 → 식물 ≡ ~식물 → ~나무
(다) 불 ∧ ~식물
(라) 식물 ∧ ~불

(나)에 의해 '나무 → 식물'이고 (가)에 의해 '나무 ∧ 불'이므로 '식물 ∧ 불'이라는 결론을 내릴 수 있다. 따라서 어떤 것은 식물이면서 불에 탄다.

오답풀이 ① (라)에 의해 식물이면서 불에 타지 않는 것이 존재한다. 따라서 모든 식물이 불에 탄다고 할 수 없다.

③ (나)와 (다)를 도출하면 '~식물 → ~나무, 불 ∧ ~식물'이므로 '불 ∧ ~식물'을 결론으로 도출할 수 있다. 이는 '어떤 것은 불에 타면서 나무가 아니다'를 도출할 뿐이므로 '불에 타지 않는 나무가 존재한다'는 알 수 없는 선지이다.

④ (가)에 의해 '나무 ∧ 불'이긴 하지만 이를 통해 불에 타지 않는 나무는 존재하지 않는다, 즉 모든 나무는 불에 탄다는 결론을 도출할 수는 없다. 주어진 조건만으로 참 거짓을 알 수 없는 명제이다.

03 ▶ ② [독해 – 논리 추론]

모든 진술들을 기호로 나타내보면 다음과 같다.

• A ∧ ~B 이거나 ~A ∧ B
• ~C → ~D ≡ D → C
• ~B → D ≡ ~D → B
• C → ~B ≡ B → ~C

첫 번째 전제에 따라 두 가지 경우의 수로 나눌 수 있다. 첫째, A가 회의에 참석하고 B는 회의에 참석하지 않는 경우이다. 즉, 'A ∧ ~B'인 경우이다. 그러면 '~B'이므로 세 번째 전제에 의해 D는 회의에 참석해야 하고, 두 번째 전제의 대우명제 'D → C'에 의해 C도 참석해야 한다. 즉, 이 경우 회의 참석자는 A, C, D 세 명이고 네 번째 전제 또한 만족한다. 둘째, A는 회의에 참석하지 않고 B는 참석하는 경우이다. 즉, '~A ∧ B'인 경우이다. 그러면 'B'이므로 네 번째 명제의 대우명제 'B → ~C'에 의해 C는 회의에 참석하지 않아야 한다. 따라서 '~C'이므로 두 번째 명제 '~C → ~D'에 의해 D도 회의에 참석하지 않게 된다. 따라서 이 경우 회의 참석자는 B 한 명이다. 즉, 회의 참석자로 가능한 경우의 수는 (A, C, D)와 (B)로 두 가지이다. C가 회의에 참석하는 경우는 (A, C, D)가 회의에 참석하는 경우이다. 이때 D도 같이 참석한다.

오답풀이 ① B 혼자 회의에 참석하는 경우의 수가 가능하므로 항상 참인 것은 아니다.

③ A가 회의에 참석하는 경우는 B는 참석을 하지 않으므로 D는 참석한다.

④ 회의 참석자로 가능한 경우의 수는 (A, C, D)와 (B) 두 가지 밖에 없는데, 두 경우 모두에서 참석인원이 2명인 것은 불가능하다.

04 ▶ ③ [독해 – 논리 추론]

모든 진술들을 기호로 나타내보면 다음과 같다.

• 김 → ~이 ≡ 이 → ~김
• ~오 → ~이 ≡ 이 → 오
• 임 → 김 ≡ ~김 → ~임

첫 번째 조건의 대우명제에 의해 '이 → ~김'이고 세 번째 조건의 대우명제에 의해 '~김 → ~임'이므로 두 조건을 연결하면 '이 → ~임'이다. 따라서 이 주무관이 회의에 참석하면 임 주무관은 회의에 참석하지 않는다.

오답풀이 ① 세 번째 조건에서 '임 → 김'이고 첫 번째 조건에서 '김 → ~이'이므로 두 조건을 연결하면 '임 → ~이'이다. 따라서 임 주무관이 회의에 참석하면 이 주무관은 회의에 참석하지 않는다.

② 첫 번째 조건에서 '김 → ~이'이다. 두 번째 조건의 대우명제는 '이 → 오'이므로 두 명제를 연결하여 '김 → 오'라는 결론을 도출하는 것은 불가능하다.

④ '이 → 오'는 있으나 오 주무관이 회의에 참석하면 어떻게 될지는 역명제이므로 알 수 없다.

CHAPTER 06 빈칸에 들어갈 결론

▶ Day 06 해설 영상은 주독야독 시즌 1(2024 7월)에서 꼭 수강해 주시기 바랍니다.

PIN POINT 2025 독해 p.96

01 ▶ ① [독해 – 논리 추론]

(가) 노인 복지 문제 m ∧ ~ 일자리 문제
(나) 공직 → 일자리 문제
(~ 일자리 문제 → ~ 공직)

(나)의 대우 관계를 비롯하여 볼 때, 매개항이 '~일자리 문제'라는 점에서 '노인 복지 문제 m ∧ ~일자리 문제 → ~ 공직)'이 성립되어 '노인복지 문제에 관심이 있는 사람 중 일부는 공직에 관심이 있는 사람이 아니다.'가 참임을 알 수 있다.

02 ▶ ④ [독해 – 논리 추론]
'모든', '일부'와 같은 양화사(quantifier)에 주의하여 문장을 분석해야 한다.

(가) 의학 ∧ 약학
(나) ~생명공학 → ~의학 ≡ 의학 → 생명공학
≡ 생명공학 ∨ ~의학
(다) 생명공학 → ~화학 ≡ 화학 → ~생명공학
≡ ~생명공학 ∨ ~화학

(가)에서 '의학 ∧ 약학'이고 (나)의 대우명제에서 '의학 → 생명공학' 이므로 의학과 약학에 동시에 관심이 있는 사람이 존재하고 이 사람은 반드시 생명공학에도 관심이 있어야 한다. 따라서 '약학 ∧ 생명공학'을 도출할 수 있다. 그리고 (다)에서 '생명공학 → ~화학'이므로 마찬가지 논리로 '약학 ∧ ~화학'을 도출할 수 있다. 따라서 약학에 관심이 있는 어떤 사람은 화학에 관심이 없다.

오답풀이 ① (다)의 대우명제에 의해 '화학 → ~생명공학'이고, (나)에 의해 '~생명공학 → ~의학'이므로 두 명제를 연결하면 '화학 → ~의학'을 도출하는 것이 가능하다. 즉, 화학에 관심이 있는 모든 사람은 의학에 관심이 없다.
② (다)의 역명제이다. 따라서 참 거짓을 판단할 수 없다.
③ (가)에서 '의학 ∧ 약학'이므로 의학에 관심이 있는 모든 사람이 약학에도 관심이 있다고 할 수는 없다. 즉, '의학 ∧ ~약학'이 거짓이라고 할 수는 없지만 반드시 참이라고 할 수도 없다. 따라서 의학에 관심이 있고 약학에 관심이 없는 사람이 존재한다고 단정적으로 진술하는 것은 옳다고 할 수 없다.

DAY 06 빈칸에 들어갈 결론 p.98

01 ▶ ③ [독해 – 논리 추론]

(가) 떡볶이 → 어묵
(나) 어묵 ∧ 순대

이 문제의 경우 문장의 양상에도 주의를 기울여야 한다. '존재하지 않는다, 있다'와 같이 단정적인 진술인지, '있을 수 있다'와 같이 개연적인 진술인지에 따라 진술의 참 거짓 여부가 달라질 수 있기 때문이다.

(가)에 의해 '떡볶이 ∧ 어묵'을 도출할 수 있고 (나)에 의해 '어묵 ∧ 순대'이다. 그리고 (가)와 (나)를 연결지으면 '떡볶이 ∧ 순대'가 도출된다. 이 셋에 의해 '떡볶이 ∧ 어묵 ∧ 순대'가 반드시 참이라고 할 수는 없지만 거짓이라고 할 수도 없다. 따라서 떡볶이, 어묵, 순대를 모두 좋아하는 사람이 있을 수 있다고 개연적으로 진술하는 것은 적절하다.

오답풀이 ① (가)에 의해 떡볶이를 좋아하는 사람은 모두 어묵을 좋아하므로 순대를 좋아하는지의 여부와 무관하게 떡볶이를 좋아하는 사람이 어묵을 좋아하지 않는 것은 불가능하다.
② 떡볶이와 순대를 좋아하지 않지만 어묵을 좋아하는 사람을 기호화하여 표현하면 '~떡볶이 ∧ ~순대 ∧ 어묵'이다. (가)에서 '~떡볶이 ∧ 어묵'이 거짓이라고 할 수 없으며 (나)에서 '~순대 ∧ 어묵'이 거짓이라고 할 수 없다. 그리고 (가)와 (나)를 연결지어서 낼 수 있는 결론 '떡볶이 ∧ 순대'에서도 '~떡볶이 ∧ ~순대'가 거짓이라고는 할 수 없다. 따라서 명확하게 거짓이라고 할 수 없으므로 떡볶이와 순대는 좋아하지 않지만 어묵을 좋아하는 사람이 존재하지 않는다고 단정적으로 진술하는 것은 적절하지 않다.
④ (가)에서 '~떡볶이 ∧ 어묵'을 반드시 참이라고 할 수는 없고, (가)와 (나)를 통해 도출된 결론 '떡볶이 ∧ 순대'에 의해서도 '~떡볶이 ∧ 순대'를 반드시 참이라고 할 수는 없다. 그리고 (나)에 의해 '어묵 ∧ 순대'는 항상 참이다. 따라서 '~떡볶이 ∧ 어묵 ∧ 순대'를 참이라고 할 수도 없고 거짓이라고 할 수도 없다. 따라서 떡볶이를 좋아하지 않지만 어묵과 순대를 모두 좋아하는 사람이 있다고 단정적으로 진술하는 것은 적절하지 않다.

02 ▶ ③ [독해 – 논리 추론]

- 공무원 ∧ 성실
- ~(~정직 ∧ 공무원) ≡ 정직 ∨ ~공무원 ≡ 공무원 → 정직

'공무원 ∧ 성실'이고 '공무원 → 정직'이므로 공무원 중 성실한 사람은 정직하다는 것을 알 수 있다. 따라서 성실한 사람 중 정직한 사람이 있다는 결론을 내릴 수 있다.

오답풀이 ① '공무원 ∧ 성실'이지만 이를 통해 '공무원 ∧ ~성실'이라는 결론을 낼 수는 없다.

② '공무원 ∧ 성실'이고 '공무원 → 정직' 이므로 공무원 중 성실한 사람은 정직하다는 것을 알 수 있다. 따라서 성실한 사람 중 정직한 사람이 있다는 결론을 내릴 수 있다. 하지만 이를 통해 모든 성실한 사람이 정직하다는 결론을 내릴 수는 없다.

④ '공무원 → 정직'이므로 정직하지 않은 공무원은 존재하지 않는다. 이 선지는 두 번째 전제를 부정하는 반례이다.

03 ▶ ② [독해 – 논리 추론]

'모든', '일부'와 같은 양화사(quantifier)에 주의하여 문장을 분석해야 한다.

(가) 정보 → 컴퓨터 ≡ ~컴퓨터 → ~정보 ≡ ~정보 ∨ 컴퓨터
(나) ~(전자 → 컴퓨터) ≡ ~(~전자 ∨ 컴퓨터)
≡ 전자 ∧ ~컴퓨터
(다) 정보 ∧ 전자

'전자 ∧ ~정보'이다. (나)에 의해 전자부품이 있지만 컴퓨터가 아닌 것이 존재하고 (가)의 대우명제에 의해 컴퓨터가 아닌 것은 모두 정보처리장치가 아니므로 전자부품이 있지만 컴퓨터가 아닌 것은 정보처리장치가 아니다. 따라서 전자부품이 있으면서 정보처리장치가 아닌 것이 존재한다. 즉, '전자 ∧ ~정보'이다.

오답풀이 ① '정보 ∧ ~컴퓨터'이다. (가)에서 정보처리장치는 모두 컴퓨터라고 했으므로 이 명제는 거짓이다('정보 ∧ ~컴퓨터'는 '정보 → 컴퓨터'의 반례이다).

③ ②와 같은 논증과정에 의해 '전자 ∧ ~정보'가 도출된다. 하지만 이를 통해 '전자 → ~정보'를 도출하는 것은 불가능하다.

④ '전자 → 컴퓨터'이다. (다)에 의해 정보처리장치이면서 전자부품이 있는 것이 존재하고 (가)에 의해 모든 정보처리장치는 컴퓨터이므로 정보처리장치이면서 전자부품이 있는 것은 컴퓨터이다. 따라서 전자부품이 있으면서 컴퓨터인 것이 존재한다. 즉, '전자 ∧ 컴퓨터'가 도출된다. 하지만 이를 통해 '전자 → 컴퓨터'를 도출하는 것은 불가능하다.

04 ▶ ① [독해 – 논리 추론]

'모든', '일부'와 같은 양화사(quantifier)에 주의하여 문장을 분석해야 한다.

(가) 채소 ∧ 건강
(나) 건강 → 운동 ≡ ~운동 → ~건강 ≡ ~건강 ∨ 운동

(가)에서 '채소 ∧ 건강'이고 (나)에서 '건강 → 운동'이므로 건강하고 채소를 자주 먹는 사람이 존재하고 이 사람은 운동을 자주 하는 사람이라는 결론을 내릴 수 있다. 즉, '채소 ∧ 운동'이므로 운동을 자주 하는 어떤 사람은 채소를 자주 먹는다고 할 수 있다.

오답풀이 ② (나)의 역명제이므로 참, 거짓을 판단할 수 없다.

③ 이 명제는 채소를 자주 먹는 사람 중 운동을 자주하지 않는 사람이 있다는 것을 의미한다. 즉, '채소 ∧ ~운동'이다. ①에서와 같이 '채소 ∧ 운동'을 도출하는 것은 가능하나 그렇다고 '채소 ∧ ~운동'을 도출하는 것은 불가능하다. 반드시 거짓은 아니지만 항상 참이라고 할 수도 없다.

④ 건강을 중시하지 않는 사람은 반드시 채소를 자주 먹지 않는다는 의미이므로 '~건강 → ~채소'이다. 이 명제의 대우명제는 '채소 → 건강'인데, (가)의 '채소 ∧ 건강'을 통해 '채소 → 건강'을 도출하는 것은 불가능하다.

CHAPTER 07 생략된 전제 추론

p.100

01 ▶ ① [독해 – 논리 추론]

(가) 문학 → 자연의 아름다움
(~자연의 아름다움 → ~문학)
(나) 자연의 아름다움 m ∧ 예술
(예술 m ∧ 자연의 아름다움)
결론: 예술 m ∧ 문학

(나)에서 도출한 '예술 m ∧ 자연의 아름다움'에서 결론인 '예술 m ∧ 문학'을 이끌어내려면 '자연의 아름다움을 좋아하는 사람은 모두 문학을 좋아하는 사람이다.'라는 전제가 추가되어야 한다.

02 ▶ ③ [독해 – 논리 추론]

전제 1은 '공부 → 성실'로, 결론은 '성실 ∧ 아침'으로 표현할 수 있다. 전제 1인 '공부 → 성실'과 결합하여 '아침 → 성실'을 도출할 수 있다. 즉, 아침에 일찍 일어나는 사람은 모두 성실한 사람이므로, 이를 통해 결론인 '아침 ∧ 성실' 또한 도출할 수 있다.

오답풀이 ① '~아침 ∧ 공부'이다. 전제 1인 '공부 → 성실'과 결합하여 '성실 ∧ ~아침'을 도출하는 것은 가능하나 '성실 ∧ 아침'을 도출하는 것은 불가능하다.

② '~아침 → 공부'이다. 전제 1인 '공부 → 성실'과 결합하여 '~아침 → 성실'을 도출하는 것은 가능하나 '성실 ∧ 아침'을 도출하는 것은 불가능하다.

④ '아침 ∧ ~공부'이다. 전제 1인 '공부 → 성실'과 결합하여 '아침 ∧ 성실'을 도출하는 것이 불가능하다.

▶ Day 07 해설 영상은 주독야독 시즌 1(2024 7월)에서 꼭 수강해 주시기 바랍니다.

DAY 07 생략된 전제 추론 p.102

01 ▶ ③ [독해 – 논리 추론]

'모든', '어떤'과 같은 양화사(quantifier)에 주의하여 문장을 분석해야 한다. 주어진 전제를 기호로 나타내면 '음악 ∧ 영화'이고 결론을 기호로 나타내면 '연극 ∧ 음악'이다.

'영화 → 연극'이다. 이에 따라 영화를 좋아하는 사람은 모두 연극을 좋아하고 '영화 ∧ 음악'에 의해 영화를 좋아하는 사람 중 음악을 좋아하는 사람이 존재하므로 둘을 연결하면 '연극 ∧ 음악'이라는 결론을 도출할 수 있다.

오답풀이 ① '∼음악 ∧ 연극'이다. 주어진 전제 '음악 ∧ 영화'와 함께 결론인 '연극 ∧ 음악'을 도출하는 것은 불가능하다.

② '영화 ∧ 연극'이다. 주어진 전제 '음악 ∧ 영화'를 통해 연극과 음악을 둘 다 좋아하는 사람이 있을 수 있다는 것은 추론할 수 있지만 이를 통해 연극과 음악을 둘 다 좋아하는 사람이 있다고 단정적으로 결론짓는 것은 불가능하다.

④ '(∼음악 ∧ 영화) ∧ 연극'이다. 이를 통해 '∼음악 ∧ 연극'은 도출할 수 있으나 '연극 ∧ 음악'을 도출하는 것은 불가능하다.

02 ▶ ② [독해 – 논리 추론]

첫 번째 문장은, '한국인 → 김치', 두 번째 문장은 '김치 ∧ 젓갈', 결론은 '젓갈 ∧ 한국인'으로 표현이 가능하다. 첫 번째 전제를 토대로 한국인의 집합은 김치를 좋아하는 사람의 집합 내에 포함된다는 것을 알 수 있고, 두 번째 전제를 토대로 김치를 좋아하는 사람의 집합과 젓갈을 좋아하는 사람의 집합은 교집합이 존재함을 알 수 있다.

'김치 → 한국인'으로 표현할 수 있다. 첫 번째 전제는 '한국인 → 김치'이므로 결국 둘은 '한국인 ↔ 김치'가 되고 따라서 한국인의 집합과 김치를 좋아하는 사람의 집합은 완전히 같다는 것을 의미하게 된다. 따라서 '김치 ∧ 젓갈'과 '한국인 ∧ 젓갈'은 동치인 명제가 되므로 이 조건을 추가하면 '한국인 ∧ 젓갈'이라는 결론을 이끌어낼 수 있다.

오답풀이 ① '(젓갈 ∧ ∼한국인) ∧ 김치'로 표현할 수 있다. 이를 통해 결론인 '젓갈 ∧ 한국인'을 도출할 수는 없다.

③ '젓갈 ∧ 김치'이므로 사실상 두 번째 전제와 동치인 명제이다.

④ '김치 ∧ 한국인'이므로 이는 첫 번째 전제만으로 도출할 수 있는 결론에 불과하다.

03 ▶ ③ [독해 – 논리 추론]

'모든', '일부'와 같은 양화사(quantifier)에 주의하여 문장을 분석해야 한다.

> 전제 1: 요리사 → 신선 ≡ ∼신선 → ∼요리사 ≡ ∼요리사 ∨ 신선
> 전제 2: 유기농 → ∼가공 ≡ 가공 → ∼유기농
> ≡ ∼유기농 ∨ ∼가공
> 전제 3: 결론: 신선 ∧ ∼가공

이미 주어진 전제 1, 전제 2와 추가되는 전제 3을 이용하여 결론을 도출할 수 있어야 한다.

'유기농 ∧ 신선'이다. 신선한 재료를 선호하면서 유기농 식품을 선호하는 사람이 존재하고 전제 2에 의해 유기농 식품을 선호하는 모든 사람은 가공식품을 선호하지 않으므로 신선한 재료를 선호하면서 가공식품을 선호하지 않는 사람이 존재한다. 즉, '신선 ∧ ∼가공'으로 결론이 도출된다.

오답풀이 ① '가공 ∧ ∼요리사'이다. 이 전제를 추가하여 '신선 ∧ ∼가공'을 도출하는 것은 불가능하다.

② '∼유기농 → ∼요리사'이다. 이 명제의 대우명제는 '요리사 → 유기농'으로, 이 명제에 의하면 모든 요리사는 유기농 식품을 선호하고 전제 1에 의해 모든 요리사는 신선한 재료를 선호하므로 모든 요리사는 유기농 식품과 신선한 재료를 선호한다는 것을 알 수 있다. 하지만 이를 통해 '신선 ∧ ∼가공'을 도출하는 것은 불가능하다.

④ '요리사 → 가공'이다. 전제 1에 의해 '요리사 → 신선'이므로 모든 요리사는 가공식품을 선호하는 동시에 신선한 재료를 선호한다. 즉, 이를 통해 '신선 ∧ 가공'을 도출하는 것은 가능하나 '신선 ∧ ∼가공'을 도출하는 것은 불가능하다.

Part
04 내용 추론

CHAPTER 11 내용 추론 긍정 발문

2025 독해 PIN POINT

STEP 01 단순 내용 일치 긍정 발문 p.128

01 ▶ ③ [독해(비문학) – 내용 일치 긍정 발문]
다음 글에서 추론한 내용으로 가장 적절한 것은 '같은 조상을 둔 후손이라도 환경에서 얻은 정보가 다르면 행동은 다르게 나타날 수 있다.'이다. '같은 조상을 둔 후손'은 같은 유전자를 의미하는데, 유전자가 동일하더라도 환경에서 얻은 정보도 중요하게 행동을 좌우한다고 하는 것이기 때문에 이 글의 내용으로 충분히 추론이 가능하다.

오답풀이 ① 미언급의 오류이다. 인간의 행동과 마음을 각각 얘기하려는 것이 아니라 인간의 행동과 마음이 보통 유전뿐만 아니라 환경도 중요하다고 보는 내용이므로 이 선지는 적절하지 않다.
② 미언급의 오류이다. '우리에게 주어진 상황의 복잡한 정도가 클수록'이라는 가정 자체가 이 제시문에 언급되지 않고 있으므로 적절하지 않다.
④ 미언급의 오류 혹은 비교 혼동의 오류이다. '조상의 유전적 성향'과 '조상이 살았던 과거 환경'을 비교한 내용 자체가 언급되지 않고 있으므로 적절하지 않다.

STEP 02 내용 추론 긍정 발문 p.130

02 ▶ ② [독해(비문학) – 내용 추론 긍정 발문]
맨 마지막 문장인 '그들은 지능이라는 말이 측정 가능한 인지 능력을 전제하는 것인데, 다중지능이론이 설정한 새로운 종류의 지능들을 정확하게 측정할 수 있는 도구가 만들어지기는 어려울 것이라 주장한다.'를 통해 이 선지는 적절함을 알 수 있다.

오답풀이 ① 1문단의 '그는 기존 지능이론이 언어지능이나 논리수학지능 등 ~ 이뿐 아니라 신체와 정서, 대인 관계의 능력까지 포괄한 총체적 지능 개념을 창안해 냈다.'라는 내용을 통해 논리수학지능은 다중지능이론의 지능 개념에 포함되지 않는다는 것은 적절하지 않음을 알 수 있다. 오히려 논리수학지능은 다중지능이론의 지능 개념에 포함됨을 알 수 있다.
③ 미언급의 오류 혹은 비교 혼동의 오류이다. 인간의 우뇌에서 담당하는 능력과 관련된 지능보다 좌뇌에서 담당하는 능력과 관련된 지능에 더 많이 주목한다는 것은 이 제시문을 통해 알 수 없으며 둘 다 중시하고 있음을 알 수 있다.
④ 2문단의 '그들에 따르면, 전자는 후자의 하위 영역에 속해 있고, 둘 사이에는 유의미한 상관관계가 있으므로 서로 독립적일 수 없으며,'를 통해 다중지능이론에 대해 비판적인 연구자들은 인간의 모든 지능 영역들이 상호 독립적이라고 보는 것은 적절하지 않음을 알 수 있다.

▶ Day 08 해설 영상은 주독야독 시즌 1(2024 7월)에서 꼭 수강해 주시기 바랍니다.

DAY 08 내용 추론 긍정 발문 p.132

01 ▶ ③ [독해(비문학) – 내용 추론 긍정 발문]
제시문의 1문단에서 '독점이나 담합이 소비자의 권익을 배제한 채 기업이 이윤을 추구하는 상황에서 발생하는 자연스러운 현상'으로 설명되고 있다. 따라서 기업이 이윤을 추구하는 과정에서 소비자의 권익을 배제한 행위를 할 수 있다는 것은 적절한 내용 이해이다.

오답풀이 ① 객체 혼동의 오류. 독점이나 담합은 불공정한 경쟁을 유발하여 정부의 권익이 아닌 소비자의 권익을 침해할 수 있는 것이므로 옳지 않다.
② 반대의 오류. 제시문의 1문단 마지막 부분에서 정부가 실시하는 경쟁 정책만으로는 소비자의 권익 보호가 충분히 이루어지지 않는다는 설명이 있다. 따라서 이는 잘못된 설명이다.
④ 2문단의 '예컨대' 이후 부분에서 소비자들이 자신의 피해구제를 청구하는 것은 어려운 일이라는 설명이 있었다. 따라서 이는 잘못된 설명이다.

02 ▶ ③ [독해(비문학) – 내용 추론 긍정 발문]
'어떤 문화에서는 눈을 감고 웃는 것이 즐거움을 나타내지만, 다른 문화에서는 눈을 크게 뜨고 웃는 것이 즐거움을 나타'낸다고 하였으므로, 문화나 지역에 따라 유사한 감정에 대한 표정도 다르게 나타난다는 것을 추론할 수 있다.

오답풀이 ① 문화권에 따라 표정의 의미를 다르게 해석할 수 있지만, 같은 문화권의 사람이라도 '어떤 감정이나 상황에 대한 표정도 개인의 성격, 경험 등에 따라 다르게 나타날 수 있'으므로, 같은 표정의 의미를 다르게 받아들일 수 있다.
② 제시문에서는 '피질 하부의 신경 회로를 통해 신호가 전달되면서 근육이 무의식적이고 불수의적으로 움직인 결과'로 어린아이나 시각 장애인의 웃음 또는 슬픈 표정이 나온다고 하였다. 즉, 근육이 무의식적으로 움직인 결과로 만들어지는 표정들은 감정과 상관이 있다.

④ '타인의 표정을 통해 감정을 파악할 수 없는 선천적 시각 장애인도 웃음을 짓'는다고 하였다.

03 ▶ ② [독해(비문학) - 내용 추론 긍정 발문]
'공연장에 가서 연주를 감상하면 집에서 듣는 것보다 악기 소리가 더 풍부하고 아름답게 들린다'고 하였다. 이는 잔향 효과 때문이며, 잔향은 소리가 반사되어 발생하는 것이다. 따라서 집의 천장은 공연장의 천장보다 소리를 더 잘 흡수할 것이고, 공연장의 천장은 소리를 더 많이 반사할 것이다.

오답풀이 ① 잔향은 소리가 벽에 반사되어 발생하는데, '음악은 1.5~2.5초, 강연에서는 1~1.5초가 적당하다'고 하였다. 따라서 음악보다는 강연을 목적으로 할 때 잔향이 오래 남지 않도록 소리를 잘 흡수하는 벽을 더 많이 사용할 것이다.
③ 제시문에서 잔향 시간이 너무 길면 문제가 된다고 하였고, '일반적으로 천장에는 반사판을 설치하고, 객석 뒤의 벽은 소리를 흡수하는 소재를 사용하면 적절한 길이의 잔향을 만들어 낼 수 있다.'라고 하였으므로 직접음이 발생하는 무대 쪽 벽은 잔향을 만들어 내도록 소리를 많이 반사할 것이고, 객석 뒤쪽의 벽은 주로 소리를 흡수하도록 만들어질 것이다.
④ 고대 그리스에서도 항아리를 설치하여 잔향을 발생시켰다고 했으므로, 현대 건축가들이 잔향을 발견했다는 것은 적절하지 않다.

CHAPTER 12 내용 추론 부정 발문

2025 독해 PIN POINT p.136

01 ▶ ② [독해(비문학) - 내용 추론 부정 발문]
2문단의 첫 부분 '한편 오프라인 대면 상호작용에서보다 온라인 비대면 상호작용에서 만난 사람들에게 더 끈끈한 유대감을 느끼기도 한다.'를 통해 비대면 온라인 상호작용으로는 사람들 간에 깊은 유대 관계를 형성할 수 없음은 적절하지 않음을 알 수 있다.

오답풀이 ① '상호작용 양식들이 서로 겹치거나 교차하는 현상들을 이해하고자 할 때 이분법적인 범주는 심각한 한계를 지닌다.'를 통해 확인할 수 있는 정보이다.
③ '서로 관계를 형성하고 유지할 때 아날로그 상호작용 수단과 디지털 상호작용 수단을 동시에 활용할 수도 있다.'를 통해 확인할 수 있는 정보이다.
④ '누군가와 만나서 대화하는 중에 문자를 주고받음으로써 대면 상호작용과 온라인 상호작용을 동시에 할 수 있다.'를 통해 확인할 수 있는 정보이다.

02 ▶ ① [독해(비문학) - 내용 추론 부정 발문]
2문단에서 노래참새 수컷의 경우 번식기가 되면 수컷의 테스토스테론의 수치는 암컷의 수정이 이뤄질 때까지 계속 높아진다. 그러다 새끼를 양육할 때부터 그 수치가 떨어지다가 양육이 끝나면 수치가 더 줄어들다가 번식기가 끝나면 수치는 거의 0이 된다. 따라서 노래참새 수컷은 번식기 동안 테스토스테론 수치가 새끼를 양육할 때보다 양육이 끝난 후에 높게 나타난다는 것은 옳지 않다. 오히려 낮게 나타날 것이다.

오답풀이 ② 노래참새 수컷의 테스토스테론 수치는 암컷의 수정이 이루어질 때까지 계속 높아지다가 수정이 이루어진 후에는 낮아지므로 이 선지는 적절하다.
③ '검정깃찌르레기 수컷은 테스토스테론 수치가 번식기가 되면 올라갔다가 암컷이 수정한 이후부터 번식기가 끝날 때까지 떨어지지 않는다.'를 통해 확인할 수 있는 정보이다.
④ 노래참새 수컷의 테스토스테론 수치는 번식기가 아니면 거의 분비되지 않으므로 이 선지는 적절하다. 또한 검정깃찌르레기 수컷은 '검정깃찌르레기 수컷은 ~ 번식기가 끝날 때까지 떨어지지 않는다.'를 통해 번식기가 끝나게 되면 테스토스테론 수치는 떨어짐을 알 수 있으므로 이 선지는 적절하다.

▶ Day 09 해설 영상은 주독야독 시즌 1(2024 7월)에서 꼭 수강해 주시기 바랍니다.

DAY 09 내용 추론 부정 발문 p.140

01 ▶ ④ [독해(비문학) - 내용 추론 긍정 발문]
인공지능의 위험성을 인정하지 않는 이들이나 위험성을 경고하는 이들 모두 약인공지능이 '중국어 방' 질문에 능숙하게 대답할 수 있다고 생각한다. 따라서 '약인공지능과 달리' 강인공지능이 중국어 방의 모든 문제에 대답할 수 있을 것이라는 서술은 적절하지 않다.

오답풀이 ① '즉, 부여된 역할을 할 수만 있다면 학습된 인공지능과 인간의 차이점은 없다는 것이다.'를 통해 '중국어 방'에 반론을 제기한 이들은 '중국어 방' 실험으로 인공지능과 인간을 구별할 수 없다고 생각했음을 알 수 있다.
② '따라서 약인공지능은 인간을 대체할 수 없다는 것이 그들의 주장이다.'를 통해 '중국어 방'을 만든 이들은 약인공지능은 인간을 대체할 수 없다고 생각함을 알 수 있다.
③ ' 그런데 어떤 이들은 현재까지 개발된 인공지능은 모두 약인공지능이며 강인공지능의 출현은 기약이 없으므로 인공지능 발전이 인간 존재를 위협하지 못한다고 주장한다.'를 통해 '중국어 방'을 만든 이들은 강인공지능의 출현을 기약이 없다고 생각함을 알 수 있다.

02 ▶ ② [독해(비문학) – 내용 추론 부정 발문]

오트 퀴진은 '요리의 장식적 측면보다 값비싼 재료로 부를 과시하는 것을 중시'하였고, 요리의 장식적 측면을 중시한 것은 누벨퀴진이다. 따라서 오트 퀴진이 미적 아름다움을 중시한다는 서술은 적절하지 않다.

오답풀이 ① 오트 퀴진이 향신료의 과도한 사용으로 맛이 무겁다고 평가받았으므로 향신료의 사용을 줄인 누벨퀴진은 그러한 비판을 받지 않을 것이다.

③ 러시아군 침공으로 '비스트로'가 프랑스 요리에 도입됐으므로 그 이전에 찾아볼 수 없었으리라 추론할 수 있다.

④ 이탈리아 메디치 가문의 음식을 발전시키고 러시아군의 영향을 받았다고 했으므로 적절하다.

03 ▶ ③ [독해(비문학) – 내용 추론 부정 발문]

'이들은 4차 산업혁명의 구성 기술 성장 자체를 부정하지는 않지만'을 통해 회의론자들이 4차 산업혁명 구성 기술의 성장이 미미하다고 주장하지는 않을 것임을 짐작할 수 있다.

오답풀이 ① '기술적 낙관론자들은 ~ 동등하거나 그 이상의 파급력을 지니는 현상이라고 주장한다.'를 통해 적절한 선지임을 확인할 수 있다.

② '4차 산업혁명이란 인공지능과 사물인터넷, 빅데이터의 결합에 의해 디지털 혁명이 초래되는 시대를 의미한다.', '4차 산업혁명의 핵심인 융합(인공지능, IoT)'을 통해 적절한 선지임을 확인할 수 있다.

④ '회의론자들은 ~ 4차 산업혁명의 핵심인 융합(인공지능, IoT)은 기존 산업의 보조적 역할에 그칠 뿐이라고 주장한다.'를 통해 적절한 선지임을 추론할 수 있다.

Part 05 빈칸 추론

CHAPTER 13 빈칸 추론

STEP 01 단수 빈칸 추론 p.144

01 ▶ ① [독해(비문학) – 빈칸 추론]
2문단의 '그 결과, 눈동자의 평균 고정 빈도에서 A집단은 B집단에 비해 약 2배 많은 수치를 보였다.'를 통해 읽기 능력이 부족한 독자는 읽기 능력이 평균인 독자에 비해 난해하다고 느끼는 단어들이 많음을 알 수 있다. 또한 '그런데 총 고정 시간을 총 고정 빈도로 나눈 평균 고정 시간은 B집단이 A집단에 비해 더 높게 나타났다.'를 통해 각각의 단어를 이해하는 과정에 들이는 평균 시간은 더 적을 것임을 알 수 있다.

PIN POINT 2025 독해

STEP 02 복수 빈칸 추론 p.146

01 ▶ ④ [독해(비문학) – 빈칸 추론]
다음 제시문을 통해 나열되는 대상들의 정보를 표로 나타내면 다음과 같다.

	고기	생선	유제품	달걀
완전	×	×	×	×
페스코	×	○	○×	○×
락토 오보	×	×	○	○
락토	×	×	○	×
오보	×	×	×	○

따라서 (가)에는 '유제품은 먹지만 고기와 생선과 달걀은'이, (나)에는 '달걀은 먹지만 고기와 생선과 유제품은'이 적절함을 알 수 있다.

▶ Day 10 해설 영상은 주독야독 시즌 1(2024 7월)에서 꼭 수강해 주시기 바랍니다.

DAY 10 빈칸 추론 p.148

01 ▶ ① [독해(비문학) – 빈칸 추론]
㉠ 1문단을 보면 문제의 현실성이란 '인간이 자신을 둘러싼 세계와 고투하면서 당대의 공론장에서 기꺼이 논의해볼 만한 의제를 산출해낼 때' 확보된다고 한다. 따라서 "'남(南)이냐 북(北)이냐'라는 민감한 주제를 격화된 이념 대립의 공론장에 던짐"이라는 단서를 보면 '문제의 현실성'이 ㉠에 올 수 있음을 알 수 있다.
㉡ 1문단을 보면 세계의 현실성은 '입체적인 시공간에서 특히 의미 있는 한 부분을 도려내어 서사의 무대로 삼을 경우' 확보된다고 한다. 따라서 "남한과 북한을 소설적 세계로 선택함으로써 동서 냉전 시대의 보편성과 한반도 분단 체제의 특수성을 동시에 포괄할 수 있는"이라는 단서를 보면 '세계의 현실성'이 ㉡에 올 수 있음을 알 수 있다.
㉢ 1문단을 보면 해결의 현실성은 "'가능한 것'과 '불가능한 것'의 좌표를 흔들면서 특정한 선택지를 제출할 때' 확보된다고 한다. 따라서 "「광장」에서 주인공이 남과 북 모두를 거부하고 자살을 선택하는"이라는 단서를 보면 '해결의 현실성'이 ㉢에 올 수 있음을 알 수 있다.

02 ▶ ④ [독해(비문학) – 빈칸 추론]
빈칸 앞쪽의 '연구팀은 실험 참가자가 따돌림을 당할 때 그의 뇌에서 전두엽의 전대상피질 부위가 활성화된다는 것을 확인했다.'를 통해 따돌림을 당하면 전대상피질 부위가 활성화됨을 알 수 있다. 그런데 '이는 인간이 물리적 폭력을 당할 때 활성화되는 뇌의 부위이다.'로 언급되므로 물리적 폭력과 따돌림의 심리적 상태는 서로 다르지 않음을 알 수 있다.

오답풀이 꼭 강의를 참고해 주시길 바랍니다.

03 ▶ ③ [독해(비문학) – 빈칸 추론]
이 글은 디지털 클론을 만드는 사람들이 증가하고 있으며, CEO, 무속인, 영양사, 피트니스 코치, 결혼 상담사 등 다양한 사람들이 디지털 클론을 만들고 있음을 소개하고 있다. (가) 앞의 'AI 기술이 발달함에 따라'라는 서술로 보아 디지털 클론을 만들고자 하는 사람도 늘어나는 추세에 있을 것임을 추론할 수 있다. 또한 (나) 앞의 '동시에 여러 고객에게 대답할 수 있게 되어'라는 서술과, 그 앞 문장의 '더욱 많은 잠재적 고객을 확보할 수 있게 되었다.'라는 서술로 보아 AI 클론으로 상담하게 되면 일의 생산성을 높일 수 있을 것임을 추론할 수 있다. AI 클론이 대신 상담하면 상담에 사용하는 시간은 줄어들 것이므로 '일의 생산성을 높일 수 있게 되었다.'가 (나)에 들어갈 말로 적절하다.

04 ▶ ③ [독해(비문학) – 빈칸 추론]
이 글은 '독자 분석'이 중요함을 설명하는 글이고 뒷부분에 그 이유에 대한 설명이 제시된다. 글이 너무 어려우면 독자가 글을 이해하기 어렵다고 하면서 글쓰기가 자신의 메시지를 독자에게 전달하는 행위라 언급하고 있다.

따라서 '필자의 메시지를 독자에게 효과적으로 전달하는 데 도움이 되기' 때문에 독자 분석이 중요하다고 하는 것이 가장 적절하다.

오답풀이 ① 계획하기 중 독자 분석의 중요성을 설명하는 글이다.

② 독자의 수준에 비해 어려운 개념과 전문용어를 사용하면 독자가 글을 이해하기 어렵다고 하였지만, 어느 정도 포함해야 한다는 내용은 확인되지 않는다.

④ 글의 목적과 주제, 독자 분석은 모두 '계획하기' 단계에서 이루어진다. 독자 분석 후 글의 목적과 주제를 결정한다는 내용은 확인되지 않는다.

Part 06 강화, 약화 추론

CHAPTER 14 일반 강화, 약화

STEP 01 사례 추론 p.154

01 ▶ ③ [독해(비문학) – 사례 추론]
㉢은 '특수한 영역에서 사용된 말'이 중심이 되어야 하는데 '배꼽'은 특수한 영역에서 사용된 말이 아니다. 물론 '바둑'이 특수한 영역이기는 하지만 이는 함정에 불과하다. '바둑'이 언급된 것은 단어의 의미가 변화된 결과일 뿐이다.

오답풀이 ① 기호 문제는 앞뒤를 봐야 쉽게 풀 수 있다. ㉠ 앞에 언급된 ㉠의 예시가 단서가 된다. '아침'에 '아침밥'의 의미가 포함되는 것처럼, '코'는 '콧물'의 의미가 포함되므로 옳은 예시이다.

② ㉡ 앞의 예시를 보면 '바가지'의 의미는 시대의 변화에 따라서 변함을 알 수 있다. 그런데 '수세미'도 원래의 의미와 오늘날의 의미가 다르므로 옳은 예시이다.

④ ㉣의 앞의 예시를 보면 '호랑이'를 무서워하는 심리적인 이유로 '산신령'이라고 부르고 있으므로 무서운 전염병인 '천연두'를 꺼려서 '손님'이라고 부르는 것은 사례로 옳다.

2025 독해 PIN POINT

STEP 02 일반 강화, 약화 p.156

01 ▶ ④ [독해(비문학) – 강화, 약화 추론]
2문단의 '앳킨슨은 스톤헨지를 세운 사람들을 '야만인'으로 묘사하면서, ㉡ 이들은 호킨스의 주장과 달리 과학적 사고를 할 줄 모른다고 주장했다'를 통해 앳킨슨은 기원전 3,000년경의 스톤헨지를 세운 사람들을 과학적 사고를 할 줄 모르는 야만인이라고 생각했음을 알 수 있다. 이런 상황에서 기원전 3,000년경 인류에게 천문학 지식이 있었다는 증거가 나온다면 앳킨슨의 주장은 약화될 것이다.

오답풀이 ① '제사'에 관련된 것 자체가 제시문에 언급되지 않았으므로 옳지 않다.

② 1문단의 '1960년대에 천문학자 호일이 스톤헨지가 일종의 연산장치라는 주장을 하였고'를 통해 호일은 스톤헨지가 계산 장치라고 보았으므로 스톤헨지 건설 당시의 사람들이 숫자를 사용하였다는 증거가 발견되면 오히려 호일의 주장이 강화되었을 것이므로 이 선지는 옳지 않다.

③ 3문단의 '하지만 스톤헨지의 건설자들이 포괄적인 의미에서 현대인과 같은 지능을 가졌다고 해도 과학적 사고와 기술적 지식을 가지지는 못했다.'를 통해 스톤헨지의 건설자들이 과학적 사고는 가지지 못했을 거라고 생각하고 있다. 따라서 스톤헨지의 유적지에서 수학과 과학에 관련된 신석기 시대 기록물이 발견되면 글쓴이의 주장은 약화될 것이므로 이 선지는 옳지 않다.

▶ Day 11 해설 영상은 주독야독 시즌 1(2024 7월)에서 꼭 수강해 주시기 바랍니다.

DAY 11 일반 강화, 약화 p.158

01 ▶ ③ [독해(비문학) – 강화, 약화 추론]
이 글에서 이야기하는 '모라벡의 역설'이란 인간에게는 쉬운 작업이 기계에게는 매우 어렵고, 반대로 인간에게는 어려운 논리적이거나 복잡한 계산이 기계에게는 비교적 쉽다는 점을 시사한다. 그리고 대표적 예시로 간단한 물체 인식이나 걷기와 같은 일상적인 작업을 컴퓨터나 로봇이 수행하기 어렵다는 것을 들고 있다. '인간 또는 동물의 운동 능력을 모방하는 생체 모방 로봇이 성공적으로 물리적 작업을 수행'한다는 것은 모라벡의 역설이 극복될 가능성을 보여주는 사례이므로 모라벡의 역설은 약화될 수 있다.

오답풀이 ① 로봇 기술이 인간 행동을 모방하는 데 있어 혁신적인 진보를 이룬다는 것은 로봇이 인간과 같이 물리적 운동을 할 수 있음을 나타내는 것이다. 따라서 이는 모라벡의 역설을 약화하는 사례가 될 수 있다.

② 최첨단 로봇이 인간처럼 자연스럽게 걷지 못한다는 실험 결과는 모라벡의 역설을 뒷받침하는 사례이므로 모라벡의 역설을 강화한다.

④ 머신러닝과 인공 신경망 기술의 발전이 인공지능의 기본 센서 능력을 향상시켰다는 것은 모라벡의 역설이 극복될 가능성을 드러내는 것이므로 모라벡의 역설을 약화한다.

02 ▶ ④ [독해(비문학) – 강화, 약화 추론]
이 글은 고자의 성무선악설과 맹자의 성선설을 소개하고 있다. 고자의 비유에 따르면 '인간의 선악도 물과 같아서 물꼬를 트는 방향에 따라 물길이 변화하듯 달라진다'라고 하였다. 이는 ④ 선지와 일맥상통하므로 성무선악설을 강화하는 근거가 되는 것이 적절하다.

오답풀이 ① 맹자는 '인간도 선천적으로 인의예지라는 본성을 지닌다'라고 하였는데, 이는 선천적 본성에 따라 변하지 않는 도덕법칙이 존재한다고 볼 수 있다.

② 고자는 성무선악설을 통해 '선하고 악함의 본성은 없'다고 주장하였다. 보편적이고 원초적인 도덕법칙의 존재를 긍정하는 것은 선

한 본성의 가능성을 시사하므로 고자의 성무선악설을 강화하는 근거가 될 수 없다.

③ 맹자는 인간에게 선천적으로 인의예지라는 본성이 있다고 보았는데, 이는 보편적인 도덕법칙의 존재를 긍정하는 근거로 작용할 수 있다. 따라서 선과 악의 개념이 문화에 따라 상대적이라는 주장은 맹자의 성선설을 강화하기 어려우므로 적절하다.

03 ▶ ① [독해(비문학) – 강화, 약화 추론]

위 글에 따르면 개념주의적 태도는 '세계를 단순히 미리 정의된 개념어로 이해하려는 시도'이며, 들뢰즈의 견해는 '각 개체의 독특한 속성과 관계를 인정하고, 이러한 차이를 통해 세계를 이해하고자 하는 태도'이다. 이를 종합할 때 현대 사회의 다양성과 복잡성은 과거보다 다양한 측면의 차이를 유발하므로 들뢰즈와 같은 태도의 필요성을 강화할 수 있다.

오답풀이 ② 다양성에서 창의성이 발견되는 사례는 기존의 개념적 틀로 보는 것이 아니라, 차이에 주목하는 태도가 필요함을 시사한다. 따라서 이는 개념주의가 아니라 들뢰즈의 견해를 강화하는 사례이다.

③ 단일한 체계는 들뢰즈보다는 개념주의가 강조하는 것이므로 개념주의 견해의 당위성을 강화하는 경우이다.

④ 새로운 형태의 커뮤니케이션 증가는 사회 다양성에 기존 개념으로 대처할 것이 아니라 차이를 인정하고 바라봐야 할 필요성이 증가했음을 시사하므로 들뢰즈 견해의 당위성을 강화한다.

04 ▶ ④ [독해(비문학) – 강화, 약화 추론]

구조주의는 사회 구조의 변화가 인간의 삶의 변화로 이어질 수 있다고 보는 입장이고 실존주의는 인간이 자유로운 의식과 권리를 통해 스스로 결정할 수 있는 존재라고 보는 입장이다. 집단 내의 규범과 압력이 개인의 자유 의지를 제한하는 것은 구조에 의해 개인이 영향을 받는 사례이다. 따라서 이는 구조주의를 약화하는 것이 아니라 강화하는 근거가 될 수 있다.

오답풀이 ① 사회와 문화의 영향이 개인에게 영향을 미치는 것은 실존주의보다는 구조주의의 입장에 가까우므로 적절하다.

② 세계화와 문화개방에 따라 개인의 삶의 방식이 변화하는 것은 사회구조의 변화에 개인이 영향을 받은 것이므로 구조주의를 강화한다.

③ 개인이 지배적 패러다임을 부정하고 주체적으로 선택한 것은 자유로운 의식과 권리를 통해 스스로 결정한 것이므로 실존주의를 강화한다.

CHAPTER 15 <보기> 강화, 약화

STEP 02 〈보기〉 강화, 약화 p.162

01 ▶ ④ [독해(비문학) – 강화, 약화 추론]

'㉠ 사피어-워프 가설'은 제시문에 '특정 현상과 관련한 단어가 많을수록 해당 언어권의 화자들은 그 현상에 대해 심도 있게 경험하는 것이다. 언어가 의식을, 사고와 세계관을 결정한다.'는 것이다. 즉, 단어의 개수가 많으면 현상을 심도 있게 경험하고 반대로 단어의 개수가 적으면 현상을 단순하게 경험하는 비례의 관계임을 알 수 있다. 이에 따라 보았을 때 'ㄱ, ㄴ, ㄷ'은 옳은 평가임을 알 수 있다.

ㄱ. '㉠ 사피어-워프 가설'에 따르면 눈[雪]을 가리키는 단어를 4개 지니고 있는 이누이트족이 1개 지니고 있는 영어 화자들보다 눈을 넓고 섬세하게 경험한다는 것은 '㉠ 사피어-워프 가설'을 강화한다.

ㄴ. 수를 세는 단어가 '하나', '둘', '많다' 3개뿐인 피라하족의 사람들이 세 개 이상의 대상을 모두 '많다'고 인식하는 것은 단어의 개수가 적으니 현상을 단순하게 인식하는 것이므로 단어가 적을수록 현상을 단순하게 경험한다는 '㉠ 사피어-워프 가설'을 강화한다.

ㄷ. 색채 어휘가 적은 자연언어 화자들이 색채 어휘가 많은 자연언어 화자들에 비해 색채를 구별하는 능력이 뛰어나다는 것은 어휘가 적을수록 대상을 인식하는 능력이 더 떨어진다는 '㉠ 사피어-워프 가설'과 반대되는 사례이므로 '㉠ 사피어-워프 가설'을 약화한다.

PIN 2025 독해 POINT

STEP 02 〈보기〉 강화, 약화 p.164

01 ▶ ① [독해(비문학) – 강화, 약화 추론]

대니얼 카너먼의 '전망 이론'은 사람들이 '손실을 피하기 위해 더 큰 리스크를 감수하는 경향이 있으며, 이익에 대해서는 상대적으로 보수적인 태도를 보인다.'는 점을 골자로 한다.

ㄱ. 실험 참가자들이 손실을 피하고 잠재적 이익이 보장된 선택지를 선호하려는 경향이 두드러진다는 것은, 손실 회피라는 심리적 특성을 보여주는 사례이다. 따라서 이는 전망 이론을 강화하는 근거가 될 수 있다.

오답풀이 ㄴ. 시장 참가자들이 비합리적 행동 패턴을 수정할 수 있다면, 이는 인간이 합리적 경제적 주체라고 보는 사례에 해당한다. 따라서 이는 ㉠을 약화하는 근거가 될 수 있다.

ㄷ. 사람들이 보험에 가입하고 비합리적으로 높은 보험료를 지불하는 사례는 손실 회피 성향을 보여주는 것이므로 ㉠을 강화하는 근거가 되어야 한다.

▶ Day 12 해설 영상은 주독야독 시즌 1(2024 7월)에서 꼭 수강해 주시기 바랍니다.

DAY 12 <보기> 강화, 약화 p.166

01 ▶ ② [독해(비문학) – 강화, 약화 추론]
애덤 스미스의 '보이지 않는 손' 개념은 개인의 이윤 추구가 사회 전체의 경제적 복리를 증진시킬 수 있다는 것을 골자로 한다.
ㄱ. 경제적 자유가 높은 국가들에서 신기술과 서비스 개발이 활발하게 이루어진다는 것은 사회 전체의 이득과 복리를 증진시킬 가능성이 높아짐을 시사하므로 '보이지 않는 손'을 강화하는 사례가 될 수 있다.
ㄴ. 이윤을 극대화하려는 기업들로 인해 사회적 비용이 증가하는 것은, '경쟁과 자유 시장의 메커니즘이 이들을 사회적으로 유익한 방향으로 인도할 수 있다'는 애덤 스미스의 주장과는 상충된다. 따라서 ㉠을 약화하는 근거이다.
오답풀이 ㄷ. 공공재의 불평등한 분배가 발생하고 소득 불평등이 강화되는 것은 '개인의 이기적인 행동이 시장에서는 경쟁을 통해 자원의 효율적 분배를 촉진하고, 이는 결과적으로 사회의 복지를 증가시킬 수 있다'는 애덤 스미스의 주장과는 반대되는 개념이다. 따라서 ㉠을 강화하는 근거가 아니라 약화하는 근거로 보는 것이 옳다.

02 ▶ ③ [독해(비문학) – 강화, 약화 추론]
ㄱ. 잭 웰치가 변화하는 시장 환경을 빠르게 파악하고 회사 구조를 적극적으로 개편시킨 것은 단순히 IQ나 기술적 능력만으로 이루어낸 것이 아니라 환경에 적응하고 그 맥락에서 적절한 행동을 한 것이므로 이를 통해 성공한 잭 웰치의 사례는 맥락적 지능 이론을 강화한다.
ㄷ. 인드라 누이가 글로벌 시장 변화와 소비자의 건강에 대한 증가하는 관심을 간파하여 회사의 제품 라인을 성공적으로 다각화한 것은 단순히 IQ나 기술적 능력만으로 이루어낸 것이 아니라 환경에 적응하고 그 맥락에서 적절한 행동을 한 것이므로 이를 통해 성공한 인드라 누이의 사례는 맥락적 지능 이론을 강화한다.
오답풀이 ㄴ. 존 스컬리는 마케팅에 전문성, 즉 기술적 능력이 있었지만 기술 혁신 회사의 운영에 대한 이해, 즉 주변 환경과 맥락에 대한 이해가 부족하여 실패한 것이므로 이는 성공을 위해서는 IQ나 기술적 능력 이외에도 주변 환경에 적응하고 그 맥락을 이해하는 것이 필요하다는 맥락적 지능 이론에 부합하는 사례이다. 따라서 이는 맥락적 지능 이론을 강화한다.

03 ▶ ④ [독해(비문학) – 강화, 약화 추론]
ㄱ. '지속 가능한 농업 기술의 발전'은 식량 생산량의 증가를 촉진하였고 식량 문제를 해결할 수 있는 밑거름이 되고 있다. 따라서 첨단 농업 기술의 발전으로 단위 면적당 식량 생산량이 증가하는 것은 식량 문제의 극복 가능성을 강화하는 선지이다.
ㄴ. 국제적인 식량 분배 체계의 개선은 식량 문제를 완화할 수 있는 수단이므로 '식량 문제를 극복할 수 있는 가능성이 증가'한다는 주장의 타당성을 강화하는 선지이다.
ㄷ. 본문에 따르면 식량 부족 문제를 해결할 수 있는 근거는 '지속 가능한 농업 기술의 발전과 국제적인 식량 분배 체계의 개선'이다. 기후 변화로 인한 가뭄과 홍수가 식량 생산에 큰 영향을 미치는 것은 농업 기술이 극복해야 할 과제이므로 '문제를 극복할 수 있는 가능성이 증가'한다는 주장을 약화한다.

Part 07 순서 배열

CHAPTER 16 순서 배열

2025 독해 PIN POINT

STEP 01 문장 삽입 p.172

01 ▶ ④ [독해(비문학) – 순서 배열]
이런 문장 배열 문제는 <보기>를 먼저 보고 앞을 추측하면 된다고 하였다. <보기>의 문장 끝이 '~한 것이다'로 끝났다는 것은 앞의 문장을 한 번 더 설명한 것이 되므로 이 문장 앞에는 '신분'에 따라 '문체를 고착화하는 것을 인정하지 않는' 내용이 나와야 한다. ㉠~㉢까지 '신분'에 대한 내용조차도 보이지 않으므로 ㉠~㉢에는 <보기>가 들어갈 수 없다. 그런데 ㉣ 앞에서는 낭만주의 시기에 '하층민'은 무시하고 '귀족'에게만 좋은 내용을 배정하는 전통 시학을 거부하는 내용이 나오므로 이 다음에 <보기> 문장이 들어감을 알 수 있다.

STEP 02 문장, 문단 배열 p.174

02 ▶ ③ [독해(비문학) – 순서 배열]
(나)에서는 본격적으로 스토리텔링 전략에 대해 언급하고 (라)에서는 스토리텔링 전략이 필요하다는 내용을 언급하므로 (라)가 먼저 와야 한다. 그 이후에 스토리텔링 전략을 보충 설명하는 (나)가 와야 한다. (가)는 인물을 창조하는 방법에 대해 소개하고 있으므로 그 이후에 (다)에 '이 같은 인물 창조의 과정에서'가 (가)의 내용을 받아야 한다. 따라서 올바른 배열은 '(라) – (나) – (가) – (다)이다.

▶ Day 13 해설 영상은 주독야독 시즌 1(2024 7월)에서 꼭 수강해 주시기 바랍니다.

DAY 13 순서 배열 p.176

01 ▶ ② [독해(비문학) – 순서 배열]
첫 부분을 보면 약물의 오남용되는 경우를 소개하고 있다. 선택지를 봤을 때, (나)와 (라)가 뒤에 올 수 있다. 이 경우에는 정의를 내리는 (나)가 와야 한다. 그 이후에 (다) 혹은 (라)가 올 수 있는데, (다)의 경우에는 오남용을 방지하는 해결 방안, (라)는 오남용으로 인한 피해를 언급하고 있으므로 (나) 다음에는 피해를 언급하는 (라)가 와야 한다. (가)에 '더구나'는 '또한'이라는 접속 부사와 유사하므로 앞뒤에 같은 힘을 가진 정보가 와야 한다. (라)에 오남용으로 인한 피해가 언급되어 있으므로 같은 힘을 가진 오남용 피해를 다루는 (가)가 와야 한다. 그 이후에 해결 방안인 (다)가 와야 한다.

02 ▶ ② [독해(비문학) – 순서 배열]
기업이 빅데이터의 가치를 받아들이기 시작했다고 글을 연다. 이후에 이어질 내용으로 (나)는 '그러한 궁금증'에 선행하는 말이 없기에 적절하지 않으며 (다)는 '그런 노력'에 선행하는 말이 없기에 적절하지 않다. 따라서 (가)가 가장 처음에 오되, (가)에서 기업이 마케팅 조사를 해 왔으며 (다)에서 이러한 마케팅 조사에 대한 노력이 효과가 없었는데, (나)에서 그 해결 방안을 알게 되었다는 내용 전개가 적절하다.

03 ▶ ① [독해(비문학) – 순서 배열]
(가)가 '그에 따르면'이라고 시작하는데, 그 앞에는 특정 인물이나 이론에 대한 언급이 필요하기에 (가)는 (나) 뒤에 와야 한다. 또한 (다)에서 '이처럼 책을 읽으면'이라는 진술로 보아 (다)는 (가) 뒤에 와야 함을 알 수 있다. 따라서 맥락에 맞는 자연스러운 순서는 (나) – (가) – (다)이다.

04 ▶ ④ [독해(비문학) – 순서 배열]
먼저 선택지를 보면 (가), (나)가 앞에 옴을 알 수 있다. (가)는 미래에 앞으로 나아가야 할 길을, (나)는 과거에 대해 서술하고 있으므로 (나)가 먼저 올 확률이 더 크다. (나) 끝에 나오는 '아픔'이 (라)로 이어질 수 있다. (라)에서 '그 아픔'에 대한 이야기가 연결되고 있기 때문이다. 여기까지만 봐도 (나)-(라)이므로 답은 ④이다. 다음은 확인만 간단하게 하면 된다. (라)에서는 새로운 희망의 시대가 열린다고 하며 (가)에서는 구체적으로 어떠한 희망의 시대가 열리는지, 희망의 조건인 지정학적 조건에 대해 자세히 설명하고 있다. 따라서 순서는 (나) – (라) – (다) – (가)이다.

Part 08 세트형(어휘, 지시 대상)

CHAPTER 17 어휘 - 문맥적 의미 추론

2025 독해 PIN POINT

STEP 02 어휘의 문맥적 의미 추론 p.182

01 ▶ ③ [어휘 - 문맥적 의미 추론]

'㉠ 돌아가다'는 '2 【…에/에게】【 …으로】『1』 원래의 있던 곳으로 다시 가거나 다시 그 상태가 되다.'를 의미한다. 이와 관련된 의미로 가장 가까운 것은 '동심으로 돌아가고 싶었다.'이다.

오답풀이 ① 3 【…으로】「1」 일이나 형편이 어떤 상태로 끝을 맺다.
② 1 「2」 차례나 몫, 승리, 비난 따위가 개인이나 단체, 기구, 조직 따위의 차지가 되다.
④ 1 「6」 돈이나 물건 따위의 유통이 원활하다.

02 ▶ ① [어휘 - 문맥적 의미 추론]

㉠의 '일어나다'는 '어떤 일이 생기다.'의 뜻으로, ①의 '싸움이 일어났다'의 '일어나다'가 문맥상 같은 뜻으로 쓰였다.

오답풀이 ② '약하거나 희미하던 것이 성하여지다.'의 뜻으로 사용되었다.
③ '위로 솟거나 부풀어 오르다.'의 뜻으로 사용되었다.
④ '자연이나 인간 따위에게 어떤 현상이 발생하다.'의 뜻으로 사용되었다.

03 ▶ ① [어휘 - 문맥적 의미 추론]

㉠은 '본래 가지고 있던 색깔이나 특징 따위가 그대로 있거나 뚜렷이 나타나다.'라는 뜻으로 사용되었다. ㉡과 문맥적 의미가 가장 가까운 것은 ①번이다.

오답풀이 ② '불 따위가 타거나 비치고 있는 상태에 있다.'라는 뜻으로 사용되었다.
③ '움직이던 물체가 멈추지 않고 제 기능을 하다.'라는 뜻으로 사용되었다.
④ '어느 곳에 거주하거나 거처하다.'라는 뜻으로 사용되었다.

▶ Day 14 해설 영상은 주독야독 시즌 1(2024 7월)에서 꼭 수강해 주시기 바랍니다.

DAY 14 어휘 - 문맥적 의미 추론 p.186

01 ▶ ② [어휘 - 문맥적 의미 추론]

㉠의 '나다'는 '어떤 작용에 따른 효과, 결과 따위의 현상이 이루어져 나타나다.'라는 뜻을 지니고 있다. '광고 효과'는 '어떤 작용에 따른 효과, 결과 따위의 현상'이라고 할 수 있다.

오답풀이 ① '나다'는 '신체에서 땀, 피, 눈물 따위의 액체 성분이 흐르다'의 뜻으로 사용되었다.
③ '나다'는 '이름이나 소문 따위가 알려지다'의 뜻으로 사용되었다.
④ '나다'는 '철이나 기간을 보내다'의 뜻으로 사용되었다.

02 ▶ ① [어휘 - 문맥적 의미 추론]

㉠의 '고르다'는 형용사로 사용되었으며 '여럿이 다 높낮이, 크기, 양 따위의 차이가 없이 한결같다'는 뜻을 지니고 있다. 마찬가지로 선지 ①의 '고르다'도 '여럿이 다 높낮이, 크기, 양 따위의 차이가 없이 한결같다'는 뜻을 지니고 있다.

오답풀이 ② '적당한 단어를 고르다'에서 '고르다'는 동사로 '여럿 중에서 가려내거나 뽑다'의 뜻으로 사용되었다.
③ '목소리를 고르다'에서 '고르다'는 동사로 '목소리 또는 붓이나 악기의 줄 따위가 제 기능을 발휘하도록 다듬거나 손질하다'의 뜻으로 사용되었다.
④ '판판하게 고르다'에서 '고르다'는 동사로 '울퉁불퉁한 것을 평평하게 하거나 들쭉날쭉한 것을 가지런하게 하다'의 뜻으로 사용되었다.

03 ▶ ④ [어휘 - 문맥적 의미 추론]

㉠의 '맞다'는 '어떤 행동, 의견, 상황 따위가 다른 것과 서로 어긋나지 아니하고 같거나 어울리다.'의 뜻이므로 적절하다.

오답풀이 ① '어떤 대상이 누구의 소유임이 틀림이 없다.'라는 뜻이므로 적절하지 않다.
② '모습, 분위기, 취향 따위가 다른 것에 잘 어울리다.'라는 뜻이므로 적절하지 않다.
③ '문제에 대한 답이 틀리지 아니하다.'라는 뜻이므로 적절하지 않다.

CHAPTER 18 어휘 - 바꿔 쓸 수 있는 유사한 표현

STEP 02 고유어 → 한자어 p.188

01 ▶ ③ [어휘 - 바꿔 쓸 수 있는 유사한 표현]
'거듭나다'는 '지금까지의 방식이나 태도를 버리고 새롭게 시작하다.'를 의미한다. 따라서 '본디의 자리나 상태로 되돌아가다.'를 의미하는 '복귀하다'는 ㉢과 바꿔 쓸 수 있는 유사한 표현으로 적절하지 않다.

오답풀이 ① ㉠ '견주다'는 '둘 이상의 사물을 질이나 양 따위에서 어떠한 차이가 있는지 알기 위해 맞대어 보거나 비교하다.'를 의미하므로 '비교하다'로 바꿔 쓸 수 있음을 알 수 있다.
② ㉡ '바라다'는 '생각대로 되기를 원하다.'를 의미하므로 '희망하다'로 바꿔 쓸 수 있음을 알 수 있다.
④ ㉣ '퍼지다'는 '어떤 물질이나 현상 따위가 넓은 범위에 미치다.'를 의미하므로 '분포되다'로 바꿔 쓸 수 있음을 알 수 있다.

STEP 02 한자어 → 고유어 p.190

02 ▶ ④ [어휘 - 바꿔 쓸 수 있는 유사한 표현]
'맹신하다'는 '옳고 그름을 가리지 않고 덮어놓고 믿다.'를 뜻한다. '가리다'는 '여럿 가운데서 하나를 구별하여 고르다.'를 뜻하므로 문맥상 바꿔 쓰기에 적절하지 않다.

오답풀이 ① '유입되다'는 '문화, 지식, 사상 따위가 들어오게 되다.'를 뜻하므로 '들어오기'로 바꿔 쓸 수 있다.
② '제시하다'는 '어떠한 의사를 말이나 글로 나타내어 보이게 하다.'를 뜻하므로 '드러내었다'로 바꿔 쓸 수 있다.
③ '전파하다'는 '전하여 널리 퍼뜨리다.'를 뜻하므로 '퍼뜨리기'로 바꿔 쓸 수 있다.

2025 독해 PIN POINT

STEP 02 고유어 → 한자어 p.192

01 ▶ ④ [어휘 - 바꿔 쓸 수 있는 유사한 표현]
㉣의 '애쓰다'는 '마음과 힘을 다하여 무엇을 이루려고 힘쓰다'라는 뜻이며, '피력(披瀝: 披 헤칠 피 瀝 스밀 력(역))하다'는 '생각하는 것을 털어놓고 말하다'란 뜻이다. 적절한 단어는 '목적을 이루기 위하여 몸과 마음을 다하여 애를 쓰다'라는 뜻을 가진 '노력(努力: 努 힘쓸 노 力 힘 력(역))'이다.

STEP 02 한자어 → 고유어 p.194

02 ▶ ① [어휘 - 바꿔 쓸 수 있는 유사한 표현]
'흡착하다'는 '어떤 물질이 달라붙다'는 뜻이므로 '스며든다'라는 단어로 바꾸어 사용하는 것은 적절하지 않다.

오답풀이 ② 포집(捕執: 捕 잡을 포 執 잡을 집)하다: 여러 가지 방법으로 일정한 물질 속에 있는 미량 성분을 분리하여 잡아 모으다.
③ 세정(洗淨: 洗 씻을 세 淨 깨끗할 정)하다: 씻어서 깨끗이 하다.
④ 배출(排出: 排 밀칠 배 出 날 출)하다: 안에서 밖으로 밀어 내보내다.

▶ Day 15 해설 영상은 주독아독 시즌 1(2024 7월)에서 꼭 수강해 주시기 바랍니다.

DAY 15 어휘 - 바꿔 쓸 수 있는 유사한 표현 p.196

01 ▶ ① [어휘 - 바꿔 쓸 수 있는 유사한 표현]
인도(引導: 引 끌 인 導 인도할 도)는 '길이나 장소를 안내하다', '이끌어 지도하다'는 뜻을 지니고 있다. ㉠은 '목적하는 곳으로 바로 가도록 같이 가면서 따라오게 하다'는 뜻과 '사람, 단체, 사물, 현상 따위를 인도하여 어떤 방향으로 나가게 하다'는 뜻을 지니고 있으므로 바꾸어 쓰기에 적절하다.

오답풀이 ② 지시(指示: 指 가리킬 지 示 보일 시)는 '가리켜 보게 하다'는 뜻이다. 문맥상 ㉡은 상대편이 아직 모르는 일을 알도록 일러준다는 뜻이므로 지도(指導: 指 가리킬 지 導 인도할 도)가 더 적절하다.
③ 개편(改編: 改 고칠 개 編 엮을 편)은 '책이나 과정 따위를 고쳐 다시 엮다', '조직 따위를 고쳐 편성하다'는 뜻이다. 문맥상 ㉢은 글이나 글자의 잘못된 점을 고친다는 '수정(修訂: 修 닦을 수 訂 바로잡을 정)하다'가 더 적절하다.
④ 쇄신(刷新: 刷 인쇄할 쇄 新 새 신)은 '나쁜 폐단이나 묵은 것을 버리고 새롭게 하다'는 뜻이다. 문맥상 ㉣은 '그릇된 일을 바르게 만들거나 잘못된 것을 올바르게 고치다'는 뜻이므로 시정(是正: 是 이 시 正 바를 정)이 더 적절하다.

02 ▶ ④ [어휘 - 바꿔 쓸 수 있는 유사한 표현]
'분할(分割: 分 나눌 분 割 벨 할)'은 나누어 쪼갠다는 뜻을 가지고 있다. ㉣은 하늘을 12개의 구역으로 나누어 쪼갠다는 의미이므로 바꾸어 쓰기에 적절하다.

오답풀이 ① 제조(製造: 製 지을 제 造 지을 조)는 공장에서 큰 규모로 물건을 만든다는 뜻이다. 문맥상 ㉠은 어떤 형상을 이룸을 뜻하는 '형성(形成: 形 모양 형 成 이룰 성)' 또는 재료를 가지고 기능과 내용을 가진 새로운 물건이나 예술 작품을 만든다는 의미의 '제작(製作: 製 지을 제 作 지을 작)'이 더 적절하다.

② 지적(指摘: 指 가리킬 지 摘 딸 적)은 꼭 집어서 가리키거나 허물 따위를 드러내어 폭로한다는 뜻이다. 문맥상 ㉡은 어떤 대상을 가리켜 이르는 것을 뜻하는 지칭(指稱: 指 가리킬 지 稱 일컬을 칭)이 더 적절하다.
③ 기립(起立: 起 일어날 기 立 설 립(입))은 앉아 있다가 일어나서 섬의 뜻이다. 문맥상 ㉢은 일정한 곳에 자리를 차지한다는 뜻의 '위치(位置: 位 자리 위 置 둘 치)'가 더 적절하다.

03 ▶ ③ [어휘 – 바꿔 쓸 수 있는 유사한 표현]

'축적(蓄積: 蓄 모을 축 積 쌓을 적)되다'는 '지식, 경험, 자금 따위가 모여서 쌓이다.'라는 말이므로 ㉢은 '나타나고'가 아니라 '쌓이고'와 바꿔 쓸 수 있다.

오답풀이 ① '증가(增加: 增 더할 증 加 더할 가)하다'는 '양이나 수치가 늘다.'라는 뜻이므로 ㉠은 '늘어난다는'과 바꿔 쓸 수 있다.
② '초래(招來: 招 부를 초 來 올 래(내))하다'는 '어떤 결과를 가져오게 하다.'라는 뜻이므로 ㉡은 '일으킨'과 바꿔 쓸 수 있다.
④ '집착(執着: 執 잡을 집 着 붙을 착)하다'는 '어떤 것에 늘 마음이 쏠려 잊지 못하고 매달리다.'라는 뜻이므로 ㉣은 '얽매이는'과 바꿔 쓸 수 있다.

CHAPTER 19 지시 대상 추론

STEP 02 ㉠~㉣ 중 지시 대상이 같은 것만으로 묶기 p.198

01 ▶ ② [독해(비문학) – 지시 대상 찾기]

㉡, ㉣은 앞에 언급된 스톤헨지를 세운 사람들(스톤헨지의 건설자들)을 가리킨다.

오답풀이 ㉠은 앞에 언급된 '호일, 톰, 호킨스'를 의미한다. ㉢은 앞에 언급된 '호킨스를 옹호하는 학자들'을 의미한다.

2025 독해 PIN POINT p.200

01 ▶ ④ [독해(비문학) – 강화, 약화 추론]

바이킹이 살던 지역의 나쁜 기후 때문에 바이킹이 새로운 정착지를 찾기 위한 탐험을 위한 해상 기술을 발전시켰다는 기록은 중세 유럽의 경제 구조와 문화가 바이킹으로 하여금 이러한 기술을 발전시키도록 한 것이라고 주장한 경제사학자들의 주장을 강화하지는 못한다. 나쁜 기후로 인한 것이지 유럽의 경제 구조와 문화로 인한 것이 아니기 때문이다.

오답풀이 ① 북유럽과 러시아 사이의 초기 무역 루트가 바이킹의 해상 항해 기술 없이는 개척될 수 없었다는 증거는 바이킹의 해상 항해 기술의 발달로 인해 새로운 무역 루트가 개척된 것이므로 바이킹의 해상 항해 기술이 중세 유럽의 경제와 문화에 큰 영향을 미쳤다고 주장하는 역사가들의 주장에 부합하므로 이들의 주장을 강화할 수 있다.
② 중세 유럽의 경제 구조에 의해 바이킹이 해상 무역 없이 살아남기 힘들었다는 기록이 발견된다면 바이킹 해상 기술의 발전이 중세 유럽의 경제와 문화에 영향을 미친 것이 아니라 반대로 중세 유럽의 경제 구조와 문화가 바이킹으로 하여금 이러한 기술을 발전시키도록 한 것이라고 주장하는 경제사학자들의 주장에 부합하므로 이들의 주장을 강화할 수 있다.
③ 바이킹이 롱 쉽을 제작한 이후 중세 유럽의 무역이 크게 촉진되었다는 기록은 바이킹 해상 기술의 발전이 중세 유럽의 경제와 문화에 영향을 미친 것이 아니라 반대로 중세 유럽의 경제 구조와 문화가 바이킹으로 하여금 이러한 기술을 발전시키도록 한 것이라고 주장하는 경제사학자들의 주장에 반하므로 이들의 주장을 약화한다.

02 ▶ ④ [독해(비문학) – 지시 대상 찾기]

㉠은 역사가들, ㉡은 바이킹, ㉢, ㉣은 경제사학자들을 지칭한다.

▶ Day 16 해설 영상은 주독야독 시즌 1(2024 7월)에서 꼭 수강해 주시기 바랍니다.

DAY 16 지시 대상 추론 p.202

01 ▶ ① [독해(비문학) – 강화, 약화 추론]

AI 기술이 스스로 인간의 윤리를 모방하여 사생활 보호를 향상시키는 새로운 알고리즘을 개발한 사례는 AI의 발전으로 인한 새로운 윤리적 상황에 대한 판단과 규제에 대한 논의가 필요하다고 주장하는 윤리학자들의 주장에 반하므로 이들의 주장을 약화한다.

오답풀이 ② AI 의사 결정 프로세스에서 인간의 윤리적 가치를 완벽하게 반영하지 못한다는 연구 결과는 인간의 윤리적 가치를 모방하기만 한다면 인간의 윤리도 완벽한 정답이 없는 만큼 별도의 규제에 대한 고민을 할 필요가 없다는 철학자들의 주장에 반하는 사례이므로 이들의 주장을 약화한다.
③ AI가 자율주행 차량의 사고 책임에 대한 판단을 일관되게 하지 못하는 사례는 AI의 발전으로 인한 새로운 윤리적 상황에 대한 판단과 규제에 대한 논의가 필요하다고 주장하는 윤리학자들의 주장에 부합하므로 이들의 주장을 강화한다.
④ AI 기술에 대해 국제적인 윤리 규제를 논의한 이후 AI의 윤리적 문제가 줄어든 사례는 별도의 규제로 인해 AI의 윤리적 문제가 해결된 사례이다. 따라서 AI의 발전으로 인한 새로운 윤리적 상

황에 대한 판단과 규제에 대한 논의가 필요하다고 주장하는 윤리학자들의 주장에 부합한다. 따라서 이 사례는 윤리학자들의 주장을 강화할 수 있다.

02 ▶ ① [독해(비문학) – 지시 대상 찾기]

㉠, ㉡은 윤리학자들, ㉢은 철학자들, ㉣은 AI를 지칭한다.

03 ▶ ② [독해(비문학) – 강화, 약화 추론]

글쓴이는 마야 문명이 고도의 지적 능력을 가졌다는 것은 인정하지만 이들의 지식이 현대의 과학적 지식과 방법론과는 다른 독특한 지식 체계라고 주장한다. 따라서 고대 마야인들에게 천문학적 지식이 없었다는 증거가 마야 문명이 고도의 지적 능력을 가졌다는 것을 인정하는 글쓴이의 주장을 강화할 수는 없다.

오답풀이 ① 마야 달력이 정교하게 계산된 행성의 운행을 기록했다는 추가 증거는 마야의 달력이 태양 및 행성의 움직임을 정교하게 계산하는 데 사용되었다고 주장한 천문학자들의 주장에 부합하므로 이들의 주장을 강화할 수 있다.

③ 마야 유적지에서 천문학적 현상을 정밀하게 계산한 수학적 기록은 마야의 달력은 천문학적 지식에 기반한 것이 아닌, 단순한 우연의 일치일 뿐이라고 주장하는 고고학자들의 주장에 반하므로 이들의 주장을 약화한다.

④ 천문학자들은 마야인들이 고도로 발달된 수학적 사고가 있었으며 현대인들에 비해 지적 능력이 열등하다고 보는 것은 옳지 않다고 하였다. 따라서 단순히 농사 일정을 위해 사용된 달력의 증거만 발견했다면 "고도로 발달된 수학적 사고"에 맞지 않게 되므로 천문학자들의 주장이 약화될 것임을 알 수 있다.

04 ▶ ③ [독해(비문학) – 지시 대상 찾기]

㉢은 천문학자들, ㉠, ㉡, ㉣은 마야인들을 지칭한다.

05 ▶ ④ [독해(비문학) – 강화, 약화 추론]

르네상스 예술가들이 후원자들이 제공하는 자연과학, 철학 교육을 받았지만 이를 활용하여 자연을 진실되게 묘사한 작품을 제작했다면 이는 결국 지식을 활용하여 자연의 진실된 재현을 추구했다고 볼 수 있으므로 르네상스 예술가들이 단순히 부유한 후원자들의 요구와 취향에 맞춰 작품을 창조했다고 주장하는 일부 예술사학자들의 주장을 강화한다고 보기는 힘들다.

오답풀이 ① 르네상스 시대의 예술가들이 인체의 정확한 해부학적 표현을 연구하여 작품에 반영했다는 기록은 자연의 진실된 재현과 인간의 아름다움을 추구하며 예술의 새로운 지평을 열었다고 주장하는 서양문화연구자들의 주장에 부합하므로 이들의 주장을 강화할 수 있다.

② 르네상스 예술 작품들이 주로 귀족과 부유한 시민의 요구에 맞춰 제작되었다는 증거는 예술가들이 순수한 창의력을 발휘한 것이 아니라 부유한 후원자들의 요구와 취향에 맞춰 작품을 창조했다고 주장하는 일부 예술사학자들의 주장에 부합하므로 이들의 주장을 강화할 수 있다.

③ 르네상스 예술가들이 자연과학적 지식을 활용하여 작품을 제작했다는 증거는 자연의 진실된 재현과 인간의 아름다움을 추구하며 예술의 새로운 지평을 열었다고 주장하는 서양문화연구자들의 주장에 부합하므로 이들의 주장을 강화할 수 있다.

06 ▶ ① [독해(비문학) – 지시 대상 찾기]

㉠과 ㉡은 서양문화연구자들, ㉢은 예술사학자들, ㉣은 예술이론가들을 지칭한다.

Part 09 문학+독해 결합형

CHAPTER 20 현대 운문, 현대 산문

STEP 02 현대 운문의 이해 p.208

01 ▶ ③ [독해(문학) – 내용 추론 긍정 발문]
이육사의 『청포도』에서 '고달픈 몸으로 청포를 입고 찾아온다'는 손님은 조선의 독립과 그 과정에서의 투쟁과 고통을 상징하며 이는 시의 깊은 애국적 감정과 독립을 향한 염원을 반영한다. 이 구절은 독립을 위한 투쟁과 그 과정에서의 고통을 상징적으로 나타내며, 독립된 조국을 맞이하는 준비와 기대를 드러낸다.

오답풀이 ① 객체 혼동의 오류이다. 고향의 청포도와 여름을 배경으로 하는 것은 맞으나 이를 통해 일상의 소소한 즐거움을 노래한다는 것은 이 글을 통해 확인할 수 없는 내용이다.
② 반대의 오류이다. 독립을 이룬 조선은 '고달픈 몸으로 청포를 입고 찾아오는' 손님을 통해 상징하는 것이다. 현재 고향의 풍경이 독립을 이룬 조선을 나타내는 것은 아니다.
④ 미언급의 오류이다. 고향의 여름과 청포도가 익어가는 자연의 풍경은 나타나 있지만 이를 통해 자연에 대한 경외심을 드러낸다는 것은 이 글을 통해 확인할 수 없는 내용이다.

2025 독해 PIN POINT

STEP 02 현대 산문의 이해 p.210

01 ▶ ① [독해(문학) – 내용 추론 긍정 발문]
「광장」에서 주인공 이명준은 남한, 북한에서 겪는 이념적, 정치적 갈등을 통해 자신의 윤리적 입장과 인간적 선택을 탐구한다. 소설은 이명준의 내적 고민과 사회적, 정치적 압력 사이에서의 갈등을 중심으로 전개된다.

오답풀이 ② 미언급의 오류이다. 이명준이 사회적, 정치적 압력하에서 내적 고민을 하는 것은 맞지만 이를 통해 새로운 정체성을 발견하거나 이념적 갈등을 해소하는 내용은 언급되지 않는다.
③ 미언급의 오류이다. 이명준이 사회적, 정치적 압력에 어떻게 반응하며 그 과정에서 어떤 윤리적, 인간적 결정을 내리는지를 알 수는 있지만 이념을 확립한다는 것도 이 글을 통해 확인할 수 없고 사회적 인정을 받는다는 것 또한 확인할 수 없다.
④ 미언급의 오류이다. 이명준이 정치적 이념에 따라 가족과의 관계를 재정립하는 과정을 중점적으로 다루지 않는다.

▶ Day 17 해설 영상은 주독야독 시즌 1(2024 7월)에서 꼭 수강해 주시기 바랍니다.

DAY 17 현대 운문, 현대 산문 p.212

01 ▶ ③ [독해(문학) – 내용 추론 긍정 발문]
『산유화』에서 김소월은 산속의 혼자 피고 지는 꽃을 통해 인간의 고독과 삶의 순환을 서정적으로 묘사한다. 시는 자연의 아름다움과 함께 인간 삶의 덧없음을 강조하며, 꽃의 생명주기를 통해 삶과 죽음의 불가피한 순환을 상징한다.

오답풀이 ① '삶의 필연적인 종말'이라는 말을 통해 인간의 유한성이 극복됨을 드러낸다는 것은 적절하지 않음을 알 수 있다.
② 인간 존재의 소멸을 애도하기보다는 삶과 죽음의 자연스러운 순환과 그 속에서 발견되는 아름다움을 강조한다.
④ 자연의 순환 과정과 생태계의 복잡성을 탐구하기보다는 꽃의 생명과 그 의미에 더 집중한다.

02 ▶ ④ [독해(문학) – 내용 추론 긍정 발문]
「님의 침묵」은 한용운이 식민지 시대의 어려운 현실을 반영하여 개인의 내면적 고통과 정체성의 상실을 시적으로 표현하는 작품이다. "님은 갔습니다. 아아, 사랑하는 나의 님은 갔습니다."라는 구절은 님의 부재를 통해 느껴지는 개인적, 그리고 광범위하게는 민족적 상실감을 강조하며 이를 통해 개인의 내면적 고통을 간접적으로 드러낸다.

오답풀이 ① 미언급의 오류이다. 시는 시대의 사회적 억압과 개인의 내면의 고통을 언급하고 있긴 하지만 저항의 필요성을 강조하는지는 이 글을 통해서 알 수 없다.
② 미언급의 오류이다. 시의 내용이 한용운의 개인적 경험인지, 그리고 불교적 사상과 철학적 성찰을 다루는지는 이 글을 통해서 알 수 없다.
③ 미언급의 오류이다. 주로 자연의 이미지를 사용했는지의 여부는 이 글을 통해서 알 수 없다.

03 ▶ ② [독해(문학) – 내용 추론 긍정 발문]
"작은 공이 하늘 높이 솟구치듯, 나의 꿈도 힘차게 날아오르리라"라는 구절을 통해 주인공 난장이가 현실의 어려움을 극복하고 꿈을 향해 나아가려는 강인한 의지와 희망을 가지고 있음을 알 수 있다. 이 구절은 소설 전체의 주제와 정신을 강조하는 핵심적인 메시지이다.

오답풀이 ① 반대의 오류이다. 주인공은 자신의 꿈에 대해 회의적이지 않고 오히려 희망적이었다.

③ 반대의 오류이다. 주인공은 사회적 차별에 맞서려고 했으므로 불평등에 굴복했다는 것은 적절하지 않다.
④ 주인공의 외로움과 절망을 다루기는 하지만 제시문 핵심은 난장이가 가지는 강인한 의지와 희망이므로 적절하지 않다.

04 ▶ ② [독해(문학) – 내용 추론 긍정 발문]
소년과 소녀는 소나기를 피해 임시로 피신한 초가집 안에서 서로에 대한 존재를 새롭게 인식하며, 그 순간에 순수하고 간결한 사랑을 경험한다. "비가 그칠 때까지 여기서 기다리자"라는 구절은 이러한 감정적 깊이와 변화를 상징적으로 표현하며, 소설은 이 짧은 시간 동안에 형성된 두 인물 사이의 감정적 유대감을 강조한다.

오답풀이 ① 미언급의 오류이다. 소설은 성장의 중요성을 직접적으로 강조하지 않는다. 중심 소재는 첫사랑의 순간적인 아름다움과 그 감정이다.
③ 초점의 오류이다. 소설은 어린 시절의 무해한 관계를 그리기는 하지만 인간관계의 복잡성과 어려움을 탐구하는 주제는 아니다.
④ 반대의 오류이다. 소설은 자연의 아름다움을 배경으로 사용하지만 소년과 소녀가 자연 속에서 영구적인 감정을 깨닫는다기보다는 순수하고 순간적인 진실된 감정을 경험하는 것이다.

CHAPTER 21 고전 운문, 고전 산문

STEP 02 고전 운문 갈래의 이해 p.216

01 ▶ ③ [독해(문학) – 내용 추론 부정 발문]
극단의 오류이자 미언급의 오류이다. '궁중악으로 편입되기 전'에 내용이나 형식적으로 '완전히' 새롭게 창작되었다는 근거는 없으므로 적절하지 않다.

오답풀이 ① '이 노래들의 기원과 형성 과정에는 민간의 노래가 크게 기여하였다.'를 통해 적절한 선지임을 알 수 있다.
② '작품 구성에 있어 형식적 장치를 통해 통일성을 부여하고, 궁중 연향을 고려한 부분을 추가하여 변화를 주기도 했다.'에서 적절한 선지임을 알 수 있다.
④ '특히, 남녀 간의 사랑 노래는 … 궁중악으로 채택되기 용이하였다.'에서 적절한 선지임을 알 수 있다.

2025 독해 PIN POINT p.218

01 ▶ ② [독해(문학) – 내용 추론 부정 발문]
한국 무속신화의 신이 인간을 위해 지상에 내려와 왕이 된다는 내용은 언급되지 않았다. 미언급의 오류이다. 또한 '한국 건국신화에서 주인공인 신은 지상에 내려와 왕이 되고자 한다. 천상적 존재가 지상적 존재가 되기를 바라는 것인데'를 보면 한국 건국 신화에서도 신은 인간을 위한 것이 아니라 자신이 왕이 되고 싶어 지상에 내려왔음을 알 수 있다.

오답풀이 ① 3문단의 '다른 나라의 신화들은 신과 인간의 관계가 한국 신화와 달리 위계적이고 종속적이다. 히브리 신화에서 ~ 신이 지상의 모든 일을 관장한다는 점에서 언제나 인간의 우위에 있다.'를 보면 적절한 내용임을 알 수 있다.
③ 2문단의 '한국 건국신화에서 주인공인 신은 ~ 인간들의 왕이 된 신은 인간 여성과의 결합을 통해 자식을 낳음으로써 결핍을 메운다.'를 보면 적절한 내용임을 알 수 있다.
④ 2문단의 '이처럼 한국 신화에서 신과 인간은 서로의 존재를 필요로 한다는 점에서 상호의존적이고 호혜적이다.'와 3문단의 '신체화생 신화는 ~ 인간은 신에게 철저히 종속되어 있다.'를 보면 적절한 내용임을 알 수 있다.

▶ Day 18 해설 영상은 주독야독 시즌 1(2024 7월)에서 꼭 수강해 주시기 바랍니다.

DAY 18 고전 운문, 고전 산문 p.220

01 ▶ ② [독해(문학) – 내용 추론 긍정 발문]
'<관동별곡>은 강원도의 명승에 대한 선인들의 시문을 많이 인용하고 있다. 이는 강원도의 자연에 대한 정철의 특별한 관심을 보여준다.'라는 서술로 보아 정철의 <관동별곡>이 자연에 대한 정철의 특별한 관심을 보여주는 작품임을 알 수 있다.

오답풀이 ① 조사의 오류이다. '《동국여지승람》의 서문은 '물상을 읊조리며 왕화를 노래하여 칭송함은 실로 시와 문밖에는 없다'고 하였다.'라는 서술을 참고할 때 시와 문 밖에서'도' 가능하다는 서술은 적절하지 않음을 알 수 있다.
③ 미언급의 오류이다. '조선시대 사대부 문인들에게 강원도는 유교적 문명화가 덜 된 지역 … 정철의 강원도 인식도 이와 비슷하다.'라는 서술을 볼 때 정철이 강원도가 유교적 문명화가 덜 된 지역이라고 본 것은 맞지만 문명화가 필요한 공간이라고 언급하지는 않았다.
④ 객체 혼동의 오류이다. '《신증동국여지승람》에 실린 시문들은 <관동별곡>의 결말부에서 집중적으로 인용되어…'라는 서술을 참고할 때 "서문"에서 집중적으로 인용되었다는 표현은 적절하지 않음을 알 수 있다.

02 ▶ ③ [독해(문학) – 내용 추론 긍정 발문]
'하기 작품에는 조선 건국은 정당성이 없으며 고려 왕조에 대한 의리와 충성을 철저히 지켜야 한다는 유교적 정치의식이 깔려 있다.'라는 서술로 보아 원천석의 작품이 작가의 정치의식과 조선왕조에 대한 비판적 관점을 담았음을 알 수 있다.

오답풀이 ① 비교 혼동의 오류이다. '조선조 초기에는 한시보다 시조에서 회고가가 많이 산출되었는데'에서 적절하지 않은 선지임을 알 수 있다.

② 반대의 오류이다. '하기 작품에는 조선 건국은 정당성이 없으며 ~ 깔려있다'를 통해 원천석은 조선 건국에 정당성이 없다고 말했음을 알 수 있다.

④ 3문단에 '시조는 훈민정음이 창제되어 노래 문학으로 향유되었다'를 통해 노래 문학으로 향유되어 있음을 알 수 있으므로 적절하지 않다.

03 ▶ ④ [독해(문학) – 내용 추론 부정 발문]

미언급의 오류이다. 1문단에서 『홍길동전』과 『구운몽』 모두 '다양한 사회적 요인이 영향을 주었을 것이라고 짐작된다'는 서술을 통해 사회적 맥락보다 작가의 의도가 중시되었음은 언급되지 않았음을 알 수 있다.

오답풀이 ① 국문소설이 발흥했던 배경에는 임진왜란 이후 서민의 자아 각성 및 새로운 문학환경의 조성이 있었다고 하였으므로 적절한 선지임을 추론할 수 있다.

② '여성 독자층의 형성 등 다양한 요인이 영향을 주었을 것으로 짐작된다.'라는 서술로 보아 적절하다.

③ '허균은 이 작품을 통해 사회 개혁에 대한 생각을 드러내고자 하였다.'라는 서술과 '몰래 전해져 많은 사람들에게 읽혔고'라는 서술을 참고할 때 적절한 선지임을 알 수 있다.

Part 10

문법+독해 결합형

CHAPTER 22 형태론

STEP 02 단순 사례 추론 p.226

01 ▶ ② [독해(문법) – 형태론 – 단어의 형성]

"'젊은이'는 용언의 관형사형(젊은)+명사(이)"라는 제시문의 내용을 통해 '흰머리'는 '용언 어간과 명사'가 아니라 '용언의 관형사형(흰)+명사(머리)'임을 알 수 있다.

오답풀이 ① 2문단 끝의 "'젊은이'나 '덮밥'은 앞 성분이 뒤 성분을 수식하는 종속합성어이다"를 통해 '큰아버지'는 종속합성어임을 알 수 있다.

③ 1문단에서 '어휘 의미를 띤 요소끼리 결합한 단어를 합성어라고 한다'를 통해 '늙은이'는 어휘 의미를 지닌 두 요소가 결합해 이루어진 단어인 합성어임을 알 수 있다.

④ 2문단에서 "'덮밥'은 용언 어간(덮)+{명사(밥)로 구성되어 있다."를 통해 '먹거리'는 어간 '먹'에 명사 '거리'가 결합한 비통사적 합성어임을 알 수 있다.

2025 독해 PIN POINT

STEP 02 밑줄 사례 추론 p.228

01 ▶ ④ [독해(문법) – 문장론 – 부사어]

'요즘에는 어떻게 지내십니까?'는 명사 '요즘'에 부사격 조사 '에'와 보조사 '는'이 결합하여 부사어로, 형용사 '어떠하다'가 부사형 어미 '-게'와 결합한 '어떻게'가 부사어로 쓰인 문장이다.

오답풀이 ① 명사 '국어'에 부사격 조사 '에'가 결합하여 부사어로 쓰였지만(㉠만족), ㉡은 사용되지 않았다.

② 부사 '많이'가 부사어로 쓰인 것만 있으므로 ㉠이나 ㉡ 모두 사용되지 않았다.

③ 용언의 부사형 '끝내게'가 쓰인 문장이므로 ㉡은 사용되었으나 ㉠이 사용되지 않았다.

▶ Day 19 해설 영상은 주독야독 시즌 1(2024 7월)에서 꼭 수강해 주시기 바랍니다.

DAY 19 형태론 p.230

01 ▶ ③ [독해(문법) – 형태론 – 이형태]

'음운론적으로 설명할 수 없는 특정 환경에서 나타나는 이형태를 형태론적 이형태라고 한다.'라고 하였으므로 적절하다.

오답풀이 ① 반대의 오류이다. '이형태가 성립하려면 동일한 형태소가 다른 형태로 나타나더라도 그 의미가 동일해야 한다.'라고 하였으므로 의미가 달라지면 이형태로 인정된다고 볼 수 없다.

② 반대의 오류이다. "하였다의 '-였-'은 '하-'라는 특정 형태소와 결합할 때 나타나는 형태로, 음운론적으로 설명할 수 없는 경우이다.'라고 하였으므로 음운론적으로 설명될 수 없다.

④ "이'와 '가'는 자음 뒤에만 나타나고, '가'는 모음 뒤에만 나타나므로, 이 두 형태가 나타나는 음운 환경은 겹치지 않는다.'라고 하였다. 따라서 상보적 분포를 보이는 것이므로 상보적 분포가 아니라는 서술은 적절하지 않다.

02 ▶ ② [독해(문법) – 형태론 – 용언]

'어간은 용언의 의미를 담고 있다.'고 하였다. 따라서 '멋지-'는 어미가 아니라 어간이다.

오답풀이 ① '놀다'가 제시문과 마찬가지로 명사형 전성 어미 '-기'와 결합한 것이므로 적절하다.

③ '어미는 크게 연결 어미, 종결 어미, 전성 어미로 나눌 수 있다.'라는 서술과 뒤의 설명으로 보아 적절하다.

④ '어간은 용언의 기본 형태로, 변하지 않는 부분이다. 예를 들어, 동사 '가다'에서 '가-'가 어간이며…'를 참고할 때 적절한 선지이다.

03 ▶ ① [독해(문법) – 형태론 – 용언]

'먹어 버렸다.'에서 '먹어'는 본용언, '버렸다'는 보조 용언으로 사용되었다. '버리다'는 원래 뜻으로 사용된 것이 아니라 '이미 먹었다'는 뜻을 강조하기 위해 사용된 것이므로 고유의 의미로 사용된 본용언이 아니라 본용언에 추가적인 의미를 더하기 위해 사용된 보조 용언이다.

오답풀이 ② 본용언의 어간 '읽-'에 보조적 연결 어미 '-고'가 결합하여 보조 용언 '싶다'와 본용언을 연결한다.

③ '되었다'는 본용언 '끝내다'의 의미를 보완하기 위해 사용된 보조 용언이다. 복합 용언에서 핵심적인 의미는 '끝내다'에 있다.

④ 본용언의 어간 '하-'에 보조적 연결 어미 '-지'가 결합하여 보조 용언 '않는다'와 본용언을 연결한다.

CHAPTER 23 통사론

STEP 02 단순 사례 추론 p.234

01 ▶ ③ [독해(문법) – 통사론 – 문장 성분의 이해]
객체 혼동의 오류이다. '공무원이'는 문장에서 서술어 '되다, 아니다'의 의미를 보충하는 역할을 하므로 보어인 것은 맞다. 하지만 보어는 '보어는 서술어의 의미를 보충해 주는 역할을 하는 문장 성분이다.'라는 서술을 통해 보았을 때 '주어'가 아니라 '서술어'의 의미를 보충하는 기능을 한다고 볼 수 았다.

오답풀이 ① '보어는 주로 '되다', '아니다'와 같은 서술어와 함께 쓰인다.'라는 서술을 통해 이 문장에서 '선생님이'는 '아니다'와 호응되므로 보어임을 알 수 있다.
② "제발 저를 떠나지 마세요'라는 문장에서 '제발'은 뒤의 '저를 떠나지 마세요'의 문장 전체를 수식하고 있다.'라는 서술을 참고할 때 '설마'는 문장 전체를 수식하고 있음을 알 수 있다.
④ 부사어 '아름답게'가 서술어 '추었다.'를 수식하고 있으므로 부사어가 포함된 문장임을 알 수 있다.

2025 독해 PIN POINT

STEP 02 밑줄 사례 추론 p.236

01 ▶ ③ [독해(문법) – 통사론 – 높임 표현]
'㉠ 간접 존경'은 '존경의 대상과 긴밀한 관련을 가지는 인물이나 사물 등을 높이는' 표현법이다. 이는 존경의 대상이 아닌 그것과 긴밀한 관련을 가지는 인물이나 사물을 높여야 하는 것이다. 하지만 ③의 '아버지가 너무 건강을 염려하신다'에서 '염려하신다(염려하–+{-시- (주체 높임 선어말 어미)+{-ㄴ-+{-다)'의 주체 높임 선어말 어미 '-시-'는 아버지를 직접 높이는 직접 존경이므로 '㉠ 간접 존경'의 사례가 아님을 알 수 있다.

오답풀이 ① 존경의 대상인 '고모'를 높이는 것이 아니라 '고모'와 긴밀한 관련을 가지는 인물인 '자식'을 간접적으로 높이는 '-시-'이므로 '㉠ 간접 존경'의 사례로 볼 수 있다.
② 존경의 대상인 '할머니'를 높이는 것이 아니라 '할머니'와 긴밀한 관련을 가지는 신체 일부인 '다리'를 간접적으로 높이는 '-시-'이므로 '㉠ 간접 존경'의 사례로 볼 수 있다.
④ 존경의 대상인 '할아버지'를 높이는 것이 아니라 '할아버지'와 긴밀한 관련을 가지는 신체 일부인 '수염'을 간접적으로 높이는 '-시-'이므로 '㉠ 간접 존경'의 사례로 볼 수 있다.

▶ Day 20 해설 영상은 주독야독 시즌 1(2024 7월)에서 꼭 수강해 주시기 바랍니다.

DAY 20 통사론 p.238

01 ▶ ② [독해(문법) – 통사론 – 문장의 짜임새]
본문에 따르면 관형절을 가진 안은 문장은 관형사형 어미와 결합해서 만들어진다고 하였다. '자주 가던'은 어미 '-던'과 결합한 문장 '내가 오락실에 자주 갔다.'가 안겨 있으므로 관형절을 안은 문장이다.

오답풀이 ① '네가 행복하다.'라는 문장이 명사형 어미 '-기'와 결합하여 안겼으므로 명사절을 안은 문장이다.
③ '아이가 귀엽다.'라는 문장이 관형사형 어미 '-(으)ㄴ'과 결합하여 안겼으므로 관형절을 안은 문장이다.
④ '소리가 없다'라는 문장이 접미사 '-이'와 결합하여 안겼으므로 부사절을 안은 문장이다.

02 ▶ ② [독해(문법) – 통사론 – 문장의 짜임새]
'철수는 밥을 먹고 설거지를 했다.'라는 문장은 '-고'로 연결되었으나 앞뒤 문장이 교체될 수 없으므로 종속적으로 이어진 문장이다.

오답풀이 ① '형은 학원에 가고, 동생은 학교에 간다.'라는 문장은 앞뒤 문장이 교체될 수 있으므로 대등하게 이어진 문장이다.
③ '역공이는 합격하려고 열심히 공부했다.'는 앞뒤 문장이 교체될 수 없으므로 종속적으로 이어진 문장이다.
④ '예를 들어 '영희는 집에 갔고(갔으며) 철수는 학교에 갔다.'라는 부분을 통해 '-며'로 연결되면서 앞뒤 문장의 교체가 가능한 '바람이 불며, 비가 내린다.'라는 문장은 대등하게 이어진 문장임을 알 수 있다.

03 ▶ ③ [독해(문법) – 통사론 – 높임 표현]
아버지와 밀접하게 관련된 소재인 '지병'을 통하여 높임의 의미를 드러내고 있으므로 적절하다.

오답풀이 ① '인심'을 통해 주체인 '어머니'를 간접적으로 높이고 있으므로 간접 높임이 쓰인 문장이므로 적절하지 않다.
② '편찮으시다.'라는 특수어휘가 사용되었으므로 적절하지 않다.
④ '계시다'는 선어말 어미 '(으)시'가 결합된 것이 아니다. '계+시+다'로 분석될 수 없기 때문이다. 따라서 '(으)시'가 쓰였다는 것은 적절하지 않다.

CHAPTER 24 음운론

STEP 02 단순 사례 추론 p.242

01 ▶ ④ [독해(문법) – 음운론 – 음운의 변동]

구개음화는 치조음이 모음 'ㅣ'나 반모음 'j' 계열의 형식 형태소와 만나 구개음으로 변하는 현상이다. '이랑'은 형식형태소가 아니라 '작물 재배 시에 밭에서 솟아오르게 만들어 놓은 부분'으로 실질적인 뜻을 가지는 실질 형태소이기 때문에 치조음과 만나더라도 구개음화가 일어나지 않는다. 실제로 '밭이랑'은 음절의 끝소리 규칙에 의해 [받이랑]이 되었다가 ㄴ 첨가가 일어나 [받니랑]이 되고 마지막으로 비음화가 일어나 [반니랑]으로 발음된다.

오답풀이 ① '곧이'에서 '-이'는 부사 파생 접미사로 형식 형태소이므로 구개음화가 일어나 '곧이'는 [고지]로 발음된다.

② 평음인 'ㅅ' 앞에 받침 'ㄱ'이 왔기 때문에 경음화가 일어나는 조건을 만족한다. 따라서 'ㅅ'이 'ㅆ'으로 교체되어 [국쑤]로 발음된다.

③ 평음 'ㄷ' 앞에 오는 어간의 받침이 'ㅁ'이므로 경음화가 일어나는 조건을 만족한다. 따라서 'ㄷ'이 'ㄸ'으로 교체되어 [심따]로 발음된다.

2025 독해 PIN POINT

STEP 02 밑줄 사례 추론 p.244

01 ▶ ④ [독해(문법) – 음운론 – 음운의 변동]

'한여름'은 접두사 '한-'이 어근 '여름'에 결합하여 만들어진 파생어이다. 따라서 이 경우는 파생어에서 뒤에 오는 어근이 모음 '여'로 시작하여 ㄴ 첨가가 일어난 사례이다.

오답풀이 ① '솜이불'은 어근 '솜'과 어근 '이불'이 결합하여 만들어지는 합성어로 뒤에 오는 어근 '이불'이 모음 '이'로 시작하여 ㄴ 첨가가 일어나 [솜니불]로 발음된다.

② '물약'은 어근 '물'과 어근 '약'이 결합하여 만들어지는 합성어로 뒤에 오는 어근 '약'이 모음 '야'로 시작하여 ㄴ 첨가가 일어나 [물냑]이 된 후 받침 ㄹ의 영향으로 유음화가 일어나 [물략]으로 발음된다.

③ '영업용'은 어근 '영업'과 접미사 '-용'이 결합하여 만들어진 파생어로 뒤에 오는 접미사 '-용'이 모음 '요'로 시작하여 ㄴ 첨가가 일어나 [영업뇽]이 된 후 비음 ㄴ의 영향으로 받침 ㅂ이 비음 ㅁ으로 교체되어 [영엄뇽]으로 발음된다.

▶ Day 21 해설 영상은 주독야독 시즌 1(2024 7월)에서 꼭 수강해 주시기 바랍니다.

DAY 21 음운론 p.246

01 ▶ ④ [독해(문법) – 음운론 – 음운의 변동]

'굳이[구지]'는 치조음이자 파열음인 'ㄷ, ㅌ'이 고모음 'ㅣ'의 영향으로 조음 위치상 경구개음으로, 조음 방법상 파찰음으로 발음되는 구개음화 현상이 일어나는 단어이다.

오답풀이 ① 독립[동닙]은 두 번째 음절의 유음 [ㄹ]이 앞 음절의 파열음 [ㄱ]을 만나 비음인 [ㄴ]으로 바뀐 뒤, 이 비음 [ㄴ]의 영향으로 [ㄱ]이 비음 [ㅇ]으로 변하는 비음화 현상이 일어나는 단어이다. <보기>를 통해 비음화 현상은 조음 방법에 따른 동화임을 알 수 있다. 비표준 발음이지만 '손가락'이 [송까락]으로 발음되기도 하는데, 이는 치조음 [ㄴ]이 뒤에 오는 연구개음 [ㄲ]에 의해서 연구개음 [ㅇ]으로 바뀐 것이다.

② 물난리[물랄리]는 두 번째 음절의 '난'의 초성과 종성 [ㄴ]이 각각 앞과 뒤에 오는 유음 [ㄹ]의 영향으로 [ㄹ]로 바뀐 것으로, 조음 방법에 따른 동화이다.

③ 문법[뭄뻡]은 치조음 [ㄴ]이 뒤에 오는 양순음 [ㅃ]에 의해서 양순음 [ㅁ]으로 바뀌어 발음되는 단어로, <보기>의 '손가락'이 [송까락]으로 발음되는 현상과 같이 조음 위치에 따른 동화이며, 비표준 발음이다.

02 ▶ ③ [독해(문법) – 음운론 – 음운의 변동]

'국', '산', '곧' 등은 종성자가 그대로 발음될 수 있으므로 적절하다.

오답풀이 ① '닦다'에서 'ㄲ'은 종성에서 발음될 수 없으므로 'ㄱ'으로 바뀌어야 한다.

② '7개의 자음만이 음절의 종성 위치에서 발음될 수 있으며'로 보아 적절하지 않은 선지임을 알 수 있다.

④ '닭'은 '음절의 끝소리 규칙'에 의한 것이 아닌 '자음군 단순화'로 인해 '닥'으로 발음된다.

03 ▶ ③ [독해(문법) – 음운론 – 음운의 변동]

'닫는'에서 받침 'ㄷ'이 뒤에 오는 자음 'ㄴ'의 영향을 받아 비음 'ㄴ'으로 변한 것으로 비음화가 일어난 것이다.

오답풀이 ① 'ㄲ'은 음운 하나로 간주되므로 'ㄲ'에서 탈락이 일어나 'ㄱ'이 된 후 비음화가 일어난 것이 아니다.

② '략'의 'ㄹ'이 '침'의 비음 'ㅁ'의 영향을 받아 비음 'ㄴ'으로 교체된 것으로 유음화가 아닌 비음화가 일어난 것이다.

④ '날'의 'ㄴ'이 '칼'의 'ㄹ'의 영향을 받아 유음 'ㄹ'로 교체된 것으로 비음화가 아닌 유음화가 일어난 것이다.

Part 11 현대 문학

CHAPTER 25 1920년대 현대 운문

콤단문으로 보는 기출문제 p.251

김소월

01 ▶ ② [독해(문학) – 현대 운문의 이해]

㉡ 까마귀 : 임에게 미련을 갖는 화자에게 '까마귀'는 서산에 해가 진다며 어서 이별하라고 재촉하고 있으므로 화자에게 이별을 재촉하는 객관적 상관물이라고 볼 수 있다.

오답풀이 ① ㉠ 행간 걸침을 통해 시간의 여유가 아니라 미련을 표현한 것이다.

③ ㉢은 까마귀와 마찬가지로 '강물'이 화자에게 떠날 것을 재촉하고 있는 것이다.

④ ㉣을 통해 'ㄹ'음이 더 반복되어 부드러운 운율을 형성하고 있는 것이다. 평안북도 방언이 아니다.

02 ▶ ③ [독해(문학) – 현대 운문의 이해]

행의 길이가 짧은 1, 2연은 미련의 감정을, 행의 길이가 긴 3, 4연은 재촉의 상황을 드러내므로 정서적 안정감이 커진다고 볼 수 없다.

오답풀이 ① 2연에서 갈까 말까 망설이는 화자의 모습을 표현하고 있다.

② 화자가 이별을 빨리 해야 하는 상황이 '까마귀, 강물'과 같은 자연물을 통해 드러나고 있다.

④ 4연에서 반복되는 'ㄹ'소리는 유음으로서 흐르는 느낌이 나기 때문에 강물의 흐름을 환기하고 있다고 볼 수 있다.

03 ▶ ④ [독해(문학) – 현대 운문의 이해]

'사뿐히 즈려 밟고'는 역설법이므로 옳지 않다. 사뿐히 짓밟는 것은 물리적으로 말이 되지 않는다. 이 시에서 반어법은 '말없이 고이 보내드리우리다, 죽어도 아니 눈물 흘리우리다'에 쓰였다.

CHAPTER 26 1930년대 현대 운문

콤단문으로 보는 기출문제 p.255

정지용

01 ▶ ③ [독해(문학) – 현대 운문의 이해]

선지의 '자연물에 인격을 부여하여 대상을 형상화한다'라는 서술은 의인법이 반영되었는지를 묻는 것이다. <보기>의 '흰 점 꽃이 인정스레 웃고'와 제시된 작품의 '옛이야기 지줄대는 실개천'에 의인법이 드러나 있음을 확인할 수 있다.

오답풀이 ① 과거의 추억을 잃어버린 상황에서 느끼는 씁쓸한 정서는 <보기>에만 드러나 있다. <보기>의 '메마른 입술에 쓰디쓰다'에 씁쓸한 정서가 반영되었음을 확인할 수 있으나, 제시된 작품은 고향에 대한 그리움만을 드러내고 있으므로 적절하지 않다.

② 위의 시는 고향을 잊지 못하는 그리움을 드러내고 있으나, 이것이 고향과의 거리감 혹은 단절감이라고 보기는 어렵다.

④ 두 작품 모두 감각적 심상이 사용되었다. <보기>에는 시각, 청각, 미각이 드러나 있으며 위의 시에는 시각, 청각, 촉각과 공감각이 드러나 있다.

02 ▶ ② [독해(문학) – 현대 운문의 이해]

'웃절 중'은 '여섯 판에 여섯 번 지고도 웃'는다. 이를 통해 '웃절 중'이 세속적인 감정이나 욕망에 집착하지 않는 달관적 태도를 가졌음을 판단할 수 있다. 화자는 '조찰히 늙은 사나이의 남긴 내음새를 좃는다?'고 하므로 화자가 지향하는 정서를 지니고 있다고 볼 수 있다.

오답풀이 ① '다람쥐도 좃지 않고 뫼새도 울지 않어 깊은 산 고요'를 보면 이 산은 아무도 없는 속세와 단절된 공간이다. 여기에서 속세와 단절된 채로 세속적인 욕심 없이 사는 '웃절 중'은 시적 배경과 대비된다고 볼 수 없다.

③ 세속적 욕망에서 초월한 '웃절 중'을 따르고는 싶어 하지만, '고뇌'하고 있지는 않다.

④ '웃절 중'을 긍정적으로 보고 있기 때문에 '웃절 중'에 시적 화자의 현실도피적 태도가 투영되었다고 보기는 힘들다.

CHAPTER 27 1940년대 현대 운문

콤단문으로 보는 기출문제 p.257

이육사

01 ▶ ③ [독해(문학) – 현대 운문의 이해]
강인한 남성적 어조를 사용하여 화자의 신념과 의지를 표출한다.

02 ▶ ⑤ [독해(문학) – 현대 운문의 이해]
4연의 '차마 바람도 흔들진 못해라'를 보면 '바람'은 시적 화자를 힘들게 만드는 시련과 고난을 의미하는 부정적인 존재이다. 시인의 실향 의식과 저항 의식을 나타내는 것은 아니다.

윤동주

01 ▶ ④ [독해(문학) – 현대 운문의 이해]
<보기>는 독자가 어떻게 작품을 효율적으로 이용하는가에 감상 초점을 두는 효용론적 관점에 대한 설명이다. '나의 삶의 태도를 되돌아보는 계기가 되었다'는 이 작품을 읽고 자아성찰을 하게 된 것이므로 효용론적 관점의 해석이라고 볼 수 있다.

오답풀이 ① '일제강점기'라는 단서로 반영론적 관점임을 알 수 있다.
② '내면적 자아와 현실적 자아' '시상 전개'라는 단서로 내재론적(= 절대론적, 구조론적) 관점임을 알 수 있다.
③ '시인'의 생활을 가지고 해석하고 있으므로 표현론적(= 작가론적) 관점임을 알 수 있다.

02 ▶ ① [독해(문학) – 현대 운문의 이해]
이 시는 시선의 이동에 따른 시상 전개 방식으로 되어 있지 않다. 현실적 자아와 이상적 자아의 대립과 화해로 시상이 전개되고 있기 때문이다.

CHAPTER 28 1960년대 현대 운문

콤단문으로 보는 기출문제 p.264

김수영

01 ▶ ② [독해(문학) – 현대 운문의 이해]
작품 안의 '눈'과 '기침하는 행위'만으로 해석하고 있으므로 내재적 관점에 해당한다.

오답풀이 ①, ③ 시인의 삶을 느끼거나 시인이 어떠한 사람인지 추측하면서 읽는 것은 작가 표현론적 관점(외재적 관점)에 해당한다.
④ 4·19 혁명이라는 당시 역사적 현실에 비춰 작품을 감상하므로 반영론적 관점(외재적 관점)이다.

02 ▶ ③ [독해(문학) – 현대 운문의 이해]
㉠의 '봄'은 '찬란한 슬픔'의 시간이다. 모란이 피었다는 점에서 찬란하지만 곧 지기 때문에 슬픈 것이다. ㉡의 '밤'은 '억압적이고 암울한 현실'을 상징한다. 따라서 ㉠은 ㉡과 달리 화자에게 기쁨과 슬픔이 공존하는 시간이라고 볼 수 있다.

오답풀이 ① ㉡만 부정적인 현실을 상징하는 시간적 배경이다.
② ㉠과 ㉡ 모두 과거를 회상하게 만드는 시간적 배경이 아니다.
④ ㉡은 화자가 소망하는 가치가 실현되는 시간이 아닌 암흑의 시간이다. ㉠은 화자가 소망하는 가치가 실현됨과 동시에 다시 상실되는 시간이다.

신동엽

01 ▶ ① [독해(문학) – 현대 운문의 이해]
역으로 적중한 문제이다. '신동엽, 김수영'은 1960년대 부조리한 현실을 비판하고 이에 저항한 참여시인들이다. 정권이 바뀌었으니 나오지 않을 가능성이 있다고 했는데 나왔다. 그런데 학생들은 웃으면서 바로 1번을 찾았다고 한다. 참여시는 '순수 자연의 세계'와는 배치되는 개념이기 때문이다. 이 시에서 남북이 통일되는 이상향을 상징하는 '봄'은 정치와 관련된 주제를 다루고 있으므로 '현실을 초월한 순수 자연의 세계'를 노래한다고 볼 수 없다.

오답풀이 ② '봄의 그 눈짓은, / 제주에서 두만까지 / 우리가 디딘 / 아름다운 논밭에서 움튼다.'를 보면 봄(통일)이 우리 영토에 올 것이라는 희망과 신념을 현재 시제 선어말 어미 '-ㄴ-'을 통해 단정적으로 표현하고 있다.
③ '봄'은 통일, '겨울'은 '분단 현실'을 상징하면서 '분단 현실'이 끝나고 통일이 오기를 염원하는 주제를 보여주므로 이 선지는 옳다.
④ '봄'은 통일, '겨울'은 '분단 현실'을 상징하므로 이원적 대립으로 시상을 전개하고 있음을 알 수 있다. '이원적 대립'은 '대립, 대비'로 받아들이면 된다.

CHAPTER 29 1970년대 현대 운문

콤단문으로 보는 기출문제 p.269

신경림

01 ▶ ③ [독해(문학) – 현대 운문의 이해]
이 시는 산업화 과정에서 소외된 농민의 절망감과 울분 등을 '농무'를 통해 그려 냈다. 따라서 산 구석에 처박혀 발버둥 치는 'ⓒ 꺽정이'가 시적 화자의 정서를 가장 잘 표현하는 인물이라고 할 수 있다. 참고로 임꺽정은 조선시대의 의적으로 부정적인 현실에 저항했던 인물이다.

오답풀이 ① 'ⓐ 쪼무래기들'은 '어린아이들을 낮잡아 이르는 말.'로 울분을 가진 채 농무를 추는 농민의 마음을 모르는 채 악을 쓰는 인물들이므로 농민인 시적 화자의 정서를 대변하지 않는다.
② 'ⓑ 처녀애들'은 '쪼무래기들'처럼 아무것도 모르는 채 담벼락에 붙어 철없이 킬킬대므로 시적 화자의 정서를 대변하지 않는다.
④ 'ⓓ 서림이'는 '꺽정이'와 함께 산 구석에 처박혀 발버둥 치지만, 해해대고 있다는 점에서 화자가 지닌 울분과 한탄의 정서를 가지고 있지 않다. 참고로 '서림이'는 임꺽정을 배신하고 부정적인 현실에 타협한 인물이었다.

02 ▶ ② [독해(문학) – 현대 운문의 이해]
'꺽정이'는 의적 '임꺽정'을 의미한다. 꺽정이처럼 울부짖는다는 것은 부조리한 농촌 현실에 대한 울분을 보여주는 것이다. 자각이라는 것은 산업화의 구조적인 모순을 인식하는 것인데, 이 시에서 농민들은 현재 처한 현실에 대한 분노를 드러낼 뿐이다. 자각까지는 이르지 못하고 있다.

CHAPTER 30 1910년대 개화기 문학

콤단문으로 보는 기출문제 p.271

이광수

01 ▶ ① [독해(문학) – 현대 산문의 이해]
'계몽(啓蒙)'이란 지식수준이 낮거나 인습에 젖은 사람을 가르쳐서 깨우침을 의미한다. 형식은 "조선 사람에게 무엇보다 먼저 과학을 주어야 하겠어요. 지식을 주어야 하겠어요."라고 하며 저들을 구제하자고 한다. 따라서 계몽적인 태도를 가지고 있다고 볼 수 있다.

CHAPTER 31 1920년대 현대 산문

콤단문으로 보는 기출문제 p.273

현진건

01 ▶ ④ [독해(문학) – 현대 산문의 이해]
처음에 서술자 '나'는 '그'에 대한 반감이 있었으나 그의 고단한 삶의 여정을 대화를 통해 듣게 되면서 '그'와의 정서적 거리감을 좁혀갔다. [라]에서는 그런 '그'에게 공감하면서 나라 잃은 민족의 연대감을 보여주며 술잔을 기울이고 있다.

오답풀이 ① [가]에서는 그의 행색과 외모를 묘사하고 있다. 이는 '요약하기'가 아니라 '보여주기'이다. 묘사하는 그의 행색 또한 긴장감을 고조시키는 것과는 거리가 멀다.
② [나]는 '그'의 고단하고 한스러운 삶이 요약적으로 제시되므로 보여주기 방식과는 거리가 멀다. 또한 '외로운 혼'이라는 단어를 통해 서술자가 '그'의 이야기를 주관적으로 전달함을 알 수 있다.
③ 서술자가 자신이 아니라 그의 행적을 전달하고 있다. 서술자와 그가 만난 것이 외화라면, '그'의 삶이 내화라고 볼 수 있으므로 액자식 구성은 옳다.

02 ▶ ③ [독해(문학) – 현대 산문의 이해]
위 글은 '산업화'가 아니라 일제강점기 우리 민족이 일제의 수탈에 고통 받는 것을 보여주고 있다. 따라서 문명화된 고향을 형상화하고 있지는 않다. 민족을 수탈하기 위한 '신작로'는 문명화된 고향을 상징하는 것이 아니라 일본의 착취를 보여준다.

오답풀이 ① 일제의 수탈로 인한 비참한 민족의 모습을 노래를 통해 집약적으로 보여준다.
② '신작로' '말 잘못했다가 감옥 가는 친구' 등을 통해 일제강점기임을 알 수 있다.
④ '비관적'이란 '인생을 슬프게만 생각하고 절망스럽게 여김.'을 의미하므로 옳다.

CHAPTER 32 1930년대 현대 산문

콤단문으로 보는 기출문제 p.275

박태원

01 ▶ ① [독해(문학) – 현대 산문의 이해]
[가]에서는 어떠한 인과 관계 없이 의식의 흐름에 따라 내용을 서술하고 있다.

02 ▶ ② [독해(문학) – 현대 산문의 이해]
<보기>에서 '당대 사회의 모순이나 부조리 등을 있는 그대로 묘사하여 그 사회에 대한 비판 의식을 드러낸다'고 한다. 따라서 이것에 초점을 맞춰야 한다.
서술자는 황금광 시대에 무직자들은 모두 금광 브로커라고 하였다. '저도 모를 사이에 구보의 입술에서는 무거운 한숨이 새어 나왔다'라는 부분을 통해 황금광 시대와 ㉡을 비판적으로 보고 있음을 알 수 있다. 따라서 적극성을 지닌 존재들로 서술자의 예찬 대상이라는 ②의 설명은 적절하지 않다.

오답풀이 ① '개찰구'는 '개표구(표를 내는 곳)'에서 금광 브로커로 추정되는 무직자들이 있다고 하는 진술에서 세태의 단면이 드러나고 있으므로 옳다.
③ 바로 뒷부분에서 황금광 시대로 인해 '무거운 한숨'을 뱉는 구보의 모습을 통해 황금광 시대가 당대 사회의 '부조리'이며 서술자의 비판의 대상임을 알 수 있다.
④ 서술자는 '금광열'이 고조되어 있는 것을 당시 가장 권력과 부가 집중되어 있었던 '총독부 청사, 동측 최고층, 광무과 열람실'로 설정했다. 따라서 ④는 옳다.

CHAPTER 33 1940년대 현대 산문

콤단문으로 보는 기출문제 p.277

김동리

01 ▶ ② [독해(문학) – 현대 산문의 이해]
제시된 장면은 서로 사랑하는 성기와 계연이 급작스러운 이별을 하는 장면이다. 성기는 사랑하는 계연을 보내는 중간에 어떠한 말도, 행동도 하지 않는다. 이는 어떠한 말로도 표현할 수 없는 복잡다단한 성기의 심리를 상징적으로 보여주는 것이다. 성기는 계연을 예뻐했던 옥화(어머니)가 왜 계연을 보내려고 하는지 모르기 때문에 복잡한 심정으로 말이 없는 것이다.

오답풀이 ① "계연의 그 시뻘건 두 눈은 역시 성기의 얼굴에서 그 어떤 기적과도 같은 구원만을 기다리는 것이었고"라고 언급되어 있다. 즉 계연은 성기가 자신을 잡아주기를 바라는 것이기 때문에 성기와의 인연을 끝내고자 하는 의지가 강하다고 볼 수 없다.
③ 아름다운 자연적 배경인 "고운 햇빛과 늘어진 버들가지와 산울림처럼 울려오는 뻐꾸기 울음"은 계연과 성기의 슬픔과 대조되어 슬픔을 더 강조하는 것이다. 따라서 굴곡이 심한 계연의 미래를 암시한다고 볼 수 없다.
④ 작가는 성기를 냉소적이고 비판적으로 보는 서술을 한 적이 없다. 작가를 대변하는 서술자가 인물의 행위와 대사, 그리고 배경을 독자에게 전달해줬을 뿐, 인물에 대한 주관적 평가를 드러내지 않고 있다.

02 ▶ ① [독해(문학) – 현대 산문의 이해]
자신의 운명인 역마살을 거부하던 성기가 결국엔 역마살을 받아들인 후 마음의 평화를 얻고 있다. 이는 운명에 순응하며 살아온 우리 민족의 전통적 정서가 담긴 것이다.

오답풀이 ② 한국전쟁 직후임을 알 수 있는 소재가 나타나지 않으므로 시대를 알 수 없다. 또한 교육 수준이 높은 지식인도 등장하지 않는다.
③ 길이 아니라 화개장터에서 사건이 전개된다.
④ '부조리한 자본주의 사회'가 아니라 운명에 패배하는 인물을 그린 것이다. 또한 현대인이라고 볼 수도 없다.

CHAPTER 34 1950년대 현대 산문

콤단문으로 보는 기출문제 p.279

이범선

01 ▶ ② [독해(문학) – 현대 산문의 이해]
㉡을 제외한 나머지는 모두 주인공을 둘러싸고 있는 현실적 제약을 의미하고 있다. ㉡은 욕심을 부리지 않고 자기의 돈만큼 살아야 하는 삶을 비유한 말이다.

02 ▶ ④ [독해(문학) – 현대 산문의 이해]
지엽적인 독해를 묻는 문제가 나올 수 있다. 2021 지방직 마지막 와인 문제처럼, 하나의 단어가 틀려서 답이 될 수 있는 것이다. 철호는 나일론 양말이 아니라 싼 무명 양말을 샀다.

CHAPTER 35 1960년대 현대 산문

콤단문으로 보는 기출문제

p.281

최인훈

01 ▶ ① [독해(문학) – 현대 산문의 이해]
명준은 남북한 이데올로기에 벗어나 중립국으로 가고자 하므로 자유를 추구한다고 볼 수도 있으나, 지성인의 자아반성을 드러내고 있지는 않다.

CHAPTER 36 1970년대 현대 산문

콤단문으로 보는 기출문제

p.283

황석영

01 ▶ ③ [독해(문학) – 현대 산문의 이해]
백화와 함께 가서 뜨내기 신셀 청산하라는 정 씨의 말에 영달은 "어디 능력이 있어야죠."라고 대답한다. 이를 통해 영달이 백화와 떠나지 않은 이유는 백화를 신뢰할 수 없었기 때문이 아니라 백화와 같이 살 능력이 없어서임을 알 수 있다.

02 ▶ ③ [독해(문학) – 현대 산문의 이해]
영달이는 '대전에서의 옥자'를 어린애처럼 생각이 깊지 않은 존재로 인식하지 않고 있기 때문에 ③의 추론이 적절하지 않다. 백화를 업으니 어린애처럼 가벼웠는데 그것이 옥자와 비슷하다고 느낀 것이다. 그래서 눈시울이 화끈해진 것이므로 옥자를 생각이 깊지 않은 존재로 본 것이 아니라 연민의 대상으로 봤다는 것이 더 옳다.

오답풀이 ① 백화는 '고랑'에 빠져 발이 다쳤기 때문에 아파서 신음한 것이다. 따라서 '고랑'이 '신음'의 계기로 작용한다는 추론할 수 있다.

② 영달은 백화를 등에 업고 백화처럼 몸무게가 가벼웠던 '옥자'를 떠올렸기 때문에, 백화가 옥자를 떠올리는 계기라고 추론할 수 있다.

④ '영달이가 달려들어 싫다고 뿌리치는 백화를 업었다.'를 통해 처음엔 싫어했음을 알 수 있다. 하지만 등에 업힌 이후에는 "어깨가 참 넓으네요. 한 세 사람쯤 업겠어."라고 말했으므로 싫어하는 내색이 없어 보인다는 추론은 적절하다.

Part 12 고전 문학

CHAPTER 37 고대 가요와 향가

콤단문으로 보는 기출문제 p.287

01 ▶ ② [독해(문학) – 고전 운문의 이해]
역설법이란 겉의 언어 표현이 모순되지만 그 안에 깊은 진리가 들어 있는 표현법이다. 하지만 이 작품에는 드러나지 않고 있다.

02 ▶ ③ [독해(문학) – 고전 운문의 이해]
'물' 안에 여러 상징적 의미가 있다. 1구의 '물'은 임에 대한 사랑, 2구의 '물'은 사랑하는 임과의 이별, 3구의 '물'은 '임의 죽음'을 의미하므로 이 시는 '물'의 상징적 의미에 따라 시상이 전개되고 있다고 볼 수 있다.

03 ▶ ④ [독해(문학) – 고전 운문의 이해]
이 작품은 임금의 강림을 기원하는 주술적 성격을 띤 고대가요이다. '한'이라는 정서를 노래한다고 보기는 힘들다.

04 ▶ ② [독해(문학) – 고전 운문의 이해]
'조건'을 가정하면서 지키지 않으면 구워 먹겠다며 '위협'하고 있다.

05 ▶ ③ [독해(문학) – 고전 운문의 이해]
이 작품은 향찰(실질적인 의미를 가진 부분은 뜻을 빌려 표기하고 어미와 같은 문법적 요소는 음을 빌려 표기하는 표기 방식)의 표기를 이용한 작품이다.

06 ▶ ③ [독해(문학) – 고전 운문의 이해]
한자는 익히기 어려운 문자이므로 향가의 작가들은 주로 승려와 화랑 같은 귀족층이었다.

오답풀이 ① 향찰의 표기는 한자를 잘 모르는 사람들은 읽기 어려웠다.

CHAPTER 38 고려 가요

콤단문으로 보는 기출문제 p.292

01 ▶ ④ [독해(문학) – 고전 운문의 이해]
위 시의 화자는 자신에게는 과실도 허물도 전혀 없으며, 뭇 사람들의 모함에 의해 임께 버림받게 되었다는 점을 강조하고 있다. 이에 대해 <보기>의 화자는 떠나가는 임을 붙잡지 않고 보내놓고는 그 임을 그리워하는 자신을 책망하고 있다. 따라서, 모든 것을 남의 탓으로 돌리려는 위 시의 화자에게 <보기>의 화자가 들려 줄 말로는 자신에게 잘못이 없는지를 반성해 보라는 정도의 내용이 될 것이다.

02 ▶ ④ [독해(문학) – 고전 운문의 이해]
'山(산) 졉동새 난 이슷ᄒᆞ요이다(= 산 접동새와 내 신세가 비슷합니다.)'이므로 이는 자신의 처지와 결백함을 '접동새'에 비유하고 있는 것이지 대조하고 있는 것이 아니다.

CHAPTER 42 조선 시대 산문

콤단문으로 보는 기출문제 p.309

01 ▶ ① [독해(문학) – 고전 산문의 이해]
'승상이 자세히 보니 과연 낯이 익은 듯하거늘 문득 깨달아 능파 낭자를 돌아보며 왈, "소유가 전에 토번을 정벌할 때 꿈에 동정 용궁에 가서 잔치하고 돌아오는 길에 남악에 가서 놀았는데 한 화상이 법좌에 앉아서 불경을 강론하더니 노부께서 바로 그 노화상이냐?"'를 통해 '승상'은 꿈에 남악에서 '중'을 보았던 기억을 떠올리며 낯이 익은 듯하다고 여기기 시작한다는 ①이 옳음을 알 수 있다.

오답풀이 ② '승상은 자신이 승려였음을 인정한 뒤 꿈에서 깨게 된다.'라는 부분 때문에 이 선택지는 옳지 않다. "사부는 어찌 소유를 정도로 인도하지 않고 환술(幻術)로 희롱하나뇨?"라는 말을 보면 사부가 자신을 놀리고 있다고 생각한다. 이를 통해 승상은 자신이 본디 남악에서 '중'의 문하생으로 불도를 닦던 승려였음을 인정하지 못함을 알 수 있다.
③ 승상이 '중'의 진의를 의심하는지는 제시문에 나와 있지 않다.
④ 미언급의 오류이다. '승상'은 능파 낭자와 어울려 놀던 죄를 징벌한 이가 중이라고 생각한 적이 없다.

02 ▶ ③ [독해(문학) – 고전 산문의 이해]

사씨가 신부는 남편을 공경(恭敬)하면서 어기지 말아야 한다고 하자, 유소사가 그럼 남편이 잘못되더라도 순종할 것이냐고 묻는다. 그러자 사씨는 아비에게 간(諫)하는 자식이 있고 나라에 간하는 신하 있으니 어찌 부부라고 간쟁(諫諍: 옳지 않거나 잘못된 일을 고치도록 간절하게 말함.)하지 않을 수 있겠냐고 한다. 이 말은 남편이 잘못되면 자신이 이를 지적할 수 있다고 하는 것이다.

오답풀이 ① 사씨의 어머니가 딸이 남편에게 맞섰던 일을 비판하는 내용은 아예 언급된 적이 없다. 다만, 남편을 일찍 잃었던 사씨의 어머니가, 남편을 공경하고 경계하여 어기지 말라고 말씀하셨다는 내용뿐이다.

② 사씨는 "일찍 아비를 여의고 자모(慈母)의 사랑을 입사와 본래 배운 것이 없으니"라고 말하고 있지만, 사씨가 이를 안타까워한다는 내용은 언급되어 있지 않다.

④ 유 소사는 "나의 며느리는 가히 조대가에 비할 것이니 어찌 시속(時俗) 여자가 미칠 바리오."라고 하였다. 이 말은 '조대가'만큼 학식이 뛰어나고 덕망이 높음을 칭찬하는 것이므로 이는 효성과는 관련이 없는 발언이다. 항상!! 아래에 어휘 풀이가 있으면 꼭 확인해야 한다. 그래야 문제를 풀 수 있다!!

03 ▶ ② [독해(문학) – 고전 산문의 이해]

㉡에서 허생의 처가 남편에게 '장인바치'('장인'을 낮잡아 이르는 말)일이라도 못하겠냐고 물어보는 부분은 허생이 경제적으로 무능력하기 때문에 장인이라도 하라고 권유하는 것이다. 따라서 허생의 처가 바람직한 직업을 허생에게 추천하고 있다고 볼 수 없다. '장인'을 '장인바치'라고 낮잡아 이르는 것을 통해서도 이를 알 수 있다.

오답풀이 ① 글을 읽는 목적은 과거에 합격하기 위함(= 입신양명)이라고 생각하므로 그녀의 실용적 학문관을 보여주는 것이다.

③ '내가 당초 글 읽기로 십 년을 기약'이라는 부분을 통해 허생은 도를 이루기 위해 글 읽기를 한 것임을 알 수 있다.

④ 군도들은 자신의 평범한 백성이 되기 위해서는 돈이 있어야 함을 자각하고 있다. 이는 당시가 조선 후기, 즉 상업자본(= 돈)의 중요성에 대한 근대적인 자각이 있었음을 보여주는 것이다.

04 ▶ ④ [독해(문학) – 고전 산문의 이해]

이러한 ㉠~㉣의 설명의 적절성을 물어보는 유형은 앞뒤의 문맥을 살펴보면 쉽게 풀린다. ㉣은 '일원 선관'이 청룡에게 하고 있는 말이다. '풍진'(風塵)이란, 바람에 날리는 티끌로 세상에서 일어나는 어지러운 일이나 시련'을 의미하므로 붉은 티끌이 있는 속세로 내려온다는 의미이다. '부인의 품'에 달려 드는 것을 통해 선관이 부인의 아들로 탄생할 것임을 알 수 있다. 이러한 풍진 이후에야 지상의 세계에서 다시 청룡을 만나게 될 것임을 추측할 수 있다. 따라서 '남악산 신령의 천상 세계 복귀'라는 ④는 전혀 관련 없다.

≫ 익성과 싸워 적강한 '선관'이 바로 이 작품의 주인공인 유충렬이다. 실제로 후일 전쟁터에서 '청룡'을 다시 만나 활약하게 된다.

오답풀이 ① ㉠ 뒤에 '길조(吉兆)가 여차(如此, 이와 같으니)하니'라는 말이 나오므로 ㉠은 길조의 암시이다.

② ㉡ 앞에 '한 꿈을 얻으니'란 말이 나오므로, ㉡은 '부인이 꾼 꿈의 상황'이다.

③ '대전(㉢)'한 후로 상제전에 득죄(得罪: 죄를 얻어)하여 '인간(속세)에 내치심에'를 통해 알 수 있다.

MEMO

MEMO

MEMO

MEMO

박혜선

주요 약력

고려대학교 국어국문학과 최우수 수석 졸업
고려대학교 국어국문학과 심화 전공
고려대학교 국어국문학과 중등학교 정교사 2 급 자격증
前) 대치, 반포 산에듀 온라인 오프라인 최연소 대표 강사
現) 박문각 공무원 국어 1 타 강사

주요 저서

2025 박혜선 국어 기본서 출좋포 독해 · 문학(박문각)
2025 박혜선 국어 기본서 출좋포 문법 · 어휘(박문각)
2025 박혜선 국어 독해 신유형 공부(박문각)
박혜선 국어 기본서 출좋포 어휘 · 한자(박문각)
박혜선 국어 최단기간 어문 규정(박문각)
박혜선 국어 최단기간 고전 운문(박문각)
박혜선 국어 개념도 새기는 기출 문법(박문각)
박혜선 국어 개념도 새기는 기출 문학&독해(박문각)
박혜선 국어 족집게 적중노트 88(박문각)
박혜선 국어 콤단문 문법(콤팩트한 단원별 문제풀이)(박문각)
박혜선 국어 콤단문 독해(콤팩트한 단원별 문제풀이)(박문각)
박혜선 국어 문법 출.좋.포 80(박문각)
2024 박문각 공무원 실전동형 국가직 모의고사(박문각)
2024 박문각 공무원 실전동형 지방직 모의고사(박문각)

박혜선 국어 ✧✦ 출좋포 독해·문학

초판 발행 2024. 7. 25. | **2쇄 발행** 2024. 10. 15. | **편저자** 박혜선
발행인 박 용 | **발행처** (주)박문각출판 | **등록** 2015년 4월 29일 제2019-000137호
주소 06654 서울시 서초구 효령로 283 서경 B/D 4층 | **팩스** (02)584-2927
전화 교재 문의 (02)6466-7202

저자와의 협의하에 인지생략

정가 24,000원
ISBN 979-11-7262-118-6